희망찬
회의론자

희망찬
회의론자

신경과학과 심리학으로 들여다본
희망의 과학

자밀 자키 지음, 정지호 옮김

심심

일러두기

- 옮긴이 주는 본문 내에 함께 수록했으며 '옮긴이'로 표기했고 후주는 숫자로 표기했다.
- 단행본은 겹꺾쇠표(《 》), 방송 및 기타 간행물은 꺾쇠표(〈 〉)로 표기했다.
- 본문과 후주에서 언급한 매체 중 국내 출간·소개된 경우 번역된 제목을 따랐고 국내에 소개되지 않은 매체는 본문의 경우 우리말로 옮기고 원제를 병기, 후주의 경우 원제를 그대로 표기했다.
- 'X'로 명칭이 변경된 SNS는 편의상 '트위터'로 표기했다.
- 인명 및 도서명과 학교명, 지명 등은 국립국어원 외래어표기법을 따랐다.

루이자와 알마에게

희망은 낙관적인 기대가 아니라 실용적인 대응이다

나는 에밀 브루노Emile Bruneau에게 항상 질투가 났다. 우리는 심리학 교수로서 뇌 과학을 이용해 인간관계를 연구했고 이를 통해 사람들이 좀 더 효과적으로 관계를 맺길 바랐다. 에밀과 나는 많은 회의에 같이 참석해 발표했으며 중간에 몰래 빠져나와 호텔 바에서 마티니를 마시면서 친구가 됐다.

에밀을 부러워한 사람은 분명 많았을 것이다. 사각으로 각진 턱에 과거 럭비 선수로 뛰었던 그는 어느 곳에 가든 주목받았고 힘이 닿는 한 갈 수 있는 곳은 다 다녔다. 에밀은 북아일랜드에서 평화 도모를 위해 일했고 자전거로 남아프리카를 횡단했으며 몽골에서는 한 지역 레슬링 챔피언과 겨루기도 했다. 집에서는 포드Ford 모델 A(포드 자동차가 모델 T에 이어 두 번째로 출시한 모델로, 1927년에 처음 생산됐고 네 가지 색상으로 판매됐다-옮긴이)를 조립했고 양봉을 했으며 자녀들에게는 뉴욕의 아파트보다 더 정교한 트리 하우스를 만들어줬다. 그의 직업적 성취도 인상적이었다. 에밀은 펜실베이니아대학교에 평화 및 갈등 신경과학 연구소

Peace and Conflict Lab를 창설했는데, 이 연구소는 증오 극복을 위한 과학적 도구를 처음 개척한 곳이었다.

에밀은 보통 사람보다 위대한 삶을 살았지만 내가 가장 부러워한 점은 그가 가진 희망이었다. 내 생계 수단을 감안한다면 이 말이 이상하게 들릴 것이다. 나는 20년 동안 친절과 공감을 연구하면서 전 세계 사람들에게 이 덕목의 중요성을 가르쳤다. 덕분에 나는 인류의 선한 면을 홍보하는 비공식 대사로 일해왔고 사람들 간의 신뢰 진작을 도와달라는 의뢰도 종종 받았다.

그러나 이런 일을 하면서 남모를 비밀을 품고 살았다. 나는 냉소론자로서 사람의 최악의 면을 먼저 본다. 일찍이 이런 성향을 갖고 있었고 혼란스러운 가정사로 인해 사람을 신뢰하기가 힘들었다. 하지만 성장하면서 새로운 관계를 통해 좀 더 튼튼한 정서적 토대를 마련했고 과학의 도움도 받았다. 나는 그동안 연구소에서 대부분의 사람이 이기심보다는 동정심을 가치 있게 여긴다는 점, 돈을 기부할 때면 초콜릿을 먹을 때와 비슷한 뇌 부위가 활성화된다는 점, 힘든 사람을 도와주면 오히려 스스로에게 위안이 된다는 점을 발견했다.[1] 우리 연구가 주는 메시지는 단순하다. 우리에게는 선이 있고 그 선이 우리에게 도움이 된다는 것이다.

하지만 무언가를 이해하는 것과 이를 느끼는 것에는 차이가 있다. 그동안 불행한 행복 전문가와 스트레스에 지친 명상 연구가를 만나왔으니 말이다. 과학자는 종종 자신의 삶에서는 찾기 힘든 대상에게 끌린다. 어쩌면 나는 이 땅에서 인간의 선을 좀 더 쉽게 찾겠다는 희망으로 이를 도식화하는 데 온 생을 다 바쳤는지도 모른다.

*

근래 들어 타인에게서 선을 발견하는 일이 더 어려워졌다. 에밀과 나는 2010년에 만났는데, 이후 10년 동안 해수면 높이는 물론 분열, 불평등, 우울감도 다 같이 올랐다. 내 분야에서는 아메리칸드림을 이루는 것은 고사하고 근면하고 뛰어난 친구들조차 직장을 구하는 데 애를 먹었다. 다른 과학자를 팔로우하기 위해 트위터에 가입했지만 내가 마주한 것은 격분과 거짓말, 자기 자랑의 남발이었다. 캘리포니아는 산불에 휩싸였고 나와 아내가 집을 나와 결혼식을 올렸던 언덕 위 포도원은 화마에 사라졌다. 우리는 결혼기념일에 잿더미만 남은 곳을 차를 타고 돌아다니며 앞으로 얼마나 빨리, 얼마나 더 많은 나라가 이런 모습으로 변할지 안타까워했다. 나는 우리 연구소를 비롯해 10여 곳의 다른 연구소에서 나온 친절의 증거를 줄줄이 댈 수 있었다. 하지만 세상이 점점 탐욕스럽고 가혹해지는 걸 보면서 본능적으로 이런 과학을 따르고 싶지 않아졌다.

에밀은 이 고민을 나눈 몇 안되는 사람 중 한 명이었다. 많은 대화를 나누면서 그는 내 희망을 되살리기 위해 애썼다. 그는 심리학과 과학이 사람들에게 마음속에 내재된 선을 알려주고 태양을 가린 구름처럼 선을 가린 두려움에 관해 가르쳐줄 수 있다고 했다. 우리가 사람들을 공동체와 정의, 즉 그들의 진가 쪽으로 움직일 수 있다는 말이었다.

에밀의 호기로운 이야기는 터무니없이 들렸고 때로는 과연 우리가 공통점이 많기는 한지 의구심이 들었다. 그는 다섯 대륙에서 증오를 목격한 사람이다. 그런데 도대체 어떻게 그렇게 낙관적인 태도를 가지게 된 걸까? 그의 확신은 희망 사항이거나 세상을 제대로 모르고 하는 소리 같았다.

그러던 어느 날, 에밀과 어린 시절 이야기를 나누던 중 내 생각이 얼마나 잘못됐는지 확실히 알게 됐다. 에밀이 태어난 직후 그의 어머니는 인정사정없이 자신을 조롱하는 목소리로 인해 고통받았다. 다른 사람은 감지할 수 없는 이 목소리는 그녀의 곁을 떠나지 않았다. 이내 어머니에게 심각한 조현병이 생겼다는 것이 드러났고 이후 그의 어머니는 평생 자신의 마음과 전쟁을 벌이느라 에밀을 키울 수 없었다. 하지만 그의 어머니는 에밀과 같이 있을 때 자신의 정신질환으로 아들이 다치는 일이 없도록 애썼다.

"어머니는 어떤 어둠도 나를 건드리지 못하게 하셨지." 에밀은 어린 시절을 이렇게 회상했다. "비록 당신이 절망의 구렁텅이에 있을 때도 내게는 빛만 비춰주셨어."[2] 에밀의 이야기를 들으며 나는 그가 세상 물정 모르는 순진한 사람이 전혀 아니라는 것을 깨달았다. 그는 어마어마한 고통에 직면해 있어도 어떻게 남을 보살피는 마음이 활짝 꽃필 수 있는지 직접 경험한 사람이었다. 인간이 가진 최고의 모습을 사수하기 위해 싸워야 했기에 인간의 최악의 면에 집착할 여유가 없었다. 그의 희망은 자기 어머니의 부드러운 사랑, 즉 도전적 선택 같았다.

2018년, 이 희망은 다시 한 번 시험대에 올랐다. 매일 밤 컴퓨터를 들여다보던 그의 시야가 흐릿해지더니 두통이 시작됐다. 신경과학자였던 그는 이것이 심상치 않은 신호임을 알아차리고 CT 검사를 요청했다. 뇌종양이었다. 그의 삶을 2년 후인 47세의 나이에 앗아간다는 선고였다. 이 비극은 그와 그의 가족에게 직격탄을 날렸다. 네 살, 여섯 살인 그의 자녀는 아버지 없이 자라야 하고 그의 아내 스테파니 브루노 Stephanie Bruneau는 사랑하는 동반자를 상실할 것이다. 수십 년간의 연구는 미완성으로 끝날 테고 세상은 에밀의 통찰력을 잃게 될 것이다.

그러나 그의 내면에서는 뭔가 다른 일이 일어나고 있었다. 에밀은 내게 "세상의 아름다운 것을 모두 알게 됐고" 이에 대한 인식으로 충만하다는 편지를 보냈다. 우리는 모두 죽지만 대부분의 사람은 얼마나 많은 시간이 남아 있는지 모른다는 말도 썼다. 그는 남은 날을 공동체와 목적의식으로 채우기로 작정했다. 그는 뇌종양 제거 수술을 받자마자 자신의 집에 연구인 단체를 소집해 도전적인 성명서를 발표했다.

에밀은 이렇게 촉구했다. "우리의 목표는 단순히 과학자로서 좋은 연구를 한다는 선을 넘어 좀 더 확실한 행동으로 보여주는 것이다." 에밀과 마찬가지로 이 과학자들은 전쟁으로 산산이 찢긴 곳에 가서 고통받는 이들과 이야기를 나누고 평화를 위해 과학을 이용할 수 있는 사람들이었다. "우리는 어둠을 헤치고 나아가 빛을 퍼뜨릴 수 있다."

*

2020년 9월 30일, 에밀이 세상을 떠났다.[3] 많은 사람이 영감의 아버지이자 과학자, 그리고 친구였던 에밀을 애도했다. 나는 그의 세계관에게도 애도를 표했다. 에밀은 희망이 우리가 가는 길을 비추는 빛 같은 존재라고 믿었다. 만약 이 말이 사실이라면 코로나19 바이러스가 활개치는 가운데, 이 세상은 계속 어두워지고 있는 것 같았다. 해 지기 직전마지막 땅거미가 내려앉는 순간처럼 점점 앞을 보기가 힘들어졌다.

그해, 겉으로 보이는 행복감과 내 어두운 내면의 괴리는 점점 깊어져만 갔다. 학교와 병원, 회사로부터 구성원들에게 내 일에 관해 얘기하고 이들이 희망을 찾도록 도와달라는 강연을 부탁받았다. 거실에서 이뤄진 줌 미팅에서 나는 전 세계인들에게 인간의 친절을 찬양했다. 하지만 정작 내 희망은 사라져버렸다. 나는 줌 미팅 화면이 꺼지자마자 핸드폰으로 암울한 기사만 계속 읽어내려가는 둠스크롤링doomscrolling 모드에 빠졌다.

내 직업은 호기심을 가지고 인간의 마음을 들여다보는 일이다. 시간이 좀 지난 후 나는 내 냉소주의를 관찰하기 시작했다. 냉소주의는 매혹적인 세계관으로 어두우면서 단순하다. 정말 너무 단순해서 많은 설명을 할 수가 없다. 냉소주의는 사람들의 최악의 면모를 보라고 부추겼지만 내가 무슨 근거로 그럴 수 있겠는가? 냉소주의는 미래가 끔찍할 것

희망찬 회의론자

이라고 얘기해줬지만 그걸 어떻게 알 수 있겠는가? 냉소주의가 나에게 또 우리 모두에게 도대체 무슨 짓을 한 것일까? 곧 알게 된 사실이지만 냉소주의는 우리를 결속시키는 심리 접착제 성능을 떨어뜨린다. 신뢰는 타인에게 자신을 기꺼이 노출하는 마음으로 타인이 무언가를 제대로 할 것이라고 믿는 마음이다. 희망은 이런 식으로 사람들 사이에 둥지를 튼다. 반면 냉소주의는 신뢰를 서서히 부식시키면서 우리의 현재를 앗아가고 긍정적인 미래를 그리는 능력을 무디게 한다.

나는 종종 에밀을 생각했다. 어떻게 시한부 인생을 살면서 놀라울 정도로 변치 않는 긍정적인 태도를 가지고 있었을까? 우리도 힘들고 어두운 시기에 그와 똑같이 할 수 있을까? 이런 의문점으로 시작한 과학 여정은 내 마음을 변화시켰고 개인적인 여정은 내 인생을 바꿔줬다. 수십 년 동안의 연구를 살펴보면서 나는 냉소주의가 해로울 뿐만 아니라 종종 세상 물정에 어둡다는 사실을 발견했다. 이와 대조적으로 희망과 신뢰는 대부분의 사람이 생각하는 것보다 세상 물정에 밝다. 이들 덕목은 마음과 행동의 습관을 통해 구축할 수 있는 기술이기도 하다. 좀 더 일찍 이 기술을 알았다면 하는 아쉬움이 있지만 지금이라도 알게 돼 고마운 마음이 들고 다른 사람과 나눌 만한 가치가 있다고 믿는다.

이 책에서는 왜 그렇게 많은 사람이 과거의 나처럼 생각하는지, 그리고 어떻게 에밀처럼 생각하는 방법을 배울 수 있는지 알아보려 한다. 호텔 바에서 에밀과 내가 나눈 대화는 새로운 내용이 아니었다. 수천 년 동안 사람들은 인간이 이기적인지 아니면 관대한지, 냉혹한지 아니면 친절한지 왈가왈부해왔다. 그러나 최근에 들어와 우리의 대답은 바뀌었다.

*

내 부모님은 1972년에 미국으로 이민 왔다. 같은 해 일반사회설문조사General Social Survey, GSS라는 사회 상황을 알아보는 프로젝트가 시작됐고 광범위한 문제에 관해 전 계층을 대상으로 정기적인 여론조사가 실시됐다.

부모님이 도착한 이 나라는 장미꽃밭이 아니었다. 베트남 전쟁은 서서히 막을 내렸지만 격렬한 시위가 계속됐다. 닉슨Nixon 행정부의 공작원들이 민주당전국위원회Democratic National Committee 본사로 침투해 워터게이트 스캔들을 일으켰다. 인종 간 갈등도 고조됐다.[4]

하지만 지금과 비교해본다면 1972년의 미국은 신뢰의 유토피아였다. 그해 GSS 여론조사에 참여한 미국인의 거의 50퍼센트는 "대부분의 사람을 믿을 수 있다"는 데 동의했다. 2018년에는 겨우 33퍼센트만 여기에 동의했는데 말이다.[5] 신뢰가 돈이라면 이 화폐 가치의 폭락은 2008년 대공황Great Recession 시기의 주식시장 폭락과 맞먹는다. 하지만 경제와 달리 신뢰 침체는 전혀 회복세를 보이지 않는다. 불신은 미국의 문제만이 아니다. 2022년에 시행된 한 국제 여론조사에 따르면 총 28개국 중 24개국 국민 대부분이 "성향상 타인을 불신한다"[6]고 답했다.

인간은 인간을 신뢰하지 않게 됐고 인간의 제도는 더더욱 신뢰하지 않는다. 1970년대에서 2022년 사이 대통령제를 신뢰하는 미국인 비율은 52퍼센트에서 23퍼센트로 떨어졌고, 신문을 신뢰하는 비율은 39퍼센트에서 18퍼센트로, 의회의 경우는 42퍼센트에서 7퍼센트로, 공립학교는 58퍼센트에서 28퍼센트로 떨어졌다. 정치인과 TV 뉴스에 나오는 전문가를 의심하는 건 어쩌면 당연하다. 하지만 집단적 냉소주의에는 특정 결과가 따라온다. 신뢰가 돈은 아니지만 건강과 번영, 민주주의에는 아주 필수적인 요소다. 신뢰가 들어 있는 사회 은행에서 계좌 인출이 한꺼번에 몰리면 이 세 가지 요소는 우르르 붕괴될 수 있다.

신뢰가 떨어지면 냉소주의가 서서히 모습을 드러낸다. 지금 사회는 마치 2020년대 분위기를 알려주는 선두 주자 같은 역할을 한다. 그렇다면 앞으로 냉소주의가 사회를 주도하지 않을까? 우리 문화는 포식자와 금융 사기, 허위 선전으로 가득하다. 그리고 사람은 오직 자기 자신에게만 관심이 있다. 하지만 잇따른 연구에 따르면 냉소적 믿음은 관계, 공동체, 경제, 사회 자체를 갉아먹는다고 한다.

이로 인해 과학자가 측정할 수 있는 거의 모든 국면에서 사람들이 피해를 입는다. 10여 개의 연구(이 책은 사회과학 분야의 많은 저서를 참고하는데, 모든 저서는 후주에 수록했다. 여기서 제시된 주장을 뒷받침하는 연구를 더 알고 싶으면 〈부록 2: 증거 평가〉를 참고하라)에 따르면 냉소론자는 일반인에 비해 우울증을 더 많이 앓고[8] 음주를 더 과도하게 하며 소득 수준이 더 낮고 심지어 더 일찍 사망한다.

17세기 철학자 토마스 홉스$^{Thomas Hobbes}$(영국의 철학자, 정치 사상가다. 유물론을 기조로 자연과 인간의 국가에 대해 3부작 체계를 세웠다 - 옮긴이)는 냉소론의 지적 대변인이었다. 그는 저서 《리바이어던》에서 사람은 정부의 구속을 받을 필요가 있는데, 그 이유는 인간을 자기들 마음대로 하게 둘 경우 삶이 "형편없고 미개해지며 수명도 짧아지기" 때문이라고 주장했다. 이 몇 줄만으로는 삶의 냉소적 관점이 포착되지 않지만 아이러니하게도 홉스의 말은 냉소론자인 자신을 아주 잘 묘사한다.

'냉소론자'라고 하면 여러분은 어떤 특정 유형의 사람, 즉 기분 나쁘게 비꼬는 표정을 지으며 남을 경멸하는 인류 혐오주의자를 떠올릴지 모른다. 하지만 이들은 뉴질랜드인이나 마취과 의사처럼 고정된 범주에 속한 사람이 아니다. 냉소주의는 다양한 형태와 정도로 존재한다. 우리 모두는 냉소적인 순간 또는 나의 경우에는 냉소적인 세월을 보낸다. 문제는 이런 냉소주의가 우리에게 해를 끼치는데도 왜 그렇게 많은 사람이 결국 냉소주의를 고수하는가에 있다.

이유를 하나 들자면 우리 문화가 냉소주의를 그럴듯하게 포장하고 다음의 세 가지 큰 속설을 내세우면서까지 냉소주의가 끼치는 피해를 숨긴다는 데 있다.

속설 1 냉소주의는 영리하다

냉소론자와 반대되는 부류는 누구인가? 답은 간단하다. 세상 물정 모르는 낙관주의로 인해 남에게 배신당하기 딱 좋은 촌뜨기, 얼간이 또는 호구다. 이런 고정 관념은 냉소론자가 그렇지 않은 사람에 비해 똑똑하다는 대부분 사람의 믿음을 드러낸다. 그러나 그 믿음은 틀렸다. 사실 냉소론자는 그렇지 않은 사람에 비해 인지검사 점수가 낮고 거짓말하는 사람을 잘 알아차리지도 못한다.[9] 모든 사람이 자신의 잇속만 챙긴다고 생각하기 때문에 구태여 사람의 본모습이 어떤지 이해하려고 애쓰지 않는 것이다. 잘 속는 사람은 다른 사람을 맹목적으로 믿지만 냉소론자는 다른 사람을 맹목적으로 불신한다.

속설 2 냉소주의는 안전하다

모든 신뢰 행위는 사회적 도박이다. 자기 돈이나 비밀, 안녕을 다른 사람의 손에 맡기면 이들이 우리를 좌지우지하게 된다. 남을 신뢰하는 사람 대부분은 어느 시점에 상처를 입는다. 이런 순간이 우리 안에 차곡차곡 쌓이면 남을 믿는 모험을 할 가능성이 점점 줄어든다.[10] 남을 절대 신뢰하지 않으니 냉소론자는 뭔가 잃을 게 없다.

이들은 절대 이길 일도 없다. 누군가를 신뢰하지 않는 행위는 포커를 할 때 카드를 읽지도 않고 판을 접는 것과 같다. 냉소주의는 포식자로부터 우리를 지켜주지만 신뢰가 요구되는 협력과 사랑, 공동체를 이룰 기회의 문도 닫아버린다. 우리는 자신에게 상처 준 사람은 영원히 잊지 못해도 기회의 문을 좀 더 열었다면 사귈 수 있었던 친구에 대해서는 생각하는 일이 별로 없다.

속설 3 냉소주의는 도덕적이다

희망은 일부 계층만 가질 수 있는 특권 아닌가? 사람에게서 최고의 모습을 보는 여유가 모든 사람에게 있는 것은 아니다. 특히 가혹한 제도로 인해 상처 입은 사람이라면 더더욱 그렇다. 불의가 가득한 세상에서 피해자에게 밝은 면을 보라고 얘기하는 것은 매정해 보일지도 모른다. 어쩌면 낙관론자는 문제를 '희망 세척'해서 이들을 '경시하고' 냉소론자는 문제에 빛을 비춰 이들을 드러낸다.

이 속설은 직관적이지만 시대를 역행한다. 냉소주의는 잘못된 부분에 초점을 맞추지만 더 잘될 가능성 역시 차단한다. 잘못된 사회 제도가 우리의 잘못된 본성을 반영하는 거울이라면 이 제도를 바꿀 방법은 전혀 없다. 우리 본성이 비뚤어져 있는데 왜 일을 벌이겠는가? 나의 경우에는 냉소주의가 가장 심할 때는 도덕적으로도 마비된 느낌이 들었다. 봉사 활동도 항의도 그만뒀고 나보다 적극적으로 활동하는 친구들을 보며 굳이 왜 그러는지 이해가 되지 않았다. 다른 냉소론자들도 나와 마찬가지로 비냉소론자들보다 선거와 사회 운동을 등한시하는 경우가 많다.

냉소주의는 급진적인 세계관이 아니다. 이건 현상現狀을 유지하는 도구[11]다. 냉소주의는 권력자가 유용하게 쓰는 도구로 이들은 대중을 선동할 때 사람들을 효과적으로 통제하기 위해 불신의 씨앗을 뿌린다. 부패한 정치인은 유권자에게 모든 사람이 부패했다는 믿음을 심으면서 본인의 정체는 숨긴다. 언론사는 대중의 판단과 분노를 자극하는 콘텐츠에 집중한다. 우리의 냉소주의는 바로 이들이 생산한 제품이고 그 사업은 번창하는 중이다.

우리의 믿음은 다른 사람을 대하는 방식에 영향을 주고 이는 다른 사람이 반응하는 방식을 결정한다. 생각은 세상을 변화시키고 냉소주의는 우리 세상을 더 비열하고, 더 슬프고, 더 병든 곳으로 바꾼다. 하지만 이 모든 상황은 우리 모두가 바라는 세계가 아니다. 미국인은 전보다 서로를 덜 신뢰하지만 미국인 79퍼센트는 사람들이 서로를 너무 신뢰하지 않는다고 걱정한다. 우리는 정치적 라이벌을 혐오하지만 미국인 80퍼센트는 정치적으로 너무 분열된 사회[12]를 걱정한다. 우리 대부분은 연민과 연대를 기반으로 구축된 사회를 원하지만 냉소주의는 아무리 노력해도 나아지는 게 없다고 우리를 꼬드긴다. 그래서 우리는 손을 놓고 있고 상황은 점점 더 악화되는 것이다.

*

고대 신화에 따르면 희망은 저주의 일부로 지구상에 도착했다. 프로메테우스Prometheus는 신으로부터 불을 훔쳤고 이에 제우스Zeus는 '선물'을 줘 훔친 죄를 응징했다. 그는 헤파이스토스Hephaestus(불과 대장장이의 신이다 – 옮긴이)에게 최초의 여인 판도라Pandora를 만들라고 명했고 그를 프로메테우스의 동생에게 선사했다. 판도라는 제우스로부터 점토로 만든 단지를 받으며 절대 단지를 열지 말라는 주의를 들었다. 하지만 호기심을 이기지 못한 판도라는 뚜껑을 열었고 이때 세상의 온갖 병폐가 단지에서 나와 날아가고 말았다. 우리 몸에는 질병과 기근, 우리 마음에는 악의와 질투, 우리 도시에는 전쟁이 생겨났다. 판도라는 실수를 깨닫고 뚜껑을 닫았는데 희망만 단지 안에 갇히게 됐다.

그런데 희망은 그 안에서 우리의 다른 병폐와 함께 어떤 일을 했을까? 어떤 사람은 희망이 단지 안에 있던 유일하게 좋은 것이었고 그 안에 갇히면서 우리 운명이 더욱 가혹해졌다고 믿는다. 또 어떤 사람은 희망이 다른 저주와 완벽하게 조화를 이룬다고[13] 생각한다. 철학자 프리드리히 니체Friedrich Nietzsche는 희망을 가리켜 "인간의 고난을 연장하기 때문에 악 중에서 가장 사악하다"고 말했다. 여기에 동의하는 사람도 있을 것이다. 희망은 사람들이 본인의 문제와 세상의 문제를 무시하도록 이끌기 때문에 전형적으로 망상을 유도하고 심지어 해를 끼친다고 여겨졌다.

과학자들은 희망을 다르게 본다. 심리학자 리처드 라자루스Richard Lazarus(인지, 스트레스에 대한 주관적 평가를 연구한 미국의 심리학자로 스트레스 연구가 여러 다양한 분야로 확장되는 계기를 마련했다 - 옮긴이)는 이렇게 밝혔다. "희망하는 것은 뭔가를 긍정적으로 보는 믿음이다. 이 믿음은 당장 그 사람의 삶에는 적용되지 않지만 언젠가 실현될 수도 있다." 다시 말해, 희망은 문제를 회피하는 것이 아니라 문제에 대응하는 것이다. 상황이 분명 나아질 것이라고 말해주는 믿음이 낙관주의라면 희망은 상황이 나아질 수도 있다고 말해준다. 낙관주의는 이상주의적이며 희망은 실용적이다. 희망은 사람들에게 더 나은 세상을 얼핏 비춰주면서 이를 위해 싸우라고 부추긴다.

누구나 희망을 실천에 옮길 수 있다. 에밀이 그런 사람이다. 그는 대부분의 사람이 보는 그 세상을 똑같이 봤지만 냉소주의로 후퇴하는 대신 평화를 위해 힘쓰고, 공동체를 건설하고, 본인의 원칙을 지키며 살았다. 나와 그를 아는 많은 사람에게 에밀의 이런 긍정적인 태도는 불가사의하게 보였다. 한결같은 성품 또는 경험, 의지 혹은 이 세 가지 요소의 연금술은 그의 품격을 높여줬고 많은 사람은 그의 이성과 따뜻한 마음에서 깨달음을 얻었다.

이 책은 에밀이 준 교훈을 널리 전파하겠다는 의도로 시작한 프로젝트다. 그의 아내 스테파니의 도움으로 나는 에밀의 가족, 어릴 적 친구, 코치, 팀 동료, 직장 동료와 이야기를 나눴다. 또 그에게 중요한 영향을 끼쳤던 장소를 여행했고 그가 세상에 발표하지 않았던 메모를 꼼꼼히 들여다봤다. 십여 차례 눈물 나게 고마운 대화를 통해 나는 에밀이 누구인지, 어떻게 그가 그런 삶의 방식을 택했는지 좀 더 깊이 이해하게 됐다. 그런데 뜻하지 않게 나는 그의 존재를 느끼기 시작했다. 종종 일어나는 일이지만 뭔가 비판적이거나 냉소적인 생각이 떠오를 때면 에밀의 목소리가 들리기 시작했다. 처음에는 가끔 나지막이 그의 목소리가 들리더니 이제는 자주 분명히 들린다.

에밀은 뇌종양 진단을 받은 직후 스테파니에게 이런 편지를 썼다.

"신경과학자로서 나는 우리 뇌가 세상을 실제로 보는 것이 아니라 단지 세상을 해석한다고 배웠어. 그러니까 내 몸이 없어진다고 그게 정말 없어지는 것은 아니야! 당신에게 나라는 사람은 실제로는 당신 마음이 투영된 모습이지. 나는 현재도 그렇고 과거에도 그랬고 항상 당신 안에 있어."

책을 쓰면서 나는 에밀이 이 세상 너머에서 내 마음속으로 들어와 살아 숨 쉬는 이상하고 엄숙한 경험을 했다. 그는 내게 상상 이상으로 많은 것을 가르쳐줬다.

이 책에서 에밀은 여러분에게도 가르침을 줄 것이다. 의사가 환자의 치유를 위해 애쓰듯 에밀은 평화를 구축하기 위해 애썼다. 질병이 신체 기능의 작동 이상이라면 에밀은 갈등과 냉혹함을 사회의 질병으로 봤다. 그와 그의 동료들은 증오를 일으키는 인자를 진단한 다음, 갈등을 줄이고 연민을 구축하는 심리 치유 방법을 설계했다.

《희망찬 회의론자》는 서로 간의 신뢰의 상실에 대해 이와 비슷한 접근 방식을 택한다. 여러분은 곧 여러분 자신과 타인 안에 내재된 냉소주의 징후를 진단하고 그 원인을 이해하며 이 냉소주의가 어떻게 전 세계 일터에서 외로움이라는 유행병과 '대*체념', 민주주의 자체의 부식까지 수많은 병폐를 일으켜왔는지 깨닫게 될 것이다.

일단 병을 알아야 치료할 수 있다. 에밀은 치료를 위해 의사보다는 기적을 일으키는 환자 역할을 했다. 냉소주의가 병원균이라면 에밀은 이 병원균에 저항하는 특이한 환자였다. 전 세계에 퍼진 전염병에 걸리지 않은 사람이 있다면 우리는 병의 퇴치 방법을 연구하기 위해 이들의 유전자나 혈액을 검사하기도 한다. 나는 희망을 실천할 수 있도록 이끈 선택과 경험을 알아보기 위해 에밀의 인생을 탐사했다.

이 과정에서 냉소주의와 싸우기 위해 그가 사용한 강력한 도구가 회의주의임을, 즉 증거 없이 주장을 믿지 않는 태도였음을 알았다. 냉소주의와 회의주의는 종종 서로 혼동되는 경우가 많지만 둘은 달라도 너무 다르다. 냉소주의는 사람에 대한 신뢰의 결핍인 반면 회의주의는 추정에 대한 신뢰의 결핍이다. 냉소론자는 인간이 끔찍하다고 상상하는 반면 회의론자는 그들이 신뢰할 수 있는 사람에 대한 정보를 모은다. 그들은 믿음에 살짝 집착하고 빨리 배운다. 에밀은 희망찬 회의론자로서 명확하고 호기심 어린 마음으로 인류에 대한 사랑을 결합했다.

이런 마음가짐은 우리에게 냉소주의에 대한 대안을 제시한다. 우리는 하나의 문화 현상으로 인류가 범죄로 취급한 탐욕, 증오, 부정에 지나치게 몰두한다. 일련의 연구에 따르면 대부분의 사람은 타인이 실제로 얼마나 관대하고, 믿을 만하고, 마음이 열려 있는지 깨닫지 못한다고 한다. 일반 사람들이 같은 일반 사람을 과소평가하는 것이다.

여러분이 일반 사람과 다를 바 없다면 희망적인 뉴스, 즉 '사람들은 우리 생각보다 아마도 더 낫다'는 소식을 접하지 못할 것이다. 하지만 회의주의에 기대보면 성급하게 결론 내리지 않고 사람을 주의 깊게 살피며 도처에서 기분 좋은 깜짝 소식을 발견할지도 모른다. 연구를 통해 확실히 밝혀졌지만 희망은 세상 물정 모르는 접근 방식이 아니다. 희망은 입수할 수 있는 최고의 자료에 대한 정확한 대응이다. 이런 대응은 냉소론자라도 포용할 수 있는 희망의 일종이며 많이들 걸려든 정신의 덫에서 빠져나올 수 있는 기회다.

＊

이 책에서 여러분은 냉소주의, 신뢰, 희망에 대해 내 연구실에서 이뤄진 연구를 포함해 수십 년간 진행된 과학을 배우게 될 것이고 마치 문을 부수는 도끼처럼 희망을 사용하는 사람을 만나게 될 것이다. 학생들의 능력을 높여 '위험한' 중학교를 탈바꿈한 교장 선생, 회사의 치열한 문화를 협동 문화로 바꾼 최고경영자가 여러분을 맞이할 것이다. 한 큐어넌QAnon(2017년, 미국의 극우 성향 온라인 커뮤니티에서 탄생했고 스스로를 애국자 Q라고 칭한 익명의 게시자가 올린 글에서 시작됐다. 사탄을 숭배하는 소아성애자 집단이 미국을 지배한다고 믿는 인터넷 음모론을 통칭하는 말이다-옮긴이) 추종자는 음모론보다 가족이 더 중요하다는 사실을 깨닫고 일본의 은둔자는 예술을 통해 본인의 목소리를 찾는다. 이들의 이야기를 접하며 우리는 우리 마음이 진화해 어떻게 공동체를 강화하고 미래를 다시 상상할 수 있는지 목격할 수 있다.

또한 이 책을 통해 희망찬 회의주의를 키울 전략과 습관을 공유하려고 한다. 희망찬 회의주의에 대해 좀 더 깊이 알고 싶은 사람들을 위해 부록 1에 실용적인 지침을 수록했다. 그러나 여러분에게 냉소주의와 싸워보라는 주문을 하기 위해서는 나 먼저 이 조언을 받아들여야 한다. 최근 나는 그 시도를 해봤다. 희망찬 회의주의의 도움으로 자녀의 양육

을 재고해봤고 내가 소비하는 언론을 실험했으며 많은 낯선 사람과 이
야기를 나누고 내 기후 '운명주의'를 극복하려고 노력했다. 이 일은 상당
부분 힘들거나 어색했지만 이따금 나를 변화시켰다. 나의 경우, 사람들
과의 관계가 돈독해졌고 신뢰가 쌓였으며 낙관주의가 자라났다.

　냉소주의는 결국 탄탄한 증거가 부족해서 생기는 경우가 많다. 덜
냉소적이라는 의미는 그저 좀 더 정확하게 살펴보는 것이다. 나는 이 책
의 도움으로 여러분이 타인에게서 좋은 점을 목격하고 우리 대부분이
원하는 세상을 향해 나아가기를 바란다.

　우리들 내면의 냉소적인 목소리는 사람들에 관한 것은 이미 다 알
고 있다고 우긴다. 하지만 인류는 냉소론자의 상상보다 훨씬 더 아름답
고 복잡하며 미래는 이들이 아는 수준 이상으로 훨씬 더 신비롭다.

　냉소주의는 매년 점점 더 많은 사람이 쓰는 더러운 안경과 같다. 나
는 여러분이 이 안경을 벗도록 도와주고 싶다. 어쩌면 눈앞에 보이는 것
에 깜짝 놀랄지도 모르겠다.

차례

"희망은 우리가 소파에 앉아 손에 움켜쥔 채 행운을 비는 복권이 아니라,
위급한 상황에서 문을 부수는 도끼 같은 것이다."

레베카 솔닛 Rebecca Solnit

1부

냉소주의를
버리는 열쇠

1장 냉소주의를 나타내는 신호와 증상

냉소주의는 사회 건강 질환이다. 하지만 치료에 앞서 이 질환이 무엇이고 우리에게 어떤 영향을 주는지 파악해야 한다. 냉소주의 진단은 탐정 수사와 같다. 증상은 병의 실마리이자 몸 내부의 이상을 알려주는 외적 신호다. 통증이 있고 손이 얼얼하며 어질어질한 증상이 있다면 빈혈을 의심할 수 있다. 이런 증상이 가슴으로 가면 생각지 못한 다른 원인이 숨어 있을지도 모른다. 각 증상이 의미하는 바는 상황에 따라 달라진다.

심리학자는 내담자의 말과 행동을 실마리 삼아 이들의 마음 상태를 짐작한다. 만약 좋아하는 활동을 해도 즐겁지 않다면 우울증을 앓고 있다는 신호가 될 수 있다. 여러분이 참가하는 모임마다 활력소 역할을 한다면 아마 외향적인 성향일 가능성이 높다. 냉소주의도 이런 식으로 진단할 수 있지만 세월이 지나면서 냉소주의의 의미가 변해왔기 때문에 까다롭다. 역사를 거슬러 올라가보면 원래 냉소주의가 현재의 낙담한 모습과는 관계가 거의 없다는 것을 알게 된다.

냉소주의의 원형

소설에 등장하는 세상에서 가장 유명한 탐정은 자기 집에서는 최고가 아니었다. 셜록 홈즈Sherlock Homes에 따르면 그의 형인 마이크로프트Mycroft가 더 뛰어난 사람이었다. 하지만 마이크로프트의 문제는 "야망과 에너지가 전혀 없고" 인류를 경멸한다는 점이었다. 그는 사건을 해결하는 대신 사람을 싫어하는 사람들을 위한 모임을 만들었다. 셜록은 디오게네스 클럽Diogenes Club[1]을 소개하면서 "마을에서 가장 사회성이 떨어지고 클럽 활동에 걸맞지 않은 사람이 모인 곳"이라고 묘사했다. 클럽에서 다른 회원과 대화를 시도하면 추방될 수도 있었다.

이 클럽의 이름은 2300년 전 그리스에서 태어난 성미 고약한 시노페의 디오게네스Diogenes of Sinope[2]에서 따왔다. 은행원의 아들인 디오게네스는 자기 마을의 통화를 위조한 죄로 고소당해 추방됐고 아테네 거리를 전전하며 음식을 구걸하고 큰 도자기 단지 안에서 잠을 자면서 살았다. 그는 전형적인 철학자라기보다는 반문화적 스턴트맨(사회 규범에 반감을 표하기 위해 스턴트맨처럼 깜짝 놀랄 만한 행동을 하는 사람이다-옮긴이)이었고 품위를 중시하는 사회에 직격탄을 날렸다. 디오게네스는 사람들 앞에서 볼일을 보고 자위행위를 했다. 또 낯선 사람의 얼굴 앞에 랜턴을 흔들며 정직한 사람을 딱 한 명 찾고 있다고 크게 소리쳤다.

수도승, 히피, 남을 깎아내리는 코미디언과 일맥상통하는 부분이 있던 디오게네스는 어떤 사람에게는 공포심을 조장했지만 많은 이의 이목을 자극했다. 사람들은 그를 키니코스kinikos, 즉 '개 같은 사람'이라고 불렀다. 그는 이 별명을 좋아해서 "나는 먹이 주는 사람에게는 꼬리를 치고[3] 나를 싫어하는 사람에게는 소리를 지르며 악당은 물어뜯는다"고 말했다. 이렇게 키니코스는 냉소주의의 뿌리가 됐다. 지금부터 나는 이 고대, 원래의 냉소주의를 '빅 씨 냉소주의big-C Cynicism'[4]라고 부르겠다.

디오게네스에게는 그를 우상처럼 따르는 추종자들이 있었다. 그와 그를 따르는 빅 씨 냉소론자들은 비꼬기를 좋아했고 무례했으며 거짓말을 아주 싫어했다. 그러나 저변에서 볼 때 이들은 사람들에게 희망을 전했다. 냉소론자는 사람이 선천적으로 바르고 의미 있는 삶을 살 수 있지만 법과 계급으로 인해 이런 천부적 선물을 빼앗긴 바람에 부와 권력을 탐하는 구렁텅이로 빠져들게 됐다고 생각했다. 디오게네스는 사람들을 이 덫에서 구하고 싶었다. 냉소주의를 연구하는 한 학자에 따르면 디오게네스는 "스스로를 남을 고치기 위해 고통을 가해야 하는 의사로 봤다." 낯선 이들을 미워해서가 아니라 그들을 해방시키기 위해 괴롭힌 것이었다. 마치 선종 사부가 생각의 틀을 깨라고 수련자의 따귀를 때리는[5] 것처럼 말이다.

*

    사회의 병폐와 싸우기 위해 빅 씨 냉소론자는 의미 있게 품고 살아 갈 규칙을 정했다. 규칙의 첫 번째 요소는 아우타르케이아^{auatarkeia}, 즉 자족이었다. 냉소론자는 관습, 돈, 지위를 무시하면서 자기 나름대로 살아갈 수 있었다. 아무에게도 의지하지 않고 자신의 진정한 가치를 추구했다. 두 번째 요소는 코스모폴리테스^{kosmopolites}, 즉 세계주의였다. 냉소론자는 정체성 정치$^{identity\ politics}$(인종, 성, 종교, 계급 등 여러 기준으로 분화된 집단이 각 집단의 권리를 주장하는 데 주력하는 정치다 - 옮긴이)를 거부하고 스스로를 남보다 잘나지도 못나지도 않다고 봤다. 디오게네스는 어디 출신이냐는 질문에 주저 없이 "나는 세계 시민이다"라고 답했다. 처방의 세 번째 요소는 필란트로피아^{philanthropia}, 즉 인류애였다. 냉소론자는 소위 전문가들이 칭하는 '전도 열정'[6]을 가지고 고통에 대응하면서 타인을 도왔다. "동료의 안위를 염려하는 것은 모든 형태의 냉소주의의 기본이었다"고 디오게네스는 적었다.

    옛날의 냉소주의는 겉으로 보기와는 딴판이었다. 혼돈 아래에 질서가 있었고 분노 아래에 돌봄이 있었다. 디오게네스는 사람들을 피하는 대신 그들이 진정으로 뜻깊게 살도록 도와주려고 했다. 그가 경멸했던 것은 아마도 디오게네스 클럽이었을 것이다.

    이런 그의 생각이 어떻게 이토록 뒤틀리게 됐을까? 빅 씨 냉소론자는 글로 남기는 기록보다 길거리 극장을 선호했다. 따라서 이들의 행동과 실행은 공식적인 기록보다 영향력이 컸다. 한 역사가는 이런 말을 남겼다. "냉소론자는 스스로를 내세우지 못하기 때문에", "남을 설득하는 매력"이 떨어졌다. 빅 씨 냉소론자는 자신들이 어떤 유산을 남길지 개의치 않았고 대신 다른 시대와 공간에 사는 타인의 관점을 통해 유산이 기록되도록 했다. 일부 철학자는 예수를 가리켜 모두를 사랑하고 권력을 경멸한 갱신형 냉소론자로 칭했다. 르네상스 시대의 한 작가는 디오게네스를 도자기 단지에 와인을 가득 채워 다니는 주정뱅이로 묘사했다.

작가들은 지속적으로 냉소주의 철학을 반복 재생했다. 그 결과, 냉소론자는 불만 있는 반항자로 기억되면서 이들이 인류에 대해 가진 희망은 뒤에 남겨진 채 잊었다.[*] 현대의 '스몰 씨' 냉소주의는 사회 규범에 대한 원래의 의구심은 그대로 가지고 있지만 본래의 상상력과 의무감은 잃어버리고 말았다. 빅 씨 냉소론자는 사람에게 대단한 잠재력이 있다고 믿었다. 스몰 씨 냉소론자가 볼 때는 사회 최악의 요소가 우리의 진정한 모습이다. 빅 씨 냉소론자는 법규에서 벗어나기 위해 법규를 조롱했다. 오늘날의 냉소론자 역시 사회를 비웃지만 이들이 보여주는 사회와의 단절은 항복의 백기다. 이들이 보기에 이 사회에는 향상의 여지가 전혀 없기 때문에 백기를 들 수밖에 없다.

변질된 냉소주의

오늘날 우리 대부분이 알고 있는 냉소주의는 스몰 씨 냉소주의밖에 없다. 지금부터 이 스몰 씨 냉소주의를 그냥 '냉소주의'로 부르겠다. 냉소주의는 매년 점점 더 많은 사람에게 전염된다. 자신에게 냉소주의가 있는지 진단하려면 다음 문장에 대체로 고개가 끄덕여지는지 생각해보라.

1. 아무도 자신에게 일어난 일을 대단하게 여기지 않는다.
2. 사람들 대부분은 다른 사람 돕기를 싫어한다.
3. 대부분의 사람은 주로 남에게 걸리는 게 두려워 정직한 행동을 한다.

1950년대 심리학자 월터 쿡Walter Cook과 도널드 메들리Donald Medley는 좋은 교사를 알아보는 검사를 고안했다. 이들은 수백 명의 교육자에게 저 세 문장 외에 다른 47개 문장을 준 다음 여기에 동의하는지 물었다. 동의하는 문장이 많을수록 학생과의 관계가 좋지 않았다. 그런데 이 검사는 다른 분야로 폭넓게 적용됐다. 동의하는 문장이 많아질수록 친구와 낯선 사람, 가족을 더 의심하는 것으로 나타났다. 얼마 안 가 우연히 쿡과 메들리가 만든 냉소주의 감지 검사[9]가 다른 목적으로도 쓰일 수 있다는 것이 밝혀졌다.

사람들 대부분은 쿡과 메들리가 만든 50개 문장[10]의 3분의 1에서

2분의 1 정도는 동의를 한다. 나는 이 50개 문장을 여러분이 앞에서 답한 세 문장으로 단순화했다. 만약 여러분이 세 문장 다 동의하지 않는다면 냉소주의 성향이 약한 것이다. 만약 단 한 문장에만 동의한다면 냉소주의 성향이 중간보다 낮은 쪽(스테이크 굽기 중 미디엄 레어, 즉 약간 덜 익힌 정도를 생각해볼 것)에 해당되고 두 문장에 동의한다면 냉소주의 성향이 중간보다 높은 쪽에 해당된다. 세 문장 다 동의한다면 여러분은 냉소주의 성향이 만개한, 모든 사람을 부정적인 '눈'으로 보는 사람이다.

우리는 세상을 설명하고 예측하고 세상으로 나아갈 때 이론을 적용한다. 중력은 질량을 가진 물체가 서로 잡아당긴다는 이론이다. 의식적으로 이런 생각을 하지 않아도 이 이론은 우리 머릿속에 들어 있다. 덕분에 우리는 사과가 나무에서 떨어져도 의아해하지 않고 높은 곳에서 벽돌을 떨어뜨리는 것은 불법이라고 생각하지만 마시멜로를 떨어뜨리는 건 괜찮다고 믿는다. 상당히 많은 사람이 만유인력의 법칙은 이해하고 받아들이지만 다른 개념은 우리를 분열시킨다. 낙관주의는 미래가 결국 잘될 것이라는 이론이고 비관주의는 그렇지 않을 것이라는 이론이다. 낙관주의자는 좋은 징후에 주의를 집중하면서[11] 위험을 감수하지만 비관주의자는 나쁜 징조에 집중하고 안전주의로 나아간다.

냉소주의는 사람들이 이기적이고 탐욕스러우며 정직하지 않다는[12] '이론이다. 여느 이론과 마찬가지로 냉소주의는 우리가 현실을 보는 방식과 사회라는 세상에 대응하는 방식을 바꾼다. 지금까지 앞서 제시한 것과 비슷한 많은 연구가 이뤄졌는데, 그중 한 실험에서 참가자들은 쿡과 메들리의 검사에 참여한 다음에 어떤 사람이 자신의 문제를 이야기하고 상대편은 그 문제를 듣는 모습을 지켜봤다. 쿡과 메들리의 문장에 동의하지 않은 사람들은 듣는 사람을 따뜻하고 주의 깊다고 평가했고 그 문장에 동의한 사람들은 듣는 사람이 무관심하고 냉담하다[13]고 생각했다.

*

냉소주의 성향이 생기면 우리의 사고방식과 행동 양상이 달라진다. 여러분의 냉소주의 성향을 더 자세히 진단하기 위해 게임 하나를 해보자. 여러분은 '투자자'로 수중에 10달러가 있다. 또 한 명의 게임 주자는 돈을 받는 '수탁자'로 여러분이 만날 일이 전혀 없는 낯선 사람이다. 여러분은 수탁자에게 원하는 액수의 돈을 보낼 수 있다. 여러분이 보낸 금액은 그것이 얼마든 세 배가 되고 수탁자는 여러분에게 본인이 원하는 만큼의 금액을 돌려줄 수 있다. 10달러를 투자하면 수탁자의 손에 30달러가 들어가는 식이다. 수탁자가 여러분에게 반을 돌려주면 각각 15달러를 손에 넣으면서 둘 다 이득을 본다. 수탁자는 여러분에게 30달러를 다 돌려줄 수도 아니면 다 가질 수도 있다.

마음 내키는 대로 투자한다고 할 때 수탁자에게 처음에 얼마를 보낼 것인가? 가능하다면 답을 적어보자. 잠시 후 이 답에 관해 다시 얘기해보겠다.

희망찬 회의론자

경제학자는 신뢰, 즉 다른 사람을 믿겠다는 결정을 측정[11]하기 위해 수십 년 동안 이 게임을 사용했다. 누군가에게 비밀을 털어놓거나 베이비시터에게 아이를 맡길 때마다 우리는 스스로를 위험에 노출시킨다. 우리가 신뢰하는 사람이 약속을 지킨다면 모든 사람이 이기는 것이다.[15] 친구에게 비밀을 털어놨는데 그 친구가 내 말을 듣고 힘이 돼준다면 관계는 돈독해진다. 자녀가 여러분이 새로 고용한 베이비시터와 즐거운 시간을 보낸다면 이 사람은 보수를 받고 여러분 또한 아이 없이 어른의 시간을 온전히 즐기게 된다. 하지만 사람들이 우리를 속일 수도 있다. 새로 사귄 친구가 여러분에게 들은 비밀을 사방에 퍼뜨리고 다닐 수도 있다. 베이비시터가 여러분의 물건을 훔치거나 핸드폰을 하느라 아이를 내팽개쳐둘 수도 있다. 신뢰는 사회적 도박이며 냉소론자는 허당들이나 남을 신뢰한다고 생각한다.

이제 방금 한 게임으로 돌아가보자. 만약 여러분이 보통 사람에 속한다면 수탁자에게 5달러 정도를 보내서 15달러를 만들어줄 것이다. 일반적인 수탁자라면 6달러를 돌려주면서 여러분에게 11달러를 안겨주고 게임이 끝나면 자기들은 9달러를 손에 넣는다. 여러분이 일반적인 냉소론자라면[16] 투자를 전혀 안 하거나 3달러까지만 보내면서 비냉소론자에 비해 보수적인 투자를 한다. 이런 선택을 통해 우리가 어떤 이론으로 살아가는지 드러난다. 비냉소론자는 수탁자가 돈을 돌려줄 확률이 50퍼센트 정도라고 믿는다. 냉소론자는 수탁자가 돈을 받아 달아날 것이라고 생각한다. 결론적으로 봤을 때 수탁자는 받은 돈의 약 80퍼센트 정도를 되갚는다. 냉소론자는 신뢰 게임에서 비냉소론자에 비해 돈을 덜 버는데 거의 모든 투자자는 상대를 믿으면 믿을수록 돈을 더 벌게 되어 있다.

신뢰 실험에서는 의심하면 돈을 잃는다. 실생활에서는 상대방이라는 훨씬 중요한 자원을 빼앗긴다. 소설가 커트 보네것Kurt Vonnegut(미국의 소설가다. 기발한 착상과 블랙 유머를 바탕으로 산업 사회에서 압박받는 인간상을 그렸다-옮긴이)은 사람은 공동체에서 살도록 "화학적으로 설계됐다"[17]라고 쓰면서 마치 "물고기가 깨끗한 물에서 살도록 화학적으로 설계된 것과 같다"고 말했다. 냉소론자는 지는 게 싫어서 본인들의 사회적 욕구를 부인한다. 이들은 친구들에게 도움을 잘 구하지도 않고 상대방이 마치 속임수를 쓰고 있는 것처럼 생각하며 협상에 임한다.[18] 해변으로 떠밀려와 살려고 발버둥치는 송어처럼 냉소론자는 사람과의 관계에 굶주려 있다.

이런 사회적 영양실조는 시간이 지날수록 심해진다. 연구에 따르면 냉소적인 청소년은 비냉소적 청소년보다 대학생이 됐을 때 우울증에 걸릴 확률이 높으며 냉소적인 대학생은 중년에 이르러 과한 음주를 하고[19] 이혼할 확률이 높다고 한다. 비냉소론자는 경력이 쌓이면서 꾸준히 돈을 더 많이 버는 반면 냉소론자는 재정적으로 고전을 면치 못한다.[20] 냉소론자는 가슴 아픈 일과 심장질환을 겪을 확률이 높다. 한 연구에서 약 2천 명의 성인이 쿡과 메들리가 실시한 조사에 참여했다. 9년 후 177명이 사망했는데 사망한 사람 중 냉소론자가 비냉소론자보

다 두 배 이상 많았다.[21]

옛날 유행하던 우스갯소리가 있다. 두 명의 할머니가 자기들이 머무는 리조트에 대해 불평을 늘어놓는다. "여기 음식은 형편없어." 첫 번째 할머니가 불평한다. 두 번째 할머니가 불평을 더한다. "물론이야. 게다가 양도 너무 적잖아!" 이들의 말이 냉소적인 삶을 묘사한 것일지도 모른다. 고립과 불행으로 가득하면서 너무 빨리 덧없이 흘러가는 삶을 말이다.

냉소주의와 신뢰의 관계

냉소론자는 비냉소론자보다 힘든 삶을 살아가지만 상대방을 신뢰하지 않는 사람이 늘면서 모두의 삶이 힘들어지고 있다. 이 양상을 이해하려면 신뢰도가 높은 국가와 낮은 국가의 행복도를 비교[22]해보면 된다. 2014년, 세계가치조사World Values Survey는 전 세계인들에게 "대부분의 사람을 믿을 수 있다"는 말에 동의하는지 물었다. 베트남 국민 50퍼센트는 여기에 동의했지만 당시 소득 수준이 비슷했던 몰도바Moldova에서는 국민의 겨우 18퍼센트만 이 문장에 동의했다. 신뢰도는 부유한 나라끼리 비교했을 때도 차이가 났다. 예컨대 핀란드는 국민의 58퍼센트가 동의했고 프랑스는 국민의 19퍼센트가 동의했다.

신뢰도가 높은 공동체는 많은 면에서 신뢰도가 낮은 공동체를 앞질렀다. 신뢰도가 높은 공동체 구성원은 더 행복하다. 행복도 측면에서 볼 때, 신뢰도가 높은 단체에서 살아가는 것은 보수가 40퍼센트 오르는 것과 같다고 한다. 이들은 신체적으로 더 건강하고 남과의 차이도 너그럽게 받아들인다.[23] 자선 단체에 기부도 많이 하고 공동체 관련 활동에 적극적으로 참여하며 자살로 생을 마감하는 경우가 적다.[24] 이들은 상거래를 효율적으로 하고 투자에도 적극적이어서 통상 번영에 이바지한다. 경제학자들은 한때 41개 국가의 신뢰 수준[25]을 측정하고 그 이후 수년에 걸쳐 국내 총생산GDP을 비교해봤다. 신뢰도가 높은 나라는 국고가 증가한 반면 신뢰도가 낮은 나라의 부는 정체되거나 하락했다.

*

신뢰는 좋은 시절은 더 좋게, 어려운 시절은 견딜 수 있게 만들어준다. 다른 사람을 신뢰하는 사람들은 역경 속에서 서로 똘똘 뭉친다. 일본 고베Kobe에서 일어난 사례가 이를 극단적으로 보여준다. 고베 시의 두 동네인 마노Mano와 미쿠라Mikura는 지도상으로는 같은 지역처럼 보였다. 겨우 5킬로미터 정도 떨어져 있는 두 동네는 다 공장과 공방, 가옥이 밀집해 있었으며 고령화돼가는 중산층과 노동자 인구의 본거지였다. 하지만 속을 들여다보면 두 마을은 전혀 유사하지 않았다. 마노는 영세한 가내 사업체가 많아 이웃끼리의 거래에 의지했다. 이런 경제에서는 여성이 중요한 역할을 하는 반면 미쿠라는 좀 더 가부장적인 곳이었다.

마노 주민들은 역경도 함께 겪었다. 1960년대에 공장이 증가하면서 대기 질이 악화돼 급기야 주민의 40퍼센트가 천식을 앓게 됐다. 쓰레기 수거 같은 공공 서비스가 제 기능을 못하면서 거리에는 쥐와 파리, 모기가 들끓었다. 마노는 '오염 백화점'이라는 불명예스러운 별칭을 달게 됐다. 인구도 점점 줄면서 동네가 슬럼가로 전락하는 듯 보였다.

하지만 마노 주민들은 굴하지 않았다. 이들은 동네에 계획위원회를 창설해 자원을 늘리고 오염 대책 조치를 취해달라며 정부에 압력을 넣었다. 서서히 복잡한 거리 사이사이에 공원이 생겨났고 공장은 이전했으며 쓰레기 수거 조치가 이뤄졌다. 이어서 아이들이 놀 만한 장소가 생겼고 노년층을 위한 집이 지어졌다. 마노에서의 삶의 질은 향상됐다.

이를 통해 마노 주민은 공동의 대의로 뭉치게 됐다. 반면 미쿠라에는 이런 경험이나 신뢰의 끈이 없었다.[26] 그러던 차에 1995년 대지진이 고베와 그 인근 지역 전체를 뒤흔들었다. 지진으로 일어난 화재가 이틀간 지속되면서 5천 명 이상이 목숨을 잃었고 10만 채 이상의 건물이 파괴됐다.

화염이 번지면서 두 지역 간의 차이가 극명하게 드러났다. 미쿠라 주민들은 대부분 잠옷을 입은 채 가옥이 잿더미로 변하는 모습을 지켜봤다. 하지만 마노 주민들은 가만히 앉아 당국의 조치를 기다리지 않았다. 불을 끄기 위해 힘을 합해 행동에 나서 임시 양동이 군단을 결성했다. 공장에서 호스를 끌어왔고 강에서 물을 퍼와 불을 껐다. 마노에서는 네 가구당 약 한 가구가 전소된 반면(끔찍한 피해였다) 미쿠라에서는 네 가구당 거의 세 가구[27]가 파괴됐다. 미쿠라의 사망률은 마노보다 열 배나 높았다.

지진이라는 재해에서 사람 간의 신뢰는 건물뿐만 아니라 그 안에 사는 생명을 살려냈다. 서로 간의 신뢰는 재해 복구에 큰 도움이 됐다. 마노는 구호 조직을 결성했고 임시주택 건설을 위한 서명 운동을 했으며 주간임시돌봄센터를 마련했다. 반면 미쿠라 주민들은 서로 협력하지 않았고 이 때문에 공공 서비스 이용 기회를 놓치고 말았다. 고베 시는 집 주인이 요청할 경우 무료로 잔해 수거를 해주겠다고 제안했지만 미쿠라 주민들은 해당 서비스를 요청도 하지 않았다.

*

신뢰의 효과는 이들 두 동네 또는 하나의 재해에만 국한되지 않는다.[28] 전 세계적으로 사람 간의 신뢰 관계를 보면 쓰나미, 폭풍, 테러 공격이 일어났을 때 해당 마을과 도시가 이런 재해를 얼마나 잘 극복할지 예측할 수 있다.[29] 믿음, 공동체 정신, 결속으로 이뤄진 단체와 조직은 어려운 시기에 잘 대처하며 유연함과 강건함을 잃지 않는다. 공동체가 신뢰를 잃으면 맨 아래 블록이 빠진 젠가Jenga(나무블록으로 탑을 쌓고 블록을 하나씩 빼내어 탑을 무너뜨리는 사람이 지는 게임이다 - 옮긴이)처럼 공동체가 불안정해진다. 범죄, 양극화, 질병 역시 증가한다.[30]

코로나19 팬데믹이 시작되면서 이런 양상이 전면적으로 나타났다.

2020년, 미국을 비롯한 많은 국가에서 정부에 대한 국민의 신뢰도는 하락했지만[31] 모든 국가가 다 그런 것은 아니었다. 코로나19가 번지면서 한국 정부는 신속한 대책을 취했는데, 그러면서도 세 가지 원칙, 즉 투명성, 민주주의, 개방성을 준수했다. 정부는 코로나19 신속항원검사에 과감하게 투자했고 코로나19 상황(공무원이 파악하지 못한 상황까지)을 국민에게 정기적으로 알렸다. 덕분에 감염자를 신속하게 확인하고 추적해서 정부 지원으로 이들을 치료할 수 있었다. 한국 정부는 팬데믹 대처로 국민의 신뢰를 얻었고 국민 역시 정부에 잘 협조해 성공적인 대처를 이끌었다. 코로나19에 감염된 국민들은 공식적인 명령 없이도 보통 자발적으로 격리에 들어갔다. 한국의 경우, 2021년 말까지 국민 중 80퍼센트 이상[32]이 코로나 백신 접종을 마쳤다. 이에 반해 미국의 접종률은 겨우 60퍼센트, 영국은 70퍼센트 미만에 그쳤다.

정세균 전 국무총리는 나중에 당시를 회상하며 이런 말을 남겼다.[33] "국민의 신뢰를 얻으면 백신 접종률을 올릴 수 있습니다." 그 반대의 상황도 나올 수 있다. 연구에 따르면 국민이 정부를 신뢰하지 않으면 백신 접종을 거부하는 경우가 많았다. 그 결과, 신뢰도가 낮은 민족과 국가에서 코로나19 감염율과 사망률이 높았다.[34] 한 연구에서는 모든 국가가 한국만큼 높은 신뢰도를 가졌다면 감염자의 40퍼센트는 코로나19에 걸리지 않았을 것이라는[35] 분석이 나왔다. 하지만 대부분의 국가는 마노보다는 미쿠라에 더 가까웠다. 팬데믹은 냉소주의를 악화시켰고 냉소주의는 팬데믹을 악화시켰다.

고대 냉소주의의 부활

희망을 찾기 위해 이 책을 집어들었다면 '잘못된 방향으로 가고 있는 게 아닌가' 생각할지 모른다. 상황이 점점 나빠지고 있다는 생각을 다시금 확인시켜주니 말이다. 하지만 사라진 것은 다시 우리 앞에 등장하기 마련이다. 앞으로 수없이 목격하겠지만 신뢰는 또다시 구축될 수 있고 또 그렇게 구축돼왔다. 아이러니하게도 현대 냉소주의의 치료법은 빅 씨 냉소주의의 뿌리에서 찾을 수 있다. 디오게네스의 원칙, 즉 자족, 세계주의, 인류애는 희망을 키우는 시작점이 된다. 내 친구 에밀은 이 원리가 어떻게 작용하는지 생생하게 보여준 사람이다.

겉으로 봤을 때 에밀은 디오게네스와는 정반대의 사람이었다. 디오게네스가 까칠하고 심술궂었던 반면 에밀은 따뜻하고 너그러웠다. 그는 혼자 행동하기보다는 코치이자 팀의 동료 역할을 했다. 그래도 둘은 공통점이 많았다. 디오게네스는 부를 거부했고 에밀은 애당초 부를 소유하지 않았다. 둘 다 이례적으로 많은 자유를 누리며 살았다. 에밀의 경우 이런 자유로운 삶은 작가이자 정원사이자 서점 직원 등 여러 직업을 거친 다재다능한 아버지인 빌에게서 물려받았다. 빌은 젊은 시절을 베이 에어리어Bay Area(북부 캘리포니아의 샌프란시스코만을 둘러싼 대도시 지역이다 – 옮긴이)를 전전하며 보냈는데, 그의 표현을 빌리자면 "아버지가 될 때까지는 사회 주변부에서 생활했다. 그 후 모든 것이 바뀌었다."[36]

에밀의 어머니가 너무 아파 자식을 돌볼 수 없는 상황에서 빌은 혼

희망찬 회의론자

자 아들을 키웠다.[37] 빌은 아기 에밀을 뚜껑이 없는 큰 박스에 넣고 여기에 굿윌Goodwill(미국의 비영리 단체인 굿윌 인더스트리즈다. 굿윌은 중고 물품을 기부 받아 저렴한 가격에 판매하며 그 수익으로 지역 사회의 취업 교육 및 다양한 프로그램을 지원한다-옮긴이)에서 사온 인형을 가득 채워 박스를 자전거로 끌고 다니면서 도로변 카페와 동네 숲을 누볐다. 아들이 자라는 동안 빌은 항상 아들 곁을 지켰지만 아들에게 무엇을 하라는 얘기는 거의 하지 않았다. 에밀은 훗날 이런 양육 방식을 '자유 방관적 돌봄'이라 불렀다. 에밀은 아버지가 주신 "이 놀라운 선물[38] 덕분에 나는 나만의 모습으로 자랄 수 있었고 지금의 내가 됐다"고 밝혔다.

에밀이 사는 베이 에어리어 지역은 돈과 지위로 가득 물든 곳이었지만 정작 그는 이 둘에 한결같이 관심 없는 사람으로 자랐다. 그의 친한 친구는 이렇게 기억했다. "에밀은 잃을 게 없었어요. 가진 게 아무것도 없어도 행복했으니까요."[39] 이런 삶의 방식은 디오게네스의 삶처럼 그에게 자유를 선사했고 에밀은 나름의 방랑을 즐기며 자기를 부르는 곳이면 어디든 갔다. 스탠퍼드대학교에서는 럭비 선수로 뛰었고 여가 시간에는 노숙자와 함께 몇 시간을 앉아 있곤 했다. 팔로 알토Palo Alto의 고급 주택 지구에서는 볼 수 없는 특이한 습관이었다.

졸업 후에는 부유한 계층의 자제가 다니는 사립 고등학교에서 과학을 가르쳤지만 이내 요란한 기금 모금 행사에 염증을 느꼈다.[40] 에밀은 그 학교를 떠나 신경과학 박사 학위를 따기 위해 미시건으로 갔다. 그는 어머니의 병을 알아내겠다는 염원으로 조현병을 앓다 사망한 환자

의 뇌 조직을 수년간 관찰하며 연구했다.[41]

에밀은 시간이 남으면 닥치는 대로 여행을 즐겼다. 어느 해 여름에는 아일랜드의 가톨릭교와 개신교 10대 신자 간의 평화 도모를 위한 캠프에서 수주간 활동하기도 했다. 10대 남학생들은 그해 여름에 서로 함께 시간을 보내고 즐기며 간이침대를 같이 쓰고 식사를 나눴다. 하지만 캠프 마지막 날에 싸움이 벌어졌다. 아이들은 즉시 본인들의 종교 단체로 돌아가면서 캠프의 성과를 한순간에 수포로 만들었다. 카운슬러가 싸우는 학생 둘을 떼어놓자 그중 한 명이 상대 학생에게 "이 오렌지 새끼야!"라고 고래고래 소리를 질렀다. 17세기 영국 왕, 오렌지 공 윌리엄 William of Orange(1689년 명예혁명을 통해 잉글랜드, 스코틀랜드, 아일랜드의 왕이 됐다. 특히 아일랜드의 종교적 갈등에서 개신교를 대표하는 인물로 여겨진다. 아일랜드 가톨릭 신자들에게는 오랜 갈등의 상징으로 남아 있어 '오렌지'라는 이름은 적대감을 나타내며 욕설로 사용되기도 한다-옮긴이)을 가리키는 말이었다. 과거 전쟁의 얼룩이 이들 내면에 고스란히 남아 있었고 마치 3도 화상에 반창고를 붙이는 격으로 여름 캠프는 도움이 되지 않았다.

이 사건은 에밀의 인생에서 아주 중요한 순간으로 기록됐다. 그는 실패한 캠프로 인해 낙담했지만 다시 마음을 다잡았다. 에밀은 이미 조현병이 뇌를 얼마나 망가뜨리는지 연구했던 터라 수백 명의 과학자와 힘을 합쳐 자기 어머니 같은 사람을 돕기로 했다. 그가 깨달은 사실은 증오 역시 뇌질환이어서 사람의 마음을 왜곡시켜 소스라칠 정도로 잔인하게 만든다는 것이었다. 그러나 조현병과 달리 증오는 뇌 과학에서 인기가 폭발하는 주제는 아니었다. 하지만 증오를 이해하지 않고 어떻게 증오의 극복을 도울 수 있단 말인가?

*

에밀은 평화의 신경과학을 연구하는 데 전념했다. 그런데 한 가지, 이 과학은 존재하지 않는다는 데 문제가 있었다. 그래서 에밀은 MIT의 유명한 연구원을 설득해서 평화의 신경과학 분야를 구축해보자고 제안했다. 에밀과 새로 영입된 멘토는 MRI 스캐너를 사용해서 팔레스타인 사람과 이스라엘 사람이 상대방의 불행을 읽어내려갈 때 이들의 뇌에[42] 무슨 일이 일어나는지 관찰했다. 이 연구를 하면서 에밀은 유럽으로 가 로마Roma인(남아시아 태생의 민족으로 유럽과 북·남미에 흩어져 살며 힌두교와 관련된 로마니라는 언어를 사용한다 – 옮긴이)을 연구했고 시카고에서는 과거 백인 우월주의자였던 사람들을 만났으며 콜롬비아에서는 내전의 상처를 치료했다.

에밀의 관심은 한 가지 명확한 범주에 국한되지 않았다. 그는 다른 사람이 설정한 범주 안에 머무르는 데에도 흥미가 없었다. 에밀은 어릴 때 신발을 경멸해 7학년 때 새로 전학 간 학교에서 신발 착용을 요구할 때까지 거의 맨발로 다녔다. 당시 신발이 전혀 없던 그는 새엄마의 스니커즈를 빌려 신었다. 에밀은 같이 여행하는 동반자가 특별히 갈 곳이 있을 때도 서두르는 법이 없었고 행방을 감추는 일을 즐겨했다.[43] 그의 멘토는 내게 "에밀은 우리가 '감당할 수 있는' 사람이 아니었다"[44]고 말했다.

에밀은 또한 기존의 관행을 위해 본인의 가치를 양보하지 않았다. 본인의 선택이 거창한 것이든 보잘것없는 것이든 상관없었다. 에밀은 스테파니와 저녁 식사를 하러 나갈 때마다 일회용 플라스틱 용기 사용을 피하려고 터퍼웨어Tupperware(플라스틱 밀봉 식품 보존 용기다 - 옮긴이)를 가지고 나가 남은 음식을 싸왔다. "때로는 신경질도 났지만 그의 행동은 항상 존경스러웠어요." 스테파니는 이렇게 회상했다. "에밀은 내면의 나침반이 상당히 튼실했고 그 나침반에 전적으로 의지했죠."

스스로를 믿을 때 생기는 일

에밀은 빅 씨 냉소주의의 원칙인 자족을 실천하며 살았다. 그가 디오게네스 팬이었는지는 모르겠지만 어쨌든 자족을 현대적 개념으로 재해석한 또 다른 사상가를 좋아했다. 에밀이 소중히 여겼던 몇 안 되는 소지품 중에는 랄프 왈도 에머슨Ralph Waldo Emerson(미국의 사상가 겸 시인이다. 자연과의 접촉에서 고독과 희열을 발견하고 자연의 효용으로서 실리, 미, 언어, 훈련의 4종을 제시했다 - 옮긴이)의 《자기신뢰》 필사본이 있었는데 그는 이 책을 침대 옆 탁자 위 유리 상자 안에 넣어뒀다.

에머슨은 마을 광장에서 소변을 보지는 않았지만 빅 씨 냉소론자만큼이나 통념을 혐오했다. 그는 "세계 도처의 사회는 그 사회 모든 구성원의 인간다움을 모함하는 음모론에 가담하고 있다"고 썼다. "이런 사회는 현실과 창조자를 사랑하지 않고 명목과 관습을 사랑한다." 디오게네스와 마찬가지로 에머슨은 이 덫에서 빠져나오는 방법은 타협하거나 두려워하지 않고 본인의 마음을 따르는 것이라고 생각했다. 그는 "자기 자신을 신뢰하면 모든 덕목이 이해된다"고 피력했다.

서평 웹사이트인 굿리드Goodreads에서 에밀은 에머슨의 저서에 관해 다음과 같이 언급했다.

> 에세이 《자기신뢰》는 내가 스스로의 인성 개발을 위해 지침으로 삼았던 책 중 가장 영향력 있는 작품으로 손꼽는다. (······) 이 책은 선하고 진실한 사람이 돼야겠다는 강한 동기와 영감을 제공해줬고, 동시에 그런 사람이 어떤 사람인지 나 스스로 신뢰하고 정의 내릴 수 있게 도와줬다.

이 리뷰는 나에게 놀라움을 안겨줬다. 나는 항상 에밀이 다른 사람을 지나칠 정도로 배려하고 신경 쓰며 이 점이 우리가 공통으로 가지고 있는 덕목이라고 생각했다. 실제로 에밀은 그랬다. 나와 얘기를 나눈 여러 사람은 에밀이 상대방 얘기를 얼마나 잘 들어주는지 언급했는데 그가 하도 이야기를 열심히 들어서 그의 눈동자에 상대의 얼굴이 또렷하게 비출 정도였다. 에밀의 소셜 미디어 게시글은 논란이 많은 정치 문제라도 겸손이 넘쳐흘렀다.

어떻게 이런 점이 강력한 자립 정신과 조화를 이루게 됐을까? 심지어 에밀은 사회가 구성원을 억압하고 통제한다고 믿었는데 말이다. 내가 보기에 연대는 우리 인간이 가진 최고의 덕목이다. 인간의 최악은 사람이 자신의 내적 나침반을 지나치게 신뢰할 때 발생한다. 음모론자, 인종차별주의자, 선동가는 상대방이 자신을 어떻게 보는지 개의치 않는다. 이들의 자신감은 모든 사람을 지치게 한다. 이들이 스스로에 대해 좀 더 의구심을 갖는다면 인류가 지금보다 더 잘 살지 않을까?

이 문제로 괴로워하며 며칠 밤을 보내다가 드디어 나는 에밀의 어린 시절처럼 답은 멀지 않은 곳에 있음을 깨닫게 됐다. 스탠퍼드대학교 동료 교수인 제프 코언Geoff Cohen이 진행한 믿음과 가치에 관한 연구에 답이 있었던 것이다.

*

여러분은 믿음과 가치가 초콜릿과 다크 초콜릿처럼 같은 종류에 맛만 다른 것이라고 생각할지 모른다. 그런데 이들은 완전히 다르다. 믿음은 가정 또는 결론이며 가치는 우리에게 의미를 주는 삶의 한 부분이다. 믿음은 세상에 관한 생각을 반영하고 가치는 스스로에 대한 생각을 반영한다. 이들 둘을 혼동하면 위험한 일이 벌어질 수 있다. 누군가 정치·개인적 또는 이외 다른 믿음에 자신의 가치를 부여할 때 이들은 필사적으로 자신이 옳다는 것을 증명하려 한다. 이들은 본인 생각에 대한 도전장을 자기들이 똑똑하지 못하거나 제대로 하고 있지 않다는 증거,

즉 본인들 사고방식에 가하는 위협으로 느낀다. 가장 목소리가 큰 사람이 잘못되는 것을 가장 두려워하는 사람인 경우가 많다.

냉소론자는 다른 사람을 의심하지만 사회적 비교를 통해 자기 자신을 정의[15]하는 경향도 있다. 한 연구에서 쿡과 메들리가 쓴 인류에 대한 암울한 문장에 동의한 사람은 자존감을 위해 명예와 지위에 의존한다고 답하는 경향이 많았고 본인이 사회적 기대에 미치지 못한다고 걱정했다. 스스로를 입증할 필요가 있기 때문에 이들은 다른 사람을 때려 눕힐 수 있는 증거를 찾아 헤맸다.

이 덫에서 빠져나오는 한 가지 방법은 자족과 상당히 유사한 우리의 아주 깊은 가치에 초점을 맞추는 것이다. 고프의 연구에서는 참가자들에게 사회적 기술, 가까운 관계, 창의성 등 여러 가지 자질 목록을 보여줬다. 이후 이들은 어떤 자질이 가장 중요하냐는 질문을 받았고 실생활에서 이 가치의 중요성을 "확인하라"는 요청을 받았다. 만약 웃기는 자질을 중요하다고 평가했다면 "유머 감각이 중요했던 순간과 스스로에 관해 기분이 좋았던 경험"을 한 문단으로 써보는 식이었다.

자신에게 가장 중요한 자질을 확인할 때 사람들은 최고의 목적을 상기하게 되고 이로써 매일의 사회적인 위협이 덜 끔찍하게 느껴진다. 고프의 연구를 비롯한 많은 연구에서 자신의 가치를 확인한 사람이 그들의 믿음에 반하는 정보에 좀 더 개방적[16]으로 대처하는 것으로 밝혀졌다. 자신의 의견에 의문을 던지기 위해서는 자신에 대한 믿음이 필요하다. 청소년의 경우에도 가치 확인은 타인을 향한 친절한 마음과 학교에 대한 신뢰를 진작시켜준다.[47] 자신의 가치를 확인하기 위해 자신에게 접속하면서 냉소주의가 수그러드는 것이다.

에밀의 경우에는 아마도 아버지 덕분에 자신의 가치를 확실히 알고 표현하는 게 자연스러웠을 것이다. 하지만 많은 사람의 경우, 의심은 집에서부터 시작된다. 자신의 가치에 대해 강한 확신이 없는 사람은 내적으로 불안함을 느낄 수 있고 칭찬과 명성처럼 겉보기에 그럴싸한 보상에 집착해서 스스로를 안정시킨다. 에머슨은 "그렇다. 우리는 두려움에 복종하는 사람들, 믿음이 결여된 사람들이다"라고 썼다.

나는 이 모든 상황을 너무나 잘 알고 있다. 나는 무엇보다 내 위치를 염려하는 사람이었다. 나는 팀 스포츠에 젬병이고 미적분학 역시 형편없다. 그러나 다른 부분에서 강점을 발견하면서 놀랍게도 내세울 일이 차곡차곡 늘어났고 이렇게 쌓인 성공을 이용해서 나도 모르게 내 자존감을 채웠다. 하지만 이로 인해 나는 끊임없이 위협받는 기분이 들었다. 똑똑해 보이는 것에 치중할수록 멍청해 보일까 봐 두려웠다. 누군가 내 과학적 생각에 도전장을 제기했을 때 이를 받아들이는 대신 종종 방어 태세를 취했다. 누군가 참신하고 인상적인 실험 결과를 발표했을 때 나도 관심을 보내주고 기뻐해줬다면 좋았을 텐데, 성취를 올린 사람에게 다시 한 번 질투심을 느꼈다.

이런 양상은 딸이 태어나면서 바뀌었다. 딸에 대한 관심과 사랑이 큰 나머지 내 자존심을 지킬 필요가 없어졌다. 아버지가 되는 것은 처음으로 콘택트렌즈를 끼는 것과 정신적인 면에서 대등한 경험이었다. 그동안 놓친 줄 몰랐던 세상의 세세한 모습이 선명하게 보였다. 딸에 대한 사랑이 깊어지면서 교수로서의 처신과 처세가 별것 아닌 듯 우습게 느껴졌다. 그리고 내 주변에 늘 존재했던 뛰어난 동료와 이들의 획기적인 생각이 눈에 들어왔다. 아이는 호기심으로 가득했다. 아이를 지켜보면서 내 호기심도 늘어갔다.

아이를 양육하면서 나의 내적 나침반도 바르게 보정됐다. 다른 사람이라면 꿈의 직업에 대한 목적의식 또는 새로운 연애에 대한 두근거림, 상실로 인한 명확한 슬픔을 통해 정북쪽이 바르게 나타날 것이다. 하지만 우리의 가치를 알아보는 데 천지개벽할 사건이 필요하지는 않다. 고프의 연구에 따르면 간단한 연습만으로도 우리가 원할 때 언제라도 이런 가치에 가까이 다가갈 수 있다. 디오게네스, 에머슨, 에밀의 말처럼 우리의 관계와 공동체에 대한 믿음을 재구축하기 위해서는 먼저 스스로를 신뢰하고 다른 세계가 침묵하고 있을 때 자신에게 말을 거는 목소리에 귀를 기울여야 한다.

2장   냉소주의와 회의주의의 반전

냉소주의가 알약이라면 약병의 경고 레이블에는 우울증, 심장질환, 고립 등이 나열돼 있을 것이다. 다시 말해 냉소주의는 독인 셈이다. 그런데 왜 그렇게 많은 사람이 이 알약을 삼켜버리는 것일까? 한 가지 이유는 냉소주의에 동반되는 또 다른 증상, 즉 좀 더 긍정적인 부작용을 지성으로 알고 있는 사람이 많기 때문이다.

앤디와 벤 두 사람이 있다고 상상해보자. 앤디는 대부분의 사람이 이득을 얻을 수 있다면 거짓말하거나 속이거나 물건을 훔친다고 믿는다. 누군가 친절하게 다가오면 다른 속셈이 있지 않나 의심한다. 반면 벤은 대부분의 사람이 이타적이고 거짓말하거나 속이거나 물건을 훔치지 않는다고 생각한다. 그는 사람이 본래 가진 친절한 마음으로 사심 없이 행동한다고 믿는다.

지금까지 읽은 정보로만 판단할 때, 다음 네 가지 과제에 각각 누구를 뽑겠는가? 벤인가? 앤디인가?

1. 강력한 주장이 들어간 에세이 쓰기
2. 길 잃은 고양이 돌보기
3. 대출 이자 계산하기
4. 상사병에 걸린 10대 위로하기

1번과 3번 과제에 냉소론자 앤디를 뽑고 2번과 4번 과제에 벤을 뽑았다면 여러분은 일반 사람과 비슷한 생각을 하는 것이다. 여기에서 홀수 번호 과제는 인지작업으로 정확한 사고가 요구되고 짝수 번호 과제는 사회적 작업으로 남과 소통하는 능력이 요구된다. 최근 연구에서 500명의 참가자들은 이와 같은 많은 과제에 대해 냉소론자 또는 비냉소론자를 선택하라'는 부탁을 받았다. 90퍼센트 이상의 참가자는 사회적 작업에 벤을 선택했고 약 70퍼센트의 참가자는 인지작업에 앤디를 선택했다. 참가자들은 마치 비냉소론자가 친절하지만 우둔하고 냉소론자는 까칠하지만 총명하다고 보는 것 같았다.

또한 대부분의 사람은 냉소론자가 사회적으로 똑 부러지고 부정직한 행동을 간파하고 진실을 파헤칠 수 있다고 생각한다. 한 연구에서 참가자에게 회사에 관한 지문을 읽어보라는 과제를 줬다. 신입사원이 취업을 위해 거짓말을 한 이야기였다. 참가자는 수 또는 콜린 두 명의 매니저 중 인터뷰를 다시 진행할 사람을 뽑으라는 부탁을 받았다. 두 매니

희망찬 회의론자

저 모두 유능했지만 수는 "사람을 상당히 긍정적으로 보고 본인이 만나는 모든 사람이 기본적으로 신뢰할 만하다"고 생각한다. 콜린은 수와 다르다. 그는 "사람들은 주어진 상황을 최대한 이용하고 잘 빠져나간다"고 생각한다. 85퍼센트의 참가자는 새로운 인터뷰 담당자로 콜린을 뽑았고 그녀가 거짓말한 사람을 수보다 잘 집어낼 것이라고[2] 확신했다.

100년도 더 전에 극작가 조지 버나드 쇼George Bernard Shaw(영국의 극작가, 소설가, 비평가다. 영국 근대주의 창시자로서 기발한 풍자로 유명하다 – 옮긴이)는 "정확한 관찰력을 가지고 있지 않은 사람은 보통 이런 관찰력을 냉소주의라고 부른다"라며 비꽜다. 앤디와 콜린 같은 이들에게 기대하는 사람들은 이 말에 동의할 것이다. 호구는 매 순간 태어나지만 산전수전 겪다 보면 모든 사람을 선뜻 믿지 않게 되고 결국에는 아무도 신뢰하지 않는다.

*

지난 몇 년간 나는 자칭 냉소론자를 수십 명 만나봤다. 이들은 사람을 대놓고 경멸하는 태도 외에 대부분 고약한 자부심을 공통으로 가지고 있었다. 그들은 냉소적으로 사느니 차라리 사람을 믿는 편이 정신 건강에 좋을 것이라고 말한다. 하지만 티라미수 케이크가 건강에 좋은 음식이라고 생각하며 눈 딱 감고 먹을 수 없듯이 원하는 것만 생각하며 살 수는 없는 법이다. 냉소론자의 삶은 힘들지 모르지만 그들에게는 바로 그게 올바르게 사는 대가다.

냉소주의가 지성을 나타낸다면 어떤 사람이 마치 똑똑해 보이고 싶은 자리에 갈 때마다 정장을 입는 것처럼 냉소주의라는 탈을 쓸지도 모른다. 실제로 실험에서 연구원이 참가자에게 되도록 유능한 모습을 보여달라고 요청하자 참가자는 싸움을 걸고 사람들을 비판하며 이메일에서 호의적인 단어를 빼는 등 다른 사람에게 인상적으로 보이기 위해 최대한 자신의 어두운 모습[3]을 보여줬다.

우리 대부분은 사람을 싫어하는 사람을 추켜세운다. 하지만 냉소주의는 지혜의 상징이 아니라 그 반대인 경우가 아주 많다는 사실이 밝혀졌다. 30개국 20만 명 이상을 대상으로 한 연구에서 냉소론자는 인지 능력, 문제 해결 능력, 수학 기술을 측정하는 문제에서 다른 사람보다 낮은 점수를 기록했다.[4] 냉소론자는 사회적으로도 예리하지 않고 거짓 말쟁이를 가려내는 일도 비냉소론자에 비해 잘 수행하지 못한다. 이 말은 85퍼센트의 사람들이 거짓말을 감지하는 사람을 뽑는 일에도 아주 서툴다[5]는 의미다. 진상을 알아보려면 수가 이끄는 팀에 동참해야 하는데도 우리는 콜린을 선택한다.

다시 말해 냉소주의는 똑똑해 보이지만 실상은 그렇지 않다. 하지만 행복하지만 잘 속는 바보와 현명하지만 신랄한 인류 혐오주의자의 고정관념은 끈덕지게 남아 있다. 심지어 과학자들은 이 현상을 '냉소적인 천재의 환영illusion'이라고 이름 지었다.

끊임없이 의심하고 믿는 마음

냉소론자는 종종 사람을 잘못 보지만 그렇다고 모든 사람을 항상 신뢰하는 것이 현명하지는 않다. 한 실험에서 연구원들은 아동 수백 명의 신뢰 정도를 측정한 다음 1년 후 이들을 다시 관찰했다. 냉소적인 아동은 다른 아동에 비해 우울증과 사교성 점수가 최악이었지만[6] 남을 전적으로 신뢰하는 아동은 신뢰도가 중간인 아동보다 점수가 낮았다.

왜 그럴까? 사람을 판단할 때 냉소적인 사람과 남을 전적으로 신뢰하는 사람을 재판의 변호사 역할로 비유하면 이해가 쉽다. 남을 전적으로 신뢰하는 사람은 피고를 변호한다. 이들은 의심스러운 징후를 무시하고 배신 행위를 망각하며 인간이 선하다는 증거에만 집착한다. 냉소론자는 원고를 변호하면서[7] 친절을 배제하고 인간이 사악하다는 사례를 있는 대로 언급한다. 양쪽 변호사는 자기들 입장과는 전혀 다른 반대편의 증거는 무시하는 경향이 있다.

변호는 주장하기에는 좋은 방식이지만 뭔가를 배우는 데는 형편없다. 진정한 지혜는 자신이 모르는 것을 알 때 얻는다는[8] 과학적 증거가 점점 쌓이고 있다. 마찬가지로 사회적 지혜는 모든 사람을 무턱대고 믿거나 아예 아무도 믿지 않는 게 아니다. 사회적 지혜는 변호사가 아닌 과학자처럼 생각하면서 증거를 믿는 것을 뜻한다. 모든 부류의 과학자는 서로 다른 도구를 사용하면서도 지적 도구인 회의주의를 공유하는데, 이는 곧 옛 지혜에 의문을 제기하고 더 많은 정보를 갈구하는 태도

다. 회의론자는 새로운 정보를 기반으로 자신의 믿음을 갱신하면서 복잡한 세상에 적응한다.[9]

최근에 연구원들은 수백 명의 참가자에게 냉소주의와 회의주의에 관해 물었다(예컨대, "나는 누군가의 결론을 받아들이기 전에 증거가 있나 생각한다"). 연구 결과에 의하면 냉소주의 수준으로는 그 사람이 얼마나 회의적인지 예측되지 않았고 반대의 경우도 마찬가지였다. 냉소론자는 음모론에 빠질 가능성이 큰 반면[10] 회의주의자는 이런 인지적 오류에 덜 빠진다.

누군가를 평가할 때 '이 사람이 냉소론자인지 아니면 타인을 신뢰하는 사람인지'처럼 한 가지 단면을 따라 그 사람의 사회적 지혜를 따지는 대신에 두 가지 단면, 즉 이 사람이 보여주는 사람에 대한 신뢰와 자료에 대한 신뢰를 모두 고려해서 평가해보자. 이런 식으로 하면 사람이 타인에 반응하는 네 가지 일반적인 방식이 생긴다.

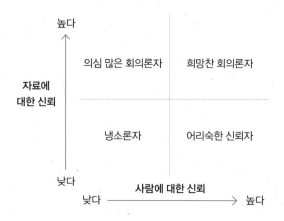

이 그래프의 가장 아래에 있는 부류는 인류 재판에 참여한 변호사다. 왼쪽 가장 아래에는 냉소론자가 위치하는데, 이들은 분명 사람을 끔찍하게 여기는 부류다. 오른쪽 가장 아래에는 어리숙한 신뢰자가 위치한다. 이들은 타인의 의도를 곧이곧대로 좋게 받아들인다.

이 그래프의 맨 아래에서 위까지 올라가면서 우리는 좀 더 과학자처럼 사고하며 회의주의를 이용해 본인이 믿는 바를 판단한다. 왼쪽에는 의심 많은 회의론자가 존재하는데, 이들은 일단 부정적인 마음을 품지만 열린 마음을 끝까지 유지한다. 바로 이쪽이 내가 정착하려는 곳이다. 나는 사람의 최악을 두려워하지만 과학자로서 역시 내 가정에 회의를 품는다. 오른쪽 위에는 에밀 같은 희망찬 회의론자가 자리한다. 그는 호기심이 끝이 없었지만 기본적으로 나보다 긍정적인 사람이었다.

*

여러분은 어느 부류에 해당하는가? 시작은 어디에서든 가능하다. 희망찬 회의론자는 다른 사람보다 더 긍정적인 성향일지 모르고(그래프 오른쪽 끝에 존재) 냉소론자는 어쩌면 다른 사람보다 더 어리숙한 사람일지 모른다(그래프 아래쪽에 존재). 그래프에서는 자유롭게 이동이 가능하다. 회의론자는 특히 적응력이 뛰어나다. 희망찬 회의론자를 판돈이 큰 포커 게임에 투입하면 이들은 누가 속임수를 쓰지는 않는지 실마리부터 찾기 시작한다. 의심 많은 회의론자가 친절한 사람들이 사는 동네로 이사 가면 이들은 이웃에게 의지하기 시작한다. 덜 회의적인 사람들은 환경에 적응하기 힘들어하지만 그렇다고 적응이 불가능하지는 않다.

냉소적인 천재의 환영은 냉소주의적 세계관이 얼마나 해로운지 보여준다. 냉소론자는 결국 더 아프고 더 슬픔을 느끼며 더 가난해지고 더 잘못된다. 그렇다면 냉소주의와 똑똑한 것은 아무 상관이 없는데 사람들은 왜 그쪽으로 끌리는 것일까? 많은 냉소론자는 겉으로는 온갖 허세를 부리면서도 고통에 직면하면 그 상황에서 발을 **빼려고** 한다.

빠지기 쉬운 냉소주의의 함정

2020년 6월, 어느 날 아침 8시경. 메건[11]은 전날의 그가 아니었다. 밤새 큐어넌 음모론에 영감을 받아 제작된 비디오를 보고 세계 문제가 수메르(메소포타미아 남부 지역에 위치한 고대 문명지다. 기원전 4500년에 설립됐다 – 옮긴이) 혈통을 동일하게 이어받은 열두 명의 과두 정치(몇몇 소수가 지배하는 정치체제다 – 옮긴이) 비밀 결사대로 인해 일어났다고 믿게 된 것이다. 이들 결사대는 전 세계적으로 아동 인신매매망을 운영하는 단체였다. 메건은 새로운 세계에 공포감을 느꼈지만 한편으로 기쁘기도 했다. "신의 은총이 내게 임했다." 메건은 이렇게 회상했다.

메건은 자신의 통찰력을 페이스북에 공유하면서 빌 게이츠Bill Gates가 코로나19 위기를 이용해서 인류를 감시하려 한다는 글을 게시했다.

메건은 "그는 초미세침으로 피부에 자국을 남기는 백신 접종을 통해 식료품을 스캔하듯 사람을 스캔하고 있다"고 경고하면서 일련의 유튜브 비디오를 '증거 자료'로 제공했다. 사람들은 메건을 공격하고 조롱하며 그의 페이스북 페이지 팔로우를 끊었다. 메건의 남자친구는 본인이 잠든 사이 메건에게 죽임을 당할 수도 있다고 공공연히 얘기하며 걱정했다. 메건은 사람들의 반응에 스트레스를 받았지만 온라인에서는 이상하리만치 잘 대처했다. "제 관점이 다르다고 해도 (……) 그렇다고 해서 여러분을 향한 사랑과 존경, 감사는 변하지 않을 겁니다." 메건이 어떤 사람에게 보낸 답글이었다.

메건은 자기 자신을 '빨간 알약을 먹은 사람'이라 칭하면서 자신감을 드러냈기 때문에 사람들에게 예의를 차릴 여유가 있었다. '빨간 알약을 먹은 사람'은 영화 〈매트릭스〉에서 나온 말이다. 이 영화에서 키아누 리브스Keanu Reeves가 연기한 네오Neo는 진실을 모른 채 행복한 삶을 계속 누리게 해줄 파란 알약과 어두운 진실을 드러내줄 빨간 알약 중 하나를 선택하게 된다. 빨간 알약을 선택하는 사람들은 음모론자부터 극단적 여성혐오주의자까지 다양한 형태로 존재하지만 공통된 믿음을 품고 있다. 바로 많이 알수록 사람들의 나쁜 모습이 보인다는 것이다. 메건은 세상 대부분이 잠들어 있다고 확신했다. 그의 새 임무는 '세상 사람들이 깨어나도록 돕는 일'이었다.

메건은 큐어넌 운동에 참여할 사람이 전혀 아니었다. 자칭 캘리포니아 진보론자Progressive였던 메건은 치유 명상과 공감을 통해 불화를 해결하는 기법인 비폭력적 대화를 연구한 사람이었다. 그는 다툼 중 사람들의 격분 뒤에 숨은 '채워지지 않은 욕구', 즉 자신들의 이야기를 털어놓고 보살핌 받고 싶은 욕구를 살폈다.

메건은 생애 대부분 정서적 결핍을 느껴왔기 때문에 이 느낌을 잘 알고 여기에 민감했다. 미 중서부에서 자란 메건은 아버지인 헤럴드와 나누는 부녀 간의 깊은 관계에서 따뜻함을 찾았다. 헤럴드는 한결같은 낙천주의자로 인생사에 물 흐르듯이 수긍하며 살아가는 사람이었고 메건에게 애정과 칭찬을 듬뿍 쏟아줬다. 반면 메건의 어머니 에일린은 독하고 냉담했다.

메건의 아홉 번째 생일 직후 메건의 어머니는 남편 헤럴드를 집에서 내쫓았다. 그는 떠나고 싶지 않지만 이 일에도 역시 '순응'했다. 아버지의 경차인 녹색 혼다가 좌회전을 한 후 집에서 멀어지며 길 저편으로 사라지는 모습을 메건은 먹먹하게 바라봤다. 1년 후 아버지에게는 여자친구가 생겼고 메건과 3,200킬로미터 정도 떨어진 곳에서 살게 됐다. 아버지는 메건의 어린 시절에 기쁨과 안전감을 제공해준 사람이었다. 메건에게 부모님의 이혼은 사지가 절단된 것 같은 비극이었다. 그는 기회가 생기자마자 아버지와 함께하기 위해 캘리포니아로 이사 왔고 고등학교 시절에는 일정 기간 각 부모님과 살기 위해 이리저리 오가는 생활을 반복했는데, 이 때문에 부모님 어느 한 분에게 진정으로 의지할 수 없었다.

메건은 아버지 헤럴드를 희생자로, 어머니 에일린은 가정을 파괴한

희망찬 회의론자

권위적인 인물로 봤다. 어머니에 대한 반항은 어느덧 선생님, 의사, 그리고 권력이 있는 모든 사람을 의심하는 증상으로 발전했다. 메건의 믿음 가운데 어떤 것은 주변에 흔히 보이는 종류(메건은 내게 정치인들이 "돈과 이권에 약하다"는 말을 했다)였고 어떤 믿음은 논란의 여지가 있었다(9/11은 외부 테러리스트가 아닌 "내부에서 지시한 일"). 2016년, 메건은 버니 샌더스Bernie Sanders 대통령 선거 운동에서 드문 일이었지만 일말의 희망을 봤다. 그는 후보의 진실성을 사랑했고 샌더스와 마찬가지로 부의 불평등에 반감을 품었다. 그해 여름, 메건은 이를 드러내고 웃는 버니 샌더스의 모습이 담긴 엽서와 티셔츠를 사람들에게 나눠주고 페이스북에 '하루 다섯 번씩' 그가 미국에 얼마나 필요한 인물인지에 관한 게시물을 올렸다.

샌더스가 2016년과 2020년 연거푸 예비 선거에서 졌을 때, 선거 제도에 대한 메건의 마지막 믿음은 산산이 깨져버렸다. 그리고 팬데믹이 터졌다. 외향적인 성격의 그는 록다운에 시들어갔다. 그의 남자친구 토마스는 경찰의 진압 과정에서 조지 플로이드George Floyd(미국 미네소타주에서 백인 경찰에게 체포되는 과정에서 살해당한 흑인이다 – 옮긴이)가 사망하는 사건이 터진 후 우울증에 빠져들었다. 이들의 아파트는 그해 여느 곳과 마찬가지로 숨 막히고 공포스러울 정도로 답답한 곳이 됐다. 우울한 나날이 계속되는 가운데, 메건은 친한 친구로부터 〈비밀 결사의 몰락The Fall of the Cabal〉이라는 제목의 비디오를 보라는 메시지를 받았다. 좋은 쪽으로든 나쁜 쪽으로든 타이밍은 기가 막히게 들어맞았다.

일부 음모론자는 편견과 폭력에 이끌리지만 메건은 아니었다. 그는 뼛속 깊숙이 자기 인생에서, 그리고 이 세상에서 뭔가가 잘못됐음을 알았다. 이때 큐어넌이 이 공포에 대한 이름을 알려줬다. 세상은 망가졌지만 적어도 메건은 어떻게 처신해야 하는지 알았고 영웅들로 모인 결사대가 곧 세상을 구해낼 것이라고 확신했다. 무엇보다 메건은 큐어넌 덕분에 외로움을 덜 느꼈다. 옛 친구들은 그의 어두운 공상을 꺼려했지만 동료 신봉자들은 재빨리 친구 자리를 차지하고 메건에게 자기들과 함께 세상의 진짜 모습을 들춰보자고 부추겼다. "숨통이 트이는 것 같았죠. 그들이 눈을 맞춰주고 열심히 들어주고 공감해줬어요. 제가 어디 가서 그런 대접을 받겠어요?" 메건이 말했다. 큐어넌 공동체는 어머니 에일린 같은 엄한 세상에서 아버지 헤럴드 같은 오아시스였다.

심리학자 캐런 더글라스Karen Douglas는 10년 이상 음모론을 연구한 사람이다. 그는 많은 사람이 "본인의 존재론적 욕구가 위협받을 때 그 위협에 대항하는 방법으로"[12] 이런 유형의 사고에 강하게 끌린다고 밝혔다. 음모론자는 비신봉자에 비해 걱정이 더 많고[13] 자신의 삶을 제대로 통제하지 못한다고 느끼며 가족 간의 끈끈함도 별로 없다고 말한다. 마치 자신의 가치를 놓친 사람처럼 이들은 본인의 믿음이 아무리 비현실적이어도 여기에 더 집착한다.

메건이 자신의 욕구를 실현한 곳은 컬트 유사 공동체로 이곳은 사회 폭력에 불을 지피고 2021년 1월 6일 미국 국회의사당 폭동에 기여했다. 음모론자는 자기 자신과 가족, 사회에 어마어마한 해를 가한다. 이들이 왜 이런 공동체에 들어가는지 이해가 된다고 해서 이들의 행동이 용서되는 것은 아니다. 하지만 조금만 관심을 가지면 비주류 사상에 관해 우리 대부분이 알고 있는 이야기가 실제로는 더욱 복잡하며 냉소주의가 사람을 얼마나 갉아먹는지 깨닫게 된다.

＊

한 살 때의 메건이 어땠는지 나는 알 수 없지만, 그 나이대 대부분의 아기는 세상을 신뢰할 수 있는지 없는지 결정해버린다. 1970년대 심리학자 매리 에인즈워스Mary Ainsworth(애착 이론 연구로 유명한 미국의 발달심리학자다. '낯선 상황 실험'을 개발해 유아와 보호자 간의 애착 유형을 분석했다 - 옮긴이)는 엄마와 아기를 실험실 놀이방으로 불러들였다. 이 실험에는 낯선 사람이 동참했고 엄마는 아기를 낯선 사람과 함께 두고 방을 나가 1분 또는 2분 후에 돌아왔다. 엄마의 방치는 아무리 짧은 시간이라도 아기에게 돌발적 스트레스를 줬는데, 에인즈워스가 살펴보니 아기들은 각자 다른 방식으로 엄마의 방치에 대응했다.[14] 아기의 약 3분의 2는 힘든 상황에 잘 적응했다. 이런 아기는 엄마와 있는 새로운 공간을 두리번거리며 좋아했고 엄마가 방을 나갔을 때는 난리가 났지만 돌아왔을 때는 이내 진정됐다. 에인즈워스는 이런 아기를 '안정된 애착 관계 유형'이라고 불렀다. 반면 나머지 3분의 1은 '불안정한 애착 관계 유형'을 보이면서 엄마와 함께 있으면서도 불안해했고 엄마가 방을 나갔을 때는 달랠 수 없을 정도로 힘들어했으며 엄마가 방으로 돌아와도 여전히 안정 감을 느끼지 못했다.

한 살 때 일을 기억하는 사람은 없기 때문에 실험실 경험을 기억하는 아기는 한 명도 없을 것이다. 그러나 에인즈워스에 따르면 우리가 이 지구에서 보내는 첫 1년은 어느 기억보다 깊은 흔적을 남긴다. 안정된 애착 관계 유형의 아기는 양육자를 신뢰할 수 있다는 것을 배운다. 눈을 넓혀 보면 세상은 안전하고 가능성으로 가득한 곳이 된다. 불안정한 애착 관계 유형의 아기는 이와 정반대의 상황을 배우며 그 불안정함은 사는 내내 영향을 끼친다.[15] 불안정한 애착 관계 유형은 성인이 됐을 때 연인과 친구, 낯선 사람과 제도를 믿지 못할 가능성이 크다.[16] 설상가상으로 불안정한 애착 관계 유형이 에인즈워스 연구 이후 널리 퍼지면서[17] 1988년과 2011년 사이에 이 유형이 미국 내에서 8퍼센트 정도 증가했다. 이런 동향이 미국의 신뢰 결핍을 악화시켰는지 여부는 알 수 없지만 분명 도움은 되지 않았을 것이다.

하지만 이 이야기는 단순하지 않다. 불안정한 애착 관계는 여러 가지 모습으로 나타난다.[18] 어떤 사람은 사랑하는 사람에게 집착하면서 이들을 잃을까 봐 두려움에 떤다. 어떤 사람은 사랑하는 사람에게 관심 없는 척 냉담하게 굴면서 자기가 어떤 노력을 해도 이들이 떠날 것이라고 지레 짐작한다. 같은 사람이라도 어떤 관계에서는 안정된 모습을 보이지만 또 어떤 관계에서는 그렇지 못하는 경우가 있다. 가족에게는 의지하지만 연애 상대는 의심하거나 이와 반대로 연애 상대는 믿지만 가

희망찬 회의론자

족은 의심하는 경우도 있다.

나 같은 사람은 메건이 가입했던 큐어넌과 비슷한 단체에 들어갈 리는 없다. 하지만 메건이 묘사한 인생 초년기의 단절감은 듣는 즉시 공감이 됐다. 내 부모님은 페루와 파키스탄 출신인데, 이 두 나라는 1만 6천 킬로미터 정도 떨어져 있고 그만큼 문화적 차이점도 아주 많다. 어쨌든 내 어머니와 아버지는 당신들 두 나라보다도 공통점이 더 없었다. 내가 여덟 살이었을 때, 두 분은 내게 이혼을 통보했다. 나는 이유를 묻지는 않았지만 애초에 왜 같이 살게 됐는지 의아했다. 내 어린 시절 대부분은 부모님의 이혼이라는 아주 신랄한 탕 속에 용해되고 말았다. 열두 살 생일 이전 기억은 거의 없고 생각나는 것이라곤 대부분 꿀 먹은 벙어리 같은 침묵, 분노의 폭발, 매일 밤 혼자 있었던 기억뿐이다.

부모님은 각자 최선을 다했지만 두 분 다 감정의 진흙탕 속에 갇혀 마치 거친 기압골 전선처럼 요란하게 충돌했다. 이런 부모님의 아들로 사는 건 마치 평균대 위를 걷는 것 같았다. 나는 매일 두 분이 내게 무엇을 원하는지 살피며 살얼음판을 걸었고 혹시라도 기대에 어긋날까 봐 두려웠다.

부모님에게 가치를 인정받으려는 고통스러운 열망은 다른 관계에도 영향을 미쳤다. 학교에서는 친한 친구에게 집착했다. 친구가 다른 아이와 시간을 보내면 나는 버림받았다고 투덜거렸다. 나중에는 여성과의 관계가 다른 무엇보다 중요해졌다. 종종 사람을 제대로 알지도 못한 채 사귀고 싶은 마음이 앞선 나머지 연애에 내 자신을 다 쏟아부었다.

이런 헌신이 먹히는 경우도 있었지만 상대가 나에게 질려서 달아나는 경우가 더 많았다. 재미있고 매력적인 사람으로 보이기 위해 스스로 자신감과 호기심이 많다고 내세웠지만 이런 외면은 초초와 불안 위에 아슬아슬하게 올라가 있었다. '인생은 사랑을 위한 각축장이고 내가 사랑을 쟁취하지 않으면 아무도 나 따위는 신경 쓰지 않는다'는 철학이 어린 시절부터 나에게 상처를 줬다.

　나의 불안은 메건의 불안과는 다르다. 메건이 세상을 향해 적대감을 느낀 곳에서 나는 두려움을 느꼈다. 그러나 우리 둘 다 인생 초년기의 고통을 변형시켜 사람을 보는 자기 나름의 이론을 만들어냈고 집을 떠난 후 수십 년간 다양한 냉소주의 풍미에 집착했다.

*

　코미디언 조지 칼린Grorge Carlin(미국의 유명한 스탠드업 코미디언이자 배우 겸 작가다. 사회 풍자, 정치 비판, 금지 주제 등에 관한 독특한 유머로 유명하다-옮긴이)은 이런 말을 남겼다. "냉소론자의 겉을 벗겨보면 실망한 이상주의자가 나타날 것이다." 메건과 나를 비롯한 무수히 많은 사람은 상처를 회복하고자 냉소주의에 의존한다. 고통은 가르침을 줄 수도 있지만 때로는 너무 가혹한 면이 있다. 학대를 당한 적 있는 여린 마음의 소유자는 처음 만난 사람이 전혀 해를 주지 않더라도 긴장감과 불편함을 느낀다.[19] 연애에서 한번 지독한 상처를 입거나 10대 때 괴롭힘을 당한

피해자의 신뢰는 수년 동안 회복될 수 없다.[20]

회의론자라면 트라우마와 배신을 겪은 후 당연히 자기에게 상처를 준 사람을 믿지 못할 수 있다. 앞서 언급한 2차원 그래프에서 회의론자는 왼쪽으로 움직여 사람을 좀 더 경계하지만 여전히 새로운 사람에게는 개방적인 태도를 유지한다. 하지만 피해자는 종종 미리 실망부터 한다. 즉, 나쁜 경험에서 일반론을 도출시켜 아무도 믿을 수 없다고 단정하면서 그래프의 왼쪽 아래인 냉소주의로 움직인다.

이제 칼린의 법칙을 이렇게 수정해야겠다. "냉소론자의 겉을 벗겨 보면 미리 실망부터 하는 이상주의자가 나타날 것이다." 이들은 고통을 당해 뒷걸음질치면서 자신을 방어하기 위해[21] 호기심을 내려놓는다. 이는 고통에 대한 납득할 만한 반응이다. 그러나 이 때문에 냉소론자는 낯선 사람을 친구 혹은 절친한 관계, 영혼이 통하는 사이로 만들지 못한다. 냉소론자는 부정적인 상황을 반복적으로 경험하는 악순환에 빠진다.[22] 그들의 섣부른 추측은 기회를 제한하고 이로 인해 부정적인 믿음이 더욱 확고해진다.

그렇다면 어떻게 해야 이 악순환에서 헤어나올 수 있을까?

냉소주의를 없애는 기반

부모가 되면 인생이 영원히 바뀐다. 나의 경우, 부모가 되면서 다른 사람에게 군이 인정받을 필요가 없다는 여유가 생겼다. 에밀의 어머니인 린다에게 이 같은 변화는 비참하고 의도치 않은 방식으로 찾아왔다. 린다는 에밀을 출산한 직후 자신을 조롱하고 비난하는 가혹한 악마의 목소리에 시달렸다. 바로 조현병의 고통이었다. 자기 마음속에 갇힌 린다는 남편과 아들을 떠나 팔로 알토 거리에서 살았다. 피난처 없이 홀로 떠돌던 스물다섯 살 여성은 지속적인 학대를 당했다. 치료를 받기는 했지만 1970년대의 정신의학은 환자를 가혹하게 대하는 경우가 많았다.

슬픈 일이지만 얄궂게도 사랑스런 아이가 태어나면서 린다에게 조현병이 발병했고 이로 인해 그는 아들과 함께하지 못했다. 린다는 에밀의 인생에서 혼란스럽고 흐트러진 모습으로 이따금 등장했다. 여러 가지 면에서 이들의 초기 관계는 정말 불안했다. 이런 경험이 에밀의 내면에 박혔을 수도, 어머니 린다를 부끄러워하거나 그의 고통이 자기 탓이라고 자책할 수도, 인생은 추하고 공평하지 못하다고 결론지으며 쉽게 살아가는 사람에게 분노를 품을 수도 있었을 텐데 그 어떤 일도 일어나지 않았다. 왜일까?

답은 에밀의 가정에 있었다. 에밀의 아버지 빌은 혼자 가난하게 살았지만 고집스럽게 아들 곁을 지키며 '자유방임적 양육'을 제공했고 에밀은 이 기억을 소중하게 간직했다. 어머니와 함께 있던 시간은 예측할 수 없지만 둘은 분명 서로를 아꼈을 것이다. 린다는 아들과 만나기 직전, 집 밖에서는 분명 정신 나간 사람처럼 보이고 자신을 괴롭히는 목소리와 싸웠으면서도 아들과 함께하는 동안에는 의지력으로 스스로를

희망찬 회의론자

다 잡았다. 가족과 친구는 어머니와 아들의 재회가 평화롭고 애정이 넘쳤다고 회상했다. 이 둘은 어려운 세상과 마음속 악마에서 벗어나 작은 공간을 개척했다. 그곳에서 이들은 최선을 다해 서로를 사랑했다.

에밀이 30대 때 린다가 사망했다.[23] 그는 당시 어머니와 멀리 떨어져 살았지만 어머니가 돌아가시던 해에는 곁을 지키기 위해 비행기를 타고 와 낮에는 어머니 대신 의사와 소통했고 밤에는 병실 바닥에서 잠을 청했다. 정작 어린 시절에 한 번도 받지 못한 보살핌을 제공하며 어머니를 간호했다. 린다가 사망한 후에도 그에 대한 기억은 에밀의 안에 살아남았다. 어머니의 고통을 무시한 채 그를 기억한 것이 아니라 그 고통 때문에 에밀은 어머니를 기억했다. 그에게 '정상적인' 어머니는 없었지만 그는 어머니에게서 영웅의 모습을 찾았고 세계관의 시작을 발견했다.

여러 사람은 어머니와 맺은 관계 덕분에 에밀의 내면에 '초인적 힘'이 생겼다고 말했다. 한 친구는 "에밀은 일찍부터 훌륭한 사람이라도 아무 잘못도 없이[24] 끔찍한 환경에서 살아갈 수 있다는 점을 이해했다"고 말했다. 그에게 호기심은 자연스럽게 찾아왔고 냉정한 판단은 이질적으로 느껴졌다. 이런 회의주의는 과학자로서 에밀의 경력을 쌓는 토대가 됐고 평화 중재자로서 일하는 데 인내심을 부여해줬다.

*

많은 사람이 최악의 순간이 모인 폐허 속에 살면서 섣부른 실망과 냉소주의, 상실의 덫에 갇힌다. 에밀의 경우, 고통이 안테나 역할을 하면서 타인의 고통에 관심을 갖게 해줬고 그런 과정에서 연민이 쌓여갔다. 친절과 연민을 구축하는 역경의 위력은 오래전부터 도처에 존재했다. 역경 이후 수 주에 걸쳐 대부분의 생존자는 공감하는 힘이 커졌다고 보고한다. 전쟁의 직격탄을 맞은 공동체 지역 사람들은 다른 지역 사람보다 좀 더 적극적으로 협력한다. 여러 연구에서는 큰 고통을 겪은 사람일수록 낯선 사람을 도울 확률이 크다고[25] 밝힌다.

왜 어떤 사람은 고통을 당하면 마음의 문을 닫는 반면 어떤 사람은 마음의 문을 활짝 열까? 많은 요소가 관여하지만 그중 한 가지는 바로 공동체다. 신뢰도가 높은 일본 마을 마노에서는 지진이 협력에 불을 붙였다. 하지만 이보다 신뢰도가 낮은 미쿠라에서는 모든 것이 뿔뿔이 흩어졌다. 역경의 시대에서 외로운 사람은 더 외로워지고 트라우마는 섣부른 실망으로 응고된다. 하지만 에밀처럼 누군가 자신을 지지해주면 역경 속에서도 성장할 가능성이 커진다.[26]

2019년, 두개골 아래쪽에 수술 상처를 안은 채 에밀은 친구와 동료에게 곧 아버지를 잃게 될 자신의 아이들 이야기를 했다. "트라우마는 아이에게 나쁜 영향도 놀라운 영향도 끼칠 수 있다"고 말하면서 "이 모든 여부는 아이가 사는 환경에 달려 있다"고 덧붙였다. 그와 그의 아내 스테파니는 아이가 고통 속에서도 성장할 수 있는 가정을 만드는 데 초점을 맞췄다. 아이들은 에밀이 아프다는 소식에 각각 다르게 반응했다. 여섯 살 딸인 클라라는 린넨 옷장 속으로 기어들어가 문을 닫아버렸다.

네 살 아들인 애티커스는 죽음에 관해 강박적으로 이야기하면서 어떤 순서로 가족이 죽을 것이며 나중에 본인만 살아 있을 때 어떻게 할 건지 늘어놨다.

스테파니와 에밀은 이 모든 반응에 에밀의 아버지 빌이 했듯이 자유방임적 양육으로 대응했다. 에밀은 판자와 망치, 못을 가지고 클라라와 함께 린넨 옷장 구석에 계단과 난간을 만들고 손전등과 함께 딸이 좋아하는 동물 인형을 놔뒀다. 그는 "이 선반은 나를 피해 숨는 장소가 아닌 '아빠가 아프다는 스트레스'를 피하는 은신처가 됐다"고 썼다. 애티커스가 아빠가 사망하면 할 일을 꺼내자 스테파니는 자기도 같이 할 수 있겠냐고 부탁했다. 둘은 그들이 방문할 곳의 지도를 만들며 어떻게 에밀을 추모할지 생각했다. 에밀과 스테파니는 자녀가 서 있는 위치에서 각각 그들을 만났다.[27] 트라우마가 대대로 전해진다면 에밀과 스테파니는 이 트라우마에 사랑과 힘을 실어 대대로 물려줄 작정이었다.

모든 부모가 자녀에게 이런 숭고한 사랑을 줄 수 있는 것도 아니고 모든 자녀가 이렇게 자유방임적 돌봄을 받는 축복을 누리지 않는다. 그러나 그렇지 못한 나머지 사람들에게도 불안정한 애착은 사형 선고가 아니다. 스스로 노력하고 새로운 관계를 발판으로 삼으면 불안정한 사람들도 '애착을 쌓아서'[28] 나중에는 안전감을 얻고 돈독한 관계를 이룰 수 있다. 신뢰와 희망은 밑바닥부터 구축할[29] 수 있다.

큐어넌 음모의 희생양이 된 메건의 경우, 변화는 그의 남자친구를 통해 이뤄졌다. 조지 플로이드 사건으로 받았던 충격이 지나간 후 메건의 남자친구 토마스는 메건 곁을 지키기로 했다. 그는 시늉이라도 큐어넌을 절대 받아들이지 않았지만 메건을 받아들이는 마음은 열렬했다. 그는 메건에게 "나는 네가 믿는 것은 믿지 않는다"고 하면서 "하지만 너의 마음을 알기에 널 사랑해"라고 말해주곤 했다. 메건의 아버지 해럴드 역시 메건 곁을 고집스럽게 지키며 토마스와 비슷하게 솔직한 마음을 드러냈다.

힘들어하는 가족을 지키기 위해 토마스와 해럴드 못지않게 노력하는 사람도 많지만 어쩔 수 없이 음모론에 가족을 빼앗기고 만다. 그러나 메건의 경우, 힘든 시기가 오히려 전환점이 됐다. 가장 가까운 관계로부터 받은 안전감 덕분에 메건은 자신의 안보망을 재구축하기 시작했다.

냉소주의를 해독하는 방법

안전한 가정 기반은 사람의 정서와 사고방식을 바꿔준다. 회의주의는 마치 지적 활동처럼 보이고 지혜는 독립된 덕목 같지만 이 둘은 사람 간의 소통을 먹고 산다. 매리 에인즈워스가 연구한 아이들처럼 사람은 안전감을 느낄 때 주변에 호기심을 보일 여유가 생긴다. 이 같은 부류의 많은 연구 중 종교를 가진 사람에게 무신론을 주장하는 글을 읽게 하고 반대로 무신론자에게 종교와 관련된 글을 읽게 한 연구가 있다. 안전감과 불안감의 차이를 보여주는 이 실험에서 애착 관계가 잘 형성된 사람일수록 그들의 믿음에 반하는 정보를 잘 받아들였다. 연구원들은 돌발적으로 일부 사람에게 어린 시절 중 안전감을 느끼고 "버림받을 걱정을 할 필요가 없던" 시절을 떠올려보라고 주문했다. 이에 맞는 시기를 떠올린 사람은 힘든 시기를 떠올린 사람이나 아무것도 떠올리지 못한 사람보다 좀 더 열린 마음을[30] 보여줬다. 제프 코언이 연구하는 핵심 가치처럼 깊은 인간관계는 우리에게 경직된 사고를 떨쳐버릴 공간을 허용해준다.

냉소주의가 사람 간에 전파될 수 있는 것처럼 회의주의도 전파될 수 있다. 서로 의견 차이가 심하게 나는 상황에서도 한 사람이 열린 마음을 보여주면 이를 매개로 다른 사람들이 안전감을 느끼면서[31] 마음을 여는 것이다. 토마스는 메건에게 이 점을 적용했다. "내 생각이 틀릴 수도 있어. 나는 바로 그 점을 고려해볼 거야. 너도 나처럼 해볼래?" 토마스는 매주 메건에게 큐어넌 주장을 한 시간씩 듣기로 했으며 자신을 최대한 설득시켜보라고 부탁했다. 메건은 반드시 토마스의 눈을 "뜨게 하겠다"며 제의를 받아들였다. 그러나 큐어넌 자료를 살펴보면서 생각이 달라졌다. 그 전에도 자료를 열심히 읽었고 마치 빨간약을 먹은 북 클럽 회원처럼 큐어넌 동료와 함께 '통찰력'을 나눈다고 생각했다. 그런데 다시 자료를 읽어보니 남자친구인 토마스와 똑같이 회의가 들었다. "토마스의 제의 덕분에 온라인의 미끼 자료에 혹하기보다는 좀 더 깊숙이 알아보자는 생각이[32] 들었어요." 메건은 당시를 이렇게 회상했다.

메건은 본인의 냉소주의에 회의를 품었다. 그는 항상 정치인을 의심했다. 그렇다면 큐어넌도 한번 의심해볼까? 실제로 큐어넌에 의구심을 품자 음모론 논리는 순식간에 무너졌다. 큐어넌은 정치인과 헐리우드 스타가 곧 체포될 것이라고 장담했지만 그런 날은 결코 오지 않았다. 아동 인신매매에 관한 담화는 마치 큐어넌 공동체가 아무 뉴스나 주워 담은 것처럼 어느새 선거 부정, 중국 공산당의 미 정부 장악, 다가올 식량 부족으로 바뀌었다. "제가 빠져들 만한 요소가 많았죠." 메건은 당시 기억을 더듬었다. "하지만 실체를 파헤치는 데는 많은 시간과 노력이 필요하지 않았어요. 그저 허점을 찾아야겠다는 동기만 있으면 됐죠." 마침내 12월의 어느 날, 메건은 큐어넌의 음모론을 더 이상 믿을 수 없었다. 그는 재빨리 이곳을 탈퇴해 자신의 인생을 복구하기 시작했다.

*

나의 젊은 시절 냉소주의는 뉴욕에서 대학원에 다니던 시절 틈을 보였다. 새로 사귄 여자친구(12년 같이 산 내 아내)가 관계에 대한 내 생각을 뒤집은 것이다. 랜던은 내가 모든 사람 앞에서 떠벌리는 성취에는 관심이 없었고 내가 남을 의식하지 않고 시무룩할 때는 꼭 곁을 지켜줬다. 랜던과 사귄 지 몇 주가 흘렀을 때 할머니가 돌아가셨다. 이 소식을 들었을 당시 나는 워싱턴 D.C.를 방문 중이었다. 그때 우리 가족은 보스턴에 살고 있어서 그곳에 가려면 버스를 타고 노스이스트 코리더Northeast Corridor로 올라가야 했다. 랜던과 나는 이 여정의 중간 지점인 뉴욕의 펜

희망찬 회의론자

역Penn Station에서 만났다. 우리는 밤새 운영하는 간이 레스토랑의 긴 카운터에 앉아 있었고 랜던은 내게 할머니의 삶에 관해 물었다. 그때 나는 정신이 반쯤 나간 칠칠치 못한 모습으로 평상시라면 보이지 않았을 감정을 내보였다. 랜던은 편안하고 진실된 모습으로 나를 따뜻하게 대해줬고 그 온도는 조금도 식지 않았다. 랜던과 함께 있으면 사는 동안 거의 느껴보지 못했던 평정이 찾아왔다.

그렇다고 나의 애착 스위치가 즉시 켜진 것은 아니었다. 그 이후 수개월 동안 불안감이 고개를 들며 랜던을 몰아내라고 협박했다. 하지만 나는 이번만은 다르게 나가보기로 결심했다. 그래서 맨해튼 사람 절반이 그렇듯 심리 상담을 받기 시작했다. 담당 심리학자는 의사가 환자를 촉진하듯 내 마음속의 걱정스러운 믿음을 감지했다. 왜 나는 내가 재미없어지면 사람들이 내게서 떠날 것이라고 생각했을까? 심리학자는 내게 과학 가설을 증명하는 것처럼 자료를 이용해 냉소주의를 변호해보라고 했다. 만약 자료가 없다면(보통 나에게는 자료가 없었다) 자료를 좀 모아보라고도 했다. 만약 내가 경계 태세를 한두 번 또는 사는 내내 늦춘다면 어떻게 될까?

랜던과의 관계가 깊어지면서 내게 이런 실험을 시도할 정도의 안전감이 찾아왔고 냉소주의는 조금씩 조금씩 희망찬 회의주의로 바뀌었다. 이상하게도 외부인에게는 내 모습이 좀 더 냉소적으로 비쳤을지 모른다. 예전에 나는 항상 긍정적인 태도로 모든 사람을 즐겁게 하기 위해 열심히 노력했다. 한 지인은 나에게 '스마일 아저씨'라는 별명을 붙여줬는데 이건 칭찬이 아니었다. 좀 더 진실된 모습이란 내가 좋아하지 않는 것, 신뢰하지 않는 사람, 현재 어두운 기분을 있는 그대로 보여준다는 의미였다. 나는 좀 더 무방비 상태로 내 모습을 노출했지만 그래도 나를 떠나가는 사람은 한 명도 없는 것 같았다. 자료는 분명했다. 스마일 아저씨는 그만둬도 된다. 나는 서서히 생각을 바꾸기 시작했다. 최근 받은 검사에 따르면 나는 여전히 부모님과의 애착은 불안하지만 랜던과 일반 사람과는 안정된 관계를 맺고 있다. 회의주의와 냉소주의는 단지 다르지만은 않다. 회의주의는 냉소주의의 해독제 역할을 한다.

회의주의는 1세기 넘게 인지행동요법, 즉 CBT^{cognitive behavioral therapy}의 치유 도구로 사용됐다. CBT 전문가는 내 담당 심리학자처럼 환자와 팀을 이뤄 이들의 생각에 의문을 제기한다. 현실 검증에서 환자는 본인이 믿는 사실을 골라내 이를 말로 정확히 표현한다. 걱정이 많은 사람은 마음속 깊이 친구가 자기를 정말 미워한다고 생각할 수 있다. 이때 심리 치료사와 환자는 이런 감정이 맞는지 사실 확인을 한다. 환자를 좋아한다고 말한 사람이 있는가? 그들에게 친절하게 대했는가? 그들에게 시간을 같이 보내자고 해본 적이 있는가? 거의 모든 경우 실제 증거는 환자의 주장과 다르다.[33]

다음 단계는 CBT의 행동 실험을 이용해 과학자처럼 행동하는 것이다. 심리 치료사와 환자는 환자의 믿음을 검증하는 방법에 관해 함께 얘기해본다. 예를 들어, 모든 사람이 자기를 미워한다고 생각하는 사람은 몇몇 친구에게 영화 보러 가자고 부탁을 해보는 식이다. 만약 걱정이 진짜가 맞다면 아무도 나타나지 않을 것이다. 하지만 다른 결과가 나온다면 환자는 메건과 내가 그랬듯이 자기의 생각을 재고해볼 수 있다.

우울감과 불안은 우리를 부정적인 자기인식에 빠뜨린다. 냉소주의 역시 다른 사람에 대한 우리의 믿음에 동일한 영향을 미친다. 양쪽 다 고통에 뿌리를 두고 있으며 우리의 사고를 경직시킨다. 그러나 이 나쁜 소식 저변에는 좋은 소식도 있다. 좀 더 긍정적인 관점을 키우면 억지로 웃음 짓지 않아도 되고 스스로에게 거짓말하지 않아도 되며 자신과 다른 모습을 애써 연기할 필요도 없다. 우리가 대부분 사람과 다를 게 없다면 아마 다른 사람을 처음 보는 관점은 상당히 부정적일 것이다. 하지만 과학자처럼 생각하다 보면 그 과정에서 희망적인 면을 볼 수 있다.

*

나는 여전히 희망찬 회의주의를 연습하는 중이다. 과거의 기억이 내 마음을 엄습하면 반사적으로 불안이 따라온다. 내가 요청하면 아무도 나타나지 않을 것이라는 두려움에 스스로 멈칫한다. '스마일 아저씨'가 다시 돌아오는 것이다.

이런 순간에 나는 스스로 사람들에게 할 말을 되새겨본다. 냉소주의는 자기방어처럼 느껴질 수 있지만 가택연금식의 구속적인 안전감을 부여할 뿐이다. 불안한 생각이 들 때 나는 현실 검증과 행동 실험을 통해 이 생각에 의문을 제기한다. 몇 년 전, 교수 두 명이 우리 과에 새로

들어왔다. 같이 술을 한잔하러 간 자리에서 이들은 내게 지금까지의 경험을 물었다. 나는 세상에 이런 직업이 없다며 스마일 아저씨 특유의 긍정적인 이야기를 늘어놓지 않고 스탠퍼드대학교에 들어오면 누구나 이곳에 있을 자격이 못 된다고 느낄 수 있으며 학교가 실수로 나를 고용했다는 확신이 얼마나 자주 드는지 털어놨다. 그 직후 이어진 몇 초간의 고통스런 침묵 후에 두 사람이 내뱉은 안도의 한숨이 지금도 생생이 기억난다. 의례적으로 갖던 '친목'의 시간은 진정한 나눔의 시간으로 변했다. 동료에서 친구로 발전한 우리는 지금까지 정기적으로 모여 속풀이를 하고 서로를 지지해준다.

나는 의심과 불안, 절망감을 털어놓으면서 서서히 자신감을 더욱 느끼게 됐다. 아이러니하게도 이런 과정, 즉 애써 긍정적인 사람인 척 연극하는 대신 타인과 깊은 관계를 가지면서 의심과 불안, 절망감을 덜게 됐다.

냉소주의를 지혜로 바꾸는 일은 정서적 장애물을 극복하는 노력으로 안전한 상태에서 벗어나 우리 모두의 미래가 놓인 미지의 세계로 들어가는 일이다. 어떤 장소와 시간, 문화에서는 이 길이 다른 길보다 더욱 거칠고 가파르다.

| 3장 | 환경이 만드는 냉소주의 |

안드레아스 라이브란트Andreas Leibbrandt는 연구할 거리를 원했던 것이 아니라 그저 비행기 티켓이 필요했다.[1] 그는 취리히대학교에서 경제학 박사 과정을 밟고 있었고 그의 여자친구는 브라질 출신의 과학자였다. 라이브란트는 그녀의 가족을 만나고 싶었지만 대부분 학생이 그렇듯 금전적인 여유가 많지 않았다. 남미로 갈 수 있는 방법은 그곳에서 연구를 진행하는 것뿐이었다.

라이브란트는 조직에 따라 피고용자들이 어떻게 행동하는지 연구 중이었다. 그의 여자친구는 브라질 북동부 호숫가에 위치한 특이한 어촌 마을의 일터를 쭉 관찰하고 있었다. 이 연구는 브라질에 갈 경비를 충당할 완벽한 기회였고 둘은 이 기회를 잡았다. 많은 서양인처럼 라이브란트 또한 브라질 문화가 친근하고 공동체 지향적일 것이라고 생각했다. 하지만 호숫가에서 발견한 작업 양상은 그에게 놀라움을 안겨줬다.

"남자들은 상당히 외로운 방식으로 작업했다"고 그는 말했다. "이들은 새벽 3시에 나가 어망을 설치하고 작은 배에서 혼자 시간을 보냈다. 마을 길은 쓰레기로 즐비했지만 아무도 신경 쓰지 않는 것 같았다. 어부는 좋은 자리를 찾아 배를 정박할 때만 서로의 눈치를 살폈다."

호수는 경쟁이 치열한 고독한 일터였다. 이런 환경이 마을 어부에게 어떤 영향을 줬을까? 이 질문에 답하기 위해 라이브란트는 호숫가 마을과 또 다른 공동체를 비교할 필요가 있었다. 호수는 강으로 흘러들어갔다. 강둑을 따라 65킬로미터를 가니 바다가 보였고 이곳에 또 다른 어촌 마을이 자리 잡고 있었다. 호숫가 마을과 바다 마을은 크기, 소득, 종교 면에서 비슷했지만 주민들의 성격은 달랐다. 라이브란트가 바닷가 마을에 도착하자 십여 명의 사람들이 그를 환영하기 위해 마중 나와 있었다. 그날 밤 그가 숙소에 가기 위해 자리에서 일어나자 남자 두 명이 도시까지 가는 16킬로미터 정도의 험한 길을 안내해주겠다고 선뜻 나섰다.

무엇 때문에 두 번째 마을 사람이 첫 번째 마을 사람보다 훨씬 친절했을까? 라이브란트는 바다에서 고기잡이를 하려면 큰 배와 무거운 장비가 필요하고 그 결과 협동 작업이 이뤄졌다는 것을 알았다. 먹고살기 위해 마을 사람들은 서로 협력해야 했다. 가끔 지나치게 욕심을 부려 혼자 거친 파도를 헤치고 가는 사람이 있었는데 이들은 때로 마을에 돌아오지 못했다.

라이브란트는 각 마을 어부에게 우리가 앞서 해봤던 신뢰 게임[2]을 해보라고 부탁했다. 투자자 역할을 한 바닷가 어부는 본인이 가진 돈의 약 40퍼센트를 상대에게 보냈고 호숫가 어부는 30퍼센트 미만의 돈을 보냈다. 수탁자 역할을 한 바닷가 어부는 받은 돈의 거의 절반을 돌려주면서 투자자는 이득을 봤다. 호숫가 어부는 받은 돈의 3분의 1 미만을 돌려줬고 호숫가 투자자는 손실을 봤다.

라이브란트가 발견한 중요한 사실은 두 마을 주민들이 처음에는 같은 지점에서 출발했다는 점이다. 고기잡이를 시작했을 때 각 마을 어부는 서로를 똑같이 신뢰했다. 그러나 시간이 흐르면서 일터가 이들을 바꿔놨다. 호숫가에서 오래 일한 사람일수록 의심이 더 많아졌다. 반대로 바닷가에서 오래 일한 사람일수록 좀 더 마음을 열고 베푸는 사람이 됐다. 바다에서는 남을 신뢰하는 법을 배웠고 남을 신뢰해서 서로 의지하니 당연히 이득을 얻었다. 하지만 호수에서는 냉소주의를 배웠고 남을 믿으면 이득이 줄어드니 그에 맞는 행보를 취한 것이었다.

만약 사막에 난을 심었는데 이 난이 시들면 우리는 '난초의 시들병'[3]이라고 진단하지 않는다. 대신 주변 환경을 탓할 것이다. 나 같은 심리학자는 사람을 개별적으로 생각하는 경향이 있다. 그러나 인간은 환경의 산물이다. 브라질 어부는 사회 환경의 요구에 맞게 각기 다른 모습으로 진화했다. 십여 건의 연구에 따르면 사람은 환경에 따라 더 친절해지기도 하고 더 잔혹해지기도 한다.[4]

냉소주의는 집안에 흐르지만[5] 냉소주의의 절반 미만만 유전적 원인으로 해석할 수 있다. 냉소론자는 타고나는 것이 아니라 만들어지며 우리 사회는 이들을 찍어내고 있다. 현대의 삶, 특히 현대 서구의 삶은 문화적으로 '선제 조건'들로 메워져 있고 그래서 우리는 본능적으로 불신과 이기심에 끌린다. 우리는 역사적인 비율로 호숫가에 마을을 많이 세웠다. 그러나 냉소주의를 낳은 요소를 이해하게 되면 그 반대의 마을, 즉 신뢰가 싹트는 동지 의식으로 똘똘 뭉친 바닷가 마을을 세울 실마리를 찾을 수 있다.

불평등과 불신의 대가

1980년, 미국 전체 중산층은 상위 1퍼센트보다 약 50퍼센트 더 많은 부를 소유했다.[6] 하지만 2020년, 상위 1퍼센트는 전체 중산층보다 더 많은 부를 소유하게 됐다. 이처럼 확연히 나타나지 않지만 다른 나라에서도 최상위 계층이 부를 끌어모으는 비슷한 동향이 나타나면서 수백만 명의 사람이 경제적 궁지에 몰렸다.[7] 1940년대에 태어난 미국인은 그들의 부모보다 소득이 높을 확률이 90퍼센트였지만 1980년대에 태어난 경우는 그 확률이 50퍼센트로 뚝 떨어졌다. 한편 대학 등록금과 집값은 치솟았다. 2022년, 미국인 70퍼센트는 그들의 부모가 누린 대로 집을 사고 교육을 받을 금전적 여유가 없다고 보고했다. 단 한 번의 부상이나 뜻하지 않은 고난으로 인해 많은 사람이 재정적으로 파멸했다.

신뢰를 통해 사람들은 팀원으로, 마을 주민으로, 국민으로 뭉치지만 불평등은 이런 연대를 분해해버린다. 불평등이 심한 주와 나라에 사는 사람일수록 양극화되고 적대적이며 스트레스를 많이 받고 고독하며 물질 지향적이고[8] 남을 신뢰하지 않는다.[9] 부유하지 않아서 불평등한 게 아니다. 미국의 경우, 20세기 후반에 국민의 신뢰도가 하락했지만 나라의 부는 증가했다. 냉소주의는 적은 인구가 많은 자원을 점할 때 전형적으로 나타난다.[10]

가난한 사람들이야 그들을 차가운 곳으로 내몬 문화에 의구심을 품을 수밖에 없다. 하지만 불평등한 지역에서는 부유한 사람들 역시 서로를 덜 신뢰한다. 그 이유 중 하나는 불평등이 제로섬zero-sum 심리를 창출해서 다른 사람이 손해 볼 경우에만 자신에게 이득이 생기기 때문이다. 이런 환경에서는 승자도 궁지에 몰린다. 이들의 이득은 언제라도 뺏길 수 있으며 많은 사람은 승자의 이득을 갈취하고 싶어 한다. 동료와 이웃, 낯선 타인은 경쟁 상대가 된다.

제2차 세계 대전 이후 동독의 공산 정부는 사람들을 감시하고 반동분자를 소탕하기 위해 국가안보부Ministry for State Security, 즉 '슈타시Stasi'를 창설했다. 슈타시는 정보원을 고용해서 대단위 정보망을 조직했다. 정육점 주인이나 술친구 또는 육촌 친척이 쥐꼬리만 한 대가를 받는 스파이가 될 수 있었다. 이들은 반동의 기미가 조금이라도 보이면 언제라도 일러바칠 태세를 취했다. 이로 인해 신뢰는 사라졌다. 한 정치과학자는 그때 상황을 이렇게 묘사했다. "슈타시가 존재하고 사람을 감시한다는[11] 사실만으로 사회가 산산이 분열되고 아주 소규모 집단을 제외하고는 독립적인 토론이 불가능해졌다."

1989년, 베를린 장벽이 무너지자 슈타시도 함께 허물어졌다. 그러나 이들의 영향은 도시에 오랜 흔적을 남겼다.[12] 지금까지도 한때 슈타시가 장악했던 독일 마을 주민은 장악력이 덜했던 지역의 주민보다 남을 덜 신뢰하고 투표 참여율도 낮으며 타인을 잘 도와주지도 않는다. 비밀경찰은 사라졌지만 이들의 망령이 새로운 세대에게서 마음의 평화를 빼앗아간 셈이다.

다행히도 슈타시는 정부 권력 남용의 극단적인 사례다. 그러나 전 세계 사람들은 정치적 목소리를 점점 잃어가고 있다. 초당파 조직인 프리덤 하우스Freedom House는 인류의 민주화 수준이 15년 역행했다고 보고했다. 이 데이터에 따르면 2019년과 2020년 사이 전 세계 인구의 4분의 3이 민주화가 덜 된 정부의 통치를 받고 살았다.[13] 미국 역시 사람들의 정치 참여도가 꾸준히 떨어지고 있다. 한 정치과학자는 최근 미국 각 주의 '민주화 점수'를 계산했다. 온라인 등록 허용처럼 유권자 투표율을 향상시키는 요소와 게리맨더링gerrymandering(자기 정당에 유리하도록 선거구를 구획하는 일이다 – 옮긴이)같이 투표율 하락에 기여하는 요소를 감안해서 점수를 매겼다. 그는 민주화 점수가 21세기에 계속 하락했고[14] 특히 공화당 의원이 장악하는 주에서는 이런 현상이 두드러졌다고 밝혔다.

정부와 업계의 권력자들이 시민의 신뢰를 남용할 때 신뢰는 사라진다. 2021년, 영국의 뉴스 매체는 총리인 보리스 존슨Boris Johnson이 술 파티를 벌였다고 보도했다. 영국 국민은 코로나로 인해 집에 갇혀 친척의 장례식에도 참석하지 못하는 시기였다. '파티 게이트partygate' 스캔들 이전에는[15] 영국 국민 57퍼센트가 자국의 정치인이 "오직 자기들 이익을 위해서만 움직인다"고 느꼈는데 스캔들 이후에는 9퍼센트 증가한 66퍼센트로 올라갔다. 스캔들 전에 영국에서 냉소주의가 9퍼센트 증가하는 데는 7년이 걸렸고 그보다 더 전에는 42년이 걸렸다.

*

10년 전의 여러분을 생각해보자. 그때와 지금을 비교했을 때 기업과 정부에 대한 신뢰가 뚝 떨어졌는가? 만약 그렇다면 여러분은 불신에 찬 대다수 국민에 속한다. 이건 우리 탓이 아니다. 위워크WeWork(공유 오피스 기업으로 미국에서 갑작스럽게 파산 신청을 했다-옮긴이), 테라노스Theranos(엘리자베스 홈즈가 2003년 설립한 미국의 의료 기업이다. 혈액 검사 기술이 사기로 판명되면서 2018년 문을 닫았다-옮긴이), FTX(한때 세계 3위권의 암호 화폐 거래소였지만 사기 사건으로 2022년 파산했다-옮긴이)가 버젓이 활동하는 시대에서는 세상에[16] 사기 치는 사람과 사기 당하는 사람, 오직 두 부류만 있다고 생각하기 쉽다.

아무리 세상이 그렇다고 해도 냉소적 사고가 도움이 되지는 않는다. 권력자들의 권력 남용은 '권력층은 우리에게 나쁜 짓을 저지를 것이라'는 섣부른 실망을 대대적으로 일으켜 희생자에게 또 한 번 상처를 줄 수 있다. 이런 권력 남용과 섣부른 실망의 여파는 계급과 인종, 민족 집단에 영향을 줘 불평등의 격차를 더욱 넓힌다. 2004년, 비번이던 밀워키Milwaukee 경찰은 무장하지 않은 흑인 남성 프랭크 주드 주니어Frank Jude Jr.를 무자비하게 폭행했다. 그 다음 해 경찰에 들어온 신고 건수는 특히 흑인 거주 지역에서 곤두박질쳤다. 연구진은 주드 폭행 사건 이후 밀워키 시 전역에서 2만 2천 건의 비상사태 신고가 이뤄지지 않았다고[17] 추정했다. 밀워키의 흑인 인구는 당연히 여러 많은 이유로 경찰을 불신할 수밖에 없었지만 이런 불신으로 말미암아 범죄에 더욱 취약한 꼴이 되고 말았다.

섣부른 실망은 보건 불균형 또한 악화시킨다.[18] 코로나19 백신이 처음 나왔을 때 수백만 명의 사람들이 백신을 거부했다. 음모론 때문에 백신을 거부한 사람도 있었다. 하지만 거대한 이민 공동체인 오클랜드Oakland의 프루트베일Fruitvale 지역 주민은 다른 이유로 백신을 믿지 않았다. 흑인 및 유색 인종 환자는 오랜 기간 백인 환자에 밀려 뒷전이었다. 따라서 소수 인종 공동체는 당연히 미국의 의료가 자신들을 배려하지 않는다고 생각했다. 또한 프루트베일 주민은 정부를 두려워했다. 미국 대통령은 팬데믹 시작 전부터 이민집행국Immigration Customs Enforcement, ICE의 활동 강화를 약속했고 오클랜드의 시장인 리비 샤프Libby Schaaf를 지적하며 불법 이민자에게 피난처를 제공했다고 비난했다. 프루트베일의 주민들은 백신을 맞으러 가면 이민집행국이 그곳을 덮칠지 모른다고 우려했다.[19]

2021년 8월까지 푸르트베일에서는 주민의 겨우 65퍼센트만이 백신을 접종한[20] 반면 이곳에서 겨우 10킬로미터 떨어진 부촌인 피드몬트Piedmont에서는 80퍼센트 이상의 주민이 백신을 접종했다. 푸르트베일 주민 1천 명 이상을 대상으로 한 연구에 따르면, 라틴아메리카계 주민은 PCR 검사에서 양성을 보일 확률이 백인보다 무려 여덟 배나 높았다.[21] 미 전역을 놓고 볼 때 팬데믹 기간에 라틴아메리카계 인구의 수명은 3년 연속 하락했는데 이 하락 폭은 백인보다 훨씬 컸다. 푸르트베일 주민은 여러 가지로 당국을 불신할 이유가 충분했지만 그 불신은 큰 대가를 초래했다.

인간관계의 상품화

권력자들의 부와 부패는 일반 국민의 냉소주의를 부추길 수 있다. 하지만 우리가 살아가는 방식의 변화 역시 냉소주의를 부추긴다. 밤중에 차를 끌고 공항으로 친구를 마중 나가는 일처럼 친구에게 대단치 않은 호의를 베풀었다고 생각해보자. 여러분은 친구가 이런 친절을 되갚을 것이라고 기대하고 그가 되갚지 않는다면 불평하겠는가? 만약 그렇다면 여러분은 교환 관계를 맺고 있고 각 사람이 상대에게 제공하는 가치를 따지고 있을지도 모른다. 반면 여러분이 공동체 관계를 맺고 있다면 여러분은 관계 자체만을 위해 친절을 주고받는다.

교환 관계[22]는 자유시장에 가장 적합하다. 물건값을 치렀다면 상대가 자기에게 물건을 줄 것이라고 믿고 또 계약을 따르는 게 쌍방에게 이익이므로 해당 계약을 지킨다. 경제학자 찰스 슐츠^{Charles Schultze}의 말이다. "시장과 같은 제도는 (……) 연민, 애국심, 형제애, 문화적 결속의 필요를 줄여준다." 슐츠는 시장의 좋은 점을 내세우기 위해 이 말을 언급했지만 의도치 않게 부정적인 면모를 보여줬다. 사람들은 거래를 하면서 친절한 행동을 하지만 왜 친절하게 대하는지 그 이유를 판단하기는 어렵다. '저 셔츠를 입으면 당신 얼굴이 정말 돋보인다'는 말, '그 농담이 정말 웃기다'는 말은 진짜일 수도 있지만 만약 사실이 아니더라도 판매원이나 웨이터가 곧이곧대로 말해줄 리는 없다.

시장은 사리사욕에 따라 움직이며[23] 이는 어디에서나 감지할 수 있다. 내 연구실에서 진행한 연구 결과에 따르면 재정적 보상을 위해 친절한 행동을 하는 사람, 가령 세금 공제를 위해 자선 단체에 기부하는 사람은 기부를 전혀 하지 않는 사람보다 이기적이라고 평가받는다. 교환은 사업을 할 때는 좋지만[24] 이타적 행위의 본질을 흐린다.

거래 행위가 없는 은신처에서는 언제나 공동체 관계가 이뤄졌으며 사람들은 이곳에서 이득을 생각하지 않고 그저 서로를 위해 존재한다. 그러나 돈이 교환 대상이라면 공동체 관계에는 서로를 위하는 것이 약점으로 작용한다. 시간을 돈으로 산 데이트는[25] 데이트가 아니라 에스코트다. 돈을 지불한 충고는 충고가 아니라 컨설팅이다. 친구 사이라면 대부분 돈거래를 피하지만 그래도 문제가 있다. 사람들이 돈과 관련이 없는 일상생활도 마치 돈을 세듯 계수하기 시작했다는 것이다. 돈과 관련된 영역 밖에서도 집까지 걸어갈 때 밟는 계단 수와 명상 시간, 최근 올린 소셜 미디어 게시물에 '좋아요'를 표시한 정확한 사람 수가 집계되고 이것이 상품으로 거래된다.

정신과 전문의 안나 렘키Anna Lembke는 "무엇이든 세거나 숫자를 붙일 때마다 여기에 중독될 위험이 증가한다"[26]고 말했다. 숫자는 항상 거래의 일부였지만 이제는 건강, 찬성, 관계에도 숫자가 난무한다. 이런 현상은 '시장 침투market creep'라고 불리며 사람들은 경험 대신 숫자를 쫓으면서 자신이 추구하는 것뿐만 아니라 추구하는 방식도 바꾼다. 수량화는 순기능도 있지만 기대에 못 미친다는 두려움처럼 생소한 불안을 조장할 수 있다. 불면증 클리닉에 따르면 사람들이 피곤을 느껴서 클리닉을 찾는 것이 아니라[27] 수면의 질이 평균 수준에 못 미친다는 스마트 워치의 알림 때문에 클리닉을 찾는다고 한다.

＊

시장 침투는 자기 자신과 맺는 관계와 우리가 서로를 인식하는 방식도 바꾼다. 브루클린에 위치한 에드워드 R. 머로우Edward R. Murrow 고등학교 학생인 로건 레인Logan Lane은 소셜 미디어 공간이 숨 막히는 곳이라고 생각했다. 레인은 매일 아침 전 학년 학생 수십 명과 함께 Q 기차를 타고 학교에 갔다. "그 기차는 런웨이 같은 곳이죠." 레인은 이렇게 말했다. "소셜 미디어가 실제 모습과 충돌하는 곳 말이에요."[28] 10대 학생들은 서로 눈을 마주치며 폰을 들여다보고 이따금 바로 몇 발치 떨어져 서 있는 동료 학생이 올린 게시물을 넘겨봤다.

당시 레인은 소셜 미디어 베테랑이었다. 6학년 때 처음 스마트폰을 갖게 된 그는 인스타그램 계정을 만들었다. 레인은 직접 그린 그림과 뜨개질 사진, 그리고 바보스러운 자신의 사진을 남과 공유했다. 온라인에 비친 레인의 모습은 독특하고 아이러니했다. 소셜 미디어에 참여하면서도 이를 진지하게 생각하지 않는 것처럼 보였다. 하지만 레인의 실제 생활은 달랐다. 게시물을 넘겨보다 잠이 들었고 "좋은 사진이 있으면 올리지 않고는 못 배길 지경"이었으며 다른 사람의 반응을 면밀히 살폈다.

온라인과 오프라인 생활의 충돌은 사소한 접촉 사고와 다를 바 없지만 실제로 고통을 야기하는 경우도 있다. 사람들이 자기 자신과 서로에 관해 끊임없이 기록하다 보면 누군가는 잠복 기자가 되고 모든 사람이 얘깃거리가 된다. 이런 상황에서는 누구 말이 진짜인지 구분하기 힘들며 사람들이 연기하는 건 아닐까 의심하기 쉽다.

팬데믹이 닥치면서 학교 수업이 온라인으로 전환되자 레인은 깨어 있는 시간을 모조리 소셜 미디어에 투자했다. 다른 사람을 보는 레인의 눈은 어두워졌고 자긍심은 위축됐다. "끊임없이 제 것보다 더 좋은 것, 저보다 더 예쁜 사람, 더 예술적인 사람이 보였죠." 레인은 이렇게 말했다. "거기에 못 미치는 제 자신에 대해 수치감이 들었어요."

소셜 미디어로 인해 사람들이 이런 기분을 느끼기 시작한 지 벌써

　　　　　　　　　　　　　　　희망찬 회의론자

20년이 넘었다. 페이스북은 2004년 하버드대학교에서 처음 선보였고 이후 2년에 걸쳐 수천 개 대학교에 서서히 침투해 2006년에 공식적으로 대중에 공개됐다. 연구진은 최근에 그 당시 대학 기록을 검토하면서 시간을 되돌려봤다. 페이스북이 대학 캠퍼스에 등장한 지 수개월 후 학생들의 우울감, 불안감, 피로감, 식이장애 증상은 더욱 심해졌다. 학생들은 상담 서비스를 이전보다 더 자주 이용했고[29] 정신과 약을 더 많이 먹었다.

주범 중 한 가지는 사회적 비교였다. 페이스북이 상륙한 이후 학생들은 친구가 파티에 참석하고 휴가를 즐기며 일반적으로 인생에서 단맛만 쏙 빼 먹는 모습을 구경했다. 소셜 미디어는 다른 사람이 즐기는 최고의 순간을 보여주고 이 때문에 우리는 자신의 직업, 가정, 관계, 그리고 신체에 만족하지 못하게 된다. 하지만 좀 더 폭넓게 봤을 때 페이스북과 다른 플랫폼은 사회 생활을 수량화한다. 좋아요likes, 공유shares, 연속streaks(대화의 지속성으로, 서로 간의 유대감을 높이는 것이 목적이다 - 옮긴이)을 수량화하면서 서로 비교하고 경쟁하며 이기고 지는 것이 좀 더 수월해졌지만 결국 진지한 대화는 더욱 어려워졌다.

2010년대 초반, 소셜 미디어 플랫폼은 세계 공동체가 재창조된 형태라며 각광받았다. 지금에 와서 제대로 보니 소셜 미디어는 공동체의 탈을 쓴 시장이며 우정을 거래하라고 부추기는 모습이다. 2018년, 〈뉴욕타임스〉 칼럼은 사람들에게 자신의 친구가 얼마나 쓸모 있는지 수량으로 표시해보라는 퀴즈를 내면서 "가장 점수가 높은 친구를 알아보라"[30]고 부추겼다. 우리는 인간관계 자체를 '마케팅'하고 있는 것이다.

　시장이 우정에 은밀히 침투했다면 연애 부분은 불도저로 밀어붙였다. 21세기로 막 접어들던 시기에는 약 5퍼센트 정도가 온라인에서 만남을 가졌다. 2017년에 와서는 그 수치가 거의 40퍼센트 가까이 치솟으면서 다른 중매 형태를 위축시켰다.[31] 다른 사람들이 궁금해서 화면을 넘겨보는 것은 전혀 나쁜 게 아니다. 그러나 틴더Tinder 같은 앱은 무한대로 회원을 제공하고 눈 깜짝할 사이에 상대방을 선택하게 함으로써 호감 처리 방식을 바꿔버린다. 틴더의 창업자는 슬롯머신을 토대로 앱을 개발했다.[32] 물론 사랑은 게임일지도 모른다. 하지만 온라인에서는 사랑이 카지노로 변질되면서 각 회원이 승률을 계산해 베팅을 한다. 어쩌면 키는 178센티미터 이상이고 턱수염이 있으며 안정된 직업을 가진 사람하고만 데이트를 할지도 모른다. 하지만 키가 크고 수염이 많으며 성공적인 직업을 가져야 이상형이 되는가? 고를 선택지가 넘치는 상황에서 사용자는 마치 TV를 구매하기 전에 비교해보듯 다른 회원의 조건을 서로 견주면서[33] "관계를 맺는다." 어쩌면 스스로를 이런 식으로 생각하며 자신의 인생을 남과의 비교 대상으로 볼지도 모른다.

　수십억 명의 사람은 실리콘 밸리의 수량화된 꿈을 먹고 산다. 우리는 자기 삶의 모든 단면을 최적화할 수 있는 기회를 얻었지만 이런 어마어마한 분량의 자료가 우리 관계를 얼마나 변질시킬지에 관해서는 어떤 경고 소리도 듣지 못한다. 한편 이 자료들은 지구상의 초대기업과 초부유층에게 상상할 수 없는 부를 안겨줬다. 현재 우리 인간은 역사상 가장 높은 수익을 내는 상품이다.

신뢰를 기반으로 한 작은 바닷가 마을

역사는 과학 실험이 아니다. 도미노 세트처럼 배치를 어떻게 다르게 해야 무너짐에 변화가 올지 궁리하고 수천 번 실험을 재탕하면서 세상을 주물럭거릴 수는 없는 법이다. 지난 반세기 동안 무엇 때문에 신뢰가 곤두박질쳤는지 과학적인 이유를 정확히 알지는 못한다. 하지만 불평등과 권력자들의 권력 남용은 시간과 공간을 불문하고 냉소주의를 초래하며 이 세 가지 모두 상승하고 있다.

그렇다고 지나간 장밋빛 시절만 그리워해야 한다는 뜻은 아니다. 유아 사망률과 기근, 폭행 치사는 지난 수세기에 걸쳐 줄어들었다. 억압과 부정은 여전히 만연하지만 수십 년 전만 해도 많은 소외 공동체의 여건은 지금보다 훨씬 나빴다. 심리학자 스티븐 핑커Steven Pinker에 따르면[34] 지금은 인간 역사상 가장 살기 좋은 시절이며 우리가 태어나기 전에 이뤄진 발전에 대해 우리는 우주에 '감사'의 빚을 지고 있다.

어쩌면 맞는 말인지 모른다. 하지만 21세기를 살아가는 우리의 삶을 청동기 시대의 삶과 비교하기는 쉽지 않다. 현재 실제로 걱정스러운 동향이 나타나기 때문이다. 우주에 감사하기보다는 세속적으로 두려움을 느끼는 것도 이해할 만하다.

불평등과 권력자의 권력 남용, 시장 침투 현상으로 인해 우리는 안드레아스 라이브란트가 연구한 경쟁이 심한 호숫가 어촌 마을에 갇혀 있다. 이런 상황은 우리 마음에 무슨 짓을 저지를까? 사회학자 에밀 뒤르크하임Emile Durkheim은 아노미anomie라는 현대 사회 상태에 관해 설명했다. 아노미는 사회적 가치와 기대가 붕괴된 상태로 어떤 사람이 기대를 저버렸을 때 느끼는 실망감과는 다르다. 아노미는 사회 자체에 배신당했을 때 느끼는 감정이다. 거래적 느낌과 부당하고 이기적이라는 느낌이 매년 더해지는 세상에 살다 보면 희망은 서서히 닳아 없어질 수 있다. 실제로 불공평하고 부패한, 상업화된 환경은 모두 아노미 수준을 높인다.[35]

그러나 사람들은 단지 문화에 반응하는 것이 아니라 문화를 창조하기도 한다. 이런 변화가 요원하게 느껴질 수도 있지만 우리 각자는 사회의 세부 환경, 즉 학교, 가족, 이웃을 통제할 힘이 있다. 이곳에 신뢰가 기본 모드로 깔린 축소형 바닷가 마을을 만들면 된다.

＊

1975년, 빌 브루노는 꼬마 에밀을 자전거에 연결한 박스에 넣어 멘로 파크Menlo Park 언덕을 올라가던 중, 공상 과학 영화 〈마녀의 산〉을 찍는 모습을 목격했다. 현장에 가까이 간 아버지와 아들은 이 영화 촬영 장소가 페닌술라 학교Peninsula School라는 것을 알게 됐다. 야생의 나무가 울창한 캠퍼스를 둘러보던 빌은 여기야말로 아들에게 적합한 곳이라고 생각했다. 빌은 등록금을 감당할 능력이 없었지만 학교는 직원 자녀에게 장학금을 제공했다. 빌은 그 조건이면 충분하다고 생각했다. 아버지와 아들은 매일 8킬로미터 거리에 있는 페닌술라로 통학했다. 에밀은 월요일부터 금요일까지 수업에 참여했고 주말이면 아버지와 함께 학교 청소 등을 하는 관리인으로 일했다.[36]

　페닌술라는 캘리포니아 기준으로 볼 때도 특이한 공동체였다. 학교 본관은 19세기 이탈리아 양식의 대저택으로 옛날에는 흰색이었지만 세월이 흘러 색이 바래 지금은 뿌연 베이지색을 띠었다. 지붕 위 박공과 둘레형 현관에는 덩굴과 꽃무늬가 새겨져 있었다. 이곳은 예전에 실제로 집이었기 때문에 집 같은 편안한 느낌을 줬다. 대부분의 수업은 고목으로 둘러싸인 단칸방 오두막집에서 진행됐다. 에밀이 이 학교를 다닐 때는 학생들이 직접 좋아하는 나무에 이름을 지어줬고 그 나무를 타고 올라갔다. 학급 친구들은 납작 지붕이라 불린 3층 높이의 삼나무 위로 올라가 넓은 가지 위에서 점심을 먹으며 저 멀리 있는 만을 내다봤다.

　40년 후, 나는 에밀의 어린 시절 흔적을 더듬어보기 위해 페닌술라를 방문했다. 첫 방문 때 적어도 네 명의 아이가 맨발로 내 곁에 달려왔다. 나중에 안 사실이지만 학생의 겨우 절반 정도만 정해진 날에 신발을 신는다고 했다. 에밀의 기발하고 별난 성향이 이곳에서는 덜 특이하게 보였다. 1월에 내린 비 때문에 건물 사이에 거대한 웅덩이가 만들어졌고 학생들은 양동이 배를 만들어 노를 저으며 돌아다니고 있었다.

이 무질서해 보이지만 친근한 환경은 의도적이었다. 페닌술라 학생은 여러 나이대가 섞여 수업을 받고 서로 멘토 역할을 하며 도왔다. 아이들은 어릴 때부터 토론을 이끌어갔다. 그 이유는 한 교사가 설명했듯이 "말하는 사람이 보통 배우기도 잘하기 때문"이다. 제로섬 사고를 줄이기 위해 학년의 중요성은 무시된다. 에밀이 학교를 다닐 때 아이들은 '발레리나 태그'와 '네 골대 축구' 등 학교 운동장에서 할 수 있는 대부분의 경기를 개발했다. 에밀은 "이런 게임이 협동과 창의성 수준은 높고[37] 경쟁과 규칙 수준은 약했다"고 말했다.

페닌술라는 빌의 자유방임적 양육을 이어갔고 장차 에밀이 희망찬 회의론자가 되도록 그 씨를 심었다. 그의 모험심과 자연 사랑은 커져갔고 학급 친구들은 재빨리 나무를 타고 올라가는 그를 "원숭이"라고 불렀다. 교사는 학생 스스로 선택을 하게 하면서 학생의 자기신뢰감을 키워줬다. 이 학교 교사의 철학은 연구 결과가 뒷받침한다. 성인(특히 부모)이 자녀를 믿으면[38] 그 자녀는 친구를 더욱 신뢰하고 학교에서 스트레스를 덜 받으며 더 좋은 성적을 얻는다.

에밀의 어머니 린다는 가끔 학교 교정에 나타나 아들을 찾았다. "생각해보세요." 에밀의 아내 스테파니는 당시를 상상했다. "머리를 풀어헤치고 정신질환을 앓고 있는 집 없는 여인이 본인이 양육하지 않는 어린 자녀와 얘기하기 위해 대낮에 학교 교정을 헤매는 장면을요. 이런 상황에서 학교가 어떤 반응을 했을지, 그리고 그런 반응 때문에 아이가 얼마나 엄마를 창피해할지 아니면 결국 서로 만나지 않을지 아니면 이

희망찬 회의론자

로 인해 트라우마를 안고 살아갈지 상상해보세요."

교사들은 린다를 반갑게 맞아주기로 결정하고 린다와 에밀이 함께할 수 있는 장소를 마련했다. 지금까지 목격했듯이 역경은 그 과정에서 누가 도와주냐에 따라 사람을 휘청거리게 할 수도 성장을 일궈낼 수도 있다. 에밀의 경우, 성장은 빌과 린다에게서 시작됐고 페닌술라는 이런 안전감을 학교 규모로 키워줬다.

페닌술라 학생들은 서로 가족 같은 사이였다. 그래서 형제자매처럼 살벌하게 싸웠다. 에밀이 1학년이었을 때, 아이들은 교실 사이에 놓인 거대한 모래 상자를 전쟁터 삼아 어느 구조물이 더 오래 버티나 싸움을 벌였다. 여기저기 많은 싸움이 이어지는 가운데 교사는 학생이 자기들 스스로 싸움을 중재하리라 믿었다. 종종 꼬마 에밀이 미래의 성인 역할을 하며 중재 과정을 이끌었다.

1950년대, 학교 직원과 학부모는 학교 교정에 있는 웅장한 참나무 가지 분기점에 정교한 트리 하우스를 만들었다. 여기에 오르는 일은 쉽지 않아서(나도 한번 시도해보라는 제안을 받았지만 바로 거절했다) 많은 아이가 트리 하우스에 올라가는 일을 통과 의례로 여겼다. 이곳에 오른 지 30년 후, 에밀은 본인 집 뒷마당에 비슷한 트리 하우스를 만들었다. 그가 사망하자 학교는 그를 추모하며 트리 하우스 바로 아래에 체크무늬로 엮은 밧줄 망을 달아놨다. 이 밧줄 망을 타고 올라가면 트리 하우스에 더 빨리, 더 쉽게, 더 자주 올라갈 수 있었다. 만약 올라가다 미끄러지더라도 이 밧줄 망이 안전하게 받쳐줬다.

페닌술라의 영향은 분명 에밀 인생 전반에 파동을 일으켰다. 그는 천성적으로 공동체 지향적인 사람이었다. 그는 시간과 에너지, 관심을 아낌없이 베풀었다. 역경에 넘어진 사람들을 도왔고 이들도 자기를 똑같이 도와줄 것이라고 믿었다.

*

평화를 위한 에밀의 노력과 이를 추구한 방식에는 공동체 지향 정신이 깃들어 있었다. 대부분의 과학자는 진실 발견이라는 숭고한 임무를 품고 직업 세계에 들어가지만 많은 이가 도중에 덜 숭고한 충동에 굴복한다. 직업으로서 과학은 숨 막힐 정도로 불평등하다. 수천 명의 학생이 힘들게 공부하고 희생하며 종신직 교수라는 약속의 땅을 향해 고난을 헤치고 나아가지만 그 목표를 이루는 사람은 아주 소수, 행운아로 간주된다(나는 분명 행운아였다). 처음에 숭고한 마음으로 시작한 연구원들이 어느새 지적 버전의 호숫가 마을로 끌려간다. 성공은 비교를 통해 매겨지고 친구나 동료가 승리하면 내 기회는 줄어든다.

경쟁 문화는 많은 사람에게 스트레스를 준다. 과학 자체에도 나쁜 영향을 주면서 연구원에게 정보를 축적하고 자신의 연구를 과장하라고 부추긴다. 에밀은 처음부터 평화 및 갈등 신경과학 연구소를 연구에 매진하는 다른 공동체처럼 만들지 않았다. 그는 학생에게 서로 아이디어를 나누고 공로를 돌리라고 촉구했다. 그의 팀원은 자기들 연구 분야에서 전문가가 되려고 애쓰는 대신 지식의 벽에 벽돌을 얹기 위해 애썼다. 이 실험실에 맨 처음 합류한 과학자 중 한 명인 사만사 무어-버그 Samantha Moore-Berg는 "참신한 시도였다"고 말했다. "과학이 구태여 경쟁적일 필요도 없고 모든 답을 알 필요도 없죠."

이런 접근 방식으로 에밀은 몇 차례 수상 기회를 놓쳤을지 모르지만 그의 주변 사람에게는 과학에 다가가는 새로운 방식을 보여줬다. 에밀의 사망 이후 무어-버그는 펜실베이니아대학교 평화 및 갈등 해결을 위한 에밀 브루노 초대 펠로우가 됐다. "에밀의 비전이 제 비전이 됐죠. 저는 '과학을 어떻게 이용해야 선을 행하고 영향력을 창출할 수 있을까?'라는 질문으로 시작해요. 의문이 들면 그냥 '에밀이라면 어떻게 했을까?'라고 질문하면 돼요."

냉소주의에서 벗어나는 세 가지 방법

어릴 때부터 바닷가 마을 환경에 있었던 에밀은 운이 좋은 사람이었다. 나중에 그는 바닷가 삶의 가치를 반영한 미세 문화를 구축했다. 어떻게 하면 우리가 에밀의 접근 방식에서 영감을 받아 우리 자신의 미세 문화를 구축할 수 있을까?

• 수량화를 중지하라

시장 경제가 우리의 삶을 파고들면서 삶을 수량화하고 부추기지만 웰빙의 과학은 분명히 말한다. 인간이 번영하기 위해서는 그 자체를 위해 추구한,[39] 양으로 따질 수 없는 순수한 경험이 필요하다고 말이다. 좋아하는 취미처럼 공동체 유대는 실질적으로 소용은 없지만 즐거움을 줄 수 있다. 시장화된 세상에서 공동체 유대란 '실리를 따지지 않고' 우리가 일반적으로 맺는 관계 방식을 일부러 배제하는 것이다.

수업 프로젝트나 차량 공유, 상품 개발팀에 참여하는 경우에는 모든 구성원이 확실히 제 몫을 해야 공평하다. 그러나 속 깊은 사이라면 실리를 따지고 싶은 충동을 이겨보자. 정기적으로 일부러라도 계산을 하지 말아보자. 이 마음가짐은 사람을 도울 때 특히 필요하다. 친절한 행위는 더 나은 삶을 만드는 가장 빠르고 강력한 방법이다. 하지만 이런 행동을 뒷받침하는 동기가 중요하다. 우리 연구소에서는 사람이 연민에 의해 친구를 돕고자 하는 마음이 생겨 이를 실천한 날에 행복감을 더 느끼고 스트레스를 덜 받는다는[40] 사실을 알아냈다.

우리는 호의를 베풀 때 당연히 투자하는 시간, 땀, 관심에 집중하고 언제 이걸 돌려받을지 생각한다. 좋은 방법은 왜 호의를 베푸는지 생각하는 것이다. 호의는 사랑하는 사람에게 필요하고 애정 표시이며 내가 베푸는 호의로 상대방이 달라질 수 있다. 헌신은 실리를 따지는 사회의 해독제이자 인간에 대한 냉소주의에 영향받지 않는 덕목이다.

개인적 성취나 실리를 따지지 않는 것은 명상 캠프와 풋사랑 같

희망찬 회의론자

은 일부 상황에서는 비교적 쉽지만 다른 상황에서는 거의 불가능하다. 2021년, 로건 레인은 수량화되는 세상인 인스타그램에 빠져 있었다. 누가 자기를 좋아하는지 주시할 필요가 없었다. 앱이 이 일을 대신 해줬기 때문이다. 하지만 자신의 행복감에 문제가 생겼다고 깨달은 그는 대부분의 미국 10대가 생각할 수 없는 선택을 했다. 인스타그램에서 탈퇴한 레인은 계정을 비활성화하고 핸드폰을 2000년대 초반에 나온 플립폰으로 바꿨다.

건잡을 수 없는 외로움이 찾아왔다. 학급 친구들은 레인이 "지구상에서 떨어져 나갔다"고 불평했다. 소셜 미디어에서 사라지니 자기 자신이 삭제됐다는 느낌이 들었다. 그래도 남아 있는 친구가 있었다. 레인은 아침에 더 일찍 일어났고 더 활발히 작품 활동을 했다. 어떤 친구는 오프라인에서 레인을 만나려 하지 않았다. 애당초 이들이 레인의 진짜 친구였을까? 또 어떤 친구는 노트북의 페이스 타임으로 연락하거나 레인에게 전화를 거는 등 10대들이 전혀 하지 않는 끔찍한 구닥다리 짓을 했다. 레인은 이런 관계의 차이점을 깨달았다. 바로 느리고 신중하다는 것이었다. 이런 만남은 공식적인 기록을 남기지 않았고 외적으로 어떤 영향도 주지 않았다. 이 점에서 그 관계가 더 단순했고 쉽게 믿을 수 있었다. 레인 곁을 떠나지 않은 친구들은 그 관계 자체와 레인을 위해 남아 있던 아이들이었다.

한 야외 콘서트에서 레인은 자기와 똑같이 플립폰을 든 고등학생과 마주쳤다. 이런 작은 기적의 순간을 통해 아이디어가 떠올랐다. 레인은 사회 기술을 거부하는 고등학생 모임인 러다이트^{Luddite}(컴퓨터에 의한 기술 혁신을 반대하는 사람을 말한다-옮긴이) 클럽을 만들었다. 6~25명 사이의 회원이 매주 브루클린 프로스펙트 파크^{Prospect Park}에 모여 디지털 세계의 여러 잡다한 관심에서 벗어나 책을 읽고 잡담을 하고 빈둥거리면서 시간을 보낸다. 이런 만남은 수량화되지도 점수가 매겨지지도 않아 자유롭다.

나는 러다이트 클럽을 훌륭하다고 생각하지만 시장 이론에 의한 경쟁과 비교 심리에서 이들에게 열등감을 느낀다. 사실 나는 레인이 유치원생일 때부터 핸드폰에 중독돼 있었기 때문이다. 내가 택한 마약은 공식적으로 트위터^{Twitter}라고 알려진 사이트로 2009년에 가입했다. 핑계를 대자면 이 플랫폼에서 새로운 과학을 배우고 내 연구를 공유할 생각이었다. 그런데 사실 내가 올리는 게시물은 자화자찬하는 학계와 서로 비웃고 놀리는 글, 사람들이 새로운 뉴스거리를 만들어 이에 발끈하는 글, 사람의 이목을 끌면서 걱정을 자아내는 뉴스 등 신변잡기적인 글이었다. 나 역시 다른 사람과 마찬가지로 내가 올린 게시글을 주시하면서 때로 인기가 없는 글은 삭제하기도 했다.

레인에게 영감을 받아 내 계정을 2주간 닫아놨다. 계정 비활성화 버튼을 누르자마자(놀랍게도 비활성화 버튼을 찾는 일은 힘들었다) 영원히 내 계정이 삭제되는 게 아닌가 하는 공포가 엄습했다. 일단 그 공포가 사라지자 계정 비활성화의 충격이 서서히 느껴졌다. 권태감이 느껴지는 순간, 나는 본능적으로 웹 브라우저를 열고 토요일에 무의식적으로 차를 타고 사무실 쪽으로 가듯 '트위……'를 입력했다. 사건 사고가 다르게 와닿았다. 한 러시아 과두제 집권층이 분명 정부 측 음모로 사망했다는 소식, 대통령 후보들이 토론했다는 소식. 궁금증이 생겼다. "사람들은 이 모든 뉴스를 어떻게 생각할까?" 그러다 사람들 반응을 알 수 없다는 현실이 떠올랐다. 이 사건을 비롯해 다른 십여 개의 뉴스는 내가 계정에 다시 로그인하기도 전에 이미 사라질 것이었다.

하지만 어쨌든 나는 다른 사람의 생각을 모른다. 내 게시물은 뉴스 역할을 했지만 나와 똑같은 수백 명의 사람이 서로 고함치는 소리와 다르지 않았다. 그리고 '트위터에만 나오는 뉴스'가 있었다. 소셜 미디어창 구석에 떠오르는 여러 논쟁, 한 주의 악당, 내부 농담(inside joke, 특정 집단 사람끼리만 이해하고 공유하는 웃음거리나 유머를 말한다-옮긴이). 사람들은 나 없이 사건, 사고를 소화할 것이다. 그런데 도대체 이런 사건이 이제까지 나에게 어떤 역할을 했던가? 심리학자끼리의 내분 때문에 나는 내 직업에 흥미를 잃었고 서로 티격태격하는 정치인들 때문에 정부가 안 좋게 보였다. 마치 표류 잔해가 조류에 이리저리 떠다니는 것처럼 계정을 비활성화하기 전의 트위터는 나를 이 사건에서 저 사건으로 끌고다녔다. 오프라인에서 나는 내 관심을 주도할 힘을 다시 얻었다.

인간관계 역시 변했다. 온라인 단식 중, 스탠퍼드대학교는 새 학장을 임명했다. 이 소식에 관해 게시물을 올리거나 다른 사람들이 의견을 발표하는 것을 지켜보는 대신 나는 동료와 메시지를 연달아 주고받기 시작했다. 조용하고 허심탄회한 메시지여서 나는 동료들이 온라인에서

보다 진짜 자신들의 소견을 나누고 있다고 믿었다. 한 친구는 새로운 앨범을 내놨다. 그는 분명 이 소식을 소셜 미디어에 올렸을 테고 나는 평상시처럼 먼발치에서 소식을 접했을 것이다. 하지만 대신 전화를 걸었다. 친구는 모든 경험을 내게 얘기했고 나의 우려와 걱정을 알게 됐다. 내가 화면으로 그의 인생이 전개되는 걸 지켜봤다면 결코 일어나지 않을 일이었다.

2주가 지난 후 소셜 미디어에 복귀해보니 마치 담배 반 갑을 피우며 트윙키Twinkie(달콤한 가공식품 스낵이다 – 옮긴이)를 먹어대는 느낌이 들었다. 정제당과 니코틴이 내 몸 전체에 퍼지는 대신, 익숙한 싸움, 인물, 가짜 뉴스가 내 마음을 점령했다. 대부분은 친척 모임 이후 잊고 지내던 껄끄러운 삼촌처럼 달갑지 않았다. 이런 유혹의 끈을 따라가지 않는 게 얼마나 대단한 일인지 깨달았다. 소셜 미디어에 올라오는 사건, 사고를 놓칠지 모른다는 두려움은 기쁨으로 바뀌었다. 이것은 나 혼자만의 경험이 아니었다. 2018년, 거의 3천 명의 참가자에게 4주간 페이스북 계정을 닫는 조건으로 돈을 지불한 연구가 있었다. 이 디지털 해독[41]으로 참가자들의 우울감은 상담 치료와 비교해 25퍼센트에서 40퍼센트 정도 줄어들었다.

나는 여전히 트위터에 들어가 게시물을 올리고 몇 분간 멍하니 보고 있거나 최근 게시물을 읽어본다. 하지만 트위터를 하는 양상은 예전과 전혀 다르다. 온라인 관계 대신 수량화되지 않는 오프라인 관계를 정기적으로 맺기 위해 열심히 노력한다. 온라인에서 몰래 지켜보는 대신 메시지를 보내고 핸드폰 화면을 계속 내려보는 대신 전화를 건다. 그때마다 일대일 관계가 사람에게 관심을 더 주고 온라인 세계의 끊임없는 잡음을 잠재울 수 있음을 깨닫는다.

• 같이 놀아라

최근 뉴욕에 사는 거의 200명의 부모를 대상으로 자녀가 세상을 어떻게 봤으면 좋겠냐는 연구 조사가 있었다. 부모의 3분의 1은 자녀가 세상을 협동 관계가 아닌 경쟁 관계로 보면 인생이 한층 더 발전할 것이라고 생각했다. 절반 이상의 부모는 자녀가 세상을 위험하게 보면[12] 도움이 될 것이라고 생각했다. 다른 인터뷰 결과를 보면 부모의 70퍼센트는 아이에게 낯선 사람을 믿으면 안 된다고 가르친다 말했다. 일반적으로 사람을 신뢰한다는 한 엄마는 "너무하죠. 하지만 아이에게는 (……)을 도와주지 말라고 가르쳐야 해요. 너무 안타까운 일이지만 딸에게 맨 처음 가르친 것은 사람을 조심하고[13] 모르는 사람과는 이야기하지 말라는 거였어요."

이런 부모는 자녀에게 불안감을 조성해서 아이를 안전하게 지키려는 것인데 이 전략은 너무 효과적이다. 2012년, 미국 12학년 학생 중 대부분의 사람을 신뢰할 수 있다고 믿는 사람은 18퍼센트에 불과해, Z세대는 역사상 가장 사람을 못 믿는 부류가 됐다.[14] 신뢰 결핍이 생기는 이유는 아마도 사람이 점점 냉소적으로 변하기 때문이거나 구세대가 일찍부터 냉소주의를 배운 신세대로 교체되고 있기 때문이다.

이런 가르침은 성인으로 성장하는 아이에게 상처를 준다. 심리학자 제어 클리프턴Jer Clifton은 삶과 세계에 관한 사람의 '원천적 믿음'을 연구한다. 원천적 믿음은 놀랍게도 환경과 단절되어 있다. 부유한 사람이라고 반드시 세상이 더 풍요롭다고 생각하지는 않으며 트라우마를 안고 살아가는 사람이어도 늘 세상이 더 위험하다고 보지는 않는다. 물론 세상은 안전하면서도 위험하고 협동적이면서 경쟁적이다. 그러나 여기에서는 누가 옳은지 따지기 전에 갖고 있는 믿음이 자기 자신을 어떻게 변화시키냐는 질문을 해야 한다. 48개 직업군 5천 명을 대상으로 한 연구에서 클리프턴은 세상이 위험하고 경쟁적이라고 생각하는 사람은 세상이 안전하고 협동적이라고 보는 사람에 비해 직업 생활에서 성공하지 못했고 삶에도 만족하지 않는다는 사실을 발견했다.

페닌술라를 처음 방문한 날, 나는 일찍 도착해 주변을 어슬렁어슬렁 돌아다녔다. 누가 보면 중년 남자가 삼나무 사이를 두리번거린다고 오해할 것 같았다. 하지만 학교 아이들과 어른들은 내게 손을 흔들며 웃어줬다. 학교 직원은 누군지도 모르는 나를 환영해줬다. 몇 분 안 걸려 나는 학교 교장과 이야기를 나눴다. 여러분은 아마 이 학교가 구제불능일 정도로 세상 물정을 모른다고 생각할지 모른다. 그러나 나는 왜 다른 사람들이 아이들에게 사람에 대한 섣부른 실망부터 가르치는지 의아하다. 아마도 그렇게 해야 아이를 안전하게 지킬 것이다. 하지만 이런 가르침은 십중팔구 아이의 세상을 축소시키고 신뢰를 떨어뜨린다. 페닌술라는 이런 세계관에 도전장을 내밀었다. 그러니 누구든지 다 할 수 있는

희망찬 회의론자

일이다.

우리가 누군가를 이끌거나 보살피면 이들에게 선제 조건이 조성된다. 아이들은 특히 더 하다. 최근 내 양육 방식을 자세히 들여다봤다. 나는 딸과 함께 책을 읽으며 대부분의 사람들이 선하다는 대화를 나눈다. 그런데 내 딸은 아빠와 엄마가 정치인과 기업을 헐뜯는 소리를 듣는다. 학교 가는 길에는 내 차 앞을 가로막고 들어오는 괘씸한 운전자도 본다.

얼마 전에 나는 아이들에게 행복 맛보기,[45] 즉 인생 최고의 순간을 알아보고 즐기는 연습을 가르치기 시작했다. 아이스크림을 먹으면서, 또 해지는 모습을 바라보면서, 연을 날리면서 우리는 '행복을 음미하는' 시간을 가진다. 코코넛 콘을 먹어치우는 대신 천천히 맛을 음미하며 아이스크림에서 가장 맛있는 부분이 뭔지, 그리고 어떻게 이 경험을 기억하면 좋을지 이야기를 나눈다.

페닌술라를 방문한 이후, 나는 우리가 사회를 음미할 시간을 갖지 못했다는 것을 깨달았고 천천히 삶의 속도를 늦춰 매일 벌어지는 인간의 선에 감사를 표하리라 생각했다.

우리 가족은 이 일을 시작했다. 만약 내가 아이들 앞에서 사람들 불평을 하면 다른 사람들이 한 긍정적인 일도 찾아내야 한다. 예를 들자면 공원에 널브러진 쓰레기를 가리키며 불만을 내뱉었다면 공원을 깨끗이 청소하는 많은 자원봉사자 얘기를 해야 하는 식이다. 지난주에는 혼잡한 거리에서 공사장 차량 뒤에 서는 바람에 오도 가도 못하고 있었는데 옆 차선 차량이 멈춰준 덕에 차선을 바꿀 수 있었다. 보통 이런 작은 친절은 바쁜 아침 시간에 그냥 잊어버리기 십상인데, 이번에는 아이들에게 낯선 사람이 속도를 줄여 멈춰준 덕분에 서로 도움이 됐다고 설명해줬다.

이런 예는 별것 아니게 느껴질지 모르고 어쩌면 진짜 그럴지도 모른다. 그러나 아이들은 날카로운 과학자라 어른의 말을 통해 세상이 어떤 곳인지 결론을 도출할 수 있다. 생각보다 그리 어렵지 않게 친절히 협력하는 사람을 찾으면서 아이들에게 균형 잡힌 세계관을 심어주려 노력하는 와중에 나는 뭔가 색다른 사실을 발견했다. 바로 말하는 습관이 마음의 습관이 된다는 것이다.

• 이웃을 신뢰하라

연대감은 페닌술라 같은 지역 공동체 안에서 자연스럽게 생겨나며 신뢰 역시 마찬가지다. 21개국 2만 5천 명을 대상으로 실시한 조사에서 "사람들 대부분"을 신뢰한다고 밝힌 사람은 30퍼센트에 그쳤지만 무려 65퍼센트는 그들 지역이나 마을 구성원을 신뢰한다고 보고했다. 이 차이는 냉소적인 국가에서 가장 두드러졌다. 예컨대 '사람'을 신뢰한다고 답한 필리핀 사람은 6퍼센트도 채 안됐지만 이들의 절반 이상은 이웃을 신뢰한다고 밝혔다.[46]

냉소주의에는 이웃 모양의 구멍이 나 있어서 한 사람이 이 구멍을 통해 긍정적인 변화를 창출할 수 있다. 오클랜드 프루트베일에서는 잘 알려진 비영리 단체가 코로나19 팬데믹 당시에 이 일을 해냈다. 유니티 카운설Unity Council이라는 비영리 단체는 50년 동안 이 지역에서 봉사하며 특히 가난한 사람을 위해 일했는데, 저렴한 주택 단지와 학교, 의료 시설 및 시니어 센터를 짓고 관리하며 운영해왔다. 유니티 카운설 건물은 프루트베일 중심가에 다 같이 모여 있었다. 아이들이 다니는 학교는 이들 할아버지 할머니가 체스를 두고 줌바 수업을 듣는 건물 옆에 붙어 있었다. "대부분 사람들은 우리가 왜 이렇게 하는지 모르지만 우리를 신뢰하죠." 유니티의 CEO인 크리스 이글레시아스Chris Iglesias의 말이다.

일본의 경우, 끈끈한 관계를 맺고 있던 마노 지역 주민들은 화재에 공동으로 대처하기 위해 달려나갔다. 프루트베일에서 유니티 카운설은 공동체에서 오랫동안 해왔던 역할에 변화를 줘 코로나19에 대처하기로 했다. 유니티 카운설은 캘리포니아대학교 샌프란시스코 캠퍼스 및 또 다른 지역 조직인 클리니카 데 라 라자Clinica de la Raza와 손잡고 대학생 연령의 청년들을 '백신 대사'로 뽑아 훈련시켰다. 이들은 팬데믹과 치료 뒤에 숨은 과학을 배웠고 이후 아이패드를 들고 다니며 거리나 쇼핑몰에서 사람들에게 다가가 백신에 관심이 있는지 묻고 이들에게 접종 약속을 잡으라고 알려줬다.

유니티 카운설은 이 캠페인의 도움으로 2021년 1만 5천 명의 사람들이 백신을 접종했다[17]고 추산했다. 주민들은 이미 신뢰해왔던 사람의 말을 믿게 되어 있기 때문에 마을은 어느새 더 안전해졌다. 이와 동일한 전략을 쓰면 세계 어디에서도 냉소주의를 타파할 수 있다. 연구진은 보수주의자가 공화당 정치인이 코로나19 백신을 권장하는 화면과 2020년 대통령 선거 결과를 지지하는 장면을 볼 때[48] 백신 접종에 좀 더 개방적인 자세를 취하고 선거 자체에도 좀 더 신뢰감을 가진다는 사실을 발견했다.

우리의 TV와 핸드폰 화면에는 부패와 불평등, 범죄가 넘쳐닌다. 하지만 우리가 마트에서 보는 사람들, 실생활에서 직접 만나는 선생님과 친구들은 생각보다 친절하고 미심쩍지 않은 사람들이다. 우리가 중심을 잘 잡는다면 바닷가 마을 같은 신뢰 공동체를 건설해 동지 의식을 쌓으면서 세월의 흐름에 따라 이를 더욱 확장시킬 수 있다.

4장 **타인은 지옥이 아니다**

어떤 정보도 참조하지 말고 각 질문에 대한 답을 추정해보자.

1. 2009년, 토론토 스타^{Toronto Star}는 한 가지 사회 실험을 실시했다. 이곳 직원이 도시 곳곳에 20개의 지갑을 떨어뜨렸는데, 지갑에는 돈과 명함이 있었다. 이는 곧 지갑을 발견하는 사람이 주인에게 연락할 수 있다는 의미였다. 지갑은 얼마나 많이 회수됐을까?[1]

2. 첫 팬데믹 기간 동안(2020~2022년) 사람들의 자선 단체 기부와 자원봉사, 낯선 사람에게 도움의 손길을 뻗치는 일이 팬데믹 이전 기간인 2017년에서 2019년에 비해 늘어났을까, 줄어들었을까 아니면 변함이 없었을까?

문제의 답을 보기 전에 왜 이 문제가 중요한지 생각해보자. 수천 년 동안 인간은 음식, 피난처를 같이 나누고 서로를 보호했다. 협력 덕분에 우리 종족이 만들어졌지만 협력 때문에 우리 인간은 되갚지도 않고 집단을 이용만 하는 사기꾼에게 취약하기도 하다.

동물의 왕국에서 아름다운 장식은 많은 경우 사실상 방패 역할을 한다. 북방족제비의 흰 털, 나무개구리의 독이 함유된 선명한 피부 색채, 오릭스(뿔이 곧은 아프리카산 영양을 뜻한다 – 옮긴이)의 뿔은 모두 다른 동물의 먹잇감으로 전락하지 않도록 도와주는 도구다. 인류에게 가장 흔한 포식자는 바로 타인이다. 이에 우리는 진화를 통해 정신적으로 아르마딜로(몸이 견고한 갑옷으로 덮여 있는 야행성 동물이다 – 옮긴이)의 껍데기를 갖춰 사기꾼을 감지[2]하게 됐다. 우리는 선천적으로 다른 사람에게서 사기와 부정의 조짐이 없는지 살핀다. 이런 경계 태세는 정도가 약할 때는 훌륭한 자기방어 전략이 되지만 정도가 심해지면 독성을 띨 수 있다. 사기꾼을 너무 신경 쓴 나머지 이들이 도처에 깔려 있다고 오판하고 인간이 선하다는 신호는 무시하는 것이다. 심리학자는 이런 현상을 부정성 편향negativity bias이라고 한다. 이제부터 여러분이 방금 푼 돌발 퀴즈로 돌아가 스스로의 부정성 편향을 알아보자.

1. 토론토에서는 20개의 지갑 중 16개(80퍼센트)가 회수됐다. 이후 후속 실험에서 40개국 1만 7천 개의 '분실된' 지갑을 대상으로 했을 때 대부분의 지갑이 회수됐고 여러 국가에서는 회수율이 80퍼센트에 육박했다.

2. 2023년, 매년 사람들의 경험과 행동에 관해 조사하는 세계적인 조사

희망찬 회의론자

기관인 세계행복보고World Happiness Report에 따르면 팬데믹 기간 동안 자원봉사와 자선 단체 기부, 낯선 사람에게 도움의 손길을 뻗치는 행위가 모두 상당한 비율로 증가했다.[3] 코로나19라는 전염병이 끔찍한 피해를 남기기는 했지만 거대한 온정의 샘을 드러내준 셈이었다.

여러분은 이 퀴즈에서 사람들을 과소평가했는가? 만약 그렇다고 해도 여러분 혼자만 그런 것이 아니다. 다른 사람에게 친절하고 예의 바른 캐나다 사람도 겨우 25퍼센트의 토론토 주민만이 분실된 지갑을 돌려줄 것이라고 예측했다. 2023년, 나는 미국인 1천 명에게 팬데믹 기간 동안 전 세계적으로 친절한 행위에 어떤 변화가 일어났을 것 같냐고 물었다. 대부분은 친절한 행위가 줄어들었다고 답했고 겨우 25퍼센트만이 세계적으로 방대하게 번지고 있던 코로나19 선행을 감지했다.[4] 이와 동일한 오류가 우리 삶 주변에 퍼져 있다. 연구에 따르면 사람들은 다른 사람의 관대함과 신뢰, 연민을 종종 깨닫지 못한다고[5] 한다. 도움을 주는 사람은 곳곳에 있지만 우리는 단지 그들을 보지 못할 뿐이다.

이런 오류를 보면 우리 마음이 어떻게 조율돼 있는지 알 수 있다. 부정성 편향이란 사람이 좋은 것보다는 나쁜 것에 관심을 더 가진다는 뜻이다. 이 현상은 진화적으로 이해가 된다. 즉, 일몰은 무시해도 안전하지만 쓰나미는 아니다. 심리학자 프레드 브라이언트Fred Bryant는 "고난은 문을 박차고 들어와 우리를 찾아내는[6] 반면 (……) 기쁨과 즐거움은 우리를 찾지도 않고 자기들을 즐겨보라 강요하지도 않는다. 그저 잠자코 기다리고 때로는 숨기도 한다"고 말했다.

부정성 편향[7]을 통해 우리의 세상 경험과 관계 방식이 형성된다. 사람은 신뢰할 수 있는 얼굴보다 신뢰할 수 없는 얼굴에 더 관심을 기울이고 건전한 인물보다는 수상한 인물을 더 확실하게 기억한다. 선행과 악행을 둘 다 저지르는 사람에 관한 글을 읽었을 때, 사람들은 그를 부도덕하다고 평가한다. 마치 그의 최고 악행이 그의 인성을 판가름하는 가장 확실한 잣대가 되는 것처럼 말이다.

사람들을 실제 모습보다 악하게 보는 경우, 우리는 이들이 과거보다 현재 더 악해졌다고 확신한다. 최근 심리학자는 59개국, 거의 60만 명을 대상으로 70년에 걸쳐 한 조사를 검토했다. 각 조사에서 참가자들은 사람의 도덕성에 관한 질문을 받았다. 예를 들어, 사람의 친절, 협력, 공정성이 지난 몇 년과 비교해 현재 어떤지 평가해보라는 질문이었다. 대부분 사람들은 숨 막힐 정도로 부정적이어서 도덕적 자질의 80퍼센트 이상이 하락했다고 보고했다. 응답자가 누구인지는 문제가 되지 않았다. 시골 사람과 도시 사람, 자유주의자와 보수주의자, 베이비부머와 Z세대는 같은 공감대가 많이 없었지만 이들 모두 인류가 점점 사악해지고 있다고[8] 믿었다. 하지만 실제 자료는 얘기가 다르다. 최근 메타 연구에서는 1956년과 2017년 사이 6천 명 이상을 대상으로 협력도를 조사했다. 그 결과, 사람들이 전체 기간에 걸쳐 9퍼센트 더 협력했으며[9] 감소세를 나타낸 기간은 없었다. 그런데 우리의 편견은 끈덕지게 이어져 결코 그런 적이 없는데도 지금보다 사람들이 더 너그럽고 친절했

희망찬 회의론자

다던 그때를 그리워한다. 사기꾼으로부터 스스로를 지키려는 열망은 당연하고 현명하다. 그러나 우리가 사람의 미덕을 냉소적으로 과소평가할 때 그 열망은 미쳐 날뛸 수 있다. 이 문제는 우리 마음속에서 시작하지만 우리가 다른 사람과 얘기하며 험담하기 시작하면 훨씬 더 악화될 수 있다.

언론이 쥐고 있는 가십 메가폰

1990년대 인류학자들은 술집, 객차, 대학 식당에 진을 치고 앉아 낯선 사람들의 대화를 엿들었다. 이들이 엿들은 대화의 3분의 2는 관계와 사회 경험 또는 다른 사람에 관한 것이었다. 다시 말해, 이야기하는 동안 우리가 내뱉는 공기는 대부분 가십[10]으로 채워진다. 가십은 평판이 좋지 않다. 유명한 격언처럼 "위대한 마음은 아이디어를 논의하고 일개 평범한 마음은 사건을 언급하고 속 좁은 마음은 사람을 입에 올린다." 하지만 연구에 의하면 가십은 이보다 나은 대우를 받을 자격이 있다.

대학교 2학년 때, 나는 친구 일곱 명과 함께 살았다. 일주일 정도는 각자 맡은 일을 깔끔히 했다. 그러나 얼마 안 가 누군가 얄미운 짓을 하기 시작했다. 모두가 결백을 주장했기 때문에 싱크대에 왜 접시가 쌓여가는지 아무도 알 수 없었다. 우리는 묵묵히 남이 쌓아놓은 접시를 설거지하는 대신 두 손을 놔버렸다. 싱크대에 방치된 음식에는 곰팡이가 피었고 머지않아 벌레가 꼬였다. 부끄럽게도 부엌은 아수라장으로 변했다. 자기도 모르는 사이에 우리는 '공공재' 문제에 부딪혀 협력보다 이기심을 앞세웠다.

과학자는 이기심을 앞세운 문제를 약간 순화시켜 온라인 게임으로 만든다. 이 공공재 게임은 익명의 참가자 네 명이 돈을 모아 공동 기금을 만들고 돈이 두 배로 뛰면 네 명이 똑같이 나눠 가지는 식으로 진행된다. 모두가 돈을 내놓는다면 다들 최선을 다하는 것이지만 한 사람이 한 푼도 내놓지 않고 가져가기만 하는 경우가 있을 수 있다. 바로 '무임승차'라고 알려진 속임수 형태다. 다른 참가자는 속임수를 쓰는 사람을 이길 수 없다는 사실을 깨닫고 기부액이 0원으로 떨어질 때까지 그와 똑같은 행동을 한다. 대학교 시절 정글로 변한 부엌의 경제학 모델인 셈이다.

사람들이 남의 험담을 하지 않는다면 상황은 이런 식으로 돌아간다. 공공재 게임의 다른 버전에서 참가자는 누가 돈을 내고 누가 돈을 안 내는지 이야기할 수 있었고, 이에 따라 투표를 통해 팀에서 속임수 쓰는 사람을 제외시킬 수 있었다. 이런 방식을 쓰니 상황이 완전히 바뀌었다. 수치와 보복이 두려운 나머지[11] 사람들은 기부를 더 많이 하면서 이전보다 오랫동안 게임을 했다.

우리 마음은 사기꾼을 감지하느라 예민하게 움직이고 우리 공동체는 가십을 통해 빠르게 움직인다. 사기당한 사람은 돈은 돌려받지 못할 가능성이 있지만 소문을 내서 악당의 발을 묶어놓을 수 있다. 하지만 여기에도 안 좋은 점이 있다. 사기꾼 감지와 똑같이 가십은 부정성 편향의 먹잇감이 될 수 있다. 공공재 게임에서 각 참가자가 단체 내 참가자에 대한 평을 적어 이를 다음 게임 참가자에게 전달하자 대부분은 무임승차하지 않았다. 하지만 누군가 무임승차를 했을 때 사람들은 정정당당하게 게임하는 참가자보다 이 사람에 관한 험담을 세 배 더 많이 했다. 또 참가자가 쓴 평을 읽은 사람들은[12] 무임승차가 흔하다고 오해했다.

＊

인간은 서로에 관한 정보에 목말라하지만 자연적으로 사회의 씁쓸한 소식에 열망한다. 사람의 나쁜 행위에 관심을 쏟고 마음속에 떠오르는 사건(또는 사람)을 이야기하며 부정적인 것에 초점을 맞춰 잡담을 나눈다. 귓속말이 일파만파 퍼지면서 부정적인 이야기가 몇 곱절 증가하고 미담은 사라진다. 이 전화 게임(한 사람이 다음 사람에게 차례대로 귓속말로 이야기를 전달해서 마지막 사람이 전달받은 메시지를 말하는 게임이다. 마지막으로 전달받은 메시지는 본래 메시지와 상당히 달라진다 - 옮긴이)은 사람을 더 냉소적으로 만든다. 자기들 공동체를 지킨답시고 사람들은 서로서로 잘못된 소문만 퍼뜨린다.

가십은 동네의 소식통으로 시작되어 사람들 사이에 서서히 퍼졌다. 여전히 이런 행태가 지속되지만 지금 가십은 언론이라는 메가폰을 통해 전 세계로 유출된다. 일상의 가십꾼 같은 기자는 종종 사기꾼을

잡는 게 자기들의 도덕적 의무가 되는 듯 행동한다. 언론인 데이비드 본
스타인David Bornstein은 자기 업계의 많은 사람이 "잘못된 방향을 지적하
면 사회가 좋게 변할 것이라"[13] 착각한다고 말한다. 지난 한 세기에 걸쳐
폭로 전문 기자들은 공장과 물류 창고의 비인간적인 작업 조건과 공포
스러운 사형 집행, 경찰 폭력, 가톨릭 교회의 숨겨진 학대 등을 들췄다.

나쁜 뉴스를 통해 사회가 개선된다면 언론사 입장에서는 이런 뉴
스가 돈벌이도 된다. 사람들은 부정적인 뉴스에 관심을 더 기울이기 때
문이다. 업위디Upworthy 사이트(감동적이고 중요한 이슈를 나누면서 긍정적인
변화를 도출하자는 취지로 만들어진 웹 사이트다 - 옮긴이)에 게시된 10만 건
이상의 이야기를 분석한 결과, 제목에 부정적인 단어가 한 개씩 늘 때
마다 게시물을 보는 사람이 2퍼센트 정도 증가하는 것으로[14] 나타났다.
따라서 깜짝 놀랄 만한 단어를 무더기로 게시할 경우 이 웹사이트의 트
래픽 양은 대폭 뛸 수 있다. 언론사 역시 회사인지라 사람들이 구입할
만한 거리를 제공하는 것이다. 21세기에 걸쳐 신문 헤드라인에는 특징
적으로 혐오, 공포, 분노 같은 부정적인 감성이 꾸준히 증가했다.[15] 심지
어 노래도 독해졌다. 1970년에서 2010년 사이 대중음악에서 '사랑'이라
는 말은 50퍼센트 줄었고 '증오'는 세 배 증가했다.[16]

이제 현대 언론은 냉소주의 기계가 됐고 매년 정밀도가 향상된다.
내가 어렸을 때 TV는 나쁜 뉴스의 판게아Pangaea(대륙이동설에서 말하는
현재의 대륙으로 분열하기 이전의 거대한 단일 대륙 이름이다. 독일의 지구물리학
자 베게너가 명명했다 - 옮긴이)여서 우리 모두가 이 하나의 황량한 화면 앞

희망찬 회의론자

에 모여 기름 부족, 우주 왕복선 폭발, 살인 사건 재판을 똑같이 시청했다. 그러나 1980년대와 1990년대에 들어와 케이블 뉴스 방송국이 시청자의 기존 믿음에 부합하는 뉴스를 제공하면서 충성파를 양성했다.

우리의 광활한 육지는 진보주의자와 보수주의자가 그들의 불만으로 점철된 작은 정보의 대륙으로 옮겨가면서 갈라지고 말았다. 30년 뒤에는 소셜 미디어가 나타나 우리를 각자의 섬에 가뒀다. 관심이 가는 기사를 클릭하면 알고리즘에 의해 우리는 우리가 두려워하고 혐오하는 기사에 둘러싸인다.[17]

*

언론 매체는 부정성 편향이 우리를 분명히 잘못된 방향으로 이끌고갈 때도 이를 부채질하는 기사를 제공한다. 갤럽Gallup은 1989년에서 2000년 사이 27건의 여론조사를 진행하면서 미국인에게 전년도와 비교해 범죄가 더 많이 발생했는지, 덜 발생했는지 아니면 변화가 없는지 물었다. 두 건을 제외한 모든 여론조사에서 대부분의 사람은 범죄가 증가했다고 답변했다.[18] 다음 도표에서 나는 사람들의 답변을 선으로 나타내봤다. 상황이 나빠지고 있다고 답변한 경우, 0에서 시작해서 위로 향하게 그리고 상황이 좋아지고 있다는 답변은 아래로, 또 변화가 없다고 답변한 경우는 그 자리에 뒀다. 이 선은 우리 모두가 공유하는 상상 속 미국의 모습, 나라가 서서히 파멸된다는 느낌을 나타낸다.

그런데 우리의 생각은 틀렸다. 회색 선은 미국에서 인구 10만 명당 보고된 폭력 범죄의 FBI 통계치를 보여준다. 이 선 역시 0에서 시작해서 범죄가 늘면 위쪽으로 범죄가 줄면 아래쪽을 향한다. 1990년과 2020년 사이 실제 범죄율은 거의 50퍼센트 정도 줄었다.[19]

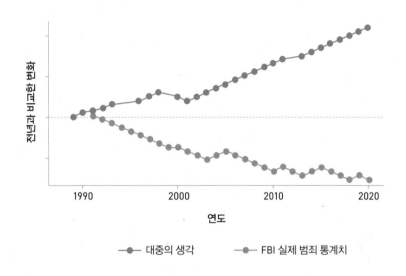

사람들은 10년 전보다 더 안전하지만 곳곳에 위험이 도사리고 있다고 상상한다. 주범은 범죄의 물결이 아니라 '범죄의 물결'[20]이란 말의 급증이다. 2019년과 2021년 사이 뉴스 기사에서 '범죄의 물결'이란 용어는 두 배 늘었다. 습관적으로 뉴스를 보는 사람들은 분명 범죄가 늘었다고 믿을 테지만[21] 이건 십중팔구 틀린 생각이다. 범죄만 그런 것이 아니다. 비록 연구 결과는 일관적이지 않지만 많은 연구에 따르면 뉴스 보

　　　　　　　　　　　　　　　희망찬 회의론자

도로 인해 부패와 사회적 분열, 경제 상황에 대한 인식이 냉소적이고 올바르지 못한 방향으로 흘러간다고 한다.

범죄는 상당히 현실적인 문제이며 기후 변화, 빈곤, 억압 역시 마찬가지다. 그러나 언론 매체가 시청자와 구독자를 겨냥해 뉴스를 만들어내면 우리의 에너지는 여기에 고갈되고 만다. 최근 조사에서 사람들은 다음 문장을 끝내라는 과제를 받았다. "뉴스를 보면 나는 _____."

응답자의 정치 편향이나 정체성과는 상관없이 "희망이 없다는 생각이 든다", "화가 치민다", "절망적이다" 등의 대답이 나왔다. 본스타인은 뉴스 매체를 몇 분마다 사이렌을 울리는 앰뷸런스에 비교한다. "일정 시간이 지나면 앰뷸런스 소리에 신체적으로 스트레스를 받고 (……) 사이렌 소리가 언제 또 나나 하루 종일 불안해진다."[22] 예전에는 매일 아침과 매일 밤, 각각 신문과 TV로 뉴스를 한 번씩만 접했다. 이제 뉴스는 우리를 따라다니며 대참사가 일어날 때마다 호주머니에서 울려댄다. 그동안 충격에 충격에 충격을 받다 보니 이제는 또 다른 충격적인 뉴스를 기다리는 것 외에는 딱히 뭘 할 수가 없다.

본스타인과 이야기를 나누며 이런 악순환이 얼마나 내 발목을 붙잡았는지 깨달았다. 다른 많은 사람과 마찬가지로 나는 뉴스 앱이나 웹사이트를 열기 전 두근거리는 마음을 다잡고 또 어떤 새로운 악몽이 나왔을까 궁금증을 품는다. 나를 가장 괴롭히는 이야기는 기후 변화와 민주주의 부패 소식이고 따라서 내 화면에 뜨는 뉴스는 온통 이런 이야기뿐이다. '델라웨어주만 한 얼음판이 남극에서 떨어져나왔다.'[23] '2013년 이후 미국에서는 1,700개의 투표소가 문을 닫았는데,[24] 대부분 소수 민족이 많이 거주하는 곳이다.

어쩌면 이런 소식을 알리는 게 나의 의무지만 그 이야기가 행동을 일으키지는 않는다. 이런 뉴스는 거친 조류처럼 분노와 격분, 지나친 냉소주의로 나를 휘몰아간다. 때로는 무시할 수 없어 밤늦게까지 뉴스를 읽는다. 또 어떤 때는 번아웃이 와서 며칠 동안 뉴스를 멀리 한다. 그래서 2022년 조사에서는 미국인 42퍼센트, 영국인 46퍼센트, 브라질인 54퍼센트가 언론을 적극적으로 피한다고[25] 답했다.

우리가 믿는 인간의 본성

부정성 편향과 전 세계에서 벌어지는 가십이 함께 작용하면 유령의 집 거울에 비친 섬뜩한 모습처럼 인간성 자체를 왜곡시킨다. 우리는 같은 종족을 실제보다 잔인하며 인정도 없고 남 따위는 돌보지 않는 사람으로 생각한다. 철학자 장 폴 사르트르Jean-Paul Sartre는 이런 말을 남겼다. "타인은 지옥이다." 하지만 어쩌면 이 말은 단지 우리가 상상하는 타인의 모습일 것이다.

우리 대부분은 타인이 지옥이라는 말에 질려 있다. 2021년에 실시한 여론조사에 따르면 80퍼센트에 가까운 소비자는 언론사가 나쁜 뉴스를 그만 퍼날랐으면[26] 하는 것으로 나타났다. 부정적인 뉴스에 지치다 보니 우리가 무엇을 원하는지 확실해졌다. 바로 다른 사람의 선을 목격할 기회다. 고맙게도 이런 긍정적인 뉴스는 도처에 있다. 사람들의 최고의 면모에 눈을 뜨기 위해 우리 문제를 무시하라는 게 아니다. 그저 새로운 마음가짐으로 균형감 있게 관심을 가지라는 소리다.

트레이비언 쇼터스Trabian Shorters는 직접 경험하고 연습하며 이런 습관을 익혔다. 그의 고향인 미시건주 폰티악Pontiac은 한때 자동차 산업의 중심지로 유명했지만 그가 자라면서 서서히 명성을 잃어갔다. 그는 가난한 흑인이었고 세상은 이외에 다른 어떤 사람으로도 그를 봐주지 않았다. 하지만 그는 지적 재능을 인정받아 장학금을 받으며 명문 사립학교인 크랜브룩 학교Cranbrook School에 다니게 됐다. 크랜브룩은 폰티악에서 차로 10분 거리에 있었지만 그 녹음이 우거진 길과 돌탑을 보면 쇼터스는 마치 '외계'[27]에 있는 듯한 느낌이 들었다. 이곳에서 그는 앞으로 갖게 될 직업에서 중요하게 쓰일 컴퓨터에 애정을 품게 됐다. 대학 졸업 후 쇼터스는 기술 회사를 세웠고 이후 진로를 바꿔 비영리 자금 모금 세계에 뛰어들었다.

코딩을 하면서 쇼터스는 무언가를 해킹하기 위해서는 "시스템에 통달해서 원래 의도치 않은 방식으로 시스템을 이용할 수 있어야 한다"고 배웠다. 그가 자선 사업으로 직업을 바꿨을 때 이 분야의 시스템은 제 기능을 하지 못한 채 멈춰 있었다. 사람을 보는 방식에 문제가 있던 것이다. 자선 사업은 궁핍한 사람을 그저 고통받으며 원조나 기다리는 것 외엔 할 일이 없는 사람으로 묘사하며 이들의 약점을 부각해 돈을 모금했다. 쇼터스는 이를 '결핍으로 포장하기'라고 불렀다. 여기에 제동을 걸기 위해 그는 자산으로 포장하기^{asset framing}라는 창의적인 모델을 개발했다.

쇼터스는 재원이 부족한 학교에 다니는 흑인과 히스패닉 아이들을 예로 들었다. 언론과 자선 단체에서는 이런 아이를 가리켜 종종 '학교에서 감옥으로 갈 운명'에 사로잡힌 '위험한 청소년'이라고 묘사했다. 교육적인 불공평이 수백만 명에게 피해를 주는데도 결핍으로 포장한 모델은 궁핍한 아이를 정의할 때 그들이 겪는 곤란만을 강조했다. "이렇게 하면 불평등을 겪는 사람이 마치 원인을 자초한 것처럼 보이기 쉽죠." 쇼터스는 생각에 잠겼다. 대부분의 '위험한 청소년'은 학생이고 대부분의 학생은 졸업을 하고 싶어 한다. 쇼터스는 이 상황을 반영하기 위해 우리가 쓰는 언어를 바꾸자고 제안했다. 예컨대 "졸업을 원하는 학생은 학교에 재원이 부족할 때 이런 역경에 직면합니다"처럼 말하는 식이다. 이런 포장을 통해 아이들의 목표가 수면 위로 떠올랐다. 자산으로 포장하기는 부당한 현실을 무시하지 않고 사람을 무기력한 피해자로 전락시키는 것을 거부했다.

자산으로 포장하기는 부정성 편향에 반기를 들고 또 다른 사회적인 깊은 충동, 즉 다른 사람의 내면에서 선을 발견하려는 충동에 접속한다. 두 아버지, 알^{Al}과 아미르^{Amir}를 비교해보자. 알은 빈둥거리며 노는 아버지였다. 과거에 그는 자녀에게 진짜 애정을 보여준 적도 없고 자녀의 삶에 관심도 없었다. 이런 그가 바뀌어서 자녀를 돌보고 자녀의 삶

　　　　　　　　　　　　　　　　희망찬 회의론자

에 관여하는 아버지가 됐다. 아미르는 알과는 정반대의 길을 걸어왔다. 과거에는 자녀를 돌보고 자녀의 삶에 관여하는 아버지였지만 지금은 자녀에게 신경을 많이 쓰고 싶지 않다.

두 남자 모두 잘못한 부분이 있고 잘한 부분이 있다. 그렇다면 실제로 이들은 어떤 사람들인가? 연구에서 참가자들은 알과 아미르처럼 어떤 사람이 좋게 또는 나쁘게 변하는 여러 가지 사례를 접했다. 사람들은 사례를 읽은 후 해당 사람에게 일어난 변화가 그 사람의 '참 자아'[28]를 반영하냐는 질문을 받았다. 한 사람이 한심한 아버지에서 훌륭한 아버지로 탈바꿈했을 때 응답자의 65퍼센트는 그의 참 자아가 나타났다고 생각했다. 하지만 반대로 훌륭한 아버지가 한심한 아버지로 바뀌었을 때 응답자의 약 70퍼센트는 그의 참 자아가 사라졌다고 믿었다. 다시 말해, 사람들은 인간의 핵심 본성이 선하다고 믿는다.

에밀 역시 여기에 동의했을 테지만 지금쯤이면 이 연구 결과가 여러분에게 놀랍게 다가가지 않을 것이다. 놀라운 점은 다른 모든 사람도 여기에 수긍한다는 것이다. 상당히 냉소적인 사람도 '선한, 참 자아'의 모습을 보여준다. 이는 미국, 러시아, 싱가포르, 콜롬비아에서 목격된 현상이다. 그리고 참 자아는 부정성 편향을 뒤집는다. 어떻게 그럴 수 있을까? 우리가 특히 위협이나 스트레스를 받을 때는 인간의 최악의 모습에 관심이 가고 방어 본능이 올라간다. 그러나 진정이 되어 안전감이 들 때는 호기심이 커지고 '자산으로 포장하기'가 자연스럽게 가동된다.

정면으로 가 있다. 우리가 사는 환경에 대해 생각해보는 것이 중요한 이유도 바로 이 때문이다. 지금까지 봐왔듯이 사람은 일반적으로 인간을 불신하는 경향이 있지만 자기가 알고 자주 보는 사람은 신뢰한다. 30년간에 걸쳐 진행한 27건의 조사 중 25건에서 미국인 대부분은 국내 범죄가 그 전년도보다 심각해졌다고 믿었다. 그러나 27건 중 17건의 조사에서 대다수 미국인은 자기 지역의 범죄가 전년도 동일한 시기와 같은 수준이거나 줄어들었다고[29] 생각했다. 또 인간이 도덕적으로 타락하고 있다고 주장한 참가자들은 직장 동료와 친구, 평상시 마주치는 낯선 사람은 과거와 마찬가지로 친절하다고 말했다.

우리 대부분은 나쁜 뉴스의 맛에 중독돼 있고 이런 뉴스의 생산자는 우리의 요구에 부응하기 위해 특별히 강력하게 만든 풍미를 찍어내고 있다. 이 사실을 인지하기만 해도 도움이 된다. 2022년, 연구원들은 약 600명의 미국인에게 헤드라인 목록을 주고 선택할 것을 요청했다. '한 남성이 볼링공에 맞아 중상당한 채 방치'처럼 하나의 끔찍한 사건에 초점을 맞춘 낚시 기사의 모든 요소를 갖춘 헤드라인이 있는가 하면 '미국의 범죄율 계속 하락'처럼 긍정적이고 폭넓은 사실 위주의 헤드라인도 소개됐다. 냉소론자는 범죄가 만연하다고 믿는 경향이 많아 이들의 거의 70퍼센트는 부정적인 뉴스를 골랐다.[30] 이런 기사는 범죄에 대한 공포를 부추겨 이들을 부정적인 사이클 안에 몰아넣는다.

그러나 같은 실험에서 연구원들은 희망의 탈출구를 발견했다. 읽을 뉴스를 선택하기 전에 몇몇 사람들은 언론의 전략과 관련된 메시지를 읽었다. 메시지에는 지금까지 이 책을 읽은 독자라면 다 아는 내용이 들어 있었다. 즉, 사람은 부정적인 정보에 주의를 기울이고 언론사는 뉴스를 왜곡해서 우리의 관심과 돈을 뺏는다는 내용이었다. 이 메시지는 한번 의구심을 가지라는 회의주의를 장려했고 이를 읽은 사람들, 특히 냉소적인 사람들은 부정적인 기사를 선택하는 경향이 적었다.

분명 우리는 좋은 기사에 굶주려 있다. 그러나 좋은 이야기를 하는 사람이 있기는 한 걸까? 데이비드 본스타인은 수많은 언론인과 마찬가지로 업계를 파고드는 나쁜 뉴스에 꽂혀 있었다. 그런데 그라민 은행 Grameen Bank('마을 은행')에 관한 기사를 쓰기 위해 방글라데시를 방문했을 때 그의 생각이 바뀌었다. 이 은행의 역사는 1974년 나라를 덮친 기근, 다시 말해 100만 명이 넘는 사망자가 발생한 비극에서 시작됐다. 방글라데시 남부의 경제학 교수인 무하마드 유뉴스 Muhammad Yunus는 근처 마을을 방문해서 아사 직전의 가족을 만났다. 많은 이가 숙련된 장인으로 가난에서 벗어날 계획이 있는 사람들이었다. 이들에게 필요한 것은 오로지 종잣돈이었지만 누구도 대출을 해주지 않았다. 유뉴스는 42명의 마을 사람에게 돈이 얼마나 필요한지 물었다. 그들은 27달러를 요구했다. 각자가 원하는 금액이 아니라 그들 모두가 요구한 총 금액이었다.

그라민 은행은 그날 출범했다. 그리고 이후 30년에 걸쳐 은행은 거의 수백만 명의 방글라데시 여성에게만 소액 대출을 제공했다. 그라민 은행의 대출 규정은 대부분의 은행과 판이했다. 담보를 요구하지 않고 종종 자산이 전혀 없는 사람에게도 대출을 해줬다. 동료 경제학자는 유뉴스가 기만당할 것이고 대출을 받은 사람들이 돈을 가지고 도망칠 것이라고 생각했다. 하지만 이들의 부정성 편향은 빗나갔다. 그라민 은행의 상환율은 99퍼센트로 이 수치는 미국의 소상공인 대출과 맞먹는다.[31] 유뉴스의 말대로 그는 사람들을 99퍼센트 믿었고 이 믿음이 옳았지만 다른 은행은 사람들을 믿지 않았고 그건 잘못된 생각이었다.

유뉴스와 마찬가지로 본스타인은 그라민 은행의 대출 고객을 제대로 파악하지 못한 상태였다. "방글라데시 마을 주민 하면 떠오르는 이미지는[32] 사이클론이 지나간 이후 해병대가 쌀 주머니를 던져주기를 가만히 기다리는 모습이었어요." 본스타인의 말이다. 하지만 그가 만난 마을 사람들은 "탁월한 힘이 있었고 정말 진취적으로 사는 사람들"이었다. 본스타인은 잘못을 깨닫고 자신이 가진 편견은 언론이 창출한 바로 그 상품, 결핍으로 포장한 이미지에서 비롯됐음을 알았다.

*

트레이비언 쇼터스의 '위험한 청소년'처럼 뉴스는 가난, 범죄, 재난에 찌든 사람들을 묵살해서 이들을 지나치게 단순하고 무기력하게[33] 묘

희망차 회의론자

사한다. 그렇다면 이보다 진실을 담아 입체적으로 보도한 사례가 있을까? 데이비드 본스타인과 그의 동료 티나 로젠버그Tina Rosenberg는 이런 보도를 해보리라 결심했다. 2010년부터 이들은 〈뉴욕타임스〉 칼럼 픽세즈Fixes에서 '긍정적인 일탈'[34]을 보도하기 시작했고 중요한 사회 문제를 이례적으로 잘 다루는 인물과 공동체의 소식을 전했다. 다시 말해, 자산으로 포장한 뉴스를 만든 것이다. 몇 년 후 같은 이름을 가졌지만 데이비드 본스타인과는 공통 분모가 거의 없는 또 다른 데이비드가 이와 비슷한 프로젝트를 시작했다. 2016년, 토킹 헤즈Talking heads라는 밴드의 리드 싱어로 유명한 아티스트 데이비드 번David Byrne은 부정성 편향에 지쳐 있었다. "아침에 일어나서 신문을 보면 '오, 저런!'이라는 말이 터져나왔죠." 그는 이렇게 썼다. "종종 반나절 내내 우울하기도 했어요."[35] 생활의 균형을 찾고 "어쩌면 심리 요법의 일종으로" 그는 미담을 모으기 시작했다. 개인적으로 시작한 미담 수집은 전 세계에서 긍정적인 변화 창출의 이야기를 다루는 온라인 잡지 〈즐거울 이유Reasons to Be Cheerful〉로 발전했다.

'픽세즈'와 '즐거울 이유'에 나오는 미담을 읽어보면 자산으로 포장된 뉴스의 패턴이 일반 뉴스와 다르다는 것을 알아차리게 된다. 주류 언론은 힘이 있는 사람과 이들이 그 힘을 지키기 위해 달성하는 성취에 집중한다. 반면 자산으로 포장된 뉴스는 일반 사람, 그중에서도 대부분은 소외된 공동체에서 서로 돕는 사람을 대상으로 삼는다. 번의 말대로 "대부분의 좋은 소재는 우리가 사는 지역에서 나온다." '픽세스'는 고된 노동을 통해 상습적 범행을 극복하는 여성Women Overcoming Recidivism Through Hard Work, WORTH[36] 이라는 프로그램에 관해 보도했다. 코네티컷 교도소의 장년층 수감자가 만든 이 프로그램은 젊은 수감자를 대상으로 트라우마, 중독, 이력서 작성 등을 상담해준다. '즐거울 이유'는 우크라이나 태생의 스탠퍼드대학교 의과 대학생 이야기를 실었다. 그는 온라인을 통해 무료로 치료 상담을 제공하는 서비스, 텔레헬프 우크라이나TeleHelp Ukraine[37]를 설립해 전쟁 피해를 입은 우크라이나 사람들을 돕는다.

　　이런 이야기를 비롯한 수백 개의 미담은 독자에게 그들과 같은 사람들이 여건이 닿는 곳에서 본인이 할 수 있는 방법으로 거침없이 도전하는 이야기를 들려준다. 사람들을 냉소주의로 몰아가는 대신 가능성의 창을 보여준다. 본스타인과 로젠버그는 본인들의 칼럼을 '솔루션 저널리즘'이라 부른다. 이런 기사는 워터 스키를 타는 고양이 이야기처럼 심각한 문제를 회피하려는 사람들을 위한 가벼운 오락성 기사가 아니다. 솔루션 저널리즘 기자는 국내외의 문제를 전면으로 내세우면서 맨주먹으로 변화를 창출하는 시민의 위엄과 힘에 초점을 맞춘다. 한곳에서 통하는 해결책은 다른 곳에 사는 많은 사람에게 청사진을 제공하며 긍정적인 압박을 가할 수 있다. 한 마을이나 주에서 대학 지원율이 늘거나 재수감율이 줄었다는 기사가 나오면 독자는 이렇게 생각해볼 수 있다. "우리 마을도 가능할까?"

　　독자가 얻는 점은 더 많다. 2021년에 실시한 여론조사에 따르면 일반적인 '문제 중심의' 기사와 비교해 독자는 해결책 기사가 사기를 높이고 재미있으며 신선하다고 생각했다. 해결책 기사의 경우 독자가 문제를 보는 관점을 바꿀 확률이 다른 기사보다 약 10퍼센트 정도 더 높았고 기사의 출처를 신뢰하는 비율은 약 28퍼센트 더 높았다.

*

솔루션 저널리즘은 냉소적인 미끼 기사의 바닷속에서 아직 잔물결에 지나지 않지만 그 힘은 점점 세지고 있다. 본스타인과 로젠버그는 2021년 '픽세스' 칼럼을 끝내고 솔루션 저널리즘 네트워크Solutions Journalism Network, SJN[38]라는 또 다른 프로젝트에 집중했다. 2013년 이래로 SJN은 거의 5만 명의 기자를 대상으로 자산으로 포장하는 스토리텔링 기법을 훈련시켰다. 이들은 또한 솔루션 스토리 트래커Solutions Story Tracker를 운영하는데, 이곳은 상상 가능한 모든 주제에 관해 자산으로 포장한 이야기를 담은 데이터베이스다. 여러분이 용기와 기운을 주는 뉴스를 찾는다면 바로 이곳에 그런 미담이 넘쳐난다. 이 책에 나오는 몇몇 이야기도 여기서 발췌한 것이다.

데이비드 본스타인과 이야기를 나눈 후 나는 뉴스와 맺은 관계를 바꾸기로 결심했다. 트위터 계정을 비활성화한 것이 도움은 됐지만 내게는 주류 언론의 부정적 편향 뉴스가 여전히 넘쳐났다. 나는 균형 잡힌 뉴스를 갈망했고 자산으로 포장된 기사에서 해결책을 구했다. 이제

'즐거울 이유'가 내 홈페이지가 됐다. 전 세계에서 벌어지는 긍정적인 뉴스를 읽으며 하루를 시작하면 기운이 불끈 난다. 예전에 뉴스를 읽으며 느끼는 기분과는 정반대의 경험이다.

그렇다고 문제를 무시하는 것은 아니다. 전과 똑같은 사이트에서 뉴스를 읽고 데이비드 번처럼 '오, 저런!' 하며 안타까워한다. 하지만 지금은 예전과는 다른 조치를 취한다. 부정적인 기사를 읽으면서 대부분의 사람과 똑같이 나도 나쁜 소식에 혹한다는 것, 그래서 대부분의 언론은 이를 이용해 나를 낚는다는 사실을 기억한다. 이런 기억이 희망찬 회의주의를 불러온다. '이 기사에 또 다른 면이 있거나 적어도 희망을 가질 이유가 있지 않을까?' 그 다음에는 자산으로 포장된 사이트에서 동일한 주제의 기사가 없나 찾는다. 기후 변화에 관해 우울한 기사를 읽은 후에는 '즐거울 이유'에 들어가 관련 기사를 검색한 후 코네티컷의 '그린 뱅크'라는 기관을 알게 됐다. 그린 뱅크는 태양 전지판과 이외 다른 기후 관련 프로젝트를 지원하고 2023년부터 전미 그린 뱅크[39]의 토대를 마련했다. 또 유권자 탄압 기사를 읽은 후에는 해결책 스토리 트래커에 접속해 과거 전과자의 투표권 회복을 위한 플로리다 투표 발의안[40]에 관한 소식과 이 운동을 전과자가 이끌었다는 뉴스를 읽었다.

이런 이야기를 읽는다고 '모든 것이 그저 괜찮아지겠지' 하며 안심되지는 않는다. 이건 낙관주의가 초래하는 잘못된 안보의식이다. 하지만 좋은 기사는 뉴스가 으레 초래하는 무기력한 상태에서 우리를 일깨워 상황을 개선할 수 있고 근면한 사람들이 언제나 도움을 줄 것이라는

희망차 회의론자

희망을 품게 한다.

우리 모두는 더 정확하고 덜 냉소적인 뉴스를 선택할 능력이 있다. 하지만 잊지 말아야 할 점은 우리가 선택하는 뉴스가 다른 사람에게도 영향을 준다는 사실이다. 가십은 정보 공유를 위한 고대의 수단이었고 아마 지금도 누군가는 여러분이 하는 말에 귀를 기울일 것이다. 여러분이 목격한 친절과 정직을 사람들과 나누면서 부정적인 대화를 좋은 쪽으로 균형 있게 이끌어보라.[41] 부디 여러분이 다른 사람에게 좋은 영양분을 공급하는 소식통이 되기를 바란다.

5장   # 냉소주의의 덫에서 벗어나기

"우리는 우리 자신의 가장된 모습이다. 따라서 이 가장된 모습에 조심해야 한다."

– 커트 보네것

1999년, 〈보스턴 글로브〉는 소방국을 신랄하게 파헤치는 기사를 하나 실었다.[1] 이곳이 쓸데없는 지출과 부패로 수백만 달러를 낭비하고 있다는 내용이었다. 소방국장은 불명예 퇴진했고 그의 후임은 군살을 깎아낼 경영 컨설턴트를 고용했다. 컨설턴트가 공략한 대상은 소방관이었다. 이들은 보고서에서 부상을 겪는 소방관 수가 '놀라울 정도로'[2] 많고 어쩌면 소방관이 시스템을 악용해 근무 시간을 이탈한다고 주장했다. 부정행위가 감지되면서 새로운 정책이 만들어졌다. 근무 중 부상당한 소방관은 병원에 가서 거짓 부상이 아님을 입증하는 진단서를 떼고 치료받는 동안 다른 사람 대신 내근을 서야 했다.

소방관들은 새로운 정책을 혐오했다. 분명 거짓으로 부상을 보고한 사람도 있었겠지만 대부분은 목숨을 걸고 자기 지역을 지켰고 〈보스턴 글로브〉에 실린 기사대로 "피로나 질병을 이기고 독하게 일하는 데[3] 자부심을 느꼈다." 그런데 소방국장은 이들을 수업 땡땡이 치는 10대로 취급했다. "몸을 다치면 일을 할 수 없어요."[4] 한 소방관은 이렇게 말했다. 그런데도 소방국장은 몸이 다치건 말건 끝까지 일하도록 강요했다. 한편 수년 동안 소방관의 임금은 한 번도 인상되지 않았다. 이들은 시장이 참석하는 행사에서 피켓을 들고 항의 시위를 하며 '여러 번의 곤란한 상황'[5]을 초래했다.

2년 동안의 격한 항의 끝에 소방관과 보스턴 시는 마침내 새로운 병가 정책을 포함한 합의에 도달했다. 전에는 필요할 때 병가를 사용할 수 있었지만 이제 각 소방관은 연간 최대 15일까지만 병가를 낼 수 있었다. 국장은 이 정책을 악용하는 사람은 누구든 조사하겠다고 선포했고[6] 후에 그는 실제로 이를 실행에 옮겼다.

새로운 합의는 2001년 12월부터 효력이 발생했는데 아주 엉뚱한 결과를 낳았다.[7] 2001년, 소방국 전체에서 쓴 병가는 약 6,400일이었다. 2002년에는 병가가 1만 3천 일 이상으로 늘었다. 독립기념일, 노동절, 새해 전날 소방관이 이상하게 무더기로 휴가를 내는 현상이 발생했다. 인력이 부족하니 수일 동안 소방국 전체를 닫는 일이 벌어졌다. 15일의 병가를 모두 다 쓴 소방관 수는 거의 열 배로 늘었다. 이기적이라고 비난받은[8] 소방관들이 실제 이기적인 행동으로 맞대응한 것이다.

부정성 편향을 가지고 있으면 다른 사람을 실제보다 더 나쁘다고 생각하고 그 결과가 이런 행동으로 나타난다. 이기적인 세상에서 신변의 안전을 유지하기 위해 냉소론자는 종종 감시하기, 위협하기, 다른 사람에게 해를 가하기 등 선제공격을 감행한다. 직장 동료가 자기 뒷담화를 한다고 믿는 직원은 남의 얘기를 엿들을 가능성이 크다.[9] 연애 중인 상대방을 믿지 못하는 사람은 정서적 학대를 가하는 경향이 있다.[10] 어려운 시기에 친구가 도와주지 않을 것이라고 생각하는 사람은 남이 자기를 필요로 할 때 사라져버린다.[11]

스포츠에서 최고의 방어가 최고의 공격일지 몰라도 인생에서 선제 공격은 다른 사람의 감정만 상하게 한다. 이런 공격은 사회적 전쟁 행위의 축소판으로 보스턴 소방관처럼 사람들은 냉소론자가 기대하는 바로 그런 사람처럼 행동하면서 반격에 나선다.

냉소주의가 망가뜨리는 능력

마야 안젤루Maya Angelou(미국의 시인이자 작가, 사회 활동가다. 그녀의 글과 연설은 인권 운동과 여성의 권리를 옹호하는 데 중요한 역할을 했다－옮긴이)는 이런 조언을 했다. "사람이 자신의 모습을 드러내면 그들을 믿어라." 그러나 사람이 보여주는 모습은 상대가 누구냐에 따라 달라진다. 내 제자들은 면담 시간에는 심리학에 꽤나 관심이 있는 것처럼 보인다. 내 생각에 이 세상은 앞으로 촉망받을 사회과학자 새싹이 가득해 보이지만 아마도 제자들은 내 앞에서만 연구 질문을 할 뿐, 다른 사람에게는 이런 주제를 언급조차 하지 않을 가능성이 크다. 학부생들은 나에게 공손하고 침착하며 진지하다. 교수 면담 시간에는 당연히 이런 태도를 보이지만 이 학생들이 토요일 밤에도 같은 모습을 하고 있을까?

사람들은 생각보다 남의 부탁을 잘 들어준다. 심리학자 바네사 본스Vanessa Bohns는 이런 패턴을 '본인 영향 무시influence neglect'[12]라고 부른다. 본스는 연구에서 참가자를 대상으로 낯선 사람들에게 핸드폰을 빌려달라고 하거나 인근의 유명한 장소를 찾는 걸 도와달라는 부탁을 하도록 했다. 실험 전에 본스는 참가자에게 얼마나 많은 사람이 부탁을 들어줄지 예측해보라고 했다. 참가자들은 다른 사람의 행동을 유발하는 일은 잘했으나 자기 자신의 힘을 깨닫는 데에는 형편없었다. 그들은 부탁을 들어주는 사람이 30퍼센트도 안될 것이라고 예측했지만 실제로 절반 이상이 부탁을 들어줬다.[13] 이와 다른 실험에서 참가자들은 낯선 사람에게 도서관 책을 파손해달라고 부탁했다.[14] 역시나 참가자들은 부탁을 따르는 사람이 3분의 1도 안될 것이라고 예측했는데 절반 이상이 부탁에 응했다. 우리는 다른 사람의 해악뿐만 아니라 협조를 받아내는 자신의 능력을 과소평가한다.

우리는 사람에 대해 자기 나름대로 서사를 만들어내고 이에 따라 사람을 대한다. 바꿔 말하면 우리의 서사가 이들의 삶의 경로를 바꿀 수 있다는 얘기다. 어떤 학생을 똑똑하다고 생각하면 교사는 그 학생에

희망찬 회의론자

게 더 많은 시간을 투자한다. 그렇게 되면 이 학생이 발전할 가능성은 더욱 높아진다. 상사가 직원을 잘 보살피고 지도하면 그 직원은 성공할 가능성이 높아진다. 친구와 동료, 이웃은 우리가 믿는 대로 된다.

＊

1장의 '신뢰 게임'으로 돌아가보자. 여기에서 여러분은 10달러의 상금 중 수탁자에게 얼마를 보낼지 결정하는 투자자였다. 얼마를 보내든 그 액수는 세 배가 되고 수탁자는 원하는 금액을 여러분에게 돌려준다. 여러분이 투자자로서 얼마를 보냈는지 기억해보라.

자, 이제는 여러분이 수탁자 역할을 해보자. 인터넷에서 같이 게임을 하는 낯선 사람이 여러분에게 얼마를 투자할지 결정한다. 이들이 10달러 중 단 1달러만 보냈다고 상상해보자. 무슨 이유인지 몰라도 이들은 여러분을 믿지 않기로 했다. 여러분은 어떤 기분이 들고 어떻게 반응하겠는가? 이들이 여러분에게 9달러를 보내면서 높은 신뢰를 표시했다면 여러분은 어떤 기분이 들겠는가?

밝혀진 대로 한 사람의 신뢰는 다른 사람의 반응 양상을 결정한다. 35개국 2만 3천 명 이상을 대상으로 한 자료에서 연구원은 투자자가 돈을 많이 보낼수록 수탁자가 금액상으로도, 그리고 비율상으로도 투자자에게 더 많이 돌려준다는 사실을 발견했다.[15] 투자자가 5달러를 보내면 수탁자는 이 돈을 세 배로 불려 15달러로 만들었다. 그리고 평균적으로 수탁자는 받은 액수의 40퍼센트인 6달러를 투자자에게 돌려줬고, 이로써 투자자는 11달러를 갖게 되면서 1달러의 수익을 올렸다. 투자자가 6달러를 보낸 경우, 수탁자는 18달러로 불려 약 50퍼센트, 즉 9달러를 돌려주면서 투자자는 3달러의 수익을 올렸다. 다시 말해 1달러의 신용을 더했더니 300퍼센트를 더 돌려받은 셈이다. 이와 대조적으로 투자자가 인색하게 굴면 수탁자도 돈을 덜 돌려줬다.

왜 이런 일이 발생할까? 냉소적인 투자자는 수탁자가 돈을 갖고 달아날 것이라고 생각해서 많은 돈을 보내지 않는다. 이들은 큰 소리로 분명하게 "나는 당신을 못 믿어"[16]라고 신호를 보낸 것이다. 이에 수탁자는 배신감과 분노를 느끼고 그들에게 있는 오직 한 가지 무기, 즉 투자자의 돈을 갖고 달아나는 방식으로 모욕감을 되갚는다. 하지만 투자자가 수탁자에게 "나는 당신을 믿는다"[17]는 메시지를 전달하면 작은 호의에 고무된 수탁자는 그 호의를 되갚는다. 경제학자는 이런 현상을 '신뢰의 보답earned trust'이라고 부른다. 우리가 기대치를 높게 설정할 때 다른 사람역시 분발해서 기대치에 부응할 가능성이 크다.

이런 자기충족적 예언은 사람의 삶 전반에 걸쳐 활약한다. 의심 많은 직원이 동료의 뒤를 캐다 걸리면 다른 직원들은 의심 많은 직원의 뒷애기를 더 하게 된다. 질투심 많은 사람이 자기 연인이 한 눈 판다고 의심하면 상대는 관계에 흥미를 잃는다.[18] 친구가 자기를 무시한다고 생각하는 사람은 친구를 비꼬고 헐뜯는 말을 쏟아붓는데, 결국 친구들이 이 사람을 무시하고 헐뜯을 가능성이 커진다.[19]

냉소론자의 이야기에는 악당이 가득하고 이들은 그런 사회에서 살게 된다. 선제공격이 망가뜨리는 우리의 능력은 또 있다. 바로 우리가 상대에게 잘 대해줬을 때 상대가 어떤 사람이 될 수 있는지 알아보는 능력이다. 냉소론자들은 타인을 먼저 의심하고 조롱해놓고 상대가 기분 나빠 하면 마치 되도 않는 함정으로 범인을 잡은 형사처럼 자신이 이만큼 능력이 있다고 떵떵거리면서 옳다고 우긴다.[20]

이 상황이 바로 보스턴 소방관에게 벌어진 일이었다. 국장의 선제공격 이후 소방관은 이에 대응해 병가를 더 냈다. 〈보스턴 글로브〉기자는 선제공격의 영향을 포착했지만 그 원인은 몰랐다. 〈보스턴 글로브〉칼럼니스트는 이렇게 불평했다. "어떤 시스템이든 사람들은 기본적으로 이를 악용할 방법을 모색하게 되어 있다. (……) 자부심이 대단했던 소방관들도 이런 충동에 흔들리는 모습을 보여줬다."[21]

그러나 사실은 이와 정반대다. 사람들이 항상 시스템을 악용할 방법을 모색하는 것은 아니다. 시스템과 다른 사람에게 이용당할 때 반격에 나선다. 냉소주의는 바로 이런 방식으로 우리를 분노와 공격의 사이클 속에 가두며 우리는 상대방에게 먼저 싸움을 시작했다고 비난한다. 다행인 점은 선제공격이 부정적인 자기충족적 예언을 유발한다면 우리는 다른 선택을 해서 이 현실을 반대 방향으로 돌릴 수 있다는 것이다.

신뢰가 만드는 변수

2002년, 젊은 FBI 요원인 로빈 드리크Robin Dreeke는 구 소련 연방에서 온 정보 공무원 '이반Ivan'과 맥주를 한잔하고 있었다. 이반은 본인 기관에서 일어나는 권력 남용에 지쳐 있었다. 드리크는 자신의 연락통이 불만으로 가득 차 있는 게 내심 좋았다. 그는 외국 요원을 설득해서 그들 나라를 배반하고 미국을 위해 스파이 활동을 하도록 독려하는 일을 했기 때문이다. 이반은 관심을 보였다. 관심이 없었다면 둘은 더 이상 이야기를 나누지 않았을 것이다. 하지만 그가 한 발 더 나아가려면 자기 직업과 가족, 인생을 걸어야 했다. 설상가상으로 이반은 드리크가 어디 소속인지 그가 결심하게 되면 누구와 협력할지 전혀 몰랐다.

드리크는 스파이 낚는 일에는 재주가 없을 것 같은 사람이었다. 뉴욕 북쪽에서 최저 임금을 받으며 여러 일을 하던 부모 밑에서 자란 드리크는 겨울에 난방을 위해 장작을 패서 꽁꽁 언 호수 너머에 있는 집까지 끌고 왔다. 학교 졸업 후에 그는 미 해병대에 입대했고 거기서 FBI 채용관으로부터 조국을 다른 방식으로 돕는 일에 관심이 있냐는 질문을 받았다. 처음에는 방첩 활동 훈련이 기만과 속임수라는 어두운 예술 세계를 탐방하는 일처럼 느껴졌다. 스파이를 낚시하는 요원은 저마다 자기만의 재료를 가미했다. 어떤 요원은 십여 명의 스파이 후보에게 수백만 달러를 주겠다고 제시했다. 어떤 요원은 속임수를 쓰거나 공갈 협박을 해서 스파이를 궁지에 몰아넣었다.

희망찬 회의론자

드리크는 이런 전략에 한계가 있음을 알아차렸다. 상대 입장은 고려하지 않고 자기 생각만 앞세운 나머지 빈약한 의사소통으로 스파이 후보를 놓쳤기 때문이었다. "일부러 조심스럽게 접근했죠." 그는 이렇게 말했지만 이 전략은 먹히지 않았다. 그는 FBI에서 가장 일 잘하는 요원 한 명을 연구해보기로 했다. '제디 매스터^Jedi Master^'라는 요원은 혼자서 가치가 높은 열두 명의 스파이를 낚은 사람이었다. 이 천재 요원은 스파이를 고기처럼 낚지 않았다. 이들을 친구처럼 대하면서 자기가 누구인지 나중에 둘이 어떻게 일하게 될지 아주 투명하게 공개했다. 그는 스파이 후보에게 필요한 게 무엇인지 가능한 한 많은 정보를 입수했고 자기가 어떻게 해주면 좋겠냐고 진지하게 물었다.

드리크는 이반을 상대로 이 전략을 이용했다. 맥주가 나오기 전에 그는 무심코 한마디 던졌다. "러시아 정보 요원은 본인들이 GRU^러시아정보총국^ 소속임을 누구나 알고 있는데 그걸 눈치 채지 못하는 것 같아요." 이 말은 대부분의 요원이라면 읽을 수 있는 암호 같은 것이었다. 드리크는 자신이 FBI 요원임을 공공연히 드러내지 않았지만 첩보 세계와 친숙하다는 점을 분명히 했다. 드리크의 명함이 테이블 위에 있었고 이반은 즉시 상황을 간파했다. 하지만 그는 자리에서 일어나지 않았고 드리크는 이를 좋은 신호로 봤다.

드리크는 이반을 어떻게 도와주면 되는지 질문하기 시작했다. 그는 뇌물을 건네기보다 이반이 컨설팅받을 수 있도록 연결해줬고 그의 아들이 미국에서 받을 수 있는 교육 기회도 알려줬다. 수개월과 수년에 걸쳐 둘은 관계를 쌓았고 이를 통해 미국은 산더미만 한 중요한 정보를 얻었다. 신뢰는 약점이 아닌 강점으로 작용해 드리크가 목표를 달성하도록 도왔다.

*

30년 전, 미시건대학교 정치과학자인 로버트 액스로드^{Robert Axelord}는 이와 다른 방식으로 비슷한 원리를 발견했다. 액스로드는 삶에 관해 오래전부터 인류가 어리둥절하게 여겼던 문제에 집착하던 중이었다. 생명체가 생존을 위해 싸워야 한다면 어떻게 인간이 서로 협력하는 존재로 진화할 수 있었을까? 고대 세계를 재현할 수 없었던 그는 가상 토너먼트를 통해 모의실험을 진행했다. 참가자는 둘씩 짝을 이뤄 '죄수의 딜레마' 게임을 했다. 이 게임에서 각 참가자는 상대와 협력할지 상대를 속일지 결정한다. 둘 다 협력할 경우, 둘 다 속이는 경우보다 더 많은 점수를 얻는다. 그러나 한 사람이 속이고 다른 사람이 협력하는 경우, 속인 사람은 점수를 더 얻는다. 마치 죄수가 공범자를 일러바쳐 풀려나는 경우와 비슷하다.

액스로드의 토너먼트 게임의 참가자는 사람이 아니라 구식 AI 프로그램이었다. 전 세계 수학자와 경제학자, 심리학자는 게임의 '참가자'를 우편으로 보냈다. 사실 '참가자'는 이들의 에이전트가 게임을 어떻게 진행할지 지정해주는 프로그램 코드의 집합이었다. 어떤 참가자는 상

희망찬 회의론자

대가 협력하지 않을 때도 협력하는 등 비교적 순진하게 게임했고 또 어떤 참가자는 들키지 않고 언제까지 상대를 속일 수 있는지 시험하기 위해 부정행위를 했다. 액스로드는 참가자가 태엽 풀린 장난감처럼 자율적으로 활동하게 놔뒀다. 각 참가자는 상대 참가자와 여러 차례 죄수의 딜레마 게임을 진행했다. 마지막에 상대방보다 점수를 많이 딴 참가자는 '복제됐고' 동물이 자기들 유전자를 성공적으로 전달하는 것처럼 이들과 동일한 개체가 더 늘어났다. 새로 태어난 신세대는 다시 상대방과 게임하며 앞의 과정이 반복됐다. 액스로드의 토너먼트는 아주 작은 진화의 세계였다.

전문가가 보낸 대부분의 프로그램에는 규칙 속에 규칙, 긴급 대책 등 많은 코드 집합이 들어 있었다. 하지만 코드의 대부분이 너무 복잡하고 정교한 나머지 오히려 헛똑똑이였던 것으로 드러났다. 이 중 제일 단순한 팃포탯Tit for Tat이라는 맞불 작전 프로그램이 가장 많은 점수를 땄다. 처음에 참가자는 협력을 하고 이후에는 상대 참가자가 했던 그대로 따라했다. 만약 상대방에게 속으면 다음에 그대로 따라해 속이고, 상대가 협력하면 다시 상대에게 협력하는 식이었다.

팃포탯은 완벽한 회의주의 프로그램으로 상대방에 관해 학습한 다음 파악한 결과에 따라 게임을 했다. 이 방식은 속이는 사람에 대처하는 훌륭한 방책이었고 협력을 지시하는 다른 AI 프로그램과 탄탄한 신뢰망을 구축했다. 하지만 이 프로그램에는 한 가지 약점이 있었다. 상대가 한 번 속이면 본인도 상대를 속이고 그렇게 양쪽 참가자가 매번 상대를 속여 끊임없이 패배로 이어지는 악순환의 늪에 빠졌다. 결국 해결책이자 게임의 챔피언은 관대한Generous 팃포탯,[22] GTFT였다. GTFT는 대부분 상대의 방식을 그대로 따라했지만 예외가 있었다. 이따금 상대가 속이는데도 협력하며 자신의 다른 쪽 뺨도 내준 것이다. 이 프로그램은 상대에게 속죄의 기회를 줬다. 회의주의에 희망을 한 방울 떨어뜨렸다. 이 전략 덕분에 GTFT 프로그램의 참가자는 속임수의 함정에서 빠져나올 수 있었다.

액스로드는 당황했다. 그는 이렇게 썼다. "놀랍게도 비교적 점수가 낮은 팀과 비교적 점수가 높은 팀을 구분 짓는 한 가지 변수가 있었다. 바로 친절이란 변수였다."[23] 지금쯤이면 여러분에게 이 사실이 그리 놀랍지 않을 것이다. GTFT는 친절한 역할만 했던 게 아니었다. 친절은 현명한 전략이었고 참가자가 점수를 많이 얻어 동일 개체 수가 증식되는 역할을 했다.

그렇다고 우리가 모든 사람을 항상 신뢰해야 한다는 의미는 아니다. 액스로드의 토너먼트에서 참가자들이 상대방과 게임을 오직 1라운드만 했다면 속이는 사람이 매번 이길 것이다. GTFT가 이긴 이유는 참가자들이 반복적으로 게임을 했기 때문이다. 한 번 속임수를 쓰면 처음 어느 시점에서는 상대를 이길 수 있지만 상대방이 보복으로 속임수를 쓰면 시간이 지남에 따라 손해를 더 많이 보게 된다. 액스로드는 "협력의 효력이 보장되기 위해서는 미래에 협력할 기간이 충분히 보장돼야 한다"[24]고 말했다.

　　　　　　　　　　　　　희망찬 회의론자

다시 말해, 신뢰는 장기적 관계에서 가장 강력한 효과를 발휘한다. 이런 관계에서는 불신이 가장 해롭다. 드리크는 이를 첩보 세계에서 목격했다. 스파이를 낚는 요원이 속임수를 이용하면 약간의 정보를 얻어낼지 몰라도 정체가 발각되면 스파이 후보는 손을 뗀다. 드리크에 따르면 조작은 "결국 우리의 뒤통수를 치는 무기에 불과하다."

왕자님이 우리에게 1,200만 불을 남겼다는 이메일과 한 번만 해도 돈이 손쉽게 생기고 피부가 깨끗해진다는 인플루언서의 말은 그냥 무시해도 된다. 우리를 반복해서 속이는 사람은 강제로 추방되기 마련이다. 그러나 관계를 구축하거나 강화할 때 신뢰는 남에게 속는다는 의미가 아니다. 신뢰는 힘의 일종이고 관계를 구축하며 새 기회를 창출하고 사람을 좋은 쪽으로 변화시키는 요소다.

냉소적 순간에는 이 점을 기억하기가 어렵다. 누군가를 위해 위험을 무릅썼지만 그 사람에게 배신당한 기억이 있을 것이다. 섣부른 실망이란 모든 사람이 우리를 실망시킬 것이라는 믿음, 즉 마음 상태다. 이에 대응하는 행위가 바로 선제공격이다. 둘 다 안전감은 주지만 우리를 외롭고 쓸쓸한 삶에 가둬놓는다. 이 덫에서 벗어나기 위해서는 사람의 마음이 어떻게 움직이는지에 관한 사고를 확장해야 한다.

*

2021년, 에밀이 사망한 후 그의 아내 스테파니는 에밀의 핸드폰에서 메모를 발견했다. 인종주의의 신경과학에 관한 강의를 요약해놓은 메모였다. 정곡을 찌르는 핵심은 뇌를 주제로 한 산문시처럼 읽혔다.

- 변화는 신경과학의 중심이 되는 구성 원칙이다(불교 역시 그렇다).
- 우리가 변할 수 있다는 얘기가 아니라 우리 뇌가 근본적으로 변화하도록 설계됐다는 얘기다.
- 대학원에서 내가 소속한 연구팀은 신경세포와 그 표적을 연결해주는 시냅스가 놀라울 정도로 역동적이란 사실을 발견했고 나는 하위 세포 단계에서 우리 뇌가 변화하도록 만들어졌다는 것을 확실히 깨달았다.

이 메모 내용을 다른 말로 바꾸면 이렇다. 생물학적 차원에서 인간이 회피할 수 없는 일이 한 가지 있다면 그건 바로 변화다. 우리가 영원하다고 생각하는 자질, 즉 인성, 지능, 가치는 우리 뇌와 함께 시간이 흐르면서 진화한다. 이 사실은 혼란스럽기도 하겠지만 용기를 주기도 한다. 여러분 인생의 배는 지금 항해 중이다. 우리는 이 배를 멈출 수는 없지만 배의 키는 잡을 수 있다.

냉소론자는 고정관념에 사로잡혀 다른 사람을 최악의 행위에 기반해 판단하고 속이는 사람은 항상 속인다고 믿는다. 세상을 이런 식으로 보면 처음 만난 사람을 슬롯머신처럼 대하면서 누구를 사귀어야 수익을 올리고 누가 돈을 뺏어갈지 일일이 재려고 든다. 그러나 우리가 경험했듯이 사람은 그냥 변화하는 것이 아니다. 우리는 스스로의 기대와 행동을 통해 사람을 변화시킨다.

대단한 권력에는 대단한 책임이 따르지만 어떤 권력이든 어느 정도의 책임이 따른다. 최근 우리 연구소에서는 사람에게 권력에 대해 가르치면 이를 좀 더 신중하게 휘두를 수 있는지 실험했다.[25] 우리 실험에서 참가자 절반은 신뢰에 관한 고정된 사고방식을 접했다. 즉, 이들은 슬롯머신처럼 어떤 사람은 투자 받은 것을 상환하고 어떤 사람은 그렇지 않다는 내용을 읽었다. 나머지 절반은 '호혜의 사고방식'을 접했다. 즉, 이들은 사람들이 다른 사람에게 신뢰받을 때 투자액을 상환할 가능성이 높고 다른 사람에게 사기꾼 취급을 받을 때 남을 속일 가능성이 높다는 내용을 읽었다.

둘 중 한 가지 사고방식을 접한 참가자에게 우리 연구원은 살면서 경험한 신뢰와 관계된 이야기를 해달라고 부탁했다. 고정된 사고방식을 접한 사람들은 상처받은 때를 기억했다. 한 사람은 이런 글을 남겼다. "나는 신뢰할 수 없는 사람과 관계를 맺었다. 그는 변할 것 같지 않다. 희망을 가질 가치가 없는 사람이다."

호혜의 사고방식을 접한 사람들은 자기들이 다른 사람에게 준 영향에 관해 썼다. 한 사람은 자기의 여덟 살 아들에 관한 얘기를 썼다. "나는 항상 아들에게 내 신뢰를 지키는 건 아들의 몫이라고 말했다. 이 대화를 나눈 후 아들은 내게 훨씬 더 솔직한 모습을 보여줬다." 또 어떤 사람은 다음과 같은 이야기를 적었다. "전에 정말 큰 상처를 받았지만 현재 남자친구를 받아들이기로 결심했고 이제는 내 인생에서 가장 건강하고 행복한 관계를 맺고 있다."

호혜의 사고방식은 사람들의 차후 행동도 바꿨다. 신뢰 게임을 할 기회에서 이들은 낯선 사람에게 더 많은 액수를 투자했다. 이것은 수탁자에게 '좋은' 영향을 줬다. 이들은 행복감과 존중받는다는 느낌에 호혜의 사고방식을 가진 투자자에게 더욱 친근감을 느꼈다. 호혜의 사고방식은 액스로드의 관점에서도 '좋은' 영향, 성공을 향한 현명한 전략이었다. 많은 투자를 받은 수탁자는 투자해준 사람에게 더 많은 돈을 돌려줬으니 이것이 바로 남에게서 얻은 신뢰가 힘을 발휘하는 전형적인 모습이다.

다시 말해, 사람들은 신뢰가 얼마나 강력한 힘을 발휘하는지 알게 되면 로빈 드라크와 관대한 팃풋탯처럼 신뢰를 이용했다. 믿음을 바꾸니 현실이 바뀌면서 자신과 상대방 모두 이득을 봤다. 실험실에서 실시한 신뢰 게임에서는 양쪽 다 돈을 더 많이 버는 효과가 나타났다. 다른 상황에서는 이보다 훨씬 큰 효과가 생길 수 있다. 제대로 쓰기만 한다면 호혜의 사고방식은 차근차근 더욱 끈끈한 연결과 관계를 구축하도록 도와준다.

최선을 이끌어내는 힘

에밀이 사춘기에 접어들자 아버지 빌과 새어머니는 윌리츠Willits로 이사했다. 스탠퍼드대학교에서 북쪽으로 320킬로미터 떨어진 인구 5천 명 미만의 작은 산촌마을이었다. 에밀은 그곳에서 중학교에 입학했고 이내 예전 학교인 페닌슐라가 얼마나 특별한 곳이었는지 깨달았다. 윌리츠중학교 교사들은 학생을 좀 더 통제했고 아이들은 서로 견주는 분위기였다. 에밀은 처음으로 자신이 보잘것없다는 자의식과 부끄러움을 느꼈다. 그는 운동을 하면서 이런 부정적인 정서를 조절했다. 에밀이 페닌슐라의 옛 친구를 만나러 방문했을 때 한 친구는 에밀이 "하루아침에 근육질로 변해 갑자기 등장했다"[26]고 놀라워했다.

에밀은 고등학교 때까지 레슬링과 장대 높이뛰기, 단거리 경주를 했고 스탠퍼드대학교에서는 남자 럭비팀에 들어갔다. 럭비는 격렬한 스포츠로 부상률이 미식축구보다 세 배가 높다.[27] 에밀은 공격할 때는 거침없이, 수비에 들어갈 때는 악랄했다. 새크라멘토 스테이트Sacramento State와의 경기에서 그는 열두 번 연속으로 상대 선수와 고속으로 부딪혔다. 그의 코치인 프랭크 부아베르Frank Boivert는 믿기지 않던 그 순간을 기억하고 있었다. "에밀은 계속 부상을 입으면서도 상대 선수에게 부상을 입혔고 이런 격렬한 경기에 내내 짜릿해했어요."[28]

럭비는 잔인한 스포츠지만 긴밀한 협동을 요한다. 미식축구에서 선수가 공을 가지고 달리면 팀원이 상대 선수를 막아준다. 하지만 럭비는 막는 행위가 금지돼 있다. 대신 팀원은 공을 가진 선수 뒤에서 달리며 이 선수가 여의치 않을 때 자기들에게 공을 던질 수 있도록 도와준다. 에밀은 이런 글을 남겼다. "선수들은 자기 팀 선수가 달려가는 길의 장애물을 없애주지는 못하지만 대신 공을 가진 선수가 도움이 필요할 때 그 자리를 지켜준다. 이를 '도우미' 역할이라고 부르며 팀원은 '나 여기 있어'[29]라는 말로 선수에게 자신의 존재를 알린다."

에밀은 럭비의 협동성에 끌렸다. 코치인 부아베르도 마찬가지였다. 스탠퍼드대학교의 말로니 필드Maloney Field에서 경기를 하기 전, 부아베르는 장비 창고에 선수들을 집합시키고 구호와 노래로 사기를 북돋웠다. 부아베르가 고향 카탈로니아Catalonia에서부터 즐겨 외쳤던 구호는 "전사여, 잘 싸우길. 동료 전사에게 충성하길"이었다. 이들 팀원은 평생 서로에게 충성했다. 동료의 결혼식에 참석하고 동료 선수의 자녀를 보살폈다. 에밀은 그의 럭비 유니폼을 입고 땅에 묻혔다. 동료 팀원 역시 유니폼을 입고 장례식에 참석했고 참석하지 못한 선수는 세계 도처에서 경의의 표시로 유니폼 입은 사진을 전송하며 그 자리를 함께했다.

부아베르는 스탠퍼드대학교 '럭비팀 선수'에게 서로를 신뢰하라 가르쳤고 자신 역시 선수를 신뢰하는 모습을 보여줬다. 다른 팀 선수와 비교해 스탠퍼드대학교 선수는 체구가 작고 경험도 없었으며 물불 안 가리고 덤비기만 했다. 다른 코치 같았으면 작은 부분까지 일일이 선수를 통제하고 모든 행동과 움직임을 지도하며 그렇게 하지 않으면 진다고 걱정했을 것이다. 부아베르는 정반대의 전략, 즉 자유방임적 지도를 택했다. 그는 경기와 유사한 상황을 만들어놓고 선수가 그냥 경기를 하도록 내버려뒀다.

덕분에 매 훈련은 점점 재미있어졌다. 바로 이것이 부아베르의 전략이었다. "재미가 없으면 집중도가 떨어집니다. 재미가 있으면 늘 민첩하고 방심하지 않게 되죠."[30] 그가 내게 해준 말이었다. 이 훈련은 선수에 대한 그의 신뢰를 보여줬다. "선수는 처한 상황에 맞게 각자 나름의 답을 도출해서 스스로 조치를 취해야 합니다." 그의 신뢰는 패배 이후에도 빛을 발했다. 부아베르는 참패 이후 의기소침해진 선수들을 위해 와인과 치즈를 내놓은 깜짝 파티를 열었다. 그의 꺾이지 않는 신뢰에 선수들은 코치의 신뢰를 얻기 위해 더욱 노력했고 덕분에 이들은 감히 꿈도 꾸지 못할 목표를 달성했다. 팀은 전 세계를 돌며 체구가 크고 기량이 좋은 선수가 모인 팀을 무찔렀다.

*

대학 졸업 이후 에밀은 스탠퍼드대학교로 복귀해 여자 럭비팀 코치를 맡아 그 기회를 향유했다. 예전 남자 럭비팀처럼 스탠퍼드대학교 여자 럭비 선수들은 강단과 투지는 있었지만 체구가 작고 주목은 끌지 못했다. 여자 럭비팀은 "차라리 럭비에 관심을 둔 사교 클럽으로 보는 편이 나았다"고 에밀은 썼다. 이들을 한 단계 위로 끌어올리기 위해 에밀은 부아베르의 접근 방식, 즉 선수 각자의 자발성에 초점을 맞추고 무한 신뢰하는 방식을 채택했다.

그가 지도한 스타 선수였던 재닛 루이스Janet Lewis는 플라이 하프fly half(팀의 전술 운영을 결정하는 '플레이메이커' 역할을 수행하는 포지션이다 – 옮긴이) 포지션을 맡았다. 미식축구의 쿼터백처럼 플라이 하프 선수는 팀의 공격을 지휘한다. 재닛이 전에 있던 팀은 코치가 선수에게 명령을 내리는 곳이었다. "저는 레시피를 따라 할 줄 아는 사람이었죠." 재닛은 이렇게 기억했다. 에밀은 재닛에게 레시피를 주지 않았다. 다른 코치는 경기장 옆에서 고래고래 소리를 지르는 반면 에밀은 선수들을 주의 깊게 살펴보면서도 눈에 띄게 말을 아꼈다. "그래서인지 편안한 상태에서 경기하며 시합에서 우리들의 강점과 교훈을 찾을 여유가 생겼어요."[31] 재닛은 이렇게 말했다.

에밀은 어렵거나 중요한 게임에서도 자유방임적 지도 방식을 유지했다. 시즌 초반, 긴장한 재닛은 에밀에게 전략을 재고해달라고 부탁했다. 어느 시점에 어떤 전략을 쓸지 본인이 어떻게 알겠냐고 지도 지침을 줄 수 없겠냐고 물었다. 에밀은 웃으면서 "그냥 경기장을 읽으라"고 말했다. 재닛은 어리둥절해하면서 다시 물었고 에밀은 같은 답을 반복했다. 재닛은 당시를 이렇게 회상했다. "저는 코치님의 지도에 따라 제 경기 본능을 키우기 위해 많은 연습을 했어요. (……) 하지만 코치님은 경기 전략이 저에게서 나오길 바랐죠."

부아베르처럼 에밀은 선수들을 신뢰했고 덕분에 선수들은 자기 스스로를 신뢰했다. 에밀의 지도 아래 여자 럭비팀은 지역 챔피언십을 따냈고 전미 대회 출전권을 얻었다. 역시나 다음 해 이들은 처음으로 전미 대회에서 우승했고 이후 스탠퍼드대학교 여자 럭비팀은 세 차례 더 우승을 거머쥐었다.

어니스트 헤밍웨이는 이런 말을 남겼다. "누군가를 믿을 수 있는지 알아보는 가장 좋은 방법은 일단 그들을 믿어보는 것이다." 그의 말은 절반만 옳다. 신뢰는 사람에 대해 알려주기만 하는 것이 아니라 사람을 변화시킨다. 변화는 신뢰에 대한 보답이다.

호혜의 사고방식은 이런 원칙을 이해한다. 신뢰의 도약은 바로 이 앎에서 영감을 받은 행동으로 타인에게 의도적인 베팅을 하는 것이다. 선제공격이 사람의 최악을 끌어내는 반면 신뢰의 도약은 사람의 최선을 이끌어낸다. 특히 에밀이 부아베르에게서, 재닛 루이스가 에밀에게서 느꼈던 것처럼 우리가 상대방의 믿음을 느낄 때 더욱 그렇다. 신뢰는 요란하게 소리를 낼 때 가장 큰 힘을 발휘한다. 상대방에게 자기가 누구인지 보여줄 기회를 분명하게 제공하기 때문이다.

요란한 신뢰는 비이성적으로 보일 수 있다. 새로 사귄 친구에게 차를 빌려주고, 관리자가 부하 직원에게 민감한 일을 맡기고, 온라인에서 만난 커플이 실제로 보기 위해 장거리 비행을 하는 등이다. 그러나 신뢰를 가장 강력하게 만드는 요소는 바로 그 무모하고 충동적인 면모다.[32] 실험 연구에서 다른 사람에게 '계산 없이' 투자하는 사람,[33] 즉 상환될 가능성을 따지지 않고 선뜻 투자하는 사람은 상대에게 감동을 줘 이들이 그 투자자의 신뢰를 얻기 위해 노력할 가능성이 더 많았다.

그렇다고 이런 신뢰가 자연스럽게 온다는 뜻은 아니다. 우리의 냉소적 마음은 배신 영화를 거듭 상영한다. 신뢰는 강력하지만 특히 전에 한번 데인 적 있는 사람의 경우에는 신뢰하는 걸 두려워하기도 한다. 하지만 신뢰의 도약은 여러 규모로 모습을 드러낸다. 친구에게 자동차가 아닌 자전거를 빌려주거나 신입 사원에게 처음에는 덜 중요한 업무를 맡기는 작은 규모로 시작하면 된다. 요란한 신뢰에 일정분의 회의주의를 섞으면 인간관계를 따뜻하고 현명하게 구축할 수 있다. 드리크가 이반과 일을 진행한 방식도, 로버트 액스로드의 컴퓨터 토너먼트에서 관대한 팃포탯이 결국 승리를 거둔 것도, 그라민 은행이 방글라데시의 사업가에게 대출 지원을 시작한 것도 바로 이 원리를 적용한 방법이었다.

우리가 신뢰의 볼륨을 높이면 놀라운 일이 일어난다. 요란한 신뢰는 심지어 전쟁도 미연에 막을 수 있었다. 1963년 6월, 쿠바 미사일 위기 이후 8개월이 지났을 때 미국과 소련은 상대에게 당할까 두려워 각각 핵무기를 축적하고 있었다. 이때 존 F. 케네디^{John F. Kennedy} 대통령은 아메리칸 유니버시티^{American University}에서 진행한 연설에서 평화를 선언하면서 획기적 움직임을 취했다. 케네디 대통령은 양국이 평화를 포기하는 냉소적 방향을 거부했다.

"먼저 평화 자체를 향한 우리 태도를 살펴봅시다. 너무 많은 사람이 평화가 불가능하다고 생각합니다. 너무 많은 사람이 평화가 비현실적이라고 생각하는 거죠. 그러나 이런 사고방식은 위험한 패배주의적 믿음입니다.

희망찬 회의론자

이 사고방식은 전쟁이 불가피해서 인간의 운명은 끝장났고 우리는 통제할 수 없는 힘의 지배를 받고 있다는 결론으로 이끕니다. 이런 관점을 받아들일 필요는 없습니다. 우리 문제는 인간이 초래한 것이고 따라서 사람의 힘으로 해결할 수 있습니다."

케네디 대통령은 대기권에서의 핵 실험을 중단하겠다고 발표했다. 당시 케네디의 연설은 소비에트 연방이 따를 것이라는 아무런 확신 없이 이뤄진 일방적인 움직임[34]이었다. 케네디 행정부의 강경파 진영은 대통령이 나약함을 보여줬다고 비난했다. 그러나 소비에트 연방 최고지도자였던 니키타 흐루쇼프Nikita Khrushchev는 케네디의 믿음에 보답했다. 소련 국민은 통상 미국인의 말을 듣는 것이 금지됐지만 케네디 대통령의 연설은 전국에 재방영됐다. 흐루쇼프는 이후 소비에트 연방 또한 핵폭탄 제조를 중지하겠다고 선언했다.

긴장 완화 국면이 한 번에 한 단계씩 진행돼 핵 실험 금지, 양국 간 교역 재개방, 심지어 우주 합동 개발 논의까지 나왔다. 이는 세계 무대에서 이뤄진 관대한 팃포탯 게임이었다.[35] 양국은 서로를 요란하게 신뢰했고 비록 한때였지만 전쟁의 암운이 물러갈 때까지 적게나마 믿음의 폭을 키워나갔다.

스파이와 컴퓨터 프로그램, 럭비 선수와 국가 지도자 사이에는 공통점이 많지 않다. 그러나 이들은 한 가지 교훈을 공유한다. 냉소적 이야기는 저절로 이뤄지는 자체 충족 기능이 있지만 희망찬 이야기 역시 그렇다는 것이다. 신뢰의 힘을 느끼고 이를 휘두르면서 우리는 냉소주의의 악순환을 선순환으로 탈바꿈할 수 있다.

2부

냉소주의 속에 있는
회의주의 깨우기

6장

보이지 않는 냉소주의의 끈

아츠시 와타나베Atsushi Watanabe가 사태를 파악했을 즈음에는 자기 방에서 거의 6개월을 틀어박혀 있을 때였다. 일본은 7월에 우미 노 히, 즉 '바다의 날'을 경축한다. 새해 전날, 와타나베는 한 온라인 스트리밍 사이트를 보는 중이었다. 깨어 있는 시간에 들어가 몰래 훔쳐보는 사이트였다. 한 사람이 댓글을 올렸다. "마지막에 하늘을 본 날이 바다의 날이었어요." 순간 와타나베는 공포스럽게도 자기도 마찬가지라는 사실을 깨달았다. 그는 '히키코모리(일본어로 사회적으로 완전히 고립되어 살아가는 사람들이란 뜻)'였다.

어떻게 그 지경까지 이르렀을까? 몇 차례에 걸쳐 이메일로 대화를 나눈 끝에 와타나베는 나에게 본인의 이야기를 털어놨다. 그는 도쿄에서 남쪽으로 약 40킬로미터 떨어진 항구 도시인 요코하마에서 자랐다. 그의 가정생활은 평탄하지 않았다. 누나와는 지독하게 싸웠고 아버지에게서는 살벌한 꾸짖음을 들었다. 와타나베는 TV에서 탈출구를, 예술에서 자부심을 찾았다. 어릴 때부터 그림과 만들기에 재능을 보인 그는 특목고를 졸업해 도쿄예술대학Tokyo University of Arts에 진학했다.

대학 생활을 시작하면서 와타나베는 예술의 세계가 다른 직업 못지않게 경쟁이 치열하다는 것을 알았다. 젊은 창작인들은 새로운 지평을 열어야 한다는 압박에 계속 시달렸다. 국제 시장은 끊임없이 예술가의 자질과 인기도 순위[2]를 매겼다. 전시, 언론 보도, 수상 내역이 집계됐고 서로 비교됐다. 희롱도 당연한 일처럼 여겨졌다. 어느새 와타나베는 바닷가 마을이 아닌 창의적인 호숫가 마을에 거주하게 됐다. 그는 과거에도 종종 우울 증상이나 불안에 시달렸지만 대학 입학 후에는 우울과 불안에 완전히 잠식됐다. 그의 세계는 무관심하고 탐욕스러운 허상으로 가득 차 있는 것 같았다. 그는 핸드폰을 깨부수고 점점 오랜 시간 집에 머무르면서 사회에서 고립됐다. 실망은 섣부른 실망으로 굳어졌다.

와타나베는 어린 시절 살던 집에서 칩거했지만 그곳에서도 위안을 거의 찾지 못했다. 아버지는 여전히 엄하게 트집을 잡았고 어머니는 여기에 간섭할 의지도 능력도 없어 보였다. 부모님을 향한 분노는 점점 부풀어올랐다. 얼마 안 가 그가 안전감을 느끼는 장소는 자기 방밖에 남지 않았다. 그는 그곳에만 머물렀고 한 주 한 주 시간이 갈수록 음식물과 소변 통이 주위에 쌓여갔다.

*

    히키코모리는 '은둔형 외톨이'로 번역되며 적어도 6개월 동안 완전히 고립되어 살아가는 사람을 말한다. 일본인 전체를 대상으로 한 조사에 따르면 성인 100명당 약 한 명[3]이 이런 식으로 살아간다고 하지만 이 현상이 일본에만 국한된 것은 아니다. 스페인, 오만, 미국에서도 이런 사례가 보고됐고[4] 새로운 연구에서는 여러 나라의 성인 약 1퍼센트가 사회와 거의 완벽히 고립되어 사는 것으로 나타났다.[5] 히키코모리는 극단적인 고립 생활을 하지만 젊은층 사이에서는 경미한 형태의 외로움이 만연해 있는 실정이다. 1990년에는 미국 남성 중 3퍼센트만이 가까운 친구가 한 명도 없다고 답한 반면 2021년에는 15퍼센트가 가까운 친구를 한 명도 떠올릴 수 없다고 말했다. 단 20년 만에 수치가 다섯 배 증가한 것이다.[6] 이런 동향은 여성에게도 뚜렷하게 나타났다. 청소년 사이의 외로움은 훨씬 빠른 속도로 증가하고 있다. 2018년, 37개국을 대상으로 한 조사에서 6년 전과 비교해 거의 두 배 가까운 수의 10대가 외로움을 느낀다고 답했다.[7] 게다가 이 조사는 팬데믹 전에 실시됐다.

    외로움은 우울증을 깊어지게 하고[8] 수면을 방해하며 세포 노화를 가속화하고 스트레스에서 회복하는 것을 더욱 어렵게 만든다. 외로움은 흔한 감기조차도 악화시킨다. 비위에 거슬리는 한 연구가 있는데, 연구진은 약한 호흡기 감염을 유발하는 리노바이러스를 참가자들의 코에 직접 분사했다. 그 다음 일주일 동안 가여운 참가자들이 코를 풀 때마다 연구진은 이 콧물 조직을 검사했다. 그 결과, 외로운 사람들이 감기에 더 많이 걸렸고[9] 인간관계가 좋은 참가자보다 콧물도 많이 배출됐다. 게다가 냉소론자처럼 외로운 사람은 심지어 다른 사람보다 일찍 사망하는 경향이 있다. 30만 명 이상의 노년층을 대상으로 한 큰 연구에서 극심한 외로움은 하루에 담배를 반 갑 정도 피우거나 과음하거나 운동하지 않는 것과 맞먹게 사망 위험을 늘리는 것으로 밝혀졌다.[10] 과학적으로 볼 때 황혼기에는 친구, 가족과 밤늦게까지 술 마시고 담배 피우며 흥청망청 노는 게 혼자 차를 마시고 파워 워킹을 하는 것보다 더 나을지도 모른다.

외로움은 신경독소인데 이게 점점 번져가고 있다. 2023년, 미국공중위생국장US sergeon general 비벡 머시Vivek Mruthy 는 소위 '외로움과 고립의 유행병'에 관해 전 국민을 대상으로 권고 성명을 발표하면서 우리가 돈독한 사회 연결을 구축하는 데 실패한다면 "개인 및 집단 건강에서 점점 많은 대가[11]를 치르게 될 것이라고" 경고했다.

직장에서 고립감을 느끼고 정치에 분노를 느끼는 원인이 많은 것처럼 오늘날 외로움의 원인에는 수십 가지가 있다. 앞으로 이 책에서 확인하겠지만 냉소주의는 방대한 여러 문제를 엮은 보이지 않는 끈으로 활약하면서도 이 모든 원인 사이에서 모습을 드러내지 않는다. 그럼에도 중요한 역할을 하고 있다. 하지만 다행히 우리가 이 점을 알아차렸고 지금부터 그 끈을 풀어나가면 된다.

상상 속 사회적 상어의 공격

나는 매사추세츠주에서 자랐다. 어느 특별한 여름날 토요일, 어머니는 바다에서 하루를 보내기 위해 외할머니와 나를 태우고 케이프 코드Cape Cod(매사추세츠주에 위치한 모래 반도다. 휴양지로 유명하다 - 옮긴이)로 갔다. 할머니와 어머니는 해변에 있었고 나는 해변에 있는 사람들이 작은 솜 뭉텅이로 보일 때까지 멀리 헤엄쳐나갔다. 사람들과 멀어져 파도를 가르며 오후 시간을 유유자적 보냈다. 물에서 거품이 일었고 완벽한 평화를 느꼈다. 힘든 어린 시절, 바다는 휴식처였다.

상어의 공격이 있기 전까지는 그랬다. 이 공격은 내게 일어난 일이 아니라 약 2만 6천 킬로미터 떨어진 곳에서 발생했다. 거대한 흰 상어가 한 호주인을 거의 반 토막 내버린 것이다. 그렇다고 두려워하지 말라. 번개에 맞아 죽는 것보다 상어에 물려 죽을 확률이 약 50배 낮다. 하지만 무서운 이야기를 상세히 전달하는 뉴스 보도는 열한 살 어린아이 마음에 꽂혀버렸다. 나는 꿈속에서 어마어마하게 높은 곳에서 칠흑같이 어두운 바다로 떨어졌고 물이 내 쪽으로 솟아오르면서 수면 아래에서 나타난 음산한 눈동자를 봤다. 이후 바다에 수영하러 갔을 때 파도 사이 물거품을 뚫고 지느러미가 하나 튀어올랐다. 적어도 나는 그걸 분명히 봤다. 해변의 품에서 멀어지는 것이 무서워지기 시작했고 수개월이 지나서는 아예 물에 들어가지도 못했다.

상상 속 상어의 공격은 내 진정한 기쁨을 앗아갔다. 많은 사람에게 다른 사람과 이야기를 나누는 것이 이와 비슷할 수 있다. 사회적 예측과 현실을 비교한[12] 연구가 지금까지 수십 차례 진행됐다. 이 실험에서 어떤 참가자는 다른 사람과의 상호작용을 상상해보라는 요청받았고 또 다른 참가자는 실제로 다른 사람과 교류하며 이에 대해 보고해야 했다. 두 사례의 참가자 모두 상호작용에 대한 기대가 낮았다. 시카고와 런던에서 매일 통근하는 사람들은 다른 승객과 말을 트는 것이 두렵다고 응답했고 한번 해보겠다고 답한 사람은 25퍼센트가 채 되지 않았다. 하지만 연구원은 이들에게 어떤 식으로든 낯선 사람과 이야기를 나눠보라고 했고 많은 참가자는 이 경험이 그날 최고의 10분이었다고 말했다. 참가자와 처음 말문을 튼 사람은 서로 날씨 얘기로 시작해서 공통의 관심사를 발견했고 어떤 경우에는 심지어 친구로 발전했다.

우리는 낯선 사람에 대해서도 지인에 대해서도 잘못된 추측을 한다. 사람들은 지인과는 간단한 대화를 나누는 게 좋으며 중요하고 정서적인 문제에 관한 '거창한 대화'는 너무 부담된다고 걱정했다. 하지만 현실에서 깊은 대화를 나누면 양쪽 모두 뿌듯해진다. 사람들은 친구에게 부탁을 하면 친구가 부담을 느낄 것이라고 여기지만 실제로 친구들은 대개 기쁜 마음으로 도와준다.[13] 우리는 우리의 칭찬, 감사, 지원이 그저 그렇게 받아들여질 것이라고 생각하지만 실은 다른 사람의 기분을 좋게 하고 관계를 돈독하게 해준다.[14]

*

언어가 미치는 해악을 깨닫지 못하면 관계는 무너진다. 부모, 친구 또는 연인이 무심코 내뱉는 모욕적인 말은 작은 유리 조각처럼 피부 속을 파고들어 우리를 괴롭힌다. 또 말이 행사하는 미덕을 잊어서 얼마나 많은 관계가 궁지에 빠져 있는가? 우리는 타인과의 피상적인 대화를 고수하며 진짜 하고 싶은 말은 하지 못한다. 그리고 그게 모두가 원하는 대화라고 확신한다. 속마음을 털어놓으면 친구를 새로 사귈 수도 있고 아니면 오랜 친구 관계를 유지할 수도 있는데 말이다. 어쩌면 여러분은 부모님으로부터 '좋은 말을 하지 않을 거면 차라리 입 다물고 있어라'라는 조언을 들었을지도 모른다. 하지만 이 조언은 이렇게 바꾸는 게 낫다. "좋은 말을 하기로 마음먹었다면 당장 내뱉어라."

타인과 관계를 맺는 건 생각보다 더 기분 좋고 뜻깊은 일이다. 하지만 부정성 편향 때문에 이 점을 깨닫기가 어렵다. 낯선 사람과 잡담하는 장면을 떠올릴 때 우리 마음은 최악의 시나리오, 즉 거절과 냉랭한 침묵, 눈만 굴리다 다시 핸드폰을 보는 장면을 상상한다. 이와 비슷하게 사람들에게 하고 싶었던 말을 실제로 한다고 상상할 때 여전히 참담한 상황이 머릿속에 그려질 수 있다. 이것은 사회적인 상어의 공격으로 생각보다 훨씬 드물게 일어나는 위험이지만 너무 무섭고 끔찍해서 우리의 상상을 지배한다.

내향적인 사람인 나는 사회의 기대와 실제 내성적인 성격 사이에서 긴장하며 살아간다. 나는 강연 전후에 혼자 있는 시간을 좋아한다. 우연히 지인과 마주치면 으레 식은땀이 흐르고 이 사람이 그걸 눈치 챌까 걱정되면서 땀이 더 난다. 사람들과의 약속을 일부러 취소하지는 않지만 상대방이 취소하면 쾌재를 부른다. 하지만 사람들과 시간을 보낸 후에는 다른 기분이 든다. 파티나 저녁 약속 전에는 얼마를 내고라도 집에 있고 싶다는 생각을 하지만 일단 친구를 만나면 그 시간이 즐겁다.

나에게 외출은 운동하는 것과 약간 비슷하다. 약속 시간 전에는 끔찍한 생각이 들지만 만나는 시간과 그 이후에는 기분이 상당히 좋다. 다른 내성적인 성격의 소유자도 나와 마찬가지일 것이다. 수차례 연구에서 참가자들은 외향적인 사람, 즉 활달하고 말이 많고 주장이 강한 성격을 연기하거나 내성적인 사람, 즉 몇 시간 혹은 며칠이고 조용히 있는 수동적인 성격을 연기하라는 지시를 받았다. 외향적인 성격을 연기한 사람은 본인이 내성적인 사람이어도 행복감을 더 느꼈다고 보고했다.[15]

사회적 상어의 공격은 어쩌면 개인적 불안감인 '내 농담은 썰렁할 거야', '나에게 입 냄새가 날 거야', 혹은 '내가 친구에게 부담이 될 거야' 같은 생각을 반영할지도 모른다. 그러나 종종 이런 감정은 다른 사람들에게 갖는 부정적인 관점을 숨기는 데 사용된다. 아츠시 와타나베의 부모님은 그에게 등을 돌렸고 와타나베는 도처에서 배신을 봤다. 히키코모리를 연구하는 정신과 전문의 앨런 테오Alan Teo는 환자들의 판단이 서로 비슷하다고 말한다. "사람들이 자기를 부당하게 대하고 있다고 오

휴먼 카인드

해하는 거죠.[16] 이런 의심과 거부는 실제 현실과는 큰 괴리가 있어요."

*

이보다 미묘한 냉소주의는 내가 가르치는 학교에서 일어났다. 매년 가을 나는 스탠퍼드대학교 학부생 수백 명에게 심리학 입문Introductory Psychology을 가르치고 학생과의 면담 시간에는 캠퍼스 생활의 균형 잡힌 활력을 전해 듣는다. 2020년, 팬데믹 기간에 수업이 온라인으로 전환됐다. 학생들은 나와 줌으로 대화하면서 캠퍼스와 친구에게 얼마나 돌아가고 싶은지 그 바람을 호소했다. 2021년, 드디어 학생들이 돌아왔지만 뭔가 달라진 게 느껴졌다. 기숙사가 더 조용해진 것 같았다. 학생들은 예전보다 사람을 만나는 게 힘들고 팬데믹 이전에 알았던 친구와도 연락하는 게 쉽지 않다고 불평했다.

학부생들이 친구에 대해 잘못 알고 있는 부분이 있고 그래서 사회생활에 차질이 생긴 걸까 궁금해졌다. 2022년, 우리 연구실에서는 학생 수천 명에게 두 종류의 질문을 던졌다. 첫 번째 질문은 학생 자신에 관한 질문이었다. 동료 학생을 얼마나 많이 생각하는지, 다른 사람 도와주는 일을 즐기는지, 모르는 학생과 인간관계를 맺고 싶은지를 알아보는 질문이었다. 두 번째는 다른 스탠퍼드대학교 학생을 어떻게 생각하는지 알아보는 질문이었다.

우리는 이를 통해 두 종류의 스탠퍼드대학교 학생을 발견했다. 한 부류는 학생들의 답변을 통해 알 수 있었던 실재하는 스탠퍼드대학교 학생으로, 이 학생들이 다니는 캠퍼스는 유난히 따뜻했다. 학생의 85퍼센트는 새로운 친구를 만들고 싶다고 말했다. 학생의 95퍼센트는 감정적으로 힘든 동료 학생을 기꺼이 도와주고 있다고 밝혔다. 이들의 공감 능력은 하늘을 찌를 기세였다. 다른 부류는 상상 속에 있는 성마르고 까칠한 가상의 학생들이었다. 이들은 다른 동료 학생이 비교적 친절하지 않고 비판적이며 냉담하다고 믿었다.

스탠퍼드대학교 학생만 그런 것이 아니었다. 학교 시스템, 정부 공무원, 다국적 기업을 조사해보니 거의 매번 동일한 결과가 나왔다. 일반적으로 각 그룹의 사람은 남에게 잘 공감하고 남을 도와주는 데 관심이 있다. 그런데 우리가 상상하는 일반 사람들은 덜 친절하거나 경쟁심이 더 많거나 대놓고 독설을 날린다.

사람들은 서로 과소평가하기 때문에 사회 관계를 잘못 짚는다. 다른 형태의 부정성 편향과 비슷하게 이런 오류는 자체적인 행동, 즉 선제 공격이 아닌 선제 후퇴를 동반한다. 우리는 마음속으로 사람들이 친절하지 않다고 두려워하면서 사람을 회피한다. 스탠퍼드대학교 학생의 경우, 다른 학생이 덜 친절하다고 생각할수록 친구에게 본인의 힘든 점을 털어놓거나 다른 학생과 말문을 틀 확률이 낮았다. 이런 시도를 덜 할수록 자기들의 두려움이 실제로 맞는지 확인하고 주위에 남을 배려하고 마음이 열린 사람이 얼마나 많은지 깨달을 가능성이 줄어들었다.

전 세계 젊은이들이 겪는 불안감과 우울, 식이장애, 자해가 갈수록 급증하고 있다. 주범 중 하나는 고립이다. 고립은 다시 말해 냉소주의, 즉 다른 사람이 우리를 원하지 않거나 필요로 하지 않는다는[17] 생각을 기저에 깔고 있다.

자기돌봄보다 더욱 가치 있는 것

고립은 우리를 조용히 마모시킨다. 사람들은 고립의 영향으로 문제가 생겼을 때 증상의 원인을 다른 데에서 찾으려고 한다. 외로운 사람은 신체적인 불편으로[18] 병원과 응급실을 찾는 경향이 있다. 그러나 의학의 전문 분야는 우리 신체지 공동체가 아니므로 대부분의 의사는 약만 처방하거나 아무 조치도 취하지 않는다.

우리 문화는 사람들을 고독으로 몰아가는 경우가 많다. 번아웃을 예로 들어보자. 처음 이 증상이 나타난 대상은 수십 년 전 업무 때문에 정서적으로 고갈된 간호사였다. 번아웃은 의료계와 교사직처럼 남을 보살피는 직업군에 영향을 미쳤지만 이 외의 직업을 가진 사람에게도 서서히 번져갔다. 연구에 따르면 대학생 20~50퍼센트는 번아웃을 겪고 부모 중 5~10퍼센트는 심각한 육아 번아웃을 겪는다고 했다. 팬데믹 기간 동안 사회 필수 인력(중요한 인프라 운영을 지속하는 데 필수적인 다양한 운영 및 서비스를 수행하는 인력을 뜻한다 - 옮긴이), 부모, 전반적인 인구 사이에서 번아웃 증후군이 치솟았다.[19]

번아웃 증상이 갑자기 생겨났다고 생각하는 사람은 많지 않을 것이다. 이들은 이제 다 타고 재만 남아서 번아웃이 오기 전을 거의 기억할 수 없다. 그런데 예전보다 한 가지 거창한 해결책, 다시 말해 자기의 어려움과 격리시켜주는 활동인 자기돌봄에 투자하고 있는 사람이 점점 늘어나고 있다. 팬데믹 초기, 구글에서 '자기돌봄' 검색은 두 배 이상 늘었다. 회사와 학교, 병원은 따로 스트레스를 줄이는 날을 지정했다. 이런 모든 성장이 이뤄지기 전에도 자기돌봄 산업[20]의 연간 수익은 이미 100억 달러를 넘어섰다.

드라마 몰아 보기, 봉봉 사탕, 거품 목욕은 (특히 같이 할 때) 효과가 끝내주지만 때로 자기돌봄은 잘못된 질문에 대한 해결책이 된다. 번아웃 과학계의 대모인 크리스티나 마슬락Christina Maslach은 이 문제에 여러 차원이 있다고 설명한다. 번아웃된 사람들은 고뇌와 성마름처럼 본인이 원치 않는 감정을 느낀다. 또한 목적의식처럼 대부분의 사람이 원하는 것을 잃어버린다. 그리고 지친 나머지 번아웃된 사람들은 점점 냉소적으로 변하고[21] 다른 사람의 이기적인 행동이 눈에 거슬린다. 자기는 줄 것이 전혀 없는데 다른 사람들이 뭔가를 달라고 계속 손을 내미는 것 같다.

고갈과 고뇌, 의미 상실, 냉소주의는 모두 번아웃 증상이지만 이들의 원인은 각각 다르다. 과로는 에너지 고갈을 촉진하고 해로운 작업 환경은 냉소주의를 유발한다. 증상의 해결책도 각각 다르다. 자기돌봄은 고뇌와 고갈을 막아주지만[22] 목적의식은 찾지 못할 수도 있다. 목적의

힘마차 히이로자

식을 찾는 방법은 타인을 위해 봉사하는 것이다. 사람은 시간과 돈, 에너지를 쓸 때 종종 재충전된다는 느낌을 받는다.[23] 낯선 사람에게 문제 상담을 해주는 자원봉사자는 우울감을 덜 느끼고[24] 학생은 다른 학생을 도와준 날에 외로움을 덜 느낀다는 연구가 있다. 의료 종사자를 대상으로 한 최근 연구에서 냉소주의를 줄이는 유일한 요소는 자기돌봄이 아니라 타인을 향한 연민[25]이었다.

*

다른 사람을 돕는 일은 자신에게 주는 선물이다. 그러나 다시 한번 말하지만 사람은 좋은 소식은 줄곧 무시하는 경향이 있고[26] 자기들이 혼자 시간과 에너지를 쓰면 더 행복해질 것이라고 착각한다. 우리는 타인을 실제보다 더 이기적으로 보고 자기 자신 역시 똑같이 냉소적으로 본다. 이 때문에 우리는 사회적 실수를 저지른다. 안타깝지만 인상적인 한 연구에서 실험 참가자인 대학생은 매주 본인의 감정과 사회적 목표에 관해 보고했다. 불안과 우울감이 큰 학생일수록 자신에게 몰두하는 경향이 컸다. 또 자신에게 몰두할수록 우울감은 더욱 심해졌다.[27]

대부분의 의사는 단절을 진단하지 못하지만 대부분의 사람 역시 마찬가지다. 많은 사람이 홀로 번민하면서 최고의 처방은 혼자 호사스럽게 있는 것이라 판단한다. 회사는 직원에게 값비싼 상품을 제공하며 우쭐해한다. 공동체가 필요한 시점에 우리는 다시 이윤을 따지는 시장으로 끌려가 서로 더 멀리 흩어진다.

팬데믹이 끝나면서 수백만 명의 사람, 특히 젊은 세대는 앞으로 내내 재택근무를 하고 싶어 한다. 식품 배달 앱인 심리스Seamless는 최근 뉴욕 지하철에 다음과 같은 광고를 도배했다. "800만 이상의 뉴욕 시민, 이들을 피하게 도와줄게요."

고독은 요즘 전성기를 맞고 있다. 창의력과 평화를 위한 공간을 제공하니 말이다. 그러나 꽃필 수 있는 기회는 저기 밖에서 다른 사람과 함께할 때 찾아오는 경우가 많다. 혼자 있으면 편하지만 시간이 지나면 함께 어울리는 일이 점점 어려워진다. 무기력에 지배당하면서 사회적 상어는 점점 크고 포악해진다.

우리는 서로 연결되기를 원한다

7개월 이상을 완벽하게 고립되어 생활한 후, 와타나베는 방에서 나가지 않으면 죽겠다는 생각을 하기 시작했다. 그런데 이 고민은 생각보다 빠르게 끝나버렸다. 아버지가 히키코모리를 방에서 끌어내 정신병원에 입원시키는 업체에 연락했기 때문이다. 이 사실을 알자마자 분노가 폭발한 와타나베는 문을 박차고 나와 낯선 불빛이 비치는 거실로 돌진했다. 커피 테이블에는 한 번도 보지 못한 책이 어질러져 있었다. 와타나베는 어머니가 히키코모리를 이해하고 도움을 주기 위한 가족용 매뉴얼을 구입했다는 사실을 알았다. "어머니는 어머니 나름의 방식으로 제 마음을 알기 위해 노력하고 계셨죠." 와타나베는 말했다.

이런 사랑에 직면한 와타나베의 방어본능이 무너져내렸다. 그는 집에 돌아온 어머니와 오랜 시간 이야기를 나눴고 마침내 서로의 고통, 실패, 그들이 지킬 수 있는 것에 관해 모두 다 털어놨다. 그동안 말을 안 했던 탓인지 여러 차례 목이 메었다. 이후 와타나베가 바깥 세계로 돌아오기까지는 수개월이 걸렸지만 어머니와의 대화는 그를 변화시켰다. "그날 꽁꽁 얼어 있던 제 마음이 녹아내리기 시작했어요."

한때 큐어넌 신봉자였던 메건처럼 와타나베는 관계의 안전성으로 자유를 얻었고 이를 기반으로 좀 더 자유로워질 수 있었다. 하지만 쉽지는 않았다. 와타나베의 몸과 마음은 혼자 있는 동안 변해 있었다. 옷은 더 이상 맞지 않았고 생활 습관도 야행성으로 바뀌어 있었다. 어머니의 도움으로 와타나베는 병원에서 검진을 받았고 3개월 동안 입원하면서 요가를 하고 도자기를 만들며 건강을 회복했다.

의사는 그에게 일본 불교에서 유래한 나이칸Naikan, 內觀을 소개해 줬다. '자기성찰'로 번역되는 나이칸은 우리 마음이 자신을 속여 부당한 판단을 이끈다는 생각에서 출발한다. 한 가지 치료 방법으로 나이칸에 참여하는 사람들은 "나는 오늘 사람들에게 무엇을 받았나?", "나는 오늘 사람들에게 무엇을 줬는가?" 같은 질문을 통해 본인의 관계를 꼼꼼히 재조명해보는 시간을 갖는다.

많은 사람은 다른 사람들에게 받은 것을 무시하고 고통스러운 요소에 집중한다. 우리는 갈등 상황에서 다른 사람이 저지른 잘못은 사진을 찍은 듯 선명하게 기억하면서 편리하게도 자신의 비행은 망각한다. 우리 믿음에 의문을 제기해서 치료하는 현실 점검처럼 나이칸은 부정적인 생각을 희망찬 회의주의로 바꾼다.[28]

자칭 '흑백론자'였던 와타나베는 자기 가족과 문화를 경직되고 편협하게 봤다. 하지만 나이칸을 통해 그는 다른 관점을 고려하는 법을 배웠다. 자신의 고통뿐만 아니라 어머니의 고통을 느꼈다. 그는 예술의 세계가 얼마나 부당한지 목격했지만 또 많은 사람이 이 부당함을 개선하기 위해 힘쓰고 있다는 것도 알았다. "살면서 경험했던 어려움이 거의 사라졌어요." 그는 생각에 잠겼다. 현실 점검은 와타나베의 생활을 획기적으로 바꿔줬다.

스탠퍼드대학교 연구소에서는 이런 방법을 적용해 사회적 상어의 공격에 대처한다. 2022년, 우리는 한 광고 캠페인을 시작했다. 광고 대상은 스탠퍼드대학교 학부생이었다. 광고 제품 역시 스탠퍼드대학교 학부생이었다. 우리 연구원은 일반 학생이 같은 일반 학생을 잘못 이해하고 있다는 사실을 알고 있었고 이들의 실제 모습에 관한 데이터를 가지고 있었다. 캠퍼스 전반에서 실시한 여러 차례의 대화를 통해 우리는 학생들에게 본인의 실제 모습을 보여줬고 동료 학생 대부분이 상대를 알고 싶어 하고 친절하다는 점을 알려줬다.

우리가 스탠퍼드대학교에서 목격한 오해는 도처에서 발생한다. 이는 곧 회의주의와 데이터의 도움을 받으면 우리가 언제, 어디에서나 그 잘못된 생각을 재고할 수 있다는 의미다. 그러나 사회적 물, 즉 사회 환경이나 사회적 상호작용을 제대로 점검할 수 있는 유일한 방법은 직접 뛰어드는 것이다. 사회적 물이 아무리 두려워 보여도 대개는 위험하지 않다. 최근 심리학자는 300명이 넘는 참가자를 모집해 '대화 상대 물색 작전'[29]에 참여하도록 했다. 참가자는 일주일 동안 다양한 사람과 대화를 나누는 과제를 부여받았다. 예를 들어, 눈에 띄는 헤어스타일을 한 사람 또는 스카프를 맨 사람 또는 예술가로 보이는 사람에게 말을 걸어야 하는 과제였다. 대화 상대를 물색하기 전에 참가자는 과제 하나를 달성하려면 평균 두 명에게 말을 걸어야 할 것이라고 추측했다. 즉, 이들은 50퍼센트의 사람이 대화 제의를 거절할 것이라고 생각했다. 하지만 시도를 다 끝낸 후 이 기대치는 바뀌었다. 이들은 약 80퍼센트의 사람들이 대화를 원한다고 예측했다. 수집된 실제 데이터를 보고 이들은 다른 사람들이 사실상 얼마나 열린 마음을 갖고 있는지 알게 됐다. 이런 믿음의 도약은 우리 마음을 교정해준다. 이 믿음이 외로움을 퇴치할 수 있을까?

*

영국에서는 '사교 처방'이라 알려진 치료가 시작됐다. 의사는 환자에게 통증과 고통을 들은 후, 이들에게 인간관계를 묻고 부족한 부분에 대해 처방을 제시한다. 자전거에 열심인 사람에게는 사이클 클럽에 가입하라는 '처방'을 내릴 수 있고 책벌레에게는 지역 도서관의 자원봉사 역할을 찾아준다.

코로나19 팬데믹 초반에 영국국립보건서비스British National Health Service, NHS는 사교 처방을 확대하는 데 175억 이상을 투자했다. 이 처방의 효과를 파악하기 위해서는 더 많은 연구가 필요하지만 초기 증거는 희망적이다. 사교 처방을 받은 사람은 다른 사람과의 연대감과 삶의 의미, 행복감이 늘었다고[30] 보고했다. 여러분은 어쩌면 의사의 부담만 늘어난 것이 아니냐고 생각할 수도 있다. 진료 보는 것도 모자라 환자의 사회 활동도 챙겨야 하냐고 말이다. 그런데 사실 이런 프로그램을 통해 치료가 더욱 효과적으로 이뤄진다. 한 초기 연구에 의하면 사교 처방은 환자의 외로움을 줄여주는 것으로[31] 나타났고 덕분에 1차 진료 기관과 어전트 케어(예약 없이 주말이나 휴일에도 즉시 진료를 받을 수 있는 곳이다. 웬만한 의료 장비가 다 구비되어 있다-옮긴이) 방문 횟수가 줄었다.

2023년, 권고 성명에서 미국공중위생국장은 전 국민에게 사교 처방과 비슷한 행동에 나서라고 촉구하면서 의료 전문인에게 사회 건강을 훈련시키고 공동체 단체를 확대하며 '연결 문화'를 육성해 사람들이 정기적으로 친절을 실천하도록 힘쓸 것을 당부했다. 훌륭한 목표지만 사교 약이 처방돼도 서로 믿음이 없으면 사람들은 이 약을 복용하지 않을지도 모른다.

나는 여러분의 사회 세계를 모른다. 하지만 여러분이 일반 사람과 다르지 않다면 모름지기 주위 사람이 얼마나 대화를 원하는지, 그리고

휘청샌 외희논사

사람들과 관계를 맺는 것이 얼마나 보람 있는지 깨닫지 못할 가능성이 크다.

　나 역시 이걸 깨닫지 못했다. 나는 살면서 많은 시간을 남을 기쁘게 해주려 필사적으로 애썼고 이 때문에 '스마일 아저씨'라는 빈정대는 식의 별명을 얻었다. 하지만 세월이 흐르면서 변화가 생겼다. 내 진정한 자아를 표현하고 혼자 있을 때 더 자유로움을 느꼈다. 그러나 16개월의 팬데믹으로 인한 록다운 조치로 이런 자유로움이 회피로 굳어졌다. 나는 옛 친구, 새로운 친구들과 만날 날을 기다리며 이 세상에 다시 등장하리라 생각했다. 그러나 그날이 다가올수록 사회적 만남이 점점 가파른 언덕을 올라가는 버거운 일처럼 느껴졌다. 내 본능은 낯선 수줍음을 향해 방향을 틀었다. 모르는 사람에게 건네던 친절한 말이 이제는 목구멍 속에 얼어붙어 나오지 않았다. 길 건너에서 지인을 보면 그에게 다가가다 주저하고 이내 등을 돌려 카페 안으로 들어가 숨었다.

　수년 동안 나는 사람들에게 사회의 물에 용감하게 뛰어들라고 격려했다. 하지만 조언을 한 당사자인 내가 게으름과 두려움으로 이 말을 지키지 못했다. 그래서 '만남 세기'라는 새로운 실험을 해보기로 결심했다. 전제 조건은 단순했다. 이틀 동안 사람과 이야기할 기회가 있으면 언제든지 이를 받아들인다. 매번 대화를 할 때마다 기록해뒀다가 기간이 끝나면 그 대화가 어땠는지 평가하고 집계한다.

　나는 노스캐롤라이나 출장을 위한 네 번의 비행, 여섯 번의 식사, 두 번의 헬스클럽 방문을 이 '만남 세기' 실험에 포함시켰다. 과제는 꽤 수월해 보였다. 샌프란시스코에서 워싱턴 D.C.로 가는 다섯 시간의 비행을 위해 좌석에 앉기 전까지는 말이다. 이런 여행에서 내가 주로 쓰는 병기는 노이즈 캔슬링 헤드폰인데 이걸 배낭에 넣어두고 있으니 파자마를 입고 전쟁터에 가는 기분이 들었다. 내 옆에 앉은 사람은 친절해 보였지만 분명 혼자 있고 싶어 하는 눈치였다. 나는 비행기 안에서 말을 붙이고 싶어 하는 사람처럼 보일 것이고 옆자리에 앉은 사람은 시큰둥한 마음을 억지로 감추다가 결국은 대화가 불발되어 우리는 300분의 비행 시간을 어색한 침묵으로 보낼 것이다. 사회적 상어가 내 마음속을 돌아다녔다.

누군가 지나가면서 내 옆 사람의 스웨터를 칭찬했다. 금잔화가 점점이 박힌 파우더 블루 스웨터였다. 스웨터가 참 괜찮아 보이기에 나도 칭찬을 한마디 거들었다. "이거 마지막으로 아내가 골라준 옷이에요." 그가 대답했다. "아내가 너무 스타일리시해서 감당이 안 돼요." 우리의 대화가 시작됐다. 그는 시에라리온^{Sierra Leone}(아프리카 서쪽 해안에 있는 공화국이다 – 옮긴이)에서 온 이슬람 난민이었는데, 미국 남부로 와서 경영대학원을 다녔고 이후 크고 작은 회사를 다니며 경력을 쌓았다. "제가 아메리칸드림인지 악몽인지 모르겠다니까요." 그는 이렇게 말했다. "그야 사람마다 다르죠." 내가 응수했다. 어느새 대화는 무르익었다. 우리는 아이의 양육과 가정에 관해 이야기를 나눴고 옆 사람은 자폐를 앓는 아들이 그의 우선순위를 영원히 바꿔놨다고 말했다. 그는 고국의 장례 전통을 따라 땅에 판 구멍 속에 할머니의 몸을 맨손으로 눕힌 이야기도

해줬다. 그 순간 청년 시절의 오만함이 사라졌다고 했다.

　한 시간쯤 지난 후 잠시 끊긴 대화로 우리에게 노트북을 열어볼 기회가 생겼고 그다지 어색하지 않은 침묵 속에서 네 시간을 앉아서 갔다. 비행기가 착륙했고 우리는 서로 이름만 주고받고 헤어졌다. 이 첫 번째 경험을 계기로 나는 일주일간의 재미있는 만남을 시작했다. 레스토랑에 갈 때마다 바에 앉아 가져간 소설책에 눈을 주지 않고 주변을 살피며 대화 상대를 물색했다. 한 카페에서는 나와 똑같이 특이한 시계를 차고 있는 사람을 봤고 한 프랑스 레스토랑에서는 바텐더와 손님 두 명이 어떤 디저트가 세계적으로 가장 많은 사랑을 받는지 티격태격하고 있었다.

　그때마다 나는 대화에 끼어들었고 총 여덟 차례 대화를 시도했다. 방해가 되지 않을까 걱정했지만 모두가 편안하게 대화에 꼈다가 조용히 빠져나갔다. 여성과 대화할 때는 이상한 느낌을 주지 않기 위해 재빨리 아내 얘기를 꺼냈는데 다행히도 이런 방어 전략은 대부분 쓸모없었다. 실험 마지막에 가서 보니 즐겁거나 매우 즐거운 대화는 다섯 차례, 상당히 즐거운 대화(비행기 옆자리에 앉은 사람과 나눈 대화)는 한 차례, 보통 수준은 두 차례였다. 어떤 대화는 형식적이었지만 힘든 대화는 전혀 없었다.

　이 경험은 나에게 상당히 놀라운 충격을 줬다. 지난 12년간에 걸쳐 우리 연구소에서는 미국과 전 세계 수만 명을 대상으로 실험을 해왔다. 나는 일반인이 친절하고 열린 마음의 소유자라는 것을 알고 있고 이 원칙을 가르친다. 그러나 내 마음속 깊은 곳에서는 이를 받아들이

지 못했다.

절대적으로 모든 것을 재는 데 집착하는 문화에서는 '따지고 얽매이지 않는 것'이 마음의 평화를 찾는 데 도움이 될 수 있다. 그러나 살다 보면 다른 사람과 함께하는 긍정적인 순간처럼 관심과 주의를 더 기울일 만한 부분이 있다. 이런 경우에는 이 경험을 계속 집계하는 것이 우리 의식 수준을 높이고 사회적 관계를 음미하는 데 도움을 준다.

샬럿Charlotte에서의 일주일로 팬데믹 부끄러움에 반전이 일어나지 않았고 한 번의 실험으로 인생이 바뀌지도 않았다. 그러나 이제는 다른 사람과 관계를 맺는 일이 꺼려질 때 그게 상대방과는 아무 상관이 없다는 걸 깨달았다. 누구든 자기 스스로와 다른 사람과의 상호관계를 좀 더 자세히 들여다볼 수 있다. 만약 사람들의 따뜻함에 놀랐다면 그 순간에서 교훈을 얻도록 노력해보라. 그럼 다음에는 놀라움이 덜할 것이다.

타인을 돌볼 때 생기는 놀라운 일

와타나베는 어머니와 이야기를 나눈 이후 자신의 방을 제삼자의 입장에서 들여다봤다. 어느 누구에게도 보여준 적 없던 엉망진창에 더러운 방은 이 방에 사는 사람의 마음 상태를 모두 알려줬다. 와타나베에게 그의 방은 수치로 코팅된 독방이었다. 와타나베뿐만 아니라 100만

명 이상의 일본인들이 자기들만의 고치 안으로 후퇴해 사회와 차단된 생활을 하는 것으로 알려져 있다.

쓰레기 더미에서 카메라를 끄집어낸 와타나베는 자기 모습과 방을 사진으로 남겼다. 나름의 도전 행위였다. "수개월의 은둔 생활을 거꾸로 뒤집어 승화시키고 부정적 정서를 강하고 긍정적인 것으로 변모시켜야 했어요." 그는 말했다.

바깥세상에 적응하기까지는 거의 2년이 걸렸지만 그사이 와타나베의 예술은 다시 태어났다. 그는 히키코모리 경험에서 도망치기보다 그 특징을 관찰했다. 세상에 돌아와 선보인 첫 번째 작품 중 하나는 갤러리 내부에 지은 작은 콘크리트 집이었다. 그는 그 안에 자신을 격리시켜 7일 동안 불교 명상가가 사용하는 다다미 매트만 한 공간에서 살았다. 마지막 7일째가 되는 날 와타나베는 사람들 앞에 모습을 드러냈다. 그는 언론의 주목을 받았다. 전부터 공개를 꿈꿔온 그 어떤 작품보다 개인적인 성향이 강한 이 작품은 마침내 관객을 만났다.

예술은 화학 반응처럼 한 경험을 다른 경험으로 바꿀 수 있다. 와타나베는 고립을 개인의 덫에서 사회적 사실로 진화시켰다. 그는 어머니부터 시작해 다른 고통에도 빛을 비췄다. 그가 고립이 끝나고 6년 후 만든 비디오 프로젝트가 있다. 두 명이 마주 보며 앉아 있고 둘 사이의 테이블 위에는 점토로 만든 집 모형이 놓여 있다. 몇 초 후 둘은 망치로 집을 부순 다음 긴 시간에 걸쳐 조각을 다시 이어 붙이면서 그동안의 가족사를 이야기한다.

이 꼼꼼한 작업은 깨진 부분을 살려 복원하는 일본의 전통적인 도예 기법인 킨츠기를 연상시킨다. 비디오를 보면 인생사가 어느 한 시점에 어떻게 전개되는지 떠오른다. 일을 망치고 이 때문에 인생의 일부가 조각조각 해체된다. 할 일은 오로지 보이는 조각을 모두 모아 천천히 다시 결합하는 것이다. 와타나베와 그의 어머니가 바로 이 일을 해냈다. 그는 지금 혼자 살지만 어머니가 종종 집에서 20분 떨어진 스튜디오를 방문한다. 아버지는 스튜디오가 어디 있는지 모른다.

와타나베는 또 다른 전시에서 일본 전역의 히키코모리를 초청해서 방 사진을 공개하도록 했다. 수십 명이 이에 동의했고 와타나베는 이들의 사진을 갤러리의 깨진 벽 뒤에 배치했다. 사진을 보려면 관람객은 실눈을 뜨고 관음증 환자처럼 틈 사이를 들여다봐야 한다. 이들은 고정관념에서 벗어나 현실을 마주했다. 히키코모리가 모두 쓰레기를 쌓아두거나 알코올 중독자거나 게임 중독자는 아니었다. 어떤 사람은 자기 공간을 깔끔하게 유지하거나 종교적 색채가 있는 물건으로 꾸몄다. 각각의 방에는 독특한 목소리가 있었다. 이들은 방을 모두 합쳐 하나의 소리를 만들었고 고립으로 정의되는 공동체를 창조했다.

전시회 오프닝에는 언론과 관람객이 구름떼같이 몰려들었다. 사진을 보낸 히키코모리 몇몇도 이 자리에 예기치 않게 나타났는데, 수개월 또는 수년 만에 처음으로 모습을 드러낸 것이었다.

와타나베는 고립이라는 반환점을 돌아 코스를 완주했다. 한때 예술 세계에 압박감을 느꼈지만 이제는 그 안에서 영향력을 발휘하며 창의력을 통해 취약하고 힘없는 사람들에게 목소리를 부여한다. 그의 작품은 전국의 갤러리와 박물관에 정기적으로 전시된다. 그는 이런 변화를 통해 치유됐을지 모르지만 의도한 것은 전혀 아니었다. 와타나베는 내게 이렇게 말했다. "저는 저의 창작 활동이 자기돌봄이라고 생각하지 않습니다. 남을 돕고 돌보는 일은 사회를 발전시키는 방법이라고 믿어요. 사회를 발전시키면서 저는 구원받을 겁니다."

*

사회 변화에 집중하면서 와타나베는 자기도 모르게 '자기돌봄'의 본래 기원을 건드렸다. 19세기, 러시아 왕자이자 자연주의자(후에는 무정부주의자로 투옥됨)였던 피터 크로포트킨Peter Kropotkin은 시베리아를 여행하며 야생을 관찰했다. 동물들은 혹독한 툰드라 지역에서 힘을 합했다. 늑대는 무리 지어 사냥했고 말은 이들을 쫓기 위해 방어 대열을 구축했다. 사슴은 새로운 목초 지역을 함께 찾아 나섰고 새는 서로 모여 추위를 피했다. 그는 그의 저서 《상호원조Mutual Aid》에서 경쟁이 아닌 협력이 생명의 기본 방향이라고 주장했다. 동물은 가혹한 환경에서 살아남기 위해서 서로를 돌봐야 했다.[32]

사회는 소외 계층을 가혹한 영역으로 내몬다. 도시의 '식품 빈곤 지역'에서는 영양가 있는 식품 구입이 어렵고 장애인은 구조가 불편하고 공공장소에 접근하기 어려운 곳에 산다. 많은 사람은 세상이 너그러워지기를 기다리는 대신 스스로 상호원조 공동체를 만든다. 1960년대 미국의 블랙팬서당Black Panther Party(1966~1982년에 활동한 혁명주의 사회주의 조직이다. 가혹한 정책과 제도적 인종차별주의에 대항해 만들어졌다 – 옮긴이)은 '생존 프로그램'[33]을 시작해 가난한 지역에 의료, 건강 식품, 요가 수업을 제공했다. 이런 활동은 돌봄 형태인 동시에 시위 행위였다. 흑인의 인권과 가치를 거부하는 문화에 대항하는 활동이었던 것이다.

작가이자 교수, 운동가인 오드리 로드Audre Lorde는 1988년에 출간한 《빛의 폭발A burst of Light》에 이렇게 썼다. "나 자신을 돌보는 것은 방종이 아니라[34] 자기보존이다. 그리고 정치적 전투 행위다." 이 문구는 머그컵과 포스터에 등장할 정도로 유명해졌다. 물론 우리 자신을 돌보는 것은 중요하다. 그러나 단체보다는 개인에 초점을 맞추면서 자기돌봄 산업은 본래의 의미를 잃었다.[35]

오드리 로드를 비롯한 다른 사람의 손에서 자기돌봄은 공동체와 결속에 그 뿌리를 둔다. 이 현상은 크로프트킨이 목격한 생명의 본성과 심리학 및 뇌 과학이 인간에 대해 알려주는 사실과 일치한다. 자아와 타인 사이에는 확실한 구분이 없다. 우리 종은 서로 엮여 있어 남을 돕는 것이 자기 자신에 대한 친절이고 자기 자신을 살피는 것이 타인을 돕는 격이 된다.

상호원조 공동체[36]는 삶의 오랜 전통이다. 팬데믹 기간 동안 수천 개의 프로그램이 싹을 틔웠다. 자원봉사자들은 구글 스프레드시트를 이용해 한 번에 한 지역씩 감염에 취약한 지역 주민을 대신해 장을 봤고 서비스 업종의 실직자를 위해 기금을 모았으며 식료품 임시 창고를 마련해 식품을 비축했다. 미국 서부에서 농업 종사자의 자살률이 올라가자 지역 공동체는 '커피 휴식 프로젝트'[37]를 만들어 누가 힘들어하는지 서로 알아보는 시간을 가지면서 문제에 대처했다. 이 프로그램의 슬로건은 다음과 같다. "여러분의 이웃을 키우는 작물이나 가축처럼 살뜰하게 돌보십니까?"

상호원조는 우리 삶에서 쉽게 영역을 키워갈 수 있다. 직장과 학교는 매달 봉사 기간을 정해 직원과 학생이 함께 자원봉사를 하는 등 정기·조직적으로 친절을 베풀 기회를 만들어 자기돌봄 활동을 '타인돌봄 활동'으로 보완할 수 있다. 회사와 학교, 팀과 마을의 지도자는 어디에서든 바닷가 마을을 조성할 수 있다. 하지만 많은 경우, 바닷가 마을을 조성한다는 것은 현재 운영 방식을 뒤집는다는 의미가 된다. 지금 방식으로는 냉소주의가 너무 자주 나타나고 이로 인해 냉소주의가 더욱 번지고 있으니 말이다.

7장   # 신뢰 문화 구축하기

2014년 1월 30일, 블룸버그^{Bloomberg}는 직설적인 제목의 기사 하나를 올렸다. "왜 우리는 마이크로소프트 CEO가 되고 싶지 않을까?"[1] 어머어마한 성공에도 불구하고 마이크로소프트는 이 리더^{e-readers}와 운영 체제, 핸드폰 분야의 선두 자리를 뺏겼다. 2000년에는 회사의 시가총액이 애플의 백 배 이상인 5천억 달러가 넘었다. 그러나 2012년에 와서 마이크로소프트의 가치는 예전의 절반으로 떨어졌고[2] 애플의 시가 총액은 5,410억 달러로 올라섰다. 아이폰 하나가 벌어들인 수익이 마이크로소프트 전체 제품의 수익을 합친 액수보다 많았다.

테크 업계의 골리앗이 덩치가 작고 절박한 기업에게 강하게 한 방 얻어맞은 것이다. 마이크로소프트의 공적인 실패는 좀 더 사적인 문제에서 비롯됐다. 사내 문화는 불신과 배신, 장기 비전을 무시한 채 단기 수익에 집착하는 풍조에 잠식돼가고 있었다. 엔지니어이자 만화가인 마누 코르네Manu Cornet는 이 현상을 '조직도'를 이용해 설명하면서 회사의 각 부서가 무장 대치 상태에 있다고 묘사했다.

문제는 컸지만 새로 생겼거나 마이크로소프트만의 특별한 문제가 아니었다. 조직 냉소주의,[3] 즉 자기가 속한 공동체가 탐욕과 이기심에 가득하다는 느낌이 수많은 일터를 지배했고 사기와 행복감, 생산성을 떨어뜨렸다. 이 중 많은 문제는 회사 또는 팀, 학교의 발전 동력을 잘못 이해한 옛 사고방식을 반영한다.

호모 이코노미쿠스가 만드는 사회

전성기 시절 제너럴 일렉트릭General Electric, GE에는 '관대한 일렉트릭'이라는 별명이 붙었다. 기업 양심을 지키고 수익의 엄청난 부분을 월급과 복지에 투자(주주에게 나눠주는 배당금보다 열 배 이상)한 데서 나온 별명이었다. GE의 수장은 이윤 나눔을 사치가 아닌 절대적으로 필요한 일로 여겼다. 한 회사 중역은 이를 이렇게 표현했다. "고용주에게 있어 미래 경제를 계획할 수 있는 직원이야말로 가장 생산성 있는 자산[4]이다." 안전과 안정감을 느낀 직원은 시간과 에너지, 혁신을 다시 회사에 투자했다.

GE의 관대한 투자 중 일정 부분은 외압에 의한 조치였다. 대공황의 여파가 여전히 남아 있던 시기, 미 정부는 기업의 방만한 지출을 줄이기 위한 강제 규정을 마련했다. 더불어 노조의 힘과 세력이 커지면서 회사에게 노동자의 권익을 밀어붙였다. 그러나 1981년, 정부는 다시 고삐를 느슨하게 잡았다. 이런 경제 구도 속에서 잭 웰치Jack Welch가 GE의 신임 CEO로 올라섰다. 웰치는 그의 비전 덕분에 20년 후 '세기의 관리자'라는 영예로운 왕관을 쓰게 됐다. 도대체 그가 주목한 것이 무엇이었을까? 바로 '호모 이코노미쿠스Homo Economicus'[5]다.

웰치가 활약하기 1세기 전, 영국의 경제학자인 존 네빌 케인스John Neville Keynes는 경제계가 인간성을 규정할 때 인간이 아닌 오로지 부를 향한 열망으로 활동을 결정하는 창조물로 본다고 불평하면서 이 종을 호모 이코노미쿠스라고 명명했다. 호모 이코노미쿠스는 계산적이고 개인적 이득을 추구하는 데 물불을 가리지 않으며 이익 쟁취를 위해 원칙이나 관계는 옆으로 제쳐둔다. 모름지기 호모 이코노미쿠스를 친구나 동료, 배우자로 삼고 싶지는 않을 것이다. 다행히도 이 종은 실제 세계에서는 거의 보이지 않는다. 경제학자들이 실제 사람이 호모 이코노미쿠스보다 더 친절하고 협동적이며 윤리적인 사례[6]를 지금까지 많이 발견했으니 말이다.

호모 이코노미쿠스는 피와 육신을 가진 실제 사람이 아닌 단순하고 과장된 이미지를 나타내기 위해 만들어진 개념이었다. 그러나 이 종은 멸종되지 않을 것이다. 호모 이코노미쿠스의 첫 희생양은 경제학자였다. 경제학 전공자가 대학 생활을 시작할 때는 다른 전공자와 사회적으로 별반 다르지 않다. 그러나 연구에 의하면 이들은 대학을 졸업할 때쯤 다른 학생보다 덜 관대하고 좀 더 냉소적으로 변한다고 한다. 경제학 전공자는 호모 이코노미쿠스에 관해 배우기만 했는데도 근본적인 이기심을 믿고[7] 그렇게 살아가게 되는 것이다.

학계와 지도층의 많은 이도 케인스의 농담을 제대로 이해하지 못했다. 이들은 호모 이코노미쿠스를 천재라고 선전하며 탐욕은 성공에 이르는 지름길이라고 단정했다. 이 생각은 케인스 시대에 유명했던 의사疑似 과학 '사회진화론social darwinism'(우월한 인종이 열등한 인종을 지배하는 것이 자연의 법칙이라는 주장이다. 제국주의의 정당화에 기여했다 – 옮긴이)과 정확히 일치한다. 이런 식의 사고 기조에 따라 철학자와 작가는 찰스 다윈Charles Darwin의 진화론을 변화시켜 '인간 사회는 모두 생존을 위한 전쟁'이라고 주장했다. 다윈은 사회진화론자가 아니었고 무엇보다 사회진화론은 면밀히 살펴보면 결함이 많다. 그러나 최상위 부유층(우생학자 및 나치당)에게는 상당히 매력적인 이론이었다. 국가의 자원을 진공청소기처럼 빨아들이던 사람들은 사회진화론을 이용해 스스로를 정당화할 수 있었다. 극도의 불평등은 도덕적 해이가 아니라 일부 사람의 생물학적 재능을 보여주는 신호다. 경제계의 거물 존 D. 록펠러John D. Rockefeller는 사회진화론에 대해 이렇게 말했다. "대기업의 성장은 단순한 적자생존이다.[8] (······) 그저 자연의 법칙과 신의 법칙이 작용한 결과물이다." 철강왕에서 헤지 펀드 매니저까지 사회진화론자의 횃불이 미 전역에 전달됐다. 영화 〈월 스트리트〉에서 마이클 더글라스Michael Douglas가 연기한

희망찬 회의론자

비도덕적 투자가인 고든 게코Gordon Gekko는 1980년대의 록펠러로 부활해 "탐욕은 옳다. 탐욕은 먹힌다. 탐욕은 진화의 핵심을 명확하고 명쾌하게 잡아내며 그 핵심을 포착한다"고 선언한다.

　실생활에 존재하는 수많은 게코는 이 논리에 영감을 받았다. 이는 사람과 기업이 다른 가치를 무시하고 수익을 극대화할 수 있다는 의미였다. 인간이 자연 법칙에 따라 끝없이 경쟁하도록 만들어졌다면 왜 그것을 거부하는가? 경영대학원은 이 우물의 물을 들이마시며 지도자에게 사람을 호모 이코노미쿠스 무리처럼 대하라고 가르쳤다. 이 말은 아무 구속도 받지 말고 이와 발톱을 피로 물들이며 서로서로 모든 사람과 경쟁하고 싸우라는 소리였다. 한 경영학과 교수에 따르면 학생들은 "회사는 경쟁 회사뿐만 아니라 그들의 공급 업체, 직원, 규제 기관과도 경쟁해야 한다"[9]고 배운다고 했다.

＊

　잭 웰치는 그 어떤 지도자보다 이 논리를 명확하게 행동으로 옮겼다. 그는 CEO 자리에 오른 직후 GE의 관대함을 던져버리고 직원들에게 노골적인 경쟁의식을 강조하며 사기를 북돋았다. 그의 보좌진은 '충성심을 벗어던지는 캠페인'을 벌였다고 설명했다. 직원을 자산이 아닌 부채로 보는 전략이었다. 웰치는 또한 직원을 비용처럼 삭감해서 매년 대량 해고를 감행했고 오래 일한 직원을 직업 안전과 복지 혜택을 제대로 보장받지 못하는 계약직으로 바꿨다. 그가 좋아하는 전술은 소위 '진급과 퇴출rank and yank'이었다. 각 매니저는 자기 팀을 성취도 상, 중, 하 그룹으로 나눠야 했다. 실적이 뛰어난 사람은 보상받았고 저조한 사람은 나가야 했다. 웰치는 이 전략을 사회진화론자의 렌즈를 통해 보았다. 무리에서 약한 놈을 추려내면 무리가 더 빠르고 멀리 뛸 수 있다고 생각했다.

이 철학은 직장에서의 연대감을 깔아뭉갰지만 한동안은 수익을 올려줬다. 여러 세대의 지도자들이 웰치를 찬양했고 그 뒤를 따랐다. 대학을 갓 졸업한 스티브 밸머Steve Ballmer는 후에 웰치의 뒤를 이어 GE의 CEO가 될 제프 임멜트Jeff Immelt와 같은 사무실을 썼다. 밸머는 2000년에 마이크로소프트 CEO 자리에 올라 웰치의 매뉴얼을 도입했다. 그는 진급과 퇴출 작전을 썼고 직원 규제를 강화했으며 아주 사소한 결정이라도 승인 단계를 거치도록 했다.

직원 통제가 목적이었던 이 정책은 직원을 굼뜨게 했다. 2000년, 제품 매니저인 마크 터컬Marc Turkel은 마이크로소프트에서 프로젝트를 하나 시작했다. 이와 동시에 길 건너에서는 한 블록 전체에 걸쳐 12층짜리 신축 건물 공사가 시작됐다. 그는 프로젝트를 위해 전체 부서와 협의했고 회의에 회의를 거듭했다. 담당 직원과 이들의 상사와 이들의 상사의 상사로부터 허락을 구하면서 터컬의 팀은 여러 달을 까먹었다. 또 한차례 회의를 진행하는 동안 창밖을 보던 터컬은 길 건너 건물은 이미 완공됐는데 자기네 프로젝트는 끝날 기미가 전혀 보이지 않는다는 것을 깨달았다.

또한 밸머 아래에서 마이크로소프트는 다른 거대한 테크 기업과 전쟁에 나섰다.[10] 마이크로소프트 대부분의 제품은 아이폰에서 실행되지 않았다. 모바일 전쟁에서 애플이 승리했다고 인정하는 대신 마이크로소프트는 2013년 노키아를 인수해서[11] 경쟁에 마지막 힘을 쏟아부었다. 하지만 수년간 지속된 이 여정은 어디에도 도착하지 못한 채 수십억 달러만 낭비하는 꼴이 됐다.

웰치와 밸머를 비롯해 오늘날 수많은 CEO는 마치 그들 조직이 이기적이고 계산적인 자유로운 영혼들로 가득한 것처럼 행동한다. 연구에 따르면 지도자의 냉소주의는 동기 부여 수단으로 당근과 채찍을 둘 다 끌어들인다. 냉소적인 조직의 직원은 동료와의 협업 실적과 관계없이 개개인의 실적에 따라 보상받는다. 신뢰를 갉아먹는 '천재 문화'[12]인 셈이다. 냉소적인 매니저는 이기적인 직원이 무슨 짓을 해서든 자기 이익부터 챙길 것이라고 생각한다. 이런 현상을 막기 위해 이들은 선제공격을 취해[13] 직원을 감시하고 협박하며 실적을 내도록 슬슬 구슬린다.

공장, 물류 센터, 사무실은 오래전부터 의심 많은 상사의 감시를 받아왔다. 미국 10대 민영기업 중 여덟 곳은 직원의 생산성을 추적하는 데 종종 실시간으로 때로는 지극히 이상한 방법을 사용해 감시한다. 미네아폴리스에서 활동하는 호스피스 목사는 2020년 본인 회사에서 '생산성 점수'[14]를 매기기 시작했다고 보고했다. 죽어가는 환자를 방문하면 1점, 장례식에 참석하면 1.75점을 획득했다.

팬데믹 기간에 수백만 명의 사람이 원격으로 일했는데 그들은 코로나19 초기의 혼돈을 추스르면서 일을 제대로 해내기 위해 애썼다. 대기업이라면 직원 스스로 목표를 달성하도록 믿고 맡길 수 있었지만 약 60퍼센트의 기업은 반대의 선택을 했다. 디스토피아적인 스파이웨어 spyware(사람의 행동을 밀접 감시하는 기술)를 대대적으로 배치해서 어깨 너머로 직원을 감시했다. 직원은 '활동 시간'을 분 단위로 쪼개 급여를 받았고 키보드 소리와 얼굴이 카메라로 감지됐다. 한 변호사는 화장실에 다녀온 후 노트북 앞에서 세 각도로 포즈를 취해 책상에 다시 구속됐음을[15] 인증했다.

서로 비교하고 감시하면서 상사는 직원을 전쟁터로 내몰고 은연중에 모두에 대한 불신을 나타낸다. 이런 관행이 점점 유행하면서 기업 세계가 가진 기존 문제도 심각해졌다. 1965년, 미국의 CEO는 일반 사원에 비해 21배 더 벌었다. 2020년, 이들은 일반 사원보다 350배 이상을 더 벌었다. 호모 이코노미쿠스로 가득한 세상에서 이해가 가는 현상이다. 오늘날 우리 사회에서 이런 임금 격차는 어떤 대가를 초래할까?

불신의 값은 신뢰보다 비싸다

마이크로소프트의 경우, 그 대가는 꽤 컸다. 밸머 아래에서 직원의 사기는 곤두박질쳤고 혁신도 주춤해졌다. 큰 주범 중 하나는 '진급과 퇴출'이었다. 팀의 매니저는 6개월마다 회의실에 블라인드를 치고 화이트

보드에 포스트잇을 붙여 직원의 운명을 결정했다. 아무리 재능 있는 팀원이라고 해도 실적이 나쁘면 해고 대상에 올려야 했다.

파장은 회사 전체에 퍼졌다. 재능 있는 엔지니어는 서로를 피하기 위해 발버둥쳤다. 뛰어난 팀에서 중간 위치에 있느니 중간 정도의 팀에서 최고의 위치에 있는 것을 선호했다. 제로섬 세상에서는 생존이 탁월함을 의미하지 않는다. 직원들은 호랑이를 피해 달아나기 위해 가장 느린 동료보다 빨리 달리거나 이들을 걸고 넘어뜨리면 됐다. 한 엔지니어는 이렇게 말했다. "혁신을 책임지는 사람들은 공공연히 다른 사람의 노력을 방해합니다. 제가 배운 것 중 가장 가치 있는 교훈이 있어요. '순위 싸움에서 동료 직원에게 추월당하지 않으려면[16] 되도록 이들에게 정보를 감추고 겉으로는 예의를 차려라.'" 직원들은 서로에 관한 루머를 퍼뜨리기도 했다. 제품 매니저인 마크 터컬은 이를 '인성을 말살하는 경영'이라고 불렀다. 동독에서는 스파이가 상점이나 길, 자기 집에 존재할 수 있었다. 마이크로소프트에서는 직원들의 휴식 장소에 스파이가 출몰했다.

직원들이 보상 문제를 두고 서로 옥신각신하는 동안 협력 분위기는 사라졌다. 사람들은 실패를 피하려고 안전지대[17]에 머물렀다. 주주의 가치를 극대화하기 위해 회사는 수년 내지 수십 년 후 성과를 볼 수 있는 새로운 동향 대신 단기 수익을 좇았다. 마이크로소프트는 불안정해졌고 관료주의적으로 변해갔다.

냉소적인 조직의 직원은 번아웃 정도가 더 심하고 일에 대한 만족도가 떨어진다. 이들은 더 많은 갈등을 겪고 알고 있는 지식을 숨긴다. 냉소주의는 지도자에서 직원으로 빠르게 확산된다. 에델만Edelman의 '2022 신뢰 바로미터'를 보면 상사에게 신뢰받는다고 느낄 때 90퍼센트의 직원이 신뢰에 보답했다. 반면 상사의 불신을 느낄 때 그 상사를 믿는다는 직원은 절반이 채 안됐고 CEO를 믿는다는 사람은 겨우 4분의 1에 불과했다. 냉소적인 삶처럼 냉소적인 업무는 직원들이 출구만을 찾기 때문에 수명이 짧은 경향이 있다.[18]

여러분은 이 모든 고통이 승리의 대가라고 생각할지 모른다. 바로 철강왕이자 사회진화론자인 앤드류 카네기Andrew Carnegie는 끝없는 몸부림은 "개인에게 때로 힘들지 모른다"고 유감스럽게 말했다. 그렇지만 "적자생존을 보장하기 때문에 그런 몸부림이 경쟁에는 최선이다." 충분히 일리가 있다고 생각하겠지만 냉소적인 조직은 결국 일하기에는 상당히 부적격한 곳이 되고 만다.

*

탐욕을 자연적인 것으로 포장하기 위해 달려드는 바람에 사회진화론자는 피터 크로포트킨 등의 과학자가 발견한 '동물은 서로 대적하지 않고 협동을 통해 번성한다'는 진리를 무시한다. 인간처럼 초사회적인 동물은 이 진리를 다른 수준으로 가져간다. 공동체는 자체적 문화를 형성하고 충돌하는 초유기체superorganism(개미와 꿀벌처럼 여러 개체가 군집을

희망찬 회의론자

이뤄 큰 사회를 만드는 곤충을 사회성 곤충이라고 하는데, 이 군집 전체를 하나의 동물로 취급하려는 시각에서 만들어진 개념이다 – 옮긴이)처럼 경쟁한다. 집단 간 몸부림이 치열할수록 더 많은 개인이 팀을 이뤄 선두로 올라간다. 전쟁이 일어나는 동안 민족과 부족은 상대방을 증오하지만 자체적으로는 애국심에 부풀어 있다. 40개국 이상을 대상으로 한 수십 건의 연구에서 전쟁은 집단 내 관대함을 강화시켜주는 것으로[19] 나타났다. 군인과 이웃이 서로를 위해 목숨을 불사하는 것이[20] 그 예다.

집단의 결속을 다지기 위해 굳이 격렬한 전쟁이 필요하지는 않다. 스포츠, 일, 삶에서 협력할수록 집단은 경쟁에서 좋은 성과를 낸다. NBA 포워드에서 미 상원으로 선출된 빌 브래들리Bill Bradley는 이 현상을 잘 표현했다. "집단이 성공하면 분명 개인도 성공하지만 개인이 성공한다고 집단이 성공하지는 않는다." 집단 내 진급과 퇴출, 감시와 심한 간섭은 팀워크의 이점을 파괴한다. 냉소적인 조직은 금전적인 손해도 많다. 신뢰하는 동료와 회사는 거래를 자주 하고 오랫동안 서로 이득이 되는 동반자 관계를 구축한다. 냉소주의가 생기면 이런 관계는 의심과 마찰로 바뀐다. 비공식적인 합의 대신 지나치게 조항이 많은 계약서가 등장한다. 서로가 서로를 지키기 위해 변호사가 영입되고 그 변호사는 돈을 두둑이 챙겨간다. '거래 비용'[21]이라 알려진 이 비용은 순식간에 수천만 달러까지 올라간다.

냉소적인 조직은 최종 결산에 집착하는 호모 이코노미쿠스의 세상을 창조해서 인간성을 잃고 최종 결산에서도 손해를 본다. 동료를 발로 차고 할퀴고 찌르면 공동체의 최상위 자리까지 올라갈지도 모른다. 일단 그 자리에 올라가고 보면 옆에 있는 회사 또는 팀 또는 공동체는 지금까지 줄곧 협동으로 일관해왔다는 것을 발견할 수도 있다. 피투성이가 되어 몹시 수척해진 채 냉소적인 호숫가 마을에서 살아남은 소수는 하나가 되어 일하는 바닷가 마을의 적수가 될 수 없다.

최악의 냉소주의자를 만드는 환경

남의 뒤통수를 치고 조작하는 일에 타고난 재능을 가진 사람은 거의 없다. 초기 마이크로소프트 직원은 지금과는 사뭇 다른 회사 분위기를 기억한다. 하와이풍 셔츠를 입은 엔지니어, 유쾌하면서도 괴짜 같은 분위기. 하지만 노동자들을 이기적이고 믿지 못할 사람으로 취급하면서 마이크로소프트, GE 등 수많은 회사는 직원에게서 최악의 모습을 끄집어냈다.

보스턴의 소방관들은 거짓 병가를 냈다는 비난을 받은 후 병가를 더 냈다. 2010년대 웰스 파고Wells Fargo 매니저는 말도 안 되는 판매 목표를 세운 후 직원에게 달성하라고 강요했다. 직원들은 수십만 개의 가짜 신용카드와 가짜 계좌를 개설했는데 이로 인해 회사는 거의 2억만 달러의 벌금을 물었다. 한 직원은 할머니 고객을 속여 필요하지 않은 계좌를 개설했을 때 "인생의 가장 밑바닥을 찍은"[22] 심정이었다고 묘사했다. HP

웨이HP Way의 데이비드 패커드David Packard는 GE에 있을 당시 회사가 도난 방지를 위해 장비실 문을 잠갔던 기억을 떠올렸다. "대놓고 직원을 불신하는 회사에 맞서 많은 직원이 보란 듯이 틈나는 대로 도구와 부품을 훔쳤다."

이제 직원에 대한 불신이 디지털 세계로 옮겨가면서 복수도 디지털전으로 변했다. 소규모 업체가 우후죽순 생겨나면서 회사의 스파이웨어를 속일 수 있는 제품을 내놨다. 소형 로봇청소기처럼 생긴 '마우스 지글러mouse jigglers'는 컴퓨터 마우스를 무작위로 움직여 근무하는 모습을 연출한다. 한 유명한 지글러에는 수천 개의 별 다섯 개짜리 아마존 리뷰가 달렸다. 그중 주옥같은 리뷰가 하나 있었다.

"여러분의 상사가 직원을 일일이 간섭하면서 자리만 지키면 일을 잘하는 것이라고 믿는 바보 같은 사람이라면 이 제품이 답이다. 만약 이 글을 읽는 당신이 그런 사람이라면 (……) 당신을 좋아할 사람은 아무도 없다."

아마존은 '389명이 이 리뷰에 도움을 받았다'고 알려줬다.

*

호모 이코노미쿠스는 농담으로 시작됐다. 그러나 형편없는 지도력이 여기에 생기를 불어넣어 모든 사람을 못살게 만들었다. 이런 양상이 현대 직장에 만연해 있지만 이것은 여기서 끝나거나 시작되지 않았다. 사람들 대부분이 모이는 첫 조직은 회사가 아니라 학교다. 그리고 많은 교실에는 잭 웰치도 얼굴을 붉힐 정도의 냉소주의가 일정 수준 작용한다.

40대 초반인 라후안 화이트LaJuan White는 어릴 때부터 지내던 동네에서 더 이상 살 수 없었다. 브루클린중학교Brooklyn Middle School 교장이었던 그에게 슬금슬금 오르다 결국 확 치솟은 월세는 교육자로서 감당 가능한 수준이 아니었다. 2015년, 버틸 대로 버티던 그는 시라큐스Syracuse로 전근을 요청했다. 지역 학군은 라후안을 초등학교에 배정했지만 사흘 후 교육감은 그를 링컨중학교Lincoln Middle School로 배정했다.

아무리 노련한 교육자라도 링컨중학교를 보면 두려움이 엄습할 만했다. 링컨중학교의 정학률은 주 내에서 다섯 번째로 높았다. 또 매년 학생 100명당 세 건 이상의 심각한 범죄가 일어나 뉴욕 주에서 '지속적으로 위험한' 학교에[23] 이름이 올라가 있었다. 겨우 6년 사이 링컨중학교는 네 명의 교장을 꿀꺽 삼켰다 뱉어냈다. 벽돌로 지어진 암청색 건물은 밖에서 봤을 때 여느 학교와 달라 보이지 않았다. 하지만 화이트는 그 안에서 어떤 끔찍한 일이 자신을 기다리고 있을지 알 길이 없었다.

교장 일을 시작한 지 일주일이 지나서도 화이트는 왜 이 학교가 지속적으로 위험한 학교 명단에 올라가 있는지 파악하지 못했다. 학생들은 서로에게 고약하게 굴었다. 어떤 학생은 아예 등교하지도 않았다. 그러나 10대 초반 아이들이라 사회에 위협은 되지 않았다. 4분의 1은 학업 문제로 특별 수업을 받아야 했고 많은 학생은 미국에 난민으로 온 아이들이었다. 화이트의 눈에 띈 것은 '처벌 문화'였다. 교사는 학생의 비행에 대비해 항상 최고의 징계 조치인 폭력 또는 파괴 사건 보고Violent or Distuptive Incident Reporting,[24] 즉 VADIR(스타워즈의 악당, '베이더vader'로 발음됨)를 내릴 준비가 되어 있었다.

교사는 폭행, 마약 거래, 무기 소지 사건을 폭력 또는 파괴 사건으로 분류했다. 괴롭힘 같은 다른 베이더 범주는 불분명한 부분이 있었다. 무례한 말은 그냥 무례한 정도에서 그치니 교사의 판단에 따라 보고 여부가 갈렸다. 상당히 많은 경우, 교사는 객관적인 기준 없이 학생에 대한 개인적 편견으로 판단을 내렸다. 흑인, 백인 학생은 분명한 교칙 위반(학교에 칼을 가져오는 행위)으로 정학당하는 비율이 상당히 높았지만 유색 인종 학생은 '공손하지 않다'[25]는 주관적인 위반으로 처벌받는 경우가 훨씬 많았다. 사건 보고는 사건을 처리하는 가장 빠른 방법이었기에 많은 교사가 이 방법을 택했는데 이에 따라 교사는 학생의 어두운 면을 더욱 날카로운 눈으로 바라보게 됐다.

시라큐스는 다른 동네에 비해 특히 가난했다. 이런 이유 때문에 링컨중학교의 많은 교사가 교육적 불평등을 타파하겠다는 마음가짐으로 이 학교를 택했다. 교사들은 이상주의자이긴 했지만 처벌 문화는 이들의 가장 냉소적인 면을 끌어냈다. "성인이 본인 감정에 이끌리면 아이를 가장 부정적인 관점으로 보게 돼요." 화이트는 내게 이렇게 말했다. 이런 불신이 아이들 사이에 퍼졌는데 비행이 왜 안 일어나겠는가? 학생들은 과하게 처벌받거나 친구가 부당하게 처벌받는 모습을 보면 학교에 대한 믿음이 무너져 한층 더 강도 높은 비행을 저지른다. 한 과학자가 밝혔듯이 처벌 문화 속에서 자라는 아이들은 "본인의 자유를 재차 주장하고 제도권을 향한 냉소주의를 표현하기 위해 빗나간 행동에 더 가담한다."[26] 링컨중학교 학생은 교사가 두려워하는 바로 그런 학생이 됐다.

연대를 이끄는 호모 콜라보라투스

사티아 나델라Satya Nadella는 마이크로소프트의 어려운 상황을 묘사한 만화 때문에 곤혹스러웠다. 나델라는 '아무도 마이크로소프트 CEO 자리를 원치 않는다'는 블룸버그의 기사가 난 지 단 5일 만에 CEO의 자리에 올랐다. 나중에 그가 밝힌 바로는 만화 자체보다 자신을 더 화나게 한 점은 "우리 회사 사람들이 이 사실을 그냥 받아들였다"는 것이었다.[27] 그는 회사의 수장으로서 회사 문화를 새로운 비전에 따라 재구축하기 위해 발 벗고 나섰다. 밸머는 직원들을 호모 이코노미쿠스로 대하며 회사를 경영했다. 나델라는 반대로 생각했다. 마이크로소프트에는 같이 모여 창조하기 원하는 종족, 즉 호모 콜라보라투스Homo Collaboratus로 가득하다고 말이다.

나델라는 인사 총 책임자인 캐슬린 호건Kathleen Hogan과 함께 호모 콜라보라투스를 위한 환경을 조성했다. 진급과 퇴출 문화는 이미 1년 전에 사라졌고 새로운 지도자는 좀 더 통합적인 고가 제도를 도입했다. 이제 직원들은 개인의 실적뿐만 아니라 다른 직원을 어떻게 도왔는지도 평가받았다.[28] 이런 식의 보상 방법은 단순히 좋은 것이 아니라 아주 현명했다. 직원들은 서로의 성과가 연결될 때 힘을 합할 가능성이 높다. 연구진은 이런 현상을 '업무 상호의존성task interdependence'이라고 한다. 업무 상호의존성은 제로섬 사고와는 정반대로 동료 간의 신뢰를 높이고[29] 결속을 강화한다. 사람들이 자유롭게 지식을 공유하고 공동의 목표를 향해 같이 노력하기 때문에 업무 효율성도 올라간다.

나델라는 심지어 다른 회사도 호모 콜라보라투스처럼 대했다. 그는 업계의 중요한 행사에서 몇 년 전이었다면 생각도 못했을 행동을 보여줬다. 무대 위로 올라간 나델라는 주머니에 손을 넣더니 아이폰을 꺼냈다. 오피스Office와 아웃룩Outlook을 비롯한 마이크로소프트 제품이 처음으로 깔린 아이폰이었다. 나델라는 모바일 기술 경쟁을 인정하면서 고객이 원하는 것을 제공함으로써 두 회사 모두 승리할 수 있는 발판을 마련했다. "동반자 관계는 제로섬 게임으로 비춰지는 경우가 너무 많다." 나델라는 이렇게 말했다. 나델라는 마이크로소프트 안팎에서 파이를 키울 기회를 노렸고 공조 본능을 두드렸다.

새로운 마이크로소프트 시대에서는 엄격한 규제 경영 대신 대규모 해커톤Hachathon(마라톤처럼 정해진 시간 동안 해킹하는 프로그램 마라톤을 의미한다 - 옮긴이)이 열렸다. 혁신적인 아이디어를 내기 위한 대대적인 팀 코딩 대회였다. 회사 지도부는 직원들에게 좀 더 많은 공간을 내줬고 이들의 목소리에 더욱 귀 기울였다. 팬데믹 초기, 호건은 직원들을 이해하기 위한 설문조사를 시작했다. 직원들은 예측할 수 없는 육아 문제, 질병 등 걱정의 소용돌이 속에서 투쟁하고 있었다. 이들에게는 근무 유연성과 지원이 필요했다. 마이크로소프트는 장기간 재택근무를 할 수 있다고 발표하면서 정신 건강 혜택을 확장하고[30] 육아 휴가를 12주 추가했다. 동시에 호건은 지도자 훈련을 통해 경영진이 가능한 한 직원을 지원하고 소통할 수 있도록 도왔다. 이 노력은 통했다. 2020년, 마이크로소프트 직원의 90퍼센트 이상은 그들의 관리자를 신뢰했고 그해 호건은 2021년, 최고의 인사 책임자[31]로 선정됐다.

마이크로소프트의 지도부는 먼저 신뢰를 베풀어서 신뢰를 얻었다. 하지만 이들이 얻은 것은 그뿐만이 아니었다. 자유롭게 진행된 해커톤 덕분에 직원들은 좀 더 민첩한 사고를 할 수 있었다. 새로운 아이디어가 나왔고 엔지니어는 클라우드 컴퓨팅과 인공지능을 탐구했으며 회사는 챗지피티ChatGPT를 만든 오픈AIOpenAI에 대규모 투자를 했다. 마이크로소프트의 시가 총액은 불과 몇 년 만에 거의 열 배가 올랐다. 나델라는 비교 우위comparative advantage 대신 지도자가 직원을 믿었을 때 생기는 협동 우위cooperative advantage를 발견했다.

※

링컨중학교는 마이크로소프트의 말끔한 워싱턴 사옥과는 달라도 너무 다른 곳이었다. 그러나 라후안 화이트가 학교에서 추구한 철학은 나델라의 철학과 아주 비슷했다. 처벌에 치중한 문화에서는 아이가 인성이 나빠서 비행을 저지른다고 속단하는 경향이 있다. 화이트는 질문을 던졌다. 왜 학생들이 비행을 저지를까? 이 아이들이 어떤 어려움을 겪고 있을까?

그는 답을 얻기 위해 '가정 방문'을 시작했다. 학생의 가족은 처음에는 당황했지만 아이에게 관심을 가져줘서 고맙다고 했다. 학교와 가정을 이어주면서 화이트는 일종의 좀 더 친밀한 권위를 일궈냈다. 화이트는 과거의 일을 하나 얘기했다. "저는 많은 학부모와 이름을 트고 지냈어요. 아이가 빗나간 행동을 하면 이렇게 말했죠. '아버지 폴에게 전화하게 만들지 마라.'"

화이트는 아이들이 사는 환경을 직접 살폈다. 한 '말썽꾸러기'의 집에 가보니 깨진 창문 위에 얇은 비닐이 덧대어져 있었는데 차가운 바람이 불자 비닐이 리듬을 타며 펄럭였다. 마룻바닥에는 해충이 바쁘게 움직였다. 이 아이는 분명 집에서 가장 역할을 해야만 했고 어린아이로 살아갈 수 있는 유일한 곳은 학교였다. "이런 환경을 보면 우리의 관점이 완전히 바뀌죠."[32] 화이트는 이렇게 말했다. "'도대체 뭐가 문제니?'에서 '뭐가 필요하니? 배가 고프니? 뭔가를 떨쳐낼 시간이 필요하니?'로요. 어긋난 방식으로 애정을 구하는 사람이야말로 사랑이 가장 필요한 사람이죠."

화이트는 다음으로 링컨의 처벌 문화 개혁에 나섰다. 도움을 받기 위해 회복적 사법restorative justice 철학을 살펴봤다. 징벌적 사법punitive justice은 누군가 잘못을 저질렀을 때 범인을 찾아내 대가를 치르도록 한다. 하지만 회복적 사법은 누가 피해를 입었으며 어떻게 하면 그 고통을 해결할 수 있는지 묻는다. "아이가 실수를 저질렀을 때 교사는 이 아이를 정학시켜요. 그런데 여기서 얻는 게 무엇일까요? 정학시키는 대신 이런 잘못으로부터 양 당사자가 어떻게 하면 치유될 수 있는지 그걸 알아야 해요." 하지만 교사들은 이런 변화를 받아들이지 않았다. 아이를 베이더 범주에 넣어 보고하지 않으면 교실은 혼란에 빠질 것이라고 생각했다. 교사는 일일이 간섭받는다고 느끼고 무기력해졌으며 불안해했다. 화이트는 '여러 번' 험한 소리를 들었고 고약한 사람이 타이어를 망가뜨렸을까 봐 매일 차에 타기 전 타이어부터 점검했다. 그래도 그는 물러서지 않았다. 교사와 대화 시간을 갖고 그들의 우려를 경청했으며 함께 새로운 계획을 세웠다.

　　그 결과 회복적 징계 조치가 만들어졌고 이를 '학급 처벌 순서'[33]라고 이름 지었다. 학생이 비행을 저지르면 교사는 일단 이들을 선도한다. 이 방법이 도움이 안 되면 교사는 학생을 따로 불러 일대일 면담을 진행해 무엇 때문에 그런 행동을 했는지 알아낸다. 이후 학생은 10분 동안 자기반성의 시간을 갖는다. 이 전략이 통하지 않는 경우에만 교사는 학생을 학급 또는 학교에서 내보낼 수 있다. 새로운 징벌 제도는 그전보다 교사들에게 많은 것을 요구했다. 링컨중학교의 교육 상담 교사인 젠 해리스Jen Harris는 이렇게 말했다. "'징계 문제'는 스스로 해결해야 합니

　　　　　　　　　　희망차 회의론자

다.[34] 어떤 교사도 학교 행정진에게 '이 아이 좀 어떻게 해달라'고 요구할 수 없어요. 그 말을 하면 '회복적 징벌 차원에서 어떤 노력을 했나?', '학생과 어떤 관계를 쌓았나?' 같은 질문을 받기 때문이죠."

학생을 다르게 대하면서 교사의 생각도 바뀌기 시작했다. 비행을 저지르는 아이를 정학시켜야 하는 위험인물이 아니라 같이 협력할 동반자로 여겼다. 연구에 따르면 교사가 학생을 믿을 때, 특히 분투와 갈등의 시기에 신뢰를 보낼 때 학생은 그 보답으로 교사를 신뢰하고 엇나가는 행동을 덜 하게 된다.[35] 이 현상이 링컨중학교에서 일어났다. 화이트는 '거친' 아이들이 복도에서 서로 안아주고 가해자가 피해자에게 사과하는 모습을 지켜보면서 때로 눈물이 울컥 나기도 했다고 말했다. 화이트가 부임한 첫해에 정학률은 15퍼센트 이상 떨어졌다. 학교는 '지속적으로 위험한' 학교라는 오명을 재빨리 벗어버렸고 그 이후 다시는 이 꼬리표를 달지 않았다.

무조건적인 믿음이 보여준 변화

지도자는 사람이 살고 배우며 일하는 환경에 선제 조건을 설정한다. 처벌 문화는 아이에게 희망이 없고 도움받을 가치가 없다는 사람이라는 생각을 심어준다. 잭 웰치 스타일의 경영 방식에서는 직원이 스스로를 호모 이코노미쿠스로 여기기 때문에 이들은 어떤 일도 힘들여

시도할 필요가 없다고 생각한다. 그러나 우리는 이보다는 나은 사람들이다. 화이트는 단순한 주문을 마음에 깊이 새겼다. '아이들을 대할 때 우리가 원하는 사람처럼 대하고 우리가 두려워하는 사람으로 대하지 말자.' 나델라는 마이크로소프트에 만연한 냉소주의를 극복하고 협동적 우위를 얻었다.

이들의 본보기를 따르기 위해 굳이 학교를 운영하거나 1조 달러 규모의 회사를 경영할 필요는 없다. 예를 들어, 에밀은 호모 콜라보라투스를 위해 평화 및 갈등 신경과학 연구소를 구상했고 동료 과학자가 서로 두각을 나타내기 위해서는 경쟁 대신 공로를 나눠야 한다고 강조했다. 나도 이런 시도를 했다고 말할 수 있다면 얼마나 좋을까? 2012년, 스탠퍼드대학교는 내게 조교수 자리를 줬다. 거의 10년 동안의 공부 후 꿈이 이뤄진 순간이었다. 그러나 일단 이 분야에 발을 디디니 내가 얼마나 준비가 안 되어 있는지 실감했다. 마치 코치가 될 목적으로 프로 구단에 영입된 대학 선수 같았다. 똑같은 경기를 치르지만 요구되는 기술은 완전히 달랐다. 조교수 일 역시 임시직이었다. 종신 교수에 지원하려면 수년간 최선을 다해 일해야 하고 그런 다음 내 분야에서 가장 뛰어난 사람이 나를 자를지 말지 결정한다.

이 과정은 내 불안감 때문에 순조롭게 진행되지 않았고 주위 사람에게 상처를 줬다. 결과를 내야 한다는 압박감 때문에 도저히 혼자서는 일을 할 수 없었다. 내 미래는 내가 수 주 전에 고용한 사람들에게 달려 있었다. 나는 젊은 연구원들을 강하게 밀어붙였고 생각보다 이들을 자

희망찬 회의론자

주 점검했으며 이들이 내 비현실적인 기대에 부응하지 못하면 실망의 목소리를 높였다. 이는 교과서식 냉소적 지도력이었고 순식간에 반감을 샀다. 조교수로 임용된 지 약 1년 만에 연구원 중 한 명이 절박하게 만나자는 부탁을 했다. 그는 눈물을 흘리면서 일의 스트레스 때문에 건강에 문제가 생겼고 상황이 바뀌지 않으면 그만두겠다고 말했다.

그날 나눴던 대화 한마디 한마디가 내 마음속에 그대로 살아 있다. 거의 12년이 흘렀는데도 그때만 생각하면 수치심에 얼굴이 달아오른다. 아이러니한 상황이 씁쓸하지만 공감을 연구하는 과학자가 유독한 문화를 조성했다. 나는 그 연구원에게 감사를 느낀다. 새로운 상사에게 맞서는 용기를 보여줬으니 말이다. 그의 피드백은 얼음물을 한 바가지 뒤집어쓴 것처럼 정신을 번쩍 들게 했다. 나는 실험실 운영 방식을 바꿨다. 우선 내 사람들을 있는 그대로 보기로 다짐했고 그들의 방식으로 목표를 달성하도록 믿어줬다.

당시에는 빌 브루노의 양육 스타일인 '자유방임적 양육'이라는 용어를 들어보지 못했지만 지도자로서 나는 이 방식을 등대로 삼았다. 회의를 할 때마다 연구원들에게 무엇을 했는지 묻지 않고 내가 뭘 해줘야 할지 물었다. 나는 그들이 주도하도록 최선을 다했고 도움을 요청해오면 세심하게 지도했으며 연구원들이 원할 때 그들이 탐구하도록 자율권을 줬다. 우리는 우리 가치를 정리한 '실험실 매뉴얼'을 만들었고 그 중심에 협동을 뒀다. 실험실 구성원 전체가 매뉴얼 검토에 참여했고 이 과정에서 그들에게 주인의식을 심어주면서 서로에게 기대하는 점을 좀 더 분명히 주지시켰다.

　이 변화를 통해 내 마음이 안정됐고 실험실의 전반적인 분위기도 좋아졌다. 비록 종신직을 얻지 못한다고 해도 형편없이 실험실을 이끌며 얻는 것보다 낫다고 판단했다. 그런데 전과는 정반대의 상황이 일어났다. 연구원들에게 심어준 무조건적인 믿음은 혁신적이고 정직한 과학의 형태로 돌아왔다. 관대한 문화에서 실험실 구성원은 좀 더 협동적으로 일했고 혼자서는 생각해낼 수 없는 아이디어를 떠올렸다. 협동 우위가 우리의 작은 공동체에 상주하면서 생긴 변화였다.

*

　좀 더 최근에 나는 이 교훈을 다른 단체에도 전하기로 했다. 네 개 대륙에 지사를 두고 있는 소프트웨어 회사, SAP의 신임 매니저에게 냉소주의의 파괴적인 영향에 대해 가르쳤고 냉소주의 대신 '자산으로 포장하기'와 어떻게 하면 무조건적인 믿음을 적용할 수 있는지 교육했다. 가령 힘들어하는 직원이 있을 때 이 사람의 강점을 분명하게 보여줄 수 있는 일이 무엇인지 생각해서 그 일을 맡기는 식이다. 매니저가 새로운 수준의 책임을 부여하는 것은 '신뢰를 요란하게' 표시하는 행동이며 이는 곧 직원에 대한 믿음을 분명하게 보여주는 행동이기도 하다. 많은 매니저는 그 자리에 새로 오른 사람들이었다. 교수로 처음 임용됐을 때의 나처럼 어떤 사람은 팀 구성원에게 일일이 간섭할 때만 안도감을 느꼈다. 이들은 이런 습관을 하나씩 떨쳐버렸고 신뢰로 직원을 이끌었다. 이에 부응해 직원은 생산성을 높였고 이들의 매니저가 직원에게 받은 평가 점수도 프로그램에 참여하지 않은 매니저보다 두 배나 빨리 상승했다.[36]

　반냉소주의는 어떤 지도자라도 배울 수 있으며 얼마 안 가 좋은 지도자로 자리매김한 스스로를 발견할 수 있다. 팬데믹 첫 2년 동안 수백만 명의 사람들이 '대퇴사great resignation' 시대를 맞아 직장을 떠났고 이보다 더 많은 사람은 자리만 유지한 채 본인들의 임무는 회피하면서 "남몰래 일을 하지 않았다." 회사 지도자는 이런 세태에 화가 나고 혼란스러웠겠지만 그래서는 안 된다. '충성심을 벗어던지라'는 캠페인은 수십년 전 직원을 의심하고 착취하는 경영진으로 인해 시작됐다. 대퇴사는 직원들의 불만이 오랜 시간 축적되다 뒤늦게 발현된 현상일 뿐이다.

　신뢰 문화를 다시 구축하기 위해서는 직장 내 불평등 해소 및 직업 안정성 회복 같은 구조적 변화가 필요하지만 이런 변화와 함께 심리적 개편, 즉 권력을 가진 자가 권력을 덜 가진 사람을 좀 더 믿어주는 풍조가 반드시 동반돼야 한다. 직원은 그들 나름대로 좀 더 많은 부분을 요구한다. 최근까지만 해도 노조 가입률은 하향 추세였다. 미국의 경우, 1980년에 노조 가입률은 20퍼센트가 넘었지만 2021년에는 10퍼센트를 겨우 넘겼다. 그런데 이 추가 반대 방향으로 움직이고 있다. 아마존과 스타벅스 같은 기업의 직원은 노조 가입 캠페인을 눈에 띄게 진행하기 시작했다. 2023년, 엔터테인먼트 업계의 작가와 배우는 전미 자동차

노동자^{United Auto Workers} 노조처럼 파업에 나섰다.[37] 수십만 명의 미국인이 파업을 선언했고 이 추세는 사람들의 지지도 얻고 있다. 2023년, 여론조사에 따르면 미국인 3분의 2 이상이 노조를 지지한다.[38] 이는 지지도가 절반 미만이었던 2009년보다 상승한 수치다.

팬데믹 기간 동안 노동자는 그들의 힘을 실감했다. 만약 지도자가 냉소적인 태도를 바꾸지 않는다면 직원은 자신을 신뢰하고 가치 있게 여기는 조직을 찾아 걸어나갈지도 모른다.

희망찬 회의론자

8장   갈라진 틈 사이를 채우는
         회의주의

1983년, 소비에트 연방은 그들의 라이벌 국가가 이미 전쟁을 시작했다는 두려움에 제3차 세계 대전을 일으킬 뻔했다. RYaN(러시아어로 '핵 미사일 공격') 작전[1]은 2년 전인 1981년에 시작됐다. 이는 전적으로 잘못된 전제를 바탕으로 구축된 냉전 최대의 소비에트 연방 첩보 작전이었다.

RYaN 작전은 KGB 국장인 유리 안드로포프Yuri Andropov가 고안한 작품이었다. 안드로포프는 1956년 소비에트 헝가리 대사였다. 당시 헝가리 사람들은 소비에트 연방의 종속 정책에 반대하기 위해 똘똘 뭉쳐 국가적 봉기를 조직했다. 안드로포프는 헝가리 지도자에게 나라를 침략하지 않겠다고 약속했지만 반란을 잔인하게 진압하면서 헝가리를 침략하는 만행을 저질렀다. 소련 탱크가 민간인 빌딩에 불을 질러[2] 수천 명의 사망자를 냈다. 안드로포프는 '부다페스트의 백정'으로 불리며 헝가리 역사에서 공포의 인물로 기록됐다. 이 경험은 안드로포프에게도 상처를 남겼다. 군인들이 헝가리 시위대에게 공개 처형되는 광경을 지켜봤기 때문이다.

소비에트의 권력이 순식간에 무너질 수 있다는 것을 지켜본 안드로포프는 소비에트가 무너지지 않을까 하는 망상에 젖어 남은 생애를 보냈다. 그는 1980년대에 이 집착을 미국으로 돌렸고 미국이 핵 공격을 계획하고 있다고 확신했다. 그는 요원 수십 명에게 이에 대한 실마리를 수백 개 찾아내라고 지시했다. 미군이 예외적인 장소에 결집되고 있는가? 밤에 미 국방부 주차장이 꽉 차 있는가? 혈액은행에 들어오는 혈액이 평상시보다 늘고 있는가? 안드로포프는 KGB 요원들에게 "속으로는 진위를 의심하더라도 깜짝 놀랄 만한 정보를 보고하라"고 다그쳤다. 그 결과, 올바른 각도에서 보면 누구라도 알 수 있는 거짓 단서가 뭉쳐 전쟁 분위기가 조성됐다. KGB는 적에게 기습당하지 않는 유일한 방법은 먼저 기습 공격하는 것이라고 생각했다. 만약 이중 스파이가 서구에 RYaN 프로젝트를 알리지 않았다면 소비에트의 선제공격으로 인류가 멸망했을지도 모른다.

안드로포프는 미국이 전쟁을 원한다는 가정을 토대로 가능한 한 많은 증거를 만들어냈다. 최근 이와 비슷한 공포가 많은 미국인을 사로잡고 있는데 전과 다른 점은 이들이 두려워하는 악귀가 또 다른 세계 초강국이 아니라 동료 시민이라는 것이다. 오스 키퍼스^{Oath Keepers}는 정부의 권력을 빼앗으려는 우파민간무장단체다. 이 단체의 많은 사람이 군인이나 경찰로 정부에서 일하고 있다는 점을 감안한다면 이들은 분명히 공포스러운 존재다. 그러나 '그림자에 싸인 딥 스테이트deep state(정부 내부에서 비밀리에 권력을 행사하며 선출된 권력과 상관없이 자신들의 이익을 위해 암암리에 정책에 개입하는 그림자 세력을 뜻한다-옮긴이) 세력이 자기들을 덮칠' 것이라고 확신하는 이들의 회의 및 게시판을 보면 이들 역시 공포에 휩싸여 있음을 알 수 있다. 2020년 6월, 경찰관에 의한 조지 플로이드 사망 사건 이후 미 전역에 항의 시위가 폭발했다. 오스 키퍼스의 지도자인 스튜어트 로즈Stewart Rhodes는 그의 추종자에게 경각심을 늦추지 말라고 밀어붙였다. "이건 장난이 아닙니다. 우리는 내전 국면에 접어들었어요."[3] 그는 두려워하면서도 이렇게 외쳤다.

하지만 그의 범죄 행위가 용서되는 것은 아니다. 2023년 1월 6일, 그는 미국 국회의사당 폭동 당시 저지른 범죄로 18년 형을 선고받았다. 미국인 대부분은 오스 키퍼처럼 폭력적이거나 망상에 사로잡혀 있지 않지만 많은 이가 전쟁이 임박했다는 데 동의한다. 2022년, 한 여론조사에 의하면 민주당 지지자 및 공화당 지지자의 69퍼센트는 국가의 법치가 직접적인 위협을 받고 있다고 믿었다.[4] 미국을 포함한 여러 다른 지역에서 많은 이유로 갈등이 고조되고 있다. 그중 하나가 '동족 냉소주의tribal cynicism', 즉 상대방이 멍청하거나 사악하거나 아니면 둘 다 해당된다는 믿음이다.

존재하지 않는 악마

여러분과 정반대의 정치적 믿음을 갖고 있는 일반인을 한번 상상해보자. 이들은 어떻게 생겼는가? 어디에 사는가? 무슨 직업을 가졌는가? 취미가 무엇인가? 이들이 이민, 낙태, 총기 규제에 관해 어떤 생각을 가지고 있다고 생각하는가? 이들이 자신들의 견해를 고집하기 위해 폭력을 지지할까? 이 사람들이 여러분은 어떻게 생각할까?

미국인이 서로 신뢰를 잃게 된 그 시기에 이들은 자신들과 의견을 달리하는 사람들을 경멸하게 됐다. 1980년, 미국 공화당 지지자와 민주당 지지자는 같은 당 사람끼리 온기를 많이 느꼈고(이제부터 같은 당 사람을 '자기 사람'이라고 하겠다) 상대 당 사람에 대해서는(이제부터 상대 당 사람을 '라이벌'이라고 하겠다) 중립적이었다. 2020년, 각 당의 지지자는 자기 사람을 좋아하는 것 이상으로 라이벌을 싫어했다.[5]

사람들은 라이벌을 두려워하고 염증을 느끼며 점점 피했다. 1970년대 미국에는 지금처럼 파란색의 민주당 주와 붉은색의 공화당 주가 있었지만 이런 주 안의 많은 행정 구역은 파랑과 빨강이 섞여 있었다. 하지만 이후 미국인들은 '분리되어'[6] 라이벌 당에서 멀리 떨어진 나머지 행정 구역은 남북전쟁 당시만큼이나 정치적으로 서로 격리됐다.

양 정치 전선의 소통이 예전보다 뜸해지면서 서로 라이벌 당에 대해 실제로 아는 것이 없어졌다. 그렇다고 서로에 대해 생각을 아예 안 하는 것은 아니었다. 정보의 공백은 언론과 우리의 상상으로 메워지는데,

알고 있듯이 언론과 상상은 부정성 편향의 지배를 받기 때문에 우리를 냉소주의로 기울어지게 만든다.

이제 방금 떠올렸던 '일반적인' 정치적 라이벌로 돌아가보자. 수십 가지 연구를 통해 미국인은 정치 성향이 다른 사람에 대해 생각해보는 기회를 가졌다. 이들은 과학자들이 제시한 거의 모든 문항에서 라이벌 당에 대해 한결같이 틀린 답을 했다. 정치 분야 외에도 우리는 상대방의 삶에 대해 틀린 추측을 한다.[7] 민주당 지지자는 공화당 지지자의 44퍼센트가 1년에 25만 달러 이상 번다고 생각했다. 하지만 겨우 2퍼센트만 여기에 해당했다. 공화당 지지자는 민주당 지지자의 43퍼센트가 노조에 속해 있다고 보지만 겨우 10퍼센트만이 그렇다. 공화당 지지자 중 고양이를 좋아하는 사람은 민주당 지지자가 개를 좋아한다고 추측하고 공화당 지지자 중 개를 좋아하는 사람은 민주당 지지자가 고양이를 좋아할 것이라고 생각했다.[8]

민주당 지지자와 공화당 지지자 양쪽 다 라이벌이 실제보다 극단적이라고 상상하는데 이런 양상을 '양극화의 오류false polarization'[9]라고 한다. 사람들이 이민과 출산 같은 문제에 대해 라이벌 당 지지자의 평균적인 견해를 추측할 때, 실제 라이벌 당 지지자의 80퍼센트 이상은 극단적이지 않음에도 불구하고 이들을 극단적이라고 판단한다. 각 당의 일반적인 견해에 대한 질문을 받을 때 우리는 가장 극단적인 부류를 떠올린다. 질문이 구체적일수록 오해의 정도는 심해진다.[10] 민주당 지지자는 공화당 지지자의 35퍼센트가 "미국인은 과거를 돌아보며 실수를 깨달고 이를 바로잡을 책임이 있다"는 데 동의할 것이라고 생각했다. 하지만 실제 동의하는 수치는 93퍼센트였다. 공화당 지지자는 민주당 지지자의 40퍼센트가 "헌법은 지키고 존중해야 한다"는 명제를 믿을 것이라고 생각했지만 실제로 80퍼센트가 이 말을 믿었다.

양극화의 오류는 이데올로기에 부정성 편향을 섞는다. 내가 뭔가를 믿을 경우, 나의 적은 그 반대를 믿어야 한다는 냉소적 오해는 전반적인 국가 합의 구도를 흐려놓는다. 2019년, 에밀과 그의 공동 연구자는 미국인에게 이민을 얼마나 제한해야 하는지 0부터 100까지 수치로 표시해달라고 부탁했다. 0은 모든 국경을 개방해야 한다는 의미고 100은 국경을 모두 폐쇄해야 한다는 의미였다. 연구원은 또한 라이벌 당의 일반 사람들이 같은 질문에 어떻게 답할지 추측해달라고 했다. 조사 결과, 두 가지 지형이 발견됐다.[11] 첫 번째 지형은 이민 제한에 대해 실제 양당 지지자가 밝힌 수치로 봉우리가 두 개인 언덕처럼 보였다. 민주당 지지자는 국경을 좀 더 개방하기를 원했고 공화당 지지자는 국경을 좀 더 폐쇄하기를 원했지만 중간에 겹치는 부분이 많았다. 두 번째 지형은 우리 인식으로 구성된 두 개의 언덕으로 각각의 언덕은 극단적이고 개별적인 의견으로 가득했다.

이 그림은 우리 시대에 관해 많은 것을 얘기해준다. 미국인이 합의를 보여주는 문제는 이민 문제뿐만이 아니다. 8만 명 이상을 대상으로 한 2021년 조사에서는 공화당 지지자와 민주당 지지자의 의견 일치를 보이는 문제가 거의 150가지[12]로 확인됐다. 몇 가지 문제는 양 당의 3분

〈이민에 관한 실제 입장〉

민주당
지지자 입장

입장 중첩

공화당
지지자 입장

0
국경을 완전히 개방

100
국경을 완전히 폐쇄

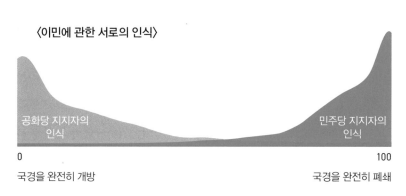

〈이민에 관한 서로의 인식〉

공화당 지지자의
인식

민주당 지지자의
인식

0
국경을 완전히 개방

100
국경을 완전히 폐쇄

의 2 이상이 승인했다. 이런 문제에는 시민연합Citizens United 대 연방선거위원회FEC의 판결을 뒤집어 회사가 정치 캠페인 자금을 마음껏 댈 수 없도록 한 조치, 미국에 온 아동 이민자에게 시민권을 딸 수 있는 길을 열어주는 조치, 청정에너지 촉진을 위한 세제 혜택 등이 있다. 그러나 아직 우리 상상 속 공통의 가치는 작은 섬 안에 숨어 있어 파도가 칠 때만 겨우 보일 뿐이다.

*

우리는 반대편에 있는 사람이 누구인지, 이들이 무엇을 믿는지, 이들이 얼마나 평화로운지 모른다. 최근 26개국의 과학자들은 사람들에게 정치적 라이벌에 대해 어떻게 느끼는지 라이벌은 상대방에 관해 어떻게 느낀다고 생각하는지 물었다. 보수주의자와 진보주의자 양쪽 모두 서로를 싫어했다. 그러나 거의 모든 국가의 국민은 상대방이 자기를 싫어하는 정도를 상당히 과하게 예측했다. 미국인은 또한 라이벌이 언제든지 폭력을 행사할 태세가 되어 있다고 생각했다. 2020년, 연구원은 1,500명을 대상으로 자기 측의 명분을 위해 폭력을 지지하겠냐는 질문을 했다. 민주당 지지자 5퍼센트와 공화당 지지자 8퍼센트가 그렇게 하겠다고 답변했다. 적지만 섬뜩한 소수 집단이다. 하지만 각 집단은 상대집단의 30퍼센트 이상이 폭력을 지지할 것이라고 예측하면서 라이벌이 실제보다 네 배는 더 피에 굶주려 있다고 상상했다.[13]

410년, 로마는 80만 시민들의 보금자리였다. 로마 성벽은 8세기가 넘는 세월 동안 침입자를 막아줬다. 이때 오랫동안 로마제국의 착취를 받은 게르만족과 서고트족Visigoths(4세기 후반부터 로마제국을 침범한 고트의 한 종족이다. 418년, 남프랑스에서 이베리아반도에 걸친 왕국을 건설했다 - 옮긴이)이 뛰어난 체력과 몸서리쳐지는 잔혹성으로 로마를 포위했다. 성안

희망차 회의론자

의 시민들은 공포 상태였으며 신이 도와줄 것이라는 절박한 바람으로 제물을 바치는 고대의 제사 관습을 시도하려 하기도 했다. 아마도 이들은 서고트족을 인간 적군보다는 소중한 것을 모두 찢어발기는 무자비한 자연의 세력으로 본 듯하다.

현재 많은 미국인은 마치 성벽이 파괴된 고대 로마인처럼 공포 상태에 있는 것 같다. 물론 미국을 비롯한 전 세계 지역에는 실제로 정치적 위험 요소가 많다. 그런데 이 위험을 가중시키는 한 가지 확실한 요소는 있다. 바로 우리가 라이벌을 서고트족으로, 우리 라이벌 역시 우리를 서고트족으로 보는 것이다.

아무도 원치 않는 전쟁

20년 전, 과학자들은 낯선 사람을 둘씩 짝지어 한 사람에게 상대방의 손을 가볍게 치라고 요청했다. 상대방이 할 일은 맞은 강도 그대로 자기 손을 때린 사람의 손을 치는 것이었다. 이어서 처음 손을 때린 사람은 방금 맞은 강도 그대로 상대의 손을 치며 이 행동을 반복했다. 이들이 과학자의 요청을 그대로 따랐다면 손을 치는 힘은 변함이 없어야 했지만 사람들은 자기가 실제로 때린 힘보다 상대방에게 더 세게 맞았다고 느꼈다. 앙갚음하기 위해 이들은 서로를 때리는 강도를 높였다. 평균적으로 때리는 강도는 본인이 맞은 강도보다 40퍼센트 더 셌다. 몇 라

운드 안 가서 참가자는 처음 시작했을 때보다 두 배 센 강도로 상대방의 손을 때렸다.[14]

양극화된 세상에서 부정성 편향은 정치적 사고를 왜곡하고 선제공격은 우리의 행동을 결정한다. 연구에 따르면 적대적 라이벌을 상상하는 사람은 "단기적으로 국가에 피해가 가더라도 '상대방'을 해치기 위해 자기 쪽에서 무슨 짓이라도 해야 한다"는 데 동의하는 경우가 많았다. 폭력에 관해서도 마찬가지였다. 상대가 전쟁을 하고 싶어 안달이 나 있다고 오해하는 사람은 3개월 후 폭력을 더욱 지지하게 됐다.

대다수 미국인은 평화를 선호하지만 상대방이 피에 굶주려 있다고 상상하면 방어 수위를 올리기 시작한다. RYaN 작전과 마찬가지로 양측은 그들의 두려움을 확인할 증거를 찾는다. 세상에 거짓 정보는 끝도 없이 많다. 스튜어트 로즈는 오스 키퍼스에게 이 거짓 정보를 주입했다. 2022년, 맬컴 낸스Malcolm Nance는 보수적 극우민간무장단체에 관한 책《그들은 미국인을 죽이고 싶어 한다They Want to Kill Americans》를 출간했다. 국내 테러 그룹을 우려해야 하는 건 당연하지만 낸스는 이 책에서 미국의 절반을 차지하는 우파를 제대로 알아보지도 않고 극우민간무장단체로 일반화했다. "트럼프를 지지하는 일반 사람들은 내전에 대비해야 한다는 생각을 하죠."[15] 낸스는 한 인터뷰에서 이렇게 말했다.

로즈와 낸스의 말은 틀렸지만 이들의 병적인 꿈은 우리 냉소주의와 비슷해서 어쨌든 사람들의 지지를 얻는다. 이들 둘 다 언론인 어맨더 리플리Amanda Ripley가 말한 '분쟁 기업가conflict entrepreneurs',[16] 즉 자신의 목적을 위해 사회가 분열되도록 기름을 뿌리고 불을 지르는 사람이다. 케이블 뉴스 중역과 당파 인플루언서partisan influencers는 정치 라이벌을 현대의 서고트족으로 묘사하며[17] 생계를 꾸린다. 분쟁 기업가가 즐겨 쓰는 전략은 '최악 골라내기nut picking'(극단적인 사례를 선택해 상대를 깎아내리는 방법이다-옮긴이)로 이들은 라이벌 집단의 극단층이 마치 이 집단 전체를 대표하는 것처럼 보여준다. 맬컴 낸스는 일반적인 트럼프 지지자를 스튜어트 로즈로 또 로즈를 일반적인 민주당 지지자를 '안티파antifa'(파시스트에 반대하며 극우파에 맞선 극좌파를 가리킨다 - 옮긴이) 민간무장당원으로 보게 만든다.

온라인에서는 누구라도 문화 전쟁에 동참할 수 있으며 진짜 적이든 가상의 적이든 이들은 서로에게 보복을 가한다. 전문적 분쟁 기업가와 똑같이 우리는 보복을 통해 보상을 받는다. 2017년부터 시작해서 연구진은 1,200만 개 이상의 트윗을 대상으로 정치적 쟁점 문제를 분석했다. '투쟁', '전쟁', '처벌하다' 같은 분쟁 관련 용어가 들어간 게시물은 이런 단어가 없는 일반적인 게시물보다 더욱 빠르게 퍼져나갔다. 나중에 연구진은 이 게시물을 올린 수천 명에게 메시지를 보내 게시물을 올릴 때 어떤 기분이 들었냐고 물었다. 성격이 평온해 보이는 사람도 게시물을 올릴 때는 자신이 격분한 사람인 것처럼 연기했다고 답변했다.[18]

어떤 SNS에서는 아름다운 사람들이 더 아름다워 보이기 위해 필터를 쓴다. 트위터에서는 극단적인 사람들이 더 극단적으로 보이기 위해 스스로를 필터링한다. 각각의 경우, 나머지 사람들은 이들의 왜곡되고 냉소적인 면을 보게 된다.

*

　대부분의 미국인은 서로를 싫어하지 않는다. 하지만 양극화돼 있
는 현재의 모습은 싫어한다. 우리 연구소에 따르면 공화당 지지자와 민
주당 지지자의 80퍼센트 이상은 양극화가 미국의 심각한 문제[19]라고 밝
혔고 당을 초월한 협력 관계를 선호한다고 말했다. 그러나 아직도 또 다
른 많은 사람은 폭발해서 공격하고 방어 전략으로 라이벌을 깎아내려
야 한다고 생각한다. 사람들은 이런 공격에 맞서기 위해 수위를 높여 손
바닥을 가볍게 친다는 것이 어느새 따귀와 펀치로 바뀐다.

　이렇게 되면 뭔가 가능할 것이라는 감각이 사라진다. 살다 보면 우
리 쪽이 이길 수도 질 수도 있지만 모두가 질 것이라는 생각이 팽배해지
면 국가 사업, 인권 운동, 경제 정책 같은 국가 전체 프로젝트는 실패로
돌아간다. 특히 젊은 유권자들에게 이런 현상이 나타난다. 2021년에 실
시한 여론조사에서 18~29세의 미국 젊은이 겨우 7퍼센트만이 미국의
"민주주의가 건강하다"고 답변했다. 이의 거의 두 배인 13퍼센트는 미국
의 "민주주의가 실패했다"[20]고 주장했다. 연구진은 오랫동안 갈등 관계
에 있는 두 나라, 이스라엘과 키프로스Cyprus에서 10만 명을 대상으로
평화가 오래 이어질 수 있는지 물었다. 응답자의 나이가 어릴수록 평화
의 가능성에 냉소적이었다.[21]

　　　　　　　　　　　　　　　　　　　　희망찬 히어로자

미국의 젊은층은 9/11 테러의 그늘에서 자랐다. 초등학교 때는 교사와 함께 실제 총격에 대비하는 연습을 했고 고등학교 때는 본인들이 노년기에 접어들기 전에 자연계가 시들 것이라고 배웠다. 이스라엘과 키프로스 청년들은 평화로운 나라에 살아본 기억이 없다. 이런 상황에서 허무주의는 누가 뭐래도 당연한 반응이지만 허무주의가 만연하면 뭔가 될 수 있을 것이라는 가능성조차 차단되고 만다.

허무주의는 냉소주의의 특징이다. 정치에 절망감을 보이는 사람이 똑똑하고 통찰력 있어 보이며, 국가가 서로 조화를 이룰 수 있다는 생각은 단순하고 위험해 보이기 시작한다. 아이러니하게도 라이벌에 관한 냉소적인 관점은 그 자체만으로도 어리석은 생각이다. 정치적 절망감이 판을 치면 사기성이 가장 강한 정치 권력자들이 힘을 얻는다. 서로 다른 집단 간의 건설적인 소통이 불가능하다고 생각하는 한 그쪽으로 노력할 필요가 없는 법이다. 사람들이 계속 당의 정체성을 가지고 싸운다면 불평등 심화처럼 우리 대부분이 공유하는 어려움은 사라지지 않을 것이다.

오해는 작은 틈에서 생겨난다

미국을 비롯한 여러 나라의 문화 전쟁은 영원히 이어질 것 같지만 과거와 비교하면 상황은 훨씬 좋아지기도 했고 또 나빠지기도 했다. 증오가 커지긴 했지만 어느새 사라질 수도 있다. 미국인 대다수가 증오가 사라지길 원하지만 그렇게 된다고 믿는 사람은 거의 없다. 만약 이런 태도에 긍정적인 변화가 생긴다면 증오가 사라질 것이라는 믿음을 실현하기 위해 더 노력할지도 모른다.

좋은 자료는 우리 개인 생활에서 오판을 줄여주고 희망으로 한 걸음 더 나아가도록 이끌어준다. 이런 전략이 깊은 갈등 상황에서도 똑같이 통할 수 있을까?

안드레스 카사스Andres Casas는 똑같은 전략이 통하지 않는다고 생각했지만 어쨌든 시도는 해봤다. 카사스는 콜롬비아 보고타에서 특권층으로 자랐다. 그가 살던 곳에서 조금만 벗어나면 빈곤과 혹독한 환경이 펼쳐졌다.[22] 콜롬비아 무장혁명군FARC은 1960년대 이후부터 콜롬비아 정부와 갈등을 빚고 있었다. 유괴, 강간, 고문이 만연했고[23] 50년간의 폭력으로 20만 명의 콜롬비아인이 목숨을 잃었으며 500만 명이 집을 잃었다. FARC가 장악한 지역은 정부 지원이 닿지 못했고 결국 많은 주민이 기본적인 공공 서비스도 받지 못하게 되면서 대다수가 마약 거래로 내몰렸다.

카사스는 10대 시절 하드코어 펑크 록 콘서트에서 위안을 얻었다. 쿵쿵거리는 강한 비트 저변에서 배드 브레인즈Bad Brains와 유스 오브 투데이Youth of Today 같은 그룹은 부처의 생활 방식이었던 평등주의를 설파했다. 카사스는 이들의 영향을 받아 과학을 통한 사회 변화에 전념했다. 그는 철학과 정치학을 전공하고 여러 다른 분야에 발을 담갔다.[24] 수년 동안 이론을 배운 후 카사스는 이제 세상에 나설 때가 됐다고 느꼈다.

*

2013년, 한 대학에서 카사스를 초청해 콜롬비아 북서쪽에 있는 안티오키아주에서 연구를 진행해달라고 부탁했다. 20년 전, 안티오키아주의 주도인 메데인Medellin은 세계에서 가장 위험한 도시로[25] 마약이 들끓고 FARC 게릴라와 정부 민병대 간의 교전이 끊이지 않는 곳이었다. 이곳은 민간인은 상상조차 할 수 없는 거의 항시적인 폭력에 둘러싸여 집중 공세를 받았다. 그러나 카사스가 방문한 시기에 살인율이 곤두박질치는 '메데인의 기적Medellin Miracle'이 일어났다. 그는 어떻게 이런 기적이 일어났는지, 그리고 다른 곳에서도 기적을 재현할 수 있는지 알고 싶었다.

카사스는 팝업 실험실을 만들어 신뢰 게임 같은 조사와 실험을 진행해서 안티오키아 사람들이 서로를 어떻게 생각하는지 평가했다. 그러나 얼마 안 가 이 조사 도구가 적절치 못하다는 사실을 발견했다. 대부분 어린 시절부터 마약 거래를 해왔던 카르텔 멤버는 일반 사람과 완전히 다른 사회 규범에 따라 살았다. 군인과 시민 모두 집단 트라우마에 젖어 있었고 이로 인해 카사스가 말하는 '마음 경직mind freeze'이 생겨났다. 과거 폭력의 충격은 사람들에게서 가능성을 앗아갔고 평화는 불가능한 것으로 느끼게 만들었다. 과거 FARC 전투원의 말을 들어보면

"전쟁은 전쟁이어서 결코 끝나지 않는다.[26] 항상 변함없이 우리는 머리 위 지붕이 무너지길 기다리고 있다." 카사스의 학문적 이론과 방법은 갑자기 우스꽝스러울 정도로 이 상황과 무관해 보였다. 카사스는 당시 상황을 이렇게 기억했다. "실제 고통에 직면하니 한계가 너무 크게 느껴 졌다."

하지만 이 모든 절망 속에서도 새로운 가능성이 피어오르고 있었 다. 2010년, 후안 마누엘 산토스Juan Manuel Santos가 콜롬비아 대통령으 로 당선됐다. 전임 대통령은 FARC를 상대로 강경한 태도를 취했지만 산 토스는 생각이 달랐다. 산토스 대통령은 당선 초기에 한 연설에서 게릴 라 무장군에게 "대화의 문이 자물쇠와 키로 잠겨" 있지 않다고 말하면 서 미비하지만 힘찬 신뢰의 도약을 보여줬다.

얼마 안 가 FARC와 정부 지도자가 예비 회담에 들어갔고 2012년 에는 전면적인 평화 교섭이 진행됐다. 이 과정은 별 성과 없이 폭력 사 태와 많은 위기가 발발하면서 중단됐지만 2016년에 양측은 평화 협정 을 타결했다. 정부는 FARC를 합법적 정당으로 세우겠다고 제안했다. FARC 전투원은 특별 법정에 기소되겠지만 이들이 자백하면 좀 더 관대 한 형을 내리기로 했다. 이에 FARC는 무장해제하고 희생자에게 배상을 약속했다.

폭력의 끝이 눈앞에 보였다. 먼저 국가는 국민 투표를 실시해 조치 에 힘을 실어야 했다. 그러나 콜롬비아 국민은 50.2 대 49.8이라는 정말 박빙의 차이로 평화 협정을 거부했다. 인구의 절반은 집단이 함께 겪은

긴 악몽에서 깨어나지 않기로 정한 것이다. 카사스는 다른 수백만 국민과 더불어 당황했다. 나라를 돕기 위해 국민의 마음을 이해해야겠다고 결심한 그는 펜실베이니아대학교 심리학과에서 석사 과정을 시작했다. 이곳에서 카사스는 교수인 에밀 브루노와 우연한 기회로 대화를 나누게 됐다.

둘은 연구에 관해 이야기할 시간을 가졌다. 대화는 예정됐던 15분을 넘어 90분 이상 지속됐다. 카사스의 본국 이야기가 나왔을 때 에밀은 "왜 콜롬비아 국민이 평화에 반대하는 투표를 했냐?"고 물었다. 카사스는 단순하게 설명할 수 없었지만 한 가지 흥미로운 사실을 꺼냈다. 분쟁 지역과 가까운 농촌 지역에 사는 대다수가 평화 협정에 찬성표를 던졌고 폭력과 동떨어져 사는 사람이 반대표를 던진 경우가 많았다. 이 이야기를 들은 에밀은 기회를 감지하고 카사스에게 한 가지 제안을 했다. "제 연구실에 와서 일하세요. 콜롬비아에서 일어난 상황을 제대로 이해하려면 연구에 몰두하는 것이 1순위고 그다음에 이에 대해 뭔가를 해야 합니다."

곧 에밀과 카사스는 콜롬비아로 향하는 비행기에 올랐고 '진단 후처치'라는 평화 구축에 관한 에밀의 접근 방식을 따르기로 했다. 평화 국민 투표에 이르는 수개월 동안 평화 협정에 반대하는 언론의 '평화 거부' 캠페인 공세가 이어져 국민들 사이에 공포감이 조성됐다. TV, 핸드폰, 태블릿에서 반복되는 메시지는 모든 FARC 멤버가 사회에 다시 동참할 수 없는 완고한 살인자라는 내용이었다. 광고에 들어 있는 만화에서는 FARC를 일반 콜롬비아인을 희생양으로 삼는 난폭한 괴물로 묘사했다.

'평화 거부' 캠페인의 공략층에는 카사스의 어머니도 있었다. 헌신적인 공무원인 어머니의 임무는 FARC에게 집을 뺏기고 고문당한 희생자에게 원조를 제공하는 것이었다. 그녀는 잔혹한 이야기를 계속 접하면서 FARC를 몸서리치게 경멸하게 됐고 평화에 관한 아들의 야심 찬 구상에는 관심이 없었다. 카사스 가족에게는 "정치 얘기는 절대 하지 말자. 절대"라는 규칙이 있었다.

'평화 거부' 캠페인은 적어도 한 가지 방향에서 확실한 오류가 있었다. 이전 FARC 멤버들은 평화적으로 공동체에 다시 합류하는 중이었는데 이건 도시에서 멀리 떨어진 농촌 지역에서 벌어진 일이었다. 당시 대부분의 콜롬비아 사람은 FARC 멤버를 한 번도 만난 적이 없었다. 이들의 오해를 바로잡는 방법은 예전 FARC 멤버를 사람들에게 소개하는 것이었다. 연구에 의하면 사람이 외부인과 거듭해서 일대일로 접촉할 경우, 그들이 가진 편견의 일부가 녹아내린다. 콜롬비아에서는 이런 유형의 접촉이 대규모로 일어날 수 없었다. 하지만 평화 거부 캠페인이 미디어를 이용해 공포를 주입했다면 마찬가지로 미디어를 통해 희망을 주입하는 것도 가능했다.

영화 제작자인 카사스의 동생 후안Juan이 노력에 동참하기로 했다. 에밀과 카사스 형제는 전 FARC 멤버를 인터뷰하기 위해 농촌 지역으로 길을 떠났다. 버스를 타고 안티오키아의 울퉁불퉁한 언덕길을 덜컹거리며 가는 에밀의 모습이 카메라에 잡혔다. "저는 FARC 멤버의 머릿속에 있는 생각과 콜롬비아 사람들이 가지고 있는 생각이 다를 것이라는 느낌이 들어요. 그게 바로 지금 이 실험이 전제로 하는 전반적인 내용이에요. 제 생각이 얼마나 맞을지는 모르겠어요.[27] 그래서 걱정도 돼요." 그가 걱정할 것은 또 있었다. 펜실베이니아대학교는 인터뷰 대상자에게 직접 수고비를 지불할 수 없기 때문에 에밀은 사비로 프로젝트 기금을 조성하는 중이었다. "경찰이 찾아오지 않기를 바라야지."[28] 그는 동료에게 이렇게 말했다.

촬영 팀의 편견을 깨부술 기회는 곧바로 찾아왔다. 후안의 촬영팀 중 젊은이들은 다른 사람들과 마찬가지로 동일한 매체로부터 평화 거부 캠페인의 공세를 잔뜩 받은 상태였다. 이들은 FARC 멤버가 비인간적인 테러리스트이자 마약 밀매업자라는 실망감을 안고 농촌 지역으로 갔다. 인터뷰는 이 생각을 산산이 부숴버렸다. 전 FARC 지도자와 전투원, 간호사는 자기들의 트라우마와 후회, 희망을 얘기해줬다. 대부분은 가난하게 살아가는 '캄페시노campesino'(농민을 뜻한다 – 옮긴이)였고 어릴 때 조부모님, 부모님, 형제가 정부 측 준 군사 요원에게 죽임을 당하는 것을 목격한 사람이 많았다. FARC는 나라의 입장에서는 악당이었지만 자신들의 입장에서는 피해자였다. 무엇보다 에밀과 카사스가 인터뷰한 거의 모든 사람은 평화를 원했다.

촬영팀은 프로젝트의 첫 관객이었다. 에밀과 카사스 형제는 촬영팀에게 그들의 생각을 물었다. 한 여성 팀원은 이렇게 답했다. "정말 혼란스럽고 지금까지 알았던 모든 것이 의심스러워요. 우리가 이 사람들을 알게 되고 이들의 눈으로 전쟁을 보게 되면요. (……) 우리가 그 상황에 있다면 말이죠, 가족과 사랑하는 사람을 위해 싸우려고 분명 똑같이 그랬을 거예요." 또 한 명의 여성 팀원은 감정이 복받쳐 갈라지는 목소리로 대답했다. "지금 제 심정을 어떻게 표현해야 할지 모르겠지만 이 자리에 있을 수 있어 감사해요."

팀은 농촌 지역의 이웃도 인터뷰했다. 이들은 다른 콜롬비아인과 달리 전 FARC 멤버와 공존하고 있었고 이런 공존이 평화로울 수 있다는 것을 알았다. 후안은 영상을 5분 분량으로 편집해서 전 FARC 멤버의 인간다운 모습과 안티오키아에서 일어나는 재통합을 보여줬다. 다음으로 촬영팀은 실험을 실시했다. 편집한 영상을 수백 명의 콜롬비아인에게 보여줬고 또 다른 수백 명의 콜롬비아인에게는 분쟁과 관련 없는 플라시보 영상을 보여줬다. 이 영상은 평화를 증진하는 치료제였고 그 효과는 분쟁과 관련 없는 플라시보 영상과 비교 측정됐다. 사람들에게 둘 중 하나의 영상을 보게 한 후 카사스와 에밀 또 이들의 공동 연구자는 FARC와 평화에 관한 시청자의 태도 변화를 조사했다.

결과는 극적이었다. 전 FARC 멤버의 영상을 본 콜롬비아인은 그동안 널리 퍼져 있던 편견을 의심하기 시작했으며 이들은 '플라시보' 영상을 본 사람보다 전 FARC 멤버가 평화를 원한다는 사실을 믿는 경향이 더 높았다. 재통합을 지지하는 경향도 플라시보 영상을 본 사람보다 높았다. 이런 평화의 염원은 영상 시청 후 3개월이 지나서도 그대로 유지됐다.[29] 카사스의 경우, 가장 막강한 증거가 어머니에게서 나왔다. 카사스는 어머니가 임종하기 몇 주 전 그에게 영상을 보여줬다. 영상을 본 후 카사스의 어머니는 말했다. "이제 알겠다. 왜 네가 이 일을 하고 있는지 말이다." 어머니는 수년 동안 카사스와 FARC 얘기를 입에 올리지 않으려 했지만 영상이 어머니의 마음을 열어줬다. 카사스가 그동안 느꼈던 무기력함은 눈 녹듯이 사라졌다.

이 영상은 부정성 편향을 좀 더 희망적인 인간의 서사로 바꾸는 등 평화 거부 캠페인과는 정반대의 일을 했다. 그 결과, 갈등과 냉혹함 속에 있던 라이벌에 대한 오해가 풀렸다. 하지만 콜롬비아의 평화는 지속되지 않았다. 전국 곳곳에서 무장 분쟁이 계속되고 2021년에는 2020년보다 집을 잃고 떠나는 사람이 세 배 더 많아졌다.[30] 평화는 여전히 절실하며 카사스 형제는 화해를 촉구하는 영상을 계속 만들어낸다. 카사스에게 희망을 주는 정보가 하나 있다. 수년 전 그가 조사한 대부분의 사람이 평화를 원했고 지금은 그 수가 더 늘어났다는 것이다.

*

콜롬비아에서 에밀의 활동을 알게 되면서 감명을 받은 것은 사실이지만 왠지 불편함이 느껴졌다. 고전하는 사람들은 자신들의 문제를 해결하기 위해 구세주를 필요로 하지도 원하지도 않는 경우가 많다. 특히 미국 국적의 백인 구세주는 더더욱 원하지 않는다. 나는 카사스에게

이 문제를 꺼냈다. 그는 내 말을 이해했지만 끝까지 에밀을 변호했다. 카사스는 실험실에 학생 신분으로 동참했지만 항상 다른 사람과 동등한 대우를 받았다. 에밀은 콜롬비아 사람인 카사스의 경험에 기반을 둬 연구를 진행해야 한다고 주장했다. 카사스는 이렇게 말했다. "에밀은 조수를 원하지 않았어요. 동반자를 원했죠."

프로젝트에서 에밀의 업적은 중요하지 않았다. "그는 그냥 한 사람일 뿐이었어요." 카사스는 말했다. "외국인도 교수도 아닌 거죠." 카사스 형제가 후에 세상에 선보인 영화에서 에밀은 겸손하게 말한다. "외부인으로서 충고를 하고 사람들에게 생각할 거리를 던져주는 것이 제 일이라고 생각하지 않아요. 제가 할 일은 그저 인간의 마음과 변할 수 있는 능력에 관해 사람들에게 알리는 겁니다."

하지만 카사스에게 가장 기억에 남는 일은 인터뷰 대상이었던 전 FARC 멤버와 에밀이 맺은 신비한 인연이었다. 자기 얘기를 하는 것을 꺼리던 한 어린 소녀가 마침내 에밀과 이야기를 나눴고 레너드 코헨 Leonard Cohen의 〈할렐루야Hallelujah〉를 완벽하게 불러 사람들을 놀라게 했다. 위협적인 인상의 전직 군인은 에밀과 함께 자신이 좋아하는 레슬링 이야기를 나눴고 이를 계기로 자기 이야기를 계속하면서 몇 년 동안 사람들에게 내보이지 않던 감정을 분출했다. 카사스는 이런 순간에 감탄하면서 "에밀은 사람들 속에서 이야기를 끄집어냈어요"라고 말했다.

나중에 에밀이 이 군인과 나눈 인터뷰 영상을 봤다. 내가 놀란 건 에밀이 한때 위험인물이었던 이 남자에게서 끌어낸 감정이 아니었다.

바로 에밀이 발산하는 감정과 대화를 통해 그가 변해가는 모습이었다. 영상 속에서 에밀은 눈물을 흘리며 말했다. "당신이 내게 희망을 주네요.[31] 여기에서는 물론 인류를 위해서요."

암에 걸린 후 에밀은 다시 콜롬비아에 가겠다고 고집을 부렸다. 수술로 인해 두개골이 너무 약해져 여행 중에 의료용 헬멧을 써야 했는데도 말이다. "에밀의 아내는 분명 저를 죽이고 싶었을 거예요."[32] 카사스는 말했다. 이 여행은 에밀의 마지막 해외여행이자 평화의 일을 계속 추진하는 데 적합한 여행이었다. 에밀은 콜롬비아 사례에서 영감을 얻었고 카사스는 이들 공동의 임무를 지금까지 계속하고 있다. 카사스는 매년 뉴로파즈Neuropaz라는 국제회의를 주최해서 과학자들과 함께 평화 증진 방법을 모색한다. 뉴로파즈는 에밀에게 바치는 헌정회다.

에밀과 카사스가 두려움과 증오를 없애기 위해 사람들에게 속임수를 쓸 필요는 없었다. 그들은 그저 콜롬비아 사람들에게 상대편의 진실을 말해줬다. 카사스는 설명했다. "우리 콜롬비아는 평화를 맞기 일보 직전에 있어요.[33] 이 연구를 통해 우리는 평화를 이루는 가장 좋은 방법이 남을 좋게 생각하는 것임을 배웠지요." 미국을 비롯한 여러 다른 나라에서 실시한 후속 연구에서도 동일한 전략이 먹혔다.[34]

문제가 표면 아래에 숨어 있을 때 최고의 살균제는 빛이다. 그런데 우리 정치에서는 이미 여기저기 곪고 터진 부위가 드러나 있다. 숨어 있는 사람은 평화적이고 호기심 많은 다수로 모두 우리 주변에 있지만 극단적인 목소리에 이들의 소리는 잘 들리지 않는다. 우리 문화의 갈라진

틈은 오해로 시작됐고 희망찬 회의주의는 이 틈을 메꾸는 훌륭한 도구가 될 수 있다. 분명하고 단순한 정보로 이뤄진 빛을 비추면 가능성과 아주 닮아 있는 그 모습이 드러날 것이다.

현명하게 의견을 조율하는 법

지금까지 확인한 것처럼 냉소적인 사람들은 선제공격을 해 타인에게서 최악의 면모를 끄집어낸다. 반면 희망찬 사람들은 다른 사람을 무조건 믿으며 이들에게서 최선의 면모를 끄집어낸다. 그리고 어떤 행보는 위대한 몸짓으로 남는다. 마치 케네디와 후르시초프의 긴장 완화 시도처럼 말이다. 이는 프로젝트 RYaN과는 정반대의 노력으로 세계적 차원에서 보여준 요란한 신뢰였다.

의견이 어긋나는 사람과 같이 시간을 보내는 건 짜증 나지만 그리 어려운 일은 아니다. 이처럼 소통을 위한 노력과 시도는 별것 아닌 듯하지만 그 효과는 강력하다. 하지만 이런 시도는 듣기에는 간단할지 몰라도 점점 불가능하게 느껴지지 시작한다. 2016년, 미국인의 51퍼센트는 라이벌과의 대화가 "재미있고 유익"할 것이라고 답하면서 "스트레스를 느끼고 불만스러울" 것이라고 답한 46퍼센트를 밀어냈다. 그로부터 5년 후 이 열정은 증발해버렸다. 미국인의 59퍼센트는 이런 대화가 불만스러울 것이라고 답했고 재미있을 것이라고 답한 비율은 40퍼센트 미만이었다. 라이벌과 대화를 나누는 활동을 다른 활동과 비교해보라는 질문에 민주당 지지자와 공화당 지지자 양쪽 다 고통스러운 치과 치료를 받는 게 차라리 낫겠다고[35] 말했다.

분열된 세상에서는 사람들을 결집시키는 일이 발치와는 비교도 안 되게 더 어렵다. 라이벌과의 대화는 마치 로마인이 서고트족에게 포위당한 처지에서 맥주 한잔하자고 서고트족을 초대하는 일처럼 위험하고 심지어 부도덕하게 느껴진다. 서로 혐오하는 마음을 극복할 수 있다고 해도 사람들은 라이벌과 대화해야 할 이유를 알지 못한다. 2022년, 우리 연구소에서는 수백 명을 대상으로 공화당 지지자와 민주당 지지자가 정치 얘기를 한다면 어떤 일이 벌어질지 조사했다. 대부분은 대화 이후 서로의 이견 격차가 오히려 벌어질 것이라고 믿었다. 펜실베이니아의 한 민주당 지지자는 "정치 대화는 끝장났다"고 썼다. 텍사스의 한 공화당 지지자는 "예의는 죽었다. 정중하게 이견 표시를 하는 것도 끝났다"고 말했다.

2022년 여름, 우리 연구소는 100명이 넘는 미국인을 초대해[36] 두려움을 제쳐두고 20분 동안 줌으로 상반된 의견을 가진 라이벌과 대화를 시도하도록 요청했다. 로그인 후 뒤에 비치는 방을 정리하고 음소거 해제 버튼을 누른 다음 사람들은 짝을 이뤄 총기 규제, 기후 변화, 중절 수술 같은 문제에 관해 얘기를 나눴다. 우리는 사람들이 서로 모욕하거나 위협할 경우에 대한 대책도 세워놨다.

모두가 놀란 일이지만 대화는 훌륭하게 끝이 났다. 사람들은 충돌하기도 했지만 상대방의 말을 경청했다. 우리 연구진은 참가자들에게 대화 경험을 1(상당히 부정적)부터 100(아주 긍정적)까지의 숫자로 평가해 달라고 부탁했는데 가장 많이 나온 답변은 정확히 100이었다. 라이벌과 대화를 나눈 후 이들에 대한 참가자의 반감 지수는 100점 단위로 측정했을 때 20점 이상 내려갔고 3개월 후에는 더 낮아졌다. 국민 전체가 이 대화에 동참한다면 미국의 당파 싸움 시계는 클린턴 시대까지 거꾸로 돌아가 완벽히 평화로운 시기는 아니어도 오늘날 정치만큼 악의적이지 않은 때로 돌아갈 것이다. 또한 참가자들은 대화를 끝내면서 상대방에게 덜 무례한 모습을 보였고 자신의 의견에 대해서는 한층 겸손한 모습을 보였다.

만약 사회적 상어의 공격 때문에 겁을 먹어 매일의 상호작용을 피한다면 라이벌과의 만남은 더욱 두려워진다. 그리고 낯선 사람과의 대화가 뜻밖에 긍정적이라면 다른 진영과의 만남은 깜짝 놀랄 정도로 유익해진다. 에밀은 이 법칙을 뼛속까지 믿었다. 그가 발표한 마지막 실험은 라이벌 사이의 대화[37]를 관찰한 것이었다. 에밀은 이 믿음을 개인적으로도 실천한 사람이었다. 그의 동료인 누르 크테일리Nour Kteily는 에밀이 페이스북에서 보수적인 친구와 대화하는 것을 지켜봤다. 에밀은 밤마다 총기 규제, 이민을 비롯해 머릿속에 떠오르는 문제를 토론했고 자기 입장을 절대 굽히지 않았지만 상대방의 의견도 무시하지 않았다. "이들이 에밀의 말을 듣지 않을 때도 그의 공감은 상대방의 분노의 불꽃을 꺼줬어요." 크테일리는 이렇게 말했다.

물론 모든 대화가 갈등을 누그러뜨리지는 않는다. 호박파이가 나오기도 전에 추수감사절 저녁 식사가 끝나는 경우는 수도 없이 많다. 사람들은 온라인에서와 마찬가지로 직접 얼굴을 보는 자리에서도 무례하게 행동할 수 있기 때문이다. 라이벌과 얘기를 나누는 것만으로는 충분하지 않다. 생산적인 대화를 위해서는 서로 정신적이고 정서적인 노력을 가미해야 한다. 여러 연구 결과 현명하게 의견을 조율하는 방법[38]이 밝혀졌다.

1. 현명한 사람은 의견 차이가 있을 때 말을 하는 대신 질문을 한다.

2. 현명한 사람은 의견의 이면을 파악하기 위해 애쓴다.

3. 현명한 사람은 서로 의견을 달리하지만 공통의 입지를 발견했을 때 이를 분명히 밝히며 인정할 줄 안다.

4. 현명한 사람은 확신하지 못하는 것이 있을 때 자신 있는 척하는 대신 솔직하게 말한다.

이 네 가지 방법을 지키면 의견이 달라도 대화가 심한 갈등으로 확산될 위험이 줄어든다. 현명하게 의견 차이를 조율하는 것은 기분을 좋게 하는 것 이상의 강력한 힘이 있다. 실험에서 이 대화 방법을 안내받은 사람들은 상대의 말을 더 열심히 경청하고 현명하게 질문했다. 게다가 함께 대화를 나눈 사람들은 아무 훈련을 받지 않았는데도 마음을 더욱 활짝 열었다.[39] 전염되는 것은 분노만이 아니다. 상대방에 대한 호기심과 겸손한 태도 역시 전염된다.

평화의 과학을 넘어서

갈등은 나라를 삼키고 정부 기능을 정체시키며 민주주의 자체를 위협한다. 대부분의 사람은 평화의 확산을 원한다. 정확한 자료, 즉 정보를 통해 사람들이 공유하는 가치와 믿음 등의 요소가 드러나면 평화의 확산으로 가는 통로가 열릴 수 있다.

그러나 우리가 추구해야 하는 것이 이것뿐일까? 어떤 형태의 '평화'는 현재 상태와 상당히 비슷하다. 사회 전반을 연구하는 연구진에 따르면 역사적으로 힘없는 집단, 예컨대 미국 흑인 집단이 자신들보다 좀더 강력한 집단과 조화를 원할 때 사회적 부정과 편견, 학대에 맞서는 경향이 줄어든다고 한다.[40] 세계 곳곳에서 벌어지는 많은 분열은 힘의 불균형으로 인해 일어난다. 권력을 가진 사람은 그렇지 않은 사람들에게서 땅과 자유, 생명을 빼앗는다. 강도 행위가 길거리 싸움이 아닌 것처럼 이런 억압은 '갈등'이 아니다.

나는 바로 이 문제로 고민한다. 내 연구에 따르면 공감은 차이를 메우고 적대감을 줄이는[41] 강력한 도구다. 하지만 많은 사람은 자기가 속한 집단이 수 세기에 걸쳐 착취당했을 때 당연히 분노를 느낀다. 나는 이따금 연민을 주제로 강연할 때 소외 집단 사람이 이를 지켜보는 장면을 상상한다. 마치 자기들의 권리를 빼앗아간 사람들을 향해 더 많이 웃어주지 않았다며 혼나는 느낌이지 않을까 한다. 그리고 그들은 이렇게 생각할지도 모른다. '뻔뻔스럽기도 하지. 평화의 재단에서 정의를 희생하라고 하는구만.'

희망은 강력한 사회적 힘이다. 희망은 공동체를 강화하고 이해를 증진시키며 신뢰를 다시 구축한다. 하지만 기분 좋게 살기 위해 정의로운 삶의 방식을 저버린다면 이게 다 무슨 소용이 있겠는가? 사람들은 분명 서로 의견이 다르고 그래서 서로를 싫어한다. 하지만 이 점이 우리의 가장 큰 문제일까? 유권자 억압은 수백만 미국인을 침묵하게 한다. 지금 우리 문화에서 부상하는 세력은 여성과 이민자, 가난한 사람들, 자연 세계가 가진 권리를 빼앗고 민주주의 자체를 위협하고 있다.

희망이 억압을 좀 더 쉽게 받아들이게 하는 감미료인가? 나는 내 연구가 심리적 진정제로 사용되어 사람들이 정작 발끈해야 할 때 이들을 잠재우는 역할을 하지 않을까 수도 없이 우려해왔다.

이런 의심을 되돌아보니 또 나의 냉소주의가 감지된다. 아마도 인간이 함께 평화롭게 어우러져 사는 삶은 격동의 시대에는 너무 약하고 우호적일지도 모른다. 하지만 어쩌면 그 반대일 수도 있다. 어느 쪽인지 확실히 아는 방법은 과학이 인도하는 대로 따라가는 것뿐이다.

3부

희망찬 회의론자의 길

9장　　　　　**우리가 만들어야 할 변화**

"우리에게 도전은 (……) 사회 변화를 애도하는 것이 아니라 이를 인도하는 것이다."

로버트 퍼트넘^{Robert Putnam}(미국의 저명한 정치학자이자 사회학자다. 사회 자본과 공동체에 관한

연구로 유명하다-옮긴이)

수백만 미국인이 비참하게 사는 동안 과두 지배층^{oligarchs}은 상상할 수 없을 정도의 사치를 누렸고 제로섬 식의 사익 추구가 나라를 지배했다. 정치인은 갈수록 극단적인 의제를 추구했고 정당 간 협력은 무너져 나라를 교착 상태에 빠뜨렸다. 새롭게 등장한 선정적인 보도에 집중한 매체는 국가의 도덕적 붕괴와 정치 스캔들을 얼이 빠진 채 바라보며 줄줄이 보도했다.

이건 2020년대의 상황이 아니라 1890년대 일이었다. 하지만 지금

과 마찬가지로 그 당시에도 냉소주의는 여전히 건재했다. 미국 부의 거의 절반은 상위 1퍼센트가 차지했고[1] 2022년과 비교해 거의 두 배나 불평등한 상태였다. 앤드류 카네기와 릴랜드 스탠퍼드Leland Stanford 같은 강도 실업가는 전체 산업을 독점했다. 한 역사가는 이렇게 썼다. "이들은 가난한 사람을 등쳐 먹고, 사람들을 혹사시키고, 아동 인력을 착취해 국가의 생산성을 높였다. 하층민은 더러운 빈민가에 갇혀 그들을 지배하는 현대의 파라오를 증오했다." 부유층 역시 가난한 사람을 경멸했다. 금융 투자자 제이 굴드Jay Gould는 "노동 계급의 절반을 고용해 나머지 절반을 총으로 쏴 죽이게 할 수 있다"[2]고 뻐겼다.

권력자들이 그 자리에 혼자 힘으로 올라갔을까? 의회 의원은 강도 실업가가 부를 획득하도록 도왔고 사회진화론자는 이를 정당화시켰다. 한 작가는 "어떤 사람은 다른 사람보다 삶의 경쟁에서 앞서 나간다"[3]고 주장했다.

"우수한 사람들은 야만의 정글에서 기어나와 자신의 재능을 후손에게 전해줬고 이들의 후손은 선조보다 더 높이 올라갔다." 계급주의가 판을 쳤고 남북 전쟁 이후의 인종적 진보는 후퇴했다.[4] 대법원의 플레시 대 퍼거슨Plessy v. Ferguson 판결(미국 대법원이 인종 분리를 합법화한 판결로 공공시설에서 흑인과 백인을 분리하는 법을 정당화했다 – 옮긴이)로 인해 미국 흑인의 참정권 박탈을 위해 고안된 짐 크로우Jim Crow 정책(미국 남부에서 19세기 후반부터 20세기 중반까지 시행된 법과 관습으로 인종 차별과 분리를 제도화해 흑인을 차별했다 – 옮긴이)이 도입됐다. 1908년, 남부에서 흑인의 투표율은 최고점에서 60퍼센트 넘게 하락했다. 1890년대에는 미국 특정 지역에서 이틀마다 한 번꼴로 린치 사건(법적 절차 없이 폭도나 개인의 폭력으로 사람을 죽이는 행위를 말한다 - 옮긴이)이 발생했다.

한편 전화, 전신, 일간 신문은 새로운 정보를 물밀 듯 쏟아냈지만 이 정보들이 항상 유용하지는 않았다. 윌리엄 랜돌프 허스트William Randonph Hearst는 독자들의 부정성 편향을 겨냥한 선정적 보도로 '황색 저널리즘'(선정적이고 과장된 보도로 독자의 관심을 끌기 위한 저널리즘이다 - 옮긴이)을 개척했다. 그가 운영한 신문사인 〈샌프란시스코 이그재미너 Sanfrancisco Examiner〉는 과장된 세부 묘사로 독자를 유혹하는[5] 고전적인 미끼 던지기 방식의 범죄 기사로 지면의 거의 4분의 1을 할애했다.

사람들은 새로 등장한 광대한 네트워크에 접속했고 예전의 연결 방식은 사라져갔다. 수백만 미국인이 안정된 농촌 공동체를 떠나 낯선 사람들로 가득 찬 도시로 몰려들었다. 가내 상점은 우편 주문 방식에 고객을 뺏겼다. 1912년, 대통령 선거 운동 연설에서 우드로 윌슨 Woodrow Wilson은 이런 상실을 개탄했다. "이 나라 전역에서 국민들은 자신의 일을 전혀 통제할 수 없다고[6] 느끼기 시작합니다. (……) 사람들의 일상 관계는 주로 조직과 관련된 비인격적 사안으로 이뤄져 있으며 다른 사람과 관계는 이뤄지지 않습니다."

＊

이 시기에 살았던 사람들이라면 국가가 사회 부패에 이르는 일방 통행로에 있다고 쉽사리 결론 내릴 수 있었을 테지만 사실은 그렇지 않았다. 혼란스럽고 고통스러운 산고 끝에 20세기에는 활기찬 진보주의 운동이 탄생했다. 시민 운동가와 노동자, 시민 지도자가 방대한 새 조직의 대열에 합류했다. 이들은 파업, 로비, 공공 참여를 통해 힘을 구축했고 깜짝 놀랄 만한 성과를 쌓아올렸다. 1888년과 1920년 사이 통과된 일부 정책은 여성 참정권, 소득세, 식품의약국Food and Drug Administaration과 연방무역위원회Federal Trade Commision, 국립공원 및 산림 시스템National Forest and Parks System 창설, 아동노동법, 8시간 노동제, 선거 자금 규제, 공립 유치원 도입 등이었다.

물질적 변화와 더불어 사람들은 생각을 달리하기 시작했다. 기독교 사회복음주의가 퍼져 곤경에 처한 사람들을 도와야 한다는 도덕적 책임이 강조됐다. 이 철학은 사회진화론을 압도했으며 당시에 출간된 모든 서적을 분석해보면 '사회적 복음social gospel'이라는 용어가 많이 쓰였고 '적자생존'이라는 단어는 줄어들었다.

냉소주의도 마찬가지였다. 1972년에 시작된 일반사회조사에 따르면 이 시기에 절반에 가까운 미국인이 "대부분의 사람을 신뢰할 수 있다"고 했다. 이런 사실에서 《희망찬 회의론자》가 시작됐지만 과학자들이 이 질문을 1972년에 처음 던진 것은 아니었다. 1960년에는 58퍼센트의 미국인이 동료 시민을 신뢰했다.[7] 제2차 세계 대전 중에는 이 수치가 놀랍게도 73퍼센트까지 올라갔다. 20세기 중반에 이르러 국민은 선을 향한 이성과 공동체를 향한 마음, 그리고 진보를 향한 눈을 갖게 됐다.

오늘날에는 이런 높은 신뢰 수위가 환상처럼 들린다. 국민이 높은 신뢰를 갖기 수십 년 전에는 희망 사항처럼 들렸을 것이다. 신뢰 상실에 관해 알게 된 후 나는 과거에 반대 현상, 즉 신뢰 구축이 일어난 적이 있는지 궁금해졌다. 언제, 어디에서 서로에 대한 믿음이 구축됐을까? 신뢰 구축 사례를 찾으면 냉소주의의 덫을 빠져나갈 실마리를 제공해줄 수 있을 것 같았다.

긍정적인 변화는 바로 미국 사회에서 일어났다. 미국의 공동체는 해체되기 전에는 힘이 강했고 사태가 악화되기 전에는 훨씬 좋은 모습을 하고 있었다. 정치과학자인 로버트 퍼트넘이 말한 '상향 운동upswing' 상태였다.

진보는 그 자취를 숨기는 경향이 있어서 이런 성과를 망각하기 쉽다. 신세대는 조상이 꿈꾼 권리와 능력을 당연하게 여긴다. 냉소주의는 우리의 기억 상실증에 뿌리를 내린다. 미국은 수십 년 전보다 심리적으로 훨씬 궁핍하다. 이런 쇠퇴의 시기가 우리 정신을 지배하는 데에는 그럴 만한 이유가 있다. 여러분이 지금 은퇴할 나이가 아니라면 인생 전체를 쇠퇴의 시기에서 살아왔기 때문이다. 하지만 조금만 시야를 넓혀보면 과거는 다른 이야기를 들려준다. 전에 치열하고 희망찬 과업이 이 세상을 변화시켰다면 우리는 그걸 다시 할 수 있다. 이 책의 남은 부분에서는 변화된 세상이 어떤 모습일지 상상하는 시간을 갖겠다.

우리가 초기 진보주의자의 길을 따라 냉소주의를 대폭 줄이고 싶다면 무엇보다 먼저 불평등을 줄여야 한다. 그러나 아이러니하게도 냉소주의가 이 목표 앞에 서서 길을 방해하고 우리는 너무나 쉽게 극빈층에게 그 화살을 돌린다.

로널드 레이건과 복지여왕

1976년, 로널드 레이건Ronald Reagan은 이야기를 하나 시작했다. 그는 이 이야기를 실패한 대선 운동과 이후 성공한 대선 운동에서 또 그 이후 첫 임기 내내 반복했다. "시카고에서 한 여성이 80개 이름과 30개 주소, 15개 전화번호를 이용해 극빈층에 주는 식료품 지원을 받고 이미 사망한 퇴역 군인 남편 네 명에게 나오는 생활 보호 혜택과 복지 혜택을 받았습니다."[8] 레이건의 연설에서는 이 여자가 타던 캐딜락과 모피, 복지 시스템을 속이기 위해 사용한 가짜 아이들이 언급되기도 하고 빠지기도 했다. 언론은 레이건이 과장한다며 비웃었지만 실제 상황은 더 심각했다. 레이건의 연설에 등장한 린다 테일러Linda Taylor[9]는 수십 개의 가명을 사용해 공공 혜택으로 수십만 달러를 갈취했다. 또한 아동 밀매에 가담해 살인 혐의로 고소됐다.

테일러는 많은 사람을 학대했으며 학대 피해자이기도 했다. 그의 인생은 비극으로 얽혀 있었다. 그러나 레이건의 손에서 그의 인생은 '복지여왕'으로 변질됐다. 레이건에 따르면 린다 테일러처럼 식료품 지원 제도로 캐비어를 사고 자녀를 마구 낳아 다른 납세자의 땀으로 키울 사람들이 미 전역에 수도 없이 널려 있었다. 레이건은 가장 부패한 극단적인 사례를 이용해 복지 혜택을 받는 사람들을 일반화시켰다.

1978년, 레이건이 복지여왕 이야기를 꺼낸 지 단 2년 만에 일리노이주 유권자의 84퍼센트는 복지 사기가 이 주를 위협하는 가장 절박한 사안이라고 생각했다. 1970년과 1980년 사이 미 전역에서 복지 사기 수사가 700퍼센트 이상 증가했다.[10] 미국은 사기꾼을 잡기 위해 수백만 달러를 썼지만 거의 찾지 못했다. 대부분의 공공 지원 수혜자는 린다 테일러와 전혀 다른 사람이었기 때문이다. 2018년의 보고서에 따르면 식품영양보조 프로그램Supplemental Nutrition Assistance Program, SNAP[11]에 참여한 1만 가구당 겨우 열네 가구만이 사기 행위에 가담한 것으로 드러났다.

복지여왕 속설은 맞지 않은 얘기였지만 공격적이고 효과적이었다. 이 속설로 1982년 사회 복지 프로그램을 250억 달러 삭감한 법안이 국민의 지지를 얻었고[12] 국가의 부가 대규모로 상향 이동하는 결과를 낳았다. 그해에만 100만 명 이상의 미국인이 식료품 지원 혜택을 받지 못했으며 많은 이가 굶주리게 됐다. 미국에서 공공 지원은 지난 수십 년에 걸쳐 꾸준히 감소했다. 1993년과 2018년 사이 빈곤층 가정을 위한 임시지원Temporary Assistance for Needy Families 프로그램[13]에서 제공한 실제 현금 가치는 인플레이션을 감안했을 때 거의 80퍼센트 정도 줄어들었다. 이 기간 동안 한 사람 기준 하루 2달러 미만으로 살아가는 미국의 극빈층 가구[14] 수는 하늘 높이 치솟아 어림잡아 두 배 이상이 됐다.

'복지여왕'같이 인종주의자, 성차별주의자가 즐겨 쓰는 말은 계속 언급된다. 미국 백인은 복지 수혜자의 37퍼센트가 흑인이라고 추정하는데 이는 실제 수치인 21퍼센트의 거의 두 배에 해당된다. 또 이들은 공공 원조가 흑인 수혜자에게 더 많이 갈수록 일반적으로 복지에 대한 지지도가 줄어들 것이라고[15] 생각한다. 정부는 코로나19 팬데믹 기간 동안 일부 복지 프로그램을 확충했는데 가난한 사람들이 이를 악용할 것이라는 두려움에 기반한 무수히 많은 비판이 쇄도했다. 공화당 의원 매트 개츠Matt Gaetz는 공공 지원 수혜자를 '카우치 포테이토'(소파에 앉아 감자칩을 먹으며 TV를 보는 게으른 사람을 말한다 – 옮긴이)라고 불렀고 민주당 상원 의원 조 맨친Joe Manchin은 부모가 자녀의 세금 공제를 이용해 마약을 사지 않을까[16] 우려했다.

이런 식의 고정관념은 자원이 부족한 사람에 대해 오랜 기간 만연해온 의심에 기반해서 생긴다. 자원이 적을수록 가난한 사람들은 신뢰를 덜 받는데 이는 경제적 불평등을 강화하는 심리적 불평등이다.

희망찬 회의론자

법은 악인을 위해 존재한다

레이건 시대로부터 200년 전, 스코틀랜드 철학자 데이비드 흄^{David} Hume은 사회를 위해 처방을 하나 내놨다. "모든 사람은 악인으로 간주되며 이들의 모든 행동은 개인적 이익 외에 다른 어떤 목적도 없다. 따라서 이런 이익 관점에 따라 우리는 인간을 통치해야 하고 이를 통해 인간이 공공선에 협력하도록 유도해야 한다."

이 말은 단순하며 완전히 냉소적으로 들린다. 인간은 이기적이고 오직 이들에게 으름장을 놔 이기적이지 않은 척하도록 해야 사회가 기능할 수 있다. 잭 웰치는 호모 이코노미쿠스에 맞는 기업 세계를 구축했다. 흄 역시 호모 이코노미쿠스에 맞는 정부를 구축해야 한다고 제안했다.

흄의 제안으로 구축된 국가는 '악인을 위한 헌법'[17]으로 국민을 통치할 것이다. 이 헌법은 자유를 보장하기보다 제한한다. 독일 비밀경찰 슈타시가 활동했을 당시 동독은 시민을 감시하고 협박하며 통제했다. 그러나 이보다 더 자유로운 국가에서도 일부 사람들, 보통 권리와 기회, 자원이 가장 없는 사람들은 악인을 위한 헌법 아래에서 살아간다. 어떤 사람이 얼마나 소외돼 있는지 알아보려면 다른 사람들이 이 사람을 얼마나 냉소적으로 대하는지 지켜보면 된다.

이 이야기에 걸맞게 살아온 사람이 바로 윌리엄 굿윈^{William Goodwin}이다. 웨스트 오클랜드^{West Oakland}("이곳이 고급 주택 지구로 개발되기 전에 태어났다"고 했다)에서 태어난 굿윈은 어린 나이에 아버지를 잃었고 어머니는 그를 비롯한 자식을 부양하느라 힘들게 살았다. 굿윈은 여섯 살 때부터 이웃의 차를 세차했고 잔디를 깎았다. 어머니가 식료품 살 돈이 부족할 때는 동네 가게에서 외상을 해주기도 했다. 굿윈의 가족은 무슨 일이든 적극적으로 했고 신앙심이 강했으며 지역 사회의 지지를 받았다. "우리는 우리가 가난한 줄 몰랐어요."[18] 그는 당시를 이렇게 기억했다.

굿윈이 5학년이 됐을 때 어머니는 그가 더 좋은 교육을 받을 수 있게 해달라고 청원서를 냈다. 그는 문법과 기하학 시험을 봤고 곧 오클랜드 힐즈에 위치한 새로운 학교로 전학을 갔다. 그는 고등학교 때는 새벽 5시에 일어나 버스를 두 번 갈아타고 다른 학생들의 번쩍거리는 차로 가득한 주차장을 통과해 학교에 갔다. 어릴 때 본인이 가난한 줄 몰랐지만 이제는 현실을 깨달았다. 굿윈은 새 학교에서도 집에서도 이방인 같다는 생각을 했다. "지가 뭐 대단한 인물인 줄 알아." 친구들은 이렇게 말하며 그가 이런 동네에 살기엔 너무 잘났다고 놀렸다.

굿윈은 학교에서 매점을 운영하면서 사업에 대한 열정을 발견했다. 졸업 후 그는 리바이스 영업팀에서 일했고 이후에는 대형 보험회사의 언더라이팅underwriting(보험사가 보험 가입 희망자의 계약 승인 여부를 결정하는 최종 의사결정 과정이다-옮긴이) 담당자가 되어 10년에 걸쳐 차근차근 승진했다. 학교에 다닐 때는 오클랜드 힐즈에 온 이방인 같다는 느낌이 들었지만 이제는 이곳에서 어머니가 여생을 잘 보낼 수 있도록 모시는 게 기뻤고 어린 딸을 유아기까지 이곳에서 키웠다.

*

이 모든 것은 굿윈에게 퇴행성신경질환이 생기면서 무너져내렸다. 목에 바늘로 찌르는 듯한 통증이 생기더니 끊이지 않았다. 등에는 계속 경련이 일었다. 목과 머리를 꼿꼿이 하고 앉아 있기가 힘들었다. 굿윈은 일을 계속하고 싶었지만 그러려면 근무 조건을 조정해야 했다. 그의 부서에서는 각 담당자가 하루에 80건의 보험 청구를 처리해야 했는데 이는 매 순간 컴퓨터 앞에 끊임없이 메어 있어야 일이 이어지는 작업이었다. 결국은 처리 건수가 모든 걸 말해주기 때문에 굿윈은 더 이상 자기 몫을 해낼 수가 없었다.

높이 조절 책상, 휴식 시간 연장, 할당량 축소같이 회사에서 그를 배려해줬더라면 굿윈은 원하는 일을 계속할 수 있었을 테지만 대신 그는 서류 보관실로 강등됐다. 그의 상태를 고려해서 급여는 삭감되지 않았다. 하지만 굿윈의 동료는 그가 좀 더 쉬운 일을 하기 위해 꾀병을 부린다고 수군거렸다.

흑인이면서 이제 장애를 가지게 된 굿윈은 미국의 고정관념에 직면하게 됐다. 수년간 알았던 사람들은 그가 오랫동안 보여준 근무 윤리를 무시하고 그에게 의심의 눈총을 보냈다. 굿윈의 상사는 그에게 여러 의사를 만나 증상이 진짜인지 진단서를 받아오라고 한 다음 겨우 50퍼센트의 성공 확률을 가진 위험한 수술을 받도록 강요했다. 명령을 거부하자 굿윈은 해고됐고 장애수당을 신청하게 됐다.

이 과정은 족히 1년이 걸렸다. 마치 사람의 사기를 꺾기 위해 만들어진 제도 같았다. 복지상담사와 10분간 상담하기 위해 반나절을 기다려야 했고 그 다음에는 다른 사무실을 방문하라는 얘기를 들은 후 다시 처음으로 돌아가 이 과정을 반복해야 했다. 그는 한 의사에서 다른 의사로 핀볼처럼 튕겨나가며 매번 같은 질문에 대답했다. 진짜 아프세요? 진짜 일을 하고 싶으세요? "압박감이 저를 짓눌렀죠. 흑인 남자가 사람을 속이려 한다는 오래된 고정관념을 키운다는 눈치를 받은 거예요." 굿윈은 그때를 회상하며 말했다.

엎친 데 덮친 격으로 그는 "무력감과 외로움을 느꼈고 진실을 말해도 믿어주지 않는다"는 느낌을 받았다. 결국 시스템의 의심이 그의 마음속까지 스며들었다. "내가 그들이 생각하는 나일까?" 어느 날 오클랜드 기차에서 창밖을 내다보며 그에게 이런 의구심이 들었다. "나는 결국 그들이 생각하는 사람이 될까?"

장애수당 신청은 거절됐다. 그는 항소했지만 그 후 "절차가 정말 복잡해졌다." 심문 같은 인터뷰, 약속, 그리고 곱절로 늘어난 양식. 굿윈은 다시 거절당했고 항소 기회는 몇 번밖에 남지 않았다. 그는 어린 시절 가난했던 때를 돌이켜봤다. '다시 그때로 돌아가겠지. 믿을 수 없어.' 굿윈은 포기할까 생각했지만 그를 의지하는 사람이 있었다. "딸 생각이 나더라고요. 어떻게 하면 딸에게 최고의 아빠가 될 수 있을까. 몸이 아프든 아프지 않든 모든 초점을 딸에게 맞춰야 했어요."

그는 이번에는 변호사를 고용해 다시 항소했다. 변호사는 굿윈이 처음 두 번의 수당 신청 때 제출했던 증거를 똑같이 제시했다. 세 번째 신청은 승인됐지만 수당 지급 기간이 3개월뿐이었다. 굿윈은 이 과정에 75시간을 보냈다고 추산했다. 한편 법원 관계자들과 고용된 의사는 대가를 받았고 변호사 역시 굿윈이 받는 수당의 15퍼센트 정도를 수임료로 가져갔다. 이후 그가 장기 장애수당을 신청하자 이 과정은 처음부터 다시 시작됐다.

굿윈의 재정 상황은 점점 악화됐다. 차가 고장 났지만 고칠 돈이 없었고 그의 몸 상태로 할 수 있는 일을 찾을 수 없었다. 굿윈과 그의 딸은 친구 집에 얹혀살았다. 그의 표현을 빌리면 "거처할 곳이 있었는데도 다들 노숙자 같은 생활을 했다." 그가 마침내 장기 장애수당을 받고 어느 정도 안정을 얻기까지는 몇 년이 걸렸다.

굿윈은 아무도 그를 믿지 않은 상황에서 딸을 위해서라도 스스로를 믿어야 했다. 하지만 그는 이제 더 이상 시스템을 믿지 않았다. 그는 상사가 "마치 세입자를 퇴거시키려는 집주인처럼 장애가 있는 직원을 어떻게 해고할 수 있을지 핑계를 찾는 것을 지켜봤다." 그는 이렇게 지적했다. "정부 프로그램은 사람을 쫓아내는 것이 아닌 지금 그 자리에 두기 위함입니다. 그래서 이야기는 계속 살아남고 사람들은 계속 고용될 수 있는 거죠." 사람들에게 심판을 받은 굿윈은 사회를 비판적으로 바라보게 됐다.

소수에게는 신뢰를, 다수에게는 불신을

미국 센서스US Census에 따르면 2022년 미국 아동 900만 명이 빈곤을 겪었다[19]고 한다. 아동 빈곤은 도덕적 재앙이자 경제적 재앙이다. 미국진보센터Center for American Progress 보고서에 따르면 가난한 아동은 성인이 된 후 다른 사람보다 일을 덜 하고 의료 서비스를 더 많이 받기 때문에 국가적으로 연간 5천억 달러의 손실을 가져온다고[20] 한다. 가난은 인생의 시작부터 미국인을 괴롭히고 인생의 끝을 재촉한다. 2019년, 한 보고서는 미국의 극빈층이 영국의 빈민층보다 평균 5년 일찍 사망하고[21] 미국의 부유층은 영국의 부유층에 비해 수명이 몇 주 짧다고 발표했다.

불평등이 심한 시기에는 냉소주의가 심해지지만 역으로 냉소주의가 심한 시기에 불평등도 심해진다. 일부 연구에서 나온 결과지만 사람이 동료 시민을 믿느냐 안 믿느냐에 따라 이들이 빈민층에 대한 공공 원조를 지지할지[22] 여부가 예측된다고 한다. 국민이 서로 신뢰하지 않을 때 그 의심은 먼저 가장 가진 것이 없는 자에게 향한다.

'빈곤주의',[23] 즉 빈민층에 대한 차별은 선거 운동 연설과 정부 절차에서 확연하게 드러난다. 미국의 빈민층은 공공 원조를 신청하는 순간 수천 가지 서류 작업을 하다가 나가떨어진다. 루이지애나주에 사는 싱글맘은 식료품 지원 쿠폰을 받기 위해 26페이지에 달하는 신청서[24]를 작성해야 한다. 기자 애니 로우리Annie Lowrey는 이 신청서의 주요 부분

희망차 힘의로자

일부를 소개했다.

이 싱글맘은 3페이지에서 최대 13개의 다른 범주의 서류나 자료를 수집해야 한다. 지난 3개월간의 약 조제 내역, 네 장의 급여 명세서, 세례 증명서, 거주인 증명 (……) 7페이지에서는 받은 혜택을 오용할 경우, 가령 크루즈를 타거나 점을 봤을 때 받게 될 벌칙을 나열한다. 15페이지에서는 24개 출처를 주고 수입을 상세히 기술하라고 요구한다.

가난한 미국인은 식료품 지원과 의료 서비스를 받기 위해 긴 시간에 걸쳐 전혀 상관없는 모욕적인 질문("자녀가 잉태된 날짜는 언제입니까?")에 답해야 한다. 이런 절차는 그들의 시간을 빼앗고 정신을 고갈시킨다. 일부 연구에 따르면 결핍, 즉 먹고살기 위해 발버둥친다는 느낌은 밤을 새는 것만큼이나 인간의 정신 역량을 감소시킨다.[25] 그러나 밤을 새는 것과는 달리 결핍은 우리를 몇 주 혹은 몇 달, 몇 년까지 따라다닌다.

윌리엄 굿윈은 혜택을 받기 위해 싸우는 데 보험산업에서 얻은 기술과 지식을 이용했다. 모든 사람에게 이런 이점이 있는 것은 아니며 많은 이는 받아야 할 혜택을 받지 못한다. 《미국이 만든 가난》에서 사회학자 매슈 데즈먼드Matthew Desmond는 매년 미국 빈민층은 식료품 지원에서 130억 달러, 세금 공제에서 170억 달러, 추가보장소득Supplemental Security Income, SSI에서 380억 달러, 정부 건강보험에서 620달러를 포기하고 있다고 보고했다.[26] 굿윈처럼 변호사를 고용해야 혜택을 받는 사람이 많으며 받은 보조금 일부는 시스템에 다시 반환해야 한다.

이것은 정책이 실패했다는 신호가 아니라 빈민층을 그 상태로 유지하는 전략이 통하고 있다는 신호다. 입법자들은 이를 시인하기는커녕 사기꾼을 막기 위해서는 까다로운 법이 반드시 필요하다고 주장한다. 복지 신청서는 세상에 드물게 존재하는 린다 테일러를 잡아내기 위해 필요하다. 건강보험 환급 양식은 사기 치는 사람을 잡아내기 위해 필요하다. 우리 정부는 몇 안되는 사기꾼을 찾으려고 수많은 시간과 돈을 투자한다. 경제적으로 이해가 안 되는 일이지만 빈민층을 부당하게 대우하는 것에 대해서는 냉소적인 핑계로 작용한다.

시스템은 도움을 필요로 하는 사람에게는 선제공격을 날리고 빈민층은 이런 경멸에 응수한다. 미 전역에서 이미 신뢰는 곤두박질쳤지만 불평등이 심화될 때 저소득층 사이에서 사람과 제도권에 대한 믿음은 가장 빨리 추락한다.[27]

빈민층은 악인을 위해 만들어진 헌법의 지배를 받으며 살아간다. 부유한 미국인은 이와는 완전히 다른 국가에서 산다. 미국의 건국 헌법은 이들을 착한 사람으로 가정하고 다양한 공공 복지 혜택을 통해 금고를 개방한다. 나와 내 아내는 우리 딸을 위해 '529'(미국의 학자금 저축 계좌로 자녀의 대학 학비를 위해 저축할 수 있는 투자 계좌다. 대학 학비나 관련 교육비로 사용할 경우 세금 혜택을 받을 수 있다─옮긴이) 대학 등록금 저축 계좌를 열어 투자할 수 있다. 투자 수익은 비과세이기 때문에 529 프로그램이 없을 때보다 수입을 더 저축할 수 있다. 다시 말해, 우리는 매년 수천 달러의 공공 지원을 받는 셈이다. 이런 혜택을 받자고 아이를 정부 기관으로 데려가 몇 시간이나 기다리고 왜 내 머리와 피부 색깔이 아이보다 더 어둡냐는 질문을 견딜 필요가 없다. 주택 융자를 받은 사람들은 자기들이 낸 이자를 세금에서 공제할 수 있으니 다시 한 번 정부의 지원을 받는 셈이다. 2020년 한 해 동안 이런 세금 공제 금액은 빈민층을 위한 주택 보조 지출의 거의 네 배에 달했다.[28] 주택을 소유한 사람인 경우, 주택을 필요로 하는 사람보다 훨씬 많은 공공 지원을 받는다.

2010년 연구에서 529 계좌에 투자한 부모의 64퍼센트는 본인들이 "정부 복지 프로그램을 이용하지 않았다"[29]는 그릇된 보고를 했다. 정부가 이런 돈을 너무 쉽게 뿌린 나머지 이 혜택을 받는 세 명 중 두 명은 혜택을 받고 있는지도 모른다. 부유한 미국인은 자기 자신을 포함해 거의 모든 사람에게 보이지 않는 복지 국가에 산다.

미국 빈민층은 어느새 나라가 종종 자기들을 무능한 사기꾼으로 본다는 것을 알아차렸다. 반면 돈이 있는 사람들은 국가에서 여러 혜택과 신뢰의 혜택benefit of the doubt(정부가 의심하지 않고 이들을 믿을 수 있으니 그 대가로 혜택을 받는다는 의미다-옮긴이)까지 받으며 이와 정반대의 세상을 알아간다. 참으로 희한한 분위기 속에서 억만장자는 그 어떤 소득 계층보다 낮은 비율의 소득세를 낸다. 이들은 그 영향력을 확대해 시민연합Citizens United(기업과 노동조합이 정치 캠페인에 무제한 기부할 수 있게 만든 정치활동위원회다-옮긴이)이라는 통로로 막대한 자금을 정치 캠페인에 쏟아붓는다.

*

세계에서 가장 부유한 나라에서 수백만 명의 사람이 납이나 박테리아, 기생충 및 기타 오염 물질 수준이 연방 기준치를 넘는 식수를 마신다.[30] 〈미국공중보건저널American Journal of Public Health〉은 건강보험이 없어[31] 치료 가능한 질병으로 사망하는 미국인이 매년 3만 5천 명에서 4만 5천 명에 이른다고 추정한다. 의료 및 기타 부채 역시 사람들의 자살 시도 확률을[32] 심각한 수준으로 높인다. 한편, 미국은 세계 '슈퍼 요트'[33] 시장을 지배하는데 미국 매출이 전 세계 매출의 약 4분의 1을 차지한다.

느리게 진행되는 도덕적 파국 현장에서 자신이 악당이라는 사실을 받아들이는 건 어려운 일이다. 이런 불협화음에 대응할 수 있는 방법은 최소 두 가지다. 첫째는 스스로를 외부와 차단시켜 자신보다 못한 사람을 애써 생각하지 않는 것이다. 이들을 생각하면 이들이 고통받아야 하는 이유를 정당화하기 위해 냉소주의를 더욱 키울 수 있다. 사회진화론자는 부유층이 다른 사람보다 경쟁력이 있다고 주장한다. 우리 사이에 아주 오랫동안 존재해온 편견 역시 부유층이 그냥 단순히 더 낫다고 주장한다. 아리스토텔레스Aristotle는 귀족이 원칙, 양심, 관용에 따라 움직이는 사회의 전두엽이라고 믿었다. 비참한 대중은 스스로 구원받아야 하는 탐욕스러운 호모 이코노미쿠스였다. 노예에게 자유는 무의미하기에 그들은 그냥 족쇄를 차고 있는 게 나았다.

가난한 사람들이 공공 지원금을 가지고 도망칠 것이라고 의심할 때마다 이런 편견이 되살아난다. 이 모든 요소로 인해 부유층을 제외한 나머지 계층에는 냉소주의 시스템이 적용되고 부유층만 신뢰하는 현상이 벌어진다. 디오게네스가 경멸하고 자료를 통해 뒤집힐 철학이지만 부당한 세상에서 이런 편견은 심리적 갑옷 역할을 한다.

스스로를 입증할 기회

불평등 위기에 대처할 수 있는 두 번째 해법은 연민을 좀 더 품은 자료를 기반으로 한 방법이다. 이 방법은 시민의 힘과 도덕적 건강을 약속하지만 특권 계층에게는 고통스러운 내면 작업을 요구한다. 두 번째 방법을 추구하기 위해서는 우리가 이웃의 궁핍으로부터 어떤 혜택을 받았는지 우리가 좀 더 공정한 시스템에 어떻게 기여할 수 있는지 고민해야 한다.

이 방법은 생각보다 사람들의 지지를 얻고 있다. 미국인이 어떤 문제에 동의하는지 알아보는 조사 기관인 커먼 그라운드Common Ground는 공화당 지지자 3분의 2를 포함한 80퍼센트 이상의 미국인이 적어도 몇몇 사례에서 식료품 지원 프로그램의 확충을 지지한다고 밝혔다. 공화당 지지자 절반 이상을 포함한 70퍼센트가 넘는 미국인은 빈민층 아동의 유치원 전 단계 시스템, 즉 보육원 프로그램 확대를 지지했다.

대부분의 사람은 궁핍한 사람을 지원하는 사회 제도를 원한다. 이런 제도는 어떤 모습일까? 한 가지 출발점은 대부분의 시민을 사기꾼처럼 두려워해야 하는 대상으로 간주하지 않고 우리 희망대로 선한 사람이라고 가정해서 정책을 만드는 것이다. 이는 곧 악당을 위한 헌법을 폐기하고 부자, 가난한 사람, 중산층 모두에게 스스로 입증할 기회를 제공한다는 의미다.

2016년, 윌리엄 굿윈은 이런 기회를 얻었다. 친구를 통해 미국 빈민층에게 원조를 제공하는 업투게더UpTogether라는 단체의 이야기를 들은 것이다. 공공 프로그램이 사람에게 혼란과 모욕을 주는 미국에서 업투게더는 사람들에게 힘을 주기 위해 만들어졌다. 업투게더는 회원이 나름의 재정 목표를 세우면 그 목표를 실현할 자금과 다른 자원을 제공한다. 이 접근 방법을 '현금 직접 지원direct cash transfers'이라고 한다. 26페이지나 되는 양식을 작성할 필요도, 일일이 간섭 받거나 행정상 불필요한 관례를 거칠 필요도 없다. 업투게더를 통해 의심 대신 단순하고 요란한 신뢰가 자리 잡았다.

굿윈은 믿으려 하지 않았다. "자원을 제공한다는 프로그램에 대해 들었을 때 사기 같았어요. 저는 잠시 동안 지원받은 돈을 은행에 그대로 두고 무슨 일이 일어나는 건 아닌가 지켜봤죠." 많은 회원이 처음에 이런 식으로 시작한다. 그들을 의심하지 않는 사람을 의심부터 하고 보는 것이다. 업투게더의 CEO인 제수스 게레나Jesus Gerena는 이들의 불신 아래에 숨은 고통을 봤다. "그동안 숱한 무시를 당한 끝에 사람들은 이렇게 생각하죠. '나는 투자는커녕 인정받을 가치도 없어.'"[34] 게레나는 한 회원에게 노트북을 제공한 일을 기억한다. 이 회원은 컴퓨터가 자기 것이라는 사실을 믿지 못하고 다시 돌려줘야 한다고 생각했는지 어디에 반납해야 하냐고 물었다. 게레나는 "고장 나도 우리에게 연락하지 말라"고 농담을 던졌다.

굿윈은 업투게더의 도움으로 차 대출금을 다 갚고 딸을 교육시킬 계획을 세우며 대학 탐방을 보냈다. 그는 탐방 이후 "딸이 달라졌다"고 말했다. "상상만 했던 대학 입학이 딸에게는 현실이 됐고 이 때문에 제게도 현실로 다가왔어요." 굿윈은 현재 여러 비영리 조직의 이사회에서 활동하며 주택 형평성 증진을 위해 지역 사회와 협력하고 있다. 그의 딸은 베이 에어리어 바로 동쪽에 위치한 대학에 다닌다. 집에 자주 왔으면 하지만 그는 딸이 가까이에 있어 행복하다고 했다.

굿윈을 비롯한 업투게더 회원은 과거 자신들을 얽매고 있던 것에서 벗어났다. 굿윈은 더욱 열성적으로 다른 사람을 돕는 데 앞장섰다. "처음에는 '이 돈이 생겼으니 어떻게 쓸까?' 하는 생각을 하다가 '어떻게 이 돈을 돌려줄까?'라고 생각을 고쳐먹었어요." 그는 업투게더 회원과 함께 지역 커뮤니티 센터의 컴퓨터실을 개조했고 이스트 오클랜드 도서관에 영어 향상 프로그램을 만들어 5년이 지난 지금도 여전히 운영하고 있다. "멈출 수 없을 것 같아요. 저는 '현금 직접 지원'을 받은 사람으로서 그 돈을 현명하게 쓰면서 목표에 전념할 책임이 있어요." 굿원이 말했다.

지금까지 목격했듯이 무조건적인 신뢰는 사람들에게 이를 발판 삼아 또 다른 신뢰를 얻으라는 영감을 준다. 기회를 얻은 업투게더 회원은 날개를 달고 살아간다. 조직에 가입하고 2년 안에 가정의 평균 수입이 25퍼센트 이상 상승했고 정부 보조 의존은 36퍼센트 감소했다고 보고했다.[35] 업투게더 가정 자녀 중 80퍼센트 이상은 동일 기간 우수하거나 향상된 성적표를 받았다.

업투게더는 굿윈이 사는 지역에 있는 단체로 그에게 좋은 기회로 작용했지만 널리 확산되기에는 무리가 있다. 그러나 현금 지원 프로그램은 역사가 오래된 대중적인 생각이다. 수많은 진보주의자가 이를 지지하지만 극단적인 보수주의 경제학자 밀턴 프리드먼Milton Friedman 또한 이 제도를 '음의 소득세negative income tax'(고소득층에게는 세금을 징수하고 저소득층에게는 보조금을 주는 제도다 – 옮긴이)라고 부르며 지지했다. 1962년에 나온 그의 주장을 보자.

"음의 소득세는 지금처럼 가난한 사람을 공무원 앞에 세워 모든 자산과 부채를 공개하게 하고 이들에게 X달러는 렌트비에, Y달러는 식료품에 지출하라는 식의 의무를 지우는 것이 아니라 이들에게 필요한 돈을 직접 제공해서 도와주는 방식이다."

진보주의자가 보기에 현금 지원은 정의를 지지한다. 프리드먼이 보기에 현금 지원은 자유시장을 강화한다. 서로 의견이 아주 다른 사람들이 합의에 이를 때 우리는 주의를 기울일 필요가 있다. 그리고 현금 지원을 연구하는 과학자가 많아질수록 이 프로그램은 더욱 현명하게 비춰진다. 새로운 프로그램이 폭발적으로 증가하면서 처음에는 글로벌 남반구Global South에 이후 유럽과 북미 빈민층에게 현금이 전달됐다. 연구진은 시간의 흐름에 따라 프로그램의 효과를 확인하면서 현금 수혜자를 추적했다.

결과는 우리가 갖고 있는 냉소적인 생각을 뒤집는다. 현금을 받은 빈민층은 이 돈을 탕진하지 않았다. 아시아, 아프리카, 남미를 대상으로 한 거의 스무 건의 연구에서 과학자들은 현금 수혜자가 이 돈을 알코올과 담배 같은 '유혹 재화'[36]에 사용했다는 증거를 전혀 발견하지 못했다. 2018년, 자선 재단인 사회변화재단Foundations for Social Change은 밴쿠버에 사는 50명의 노숙자에게 아무 조건 없이 7,500달러를 제공했다. 이런 횡재를 만난 사람들은 이 돈을 받지 않은 사람과 비교했을 때 유혹 재화에 더 많은 돈을 쓰지 않았다.[37] 대신 돈을 식료품, 옷, 월세 지불에 사용했다. 돈을 받은 수혜자는 안정된 주택을 구하는 경향이 높아졌고 공공 지원 서비스를 이용하는 경우는 줄어들었다.

이 프로그램의 2023년 연구 자료에 따르면 현금 지원으로 보호 시스템에 드는 비용 8,277달러가 절약됐다.[38] 다시 말해 밴쿠버의 극빈층을 신뢰해서 단순히 도덕적인 효과만 얻은 게 아니라 경제적인 효과도 얻은 것이다. 전 세계적으로 봤을 때 사람들은 현금으로 지원된 돈을 현명하게 쓰는 편이다. 농촌 마을의 경우, 가축과 농기구에 돈을 썼고 2년 후에는 농사로 돈을 더 벌었다.[39]

　하지만 지원된 돈이 사람들의 노동 의지를 꺾는 것은 아닐까? 빈민층에 대한 다른 고정관념과 비슷하게 이 생각도 실제 자료를 접하면 산산이 깨진다. 남아프리카, 캐나다, 미국에서 실시한 연구에 따르면 현금 지원을 받은 사람들 사이에서 뚜렷한 노동량 감소는 일어나지 않았다.[40] 한 가지 예외는 있었다. 가정에 돈이 들어오면 부모가 아이와 더 많은 시간을 보낼 수 있고 이런 정서적 효과로 인해 선순환이 창출된다.

　성인이 현금 지원을 받으면 이들의 자녀는 학교에 입학하고 윌리엄 굿윈의 딸처럼 대학에 가기를 열망할 가능성이 높아진다. 이들이 성인이 되면 현금 지원을 받지 않은 부모의 자녀보다 더 많은 돈을 번다. 이런 혜택은 물리적인 면뿐만 아니라 심리적인 면에도 영향을 미친다. 저소득층 자녀는 정신질환에 더 취약하지만[41] 이들이 현금 지원을 많이 제공하는 주에 거주한다면 이 질환으로부터 스스로를 보호할 수 있다. 실제로 펜실베이니아주에서 빈민층 엄마에게 현금을 지급하자 이들이 낳은 아기의 두뇌가 좀 더 빠르게 발달했다.[42] 아마도 엄마가 아기에게 물질적으로 풍부한 환경을 조성할 수 있었기 때문일 것이다.

　이런 연구 결과가 놀랍다면 그건 당연한 반응이다. 밴쿠버의 노숙자에게 현금을 지원해준 연구진은 1천 명 이상의 캐나다인에게 이 돈이 어떻게 쓰일지 물어봤다. 대부분은 마약에 쓰일 것이라고 예측했다.[43] 사람들이 노숙자가 미워서 이런 추측을 하지는 않았으리라 생각한다.

여러분 역시 빈민층이 지원받은 현금을 낭비할 것이라고 추측했다면 나 또한 이런 고정관념을 가졌었기에 여러분을 미움으로 가득한 사람이라고 생각하지 않는다. 나도 연구 결과를 접하기 전에는 현금 수혜자들이 돈을 탕진하거나 일을 덜 할 것이라고 우려했다.

과거에 가졌던 나의 편견이 자랑스럽지는 않지만 이 또한 우리 문화의 냉소주의의 한 가지 부작용임을 깨달았다. 우리는 회의주의를 강화해서 스스로 무장하고 이를 내면화해야 한다. 우리의 추정은 어디에서 왔는가? 이 추정의 목적은 무엇이며 어떤 계층에게 득이 되는가? 냉소적 믿음은 현재 상태를 지지한다. 빈민층이 악당이면 부유층은 자기들이 누리는 혜택에 의문을 제기할 이유가 전혀 없다. 하지만 업투게더와 사회변화재단 같은 프로그램은 이런 관점을 뒤집었다. 이들의 희망찬 실험은 사회가 가난한 사람을 무조건 믿어줄 때 어떤 일이 발생하는지 보여준다.

✳

2020년대 초반, 우리가 그랬다. 팬데믹 기간에 미국 정부는 과거 수십 년간 전례 없던 수준으로 현금을 직접 지원하고 월세와 양육비를 보조했으며 기타 공적 지원을 제공했다. 전 세계적인 재난에 직면했지만 미국의 빈곤률은 감소했다. 이는 가난한 사람들을 살린 거대한 승리의 정책이었으며 모든 국민을 품위 있고 평등하게 대한 국가적 승리이기도 했다. 이 정책은 솔루션 저널리즘, 즉 문제 해결 저널리즘으로 칭송받고 미래 가능성의 신호탄이 될 수도 있었다. 하지만 그 순간은 끝났다. 공공 지원은 후퇴했으며 극심한 빈곤률은 다시 치솟았다. 현재 상황을 개선하기 위해서는 냉소주의 대신 매체와 교육을 이용한 자산 포장하기를 통해 빈민층에 대한 우리의 서사를 바꿔야 한다. 이런 이야기가 부상하면 사람들을 돕기 위한 창의적인 연민의 정책도 함께 떠오를 수 있다.

신뢰의 재분배는 어느 계층이 신뢰를 쉽게 얻는지 고려해본다는 의미도 된다. 매슈 데즈먼드는 미국에 존재하는 거의 모든 극심한 가난 문제가 연간 약 1,770억 달러로 해결될 수 있다고 주장한다. 상위 1퍼센트의 부유층은 연간 1,750억 달러의 세금을 내지 않는다. 다시 말해, 최상위층 세율[44]을 이들의 신뢰도가 지금보다 높았던 1950년대(91퍼센트) 또는 1970년대(70퍼센트)의 세율로 올리는 대신 최상위층이 응당 내야 할 세금을 내게 하면 어마어마한 고통을 상쇄시킬 수 있다는 말이다.

가난한 사람에게 하는 질문을 줄이면 부유층에게 하는 질문이 늘어나고 그렇게 되면 이들이 세금을 제대로 내는지 감시의 눈길을 강화해서 탈세를 억제할 수도 있다. 또 어두운 돈이 정치계로 흘러가는 것을 막고 슈퍼팩(super PAC, 미국의 민간정치자금단체다. 대규모 무제한 기부를 통해 정치에 큰 영향을 미칠 수 있어 논란이 많다-옮긴이) 기부자 공개를 의무화하면 이들의 전략을 공개적으로 정밀 조사할 수 있다.

물론 현금 지원 하나만으로 많은 사람이 원하는 사회적 발전은 이

루지 못한다. 부정과 억압의 양탄자가 취약한 계층을 은폐하고 있으니 말이다. 하지만 현재 전 세계의 체인지 메이커들은 희망을 가장 효과적인 도구로 휘두르며 부정과 억압 세력에 맞서 싸우고 있다. 과거 20세기 진보주의자처럼 이들은 문을 허물고 있는 중이다. 20세기 당시 사람들처럼 우리는 이들이 이룩하는 모든 성과에 깜짝 놀랄지도 모른다.

10장 　　　 # 행동하는 희망찬 회의론자

　1967년, 마틴 루터 킹 주니어[Martin Luther King Jr.]는 미국심리학협회를 대상으로 연설하면서 협회가 가장 중시하는 사안을 조심스럽게 무너뜨렸다. 심리학에서는 발전하는 사람을 '잘 적응하는 사람'이라고 부른다. 어떤 사람이 문제 행동을 보이거나 독립하지 못하면 '부적응자'라는 꼬리표가 달린다. 표면적으로는 잘 순화된 이런 모욕을 들으면 마치 문제가 있는 사람 그 자체가 문제처럼 느껴진다. 킹은 이런 고정관념을 없앴다.

> "우리 사회와 우리 세계에는 절대 적응하면 안 되는 것이 있습니다.[1] (……)
> 인종 차별과 인종 분리 정책에는 절대 적응하면 안 됩니다. 종교적 편협에
> 도 적응하면 안 되고 다수에게서 생필품을 앗아가고 소수에게는 사치품
> 을 제공하는 경제 상황에도 절대 적응하면 안 됩니다. 군국주의의 광기에

도 신체적 폭력의 자기파괴적 영향에도 절대 적응하면 안 됩니다."

킹은 우리가 잘 적응하는 사람이 되려고 노력하는 대신 다른 대안을 추구해야 한다고 말했다. "우리 세계는 새로운 조직이 절실하게 필요합니다. 말하자면 창의적인 부적응 조성을 위한 국제 협회International Association for the Advancement of Creative Maladjustment가 필요하죠." 그는 창의적 부적응이란 사회 변화를 가속화하는 범법 행위를 보고 도덕적으로 양심에 찔려 하는 현상이라고 설명했다.

이 책을 통해 우리는 삶과 관계, 공동체를 향상시키는 희망의 위력을 알아봤다. 하지만 희망이 우리의 많은 문제를 무시하면서 사회에 적응하는 방향으로 나아가는 또 다른 통로가 된다면? 부정, 불공정, 폭력, 잔혹은 실제로 일어나는 상황이고 긍정적인 사고의 위력만으로 없어지기를 바랄 수는 없다. 어쩌면 냉소주의가 도덕적 명쾌함의 상징이 아닐까 한다.

이런 생각은 겉으로 보면 그럴싸해 보이지만 덜 믿는 사람이 더 똑똑하다는 냉소적 천재에 대한 환상과 똑같다. 자세히 파헤쳐보면 우르르 무너지는 개념에 불과하다. 승리가 손에 닿지 않는 곳에 있을 때도 발전을 향해 투쟁하도록 우리에게 영감을 주는 요소는 치미는 분노와 함께 미래에는 상황이 나아질 수 있다는 생각, 즉 희망이다.

감방에서 이룩한 민주주의

바츨라프 하벨^{Vaclav Havel}은 1980년대를 프라하 루지네 교도소 ^{Ruzyne Prison}의 작은 감방에서 시작했다. 그는 부유한 어린 시절을 보냈고 프라하와 시골집 사이를 오가며 생활했다. 그런데 공산주의가 부상하면서 중산층에게 일과 교육의 기회가 줄어들고 말았다. 하벨은 예술에 마음을 쏟으며 공산주의 체제를 조롱하고 비판하는 희곡을 썼다. 이 희곡이 널리 알려지면서 젊은 극작가 하벨은 사무엘 베케트^{Samuel Beckett}, 커트 보네것을 비롯한 체코슬로바키아 예술가 세대와 친구가 됐다. 1968년, 하벨을 비롯한 사회 운동가는 프라하의 봄^{Prague Spring}에 참여해 공산주의 통치를 완화하려는 평화적인 운동에 동참했다.

체코슬로바키아는 더 밝은 미래로 나아가는 듯 보였지만 여기에 갑자기 제동이 걸렸다. 수십만 명의 소련 연합군이 물밀 듯 몰려와 프라하의 봄을 종식하고 국민들의 꿈도 짓밟았다. 감시와 폭력이 심해졌으며 정부에 대한 불만을 공공연히 표시하면 직업을 잃을 수도 있었다. 비공산주의 국가로의 여행도 제한됐다.

하벨은 정치에 뛰어들 생각이 없었지만 도저히 잠자코 있을 수만은 없었다. 1978년, 그는 《힘없는 자들의 힘》을 써서 억압적인 정부가 국민의 희망을 뺏는 양상을 묘사했다. 이 에세이에서 그는 박해를 피하기 위해 가게에 공산주의 구호를 걸어놓는 한 식료품 상점 주인을 상상했다.

이웃들은 그가 이 구호를 믿지 않는다는 것을 다 알고 있었기 때문에 구호는 사실상 식료품 가게 주인의 항복을 대대적으로 알리는 것이었다. 곧 다른 이웃도 공산주의 구호를 걸었다. 모두가 다른 사람이 거짓말한다는 것을 알았고 아무도 서로를 의지할 수 없었다. 하벨은 에세이에 이렇게 썼다. "공산주의 구호를 보여주면서 각 사람들은 다른 이에게 게임의 규칙을 받아들이라고 강요한다. 이들은 체제와 수단 양쪽 모두의 피해자다."[2]

하벨은 이들과 공범으로 남기를 거부했다. 그는 자유 체코슬로바키아를 옹호하는 반체제인사단체인 77 헌장Charter 77에 동참해서 체제에 반하는 글을 쓰고 목소리를 높였다. 이 활동 때문에 하벨의 희곡은 체코 전역에서 금지됐다. 그는 툭하면 비밀경찰에게 시달렸고 수차례 감옥에 수감됐으며 가장 길게는 1979년에서 1983년까지 복역했다.

억압 체제가 프라하를 지배했다. 사회 운동가는 투쟁했고 짓밟혔다. 독재주의가 이기고 국민은 지고 말았다. 하벨은 감방에서 이런 상황을 지켜보면서 상황은 점점 악화될 뿐이며 아침에 꾼 꿈처럼 체코슬로바키아의 자유가 기억에서 사라질 것이라고 쉽게 체념할 수도 있었다. 그런 생각을 했더라면 하벨은 어떻게 됐을까?

*

냉소론자는 불의를 볼 때마다 이를 지적하지만 변화를 일으키지는 못한다. 수십 개국의 수만 명을 대상으로 한 조사에서 다른 사람을 신뢰하는 사람은 투표에 참여하고, 청원에 서명하고, 합법적 시위에 참여하고,[3] 항의 표시로 건물을 점거할 가능성이 냉소론자보다 높았다.[4] 냉소주의는 사람들에게 문화의 병폐를 부각시키지만 치유는 불가능하게 만든다. 냉소주의는 모든 정부가 권력을 남용하기 때문에 우리 정부도 그렇고 모든 정치인이 부패했기 때문에 이 정치인도 부패했다고 속삭이거나 (소리 지른다). 이게 사실이라면 변화를 꾀하는 건 망상에 불과하다. 하벨이 묘사한 식료품 가게 주인처럼 냉소론자는 '문제를 일으키고 싶다면 나의 응원을 받을 생각은 하지 말라'는 신호를 다른 사람에게 분명히 보내면서 포기하고 굴복한다.

다시 말해 냉소주의는 현상 유지 도구다. 독재자가 냉소주의를 장려하는 것도 바로 이런 이유다. 2016년, 랜드 연구소RAND Corporation(여러 다양한 문제를 분석하고 연구해서 정책 향상을 꾀하는 씽크 탱크 기관이다 – 옮긴이)에서는 블라디미르 푸틴 대통령의 정치 선동 작전을 분석했다. 러시아의 오보 작전은 국영 TV와 소셜 미디어, 신문을 통해 이뤄지는 꾸준한 '거짓 정보의 살포'[5]다. 그러나 랜드는 뜻밖의 반전을 발견했다. 대부분의 독재 국가는 정보를 밀착 통제한다. 이들의 선전은 사실이 아니더라도 한결같다. 하지만 러시아는 이 법칙을 따르지 않았다. 푸틴이 자기 마음대로 메시지를 바꾼 것이다. 러시아는 크림Crimea반도에 관심이 없고 이곳에 군대가 전혀 주둔해 있지 않다고 하다가 이내 군대를 동원했다고 시인하고 크림반도가 러시아에 편입돼야 한다고 말했다.

푸틴은 왜 동일한 메시지를 보내지 않은 걸까? 그의 임무는 국민을 설득하는 것이 아니기 때문이다. 2021년, 연구진은 러시아 국민을 인터뷰해서[6] 굳이 믿음을 주거나 한결같지 않은 '설득력 없는 선전'의 효과를 조사했다. 국영 방송을 본 후 시민들은 혐오감을 드러냈지만 정치 전반에 무기력감을 보였다. "'정치 문제'에 관해 알 필요가 없어요. 쓸 데 없으니까요." 한 시민은 답했다. 다른 사람은 이렇게 말했다. "정치에 관여하거나 정치를 걱정할 이유가 전혀 없어요."

거짓 정보 살포는 시민의 현실 감각을 무디게 하기 위해 고안됐다. 철학자 한나 아렌트Hannah Arendt가 썼듯이 "전체주의 교육의 목적은[7] 신념을 주입하는 것이 아니라 신념을 가질 역량을 파괴하는 것이다." 냉소주의는 사람을 일종의 어두운 자기만족의 세계 속에 붙잡아놓는다.

하지만 창의적 부적응은 다르다. 이것은 냉소주의와 마찬가지로 뭔가 잘못됐다는 진단을 내린다. 그러나 냉소론자가 이 문제를 흥미 없고 넌더리난다고 생각하는 반면 창의적 부적응자는 이런 문제가 열정과 에너지를 불러일으킨다고 생각한다. 상황이 앞으로 호전될 것이라서가 아니라 호전될 수 있기 때문에 이런 생각을 한다. 하벨은 감옥에서도 이 원칙대로 살았다. 아내 올가에게 쓴 편지에서 그는 곰곰이 생각한다. "희망은 영혼의 한 차원이다.[8] 희망은 우리 밖에 있지 않고 우리 안에 있다. 희망을 잃었으면 대상이나 심지어 사건이 아닌 자신의 자아 안에서 반드시 이를 되찾아야 한다."

복역하는 동안 하벨은 77 헌장 구성원들과 계속 서신을 주고받았

희망찬 회의론자

다. 한편 체코슬로바키아 경제가 악화되자 사람들은 용기를 내 변화를 요구했다. 운동 규모가 눈덩이처럼 불어나면서 사람들은 공산주의 체제가 취약함을 깨달았고 용기와 에너지를 얻어 체제에 도전장을 내밀었다. 하벨은 이로부터 수년 전《힘없는 자들의 힘》에서 이런 양상을 예측했다.

> "거짓의 삶이 보여주는 껍데기는 이상한 것으로 만들어져 있다. 이 껍데기가 전체 사회를 은폐하는 한 사회는 돌로 만들어진 것처럼 보인다. 그러나 누군가 한 틈을 노려 침범하는 순간 (……) 전체 껍데기는 붕괴되기 직전의 조직처럼 보인다."

1989년, 체코슬로바키아의 전체주의는 '벨벳혁명Velvet Revolution' (1989년 체코에서 일어난 비폭력 권력 교체 혁명이다 – 옮긴이)에 의해 산산조각 났다. 그해 11월, 경찰이 프라하에서 일어난 시위를 폭력적으로 진압하면서 혁명의 방아쇠가 당겨졌다. 학생들은 동맹 휴학을 벌였고 극장은 연극 공연 대신 정부에 반대하는 선언문을 낭독했다. 라디오와 TV가 정부 통제하에 있는 상태라 국민들은 변화를 요구하는 포스터를 직접 만들어 걸었다. 이는 하벨이 상상했던 식료품 가게의 체제 선전과는 정반대의 현상이었다. 자신의 안전을 걸고 항의에 나서면서 체코 국민은 자기들 편이 얼마나 많은지 실감했다.

하벨과 77 헌장은 이때를 이용해 팝업 조직인 시민 포럼을 창설해서 체코 국민의 하나된 목소리 역할을 했고 점점 커지는 운동을 진두지휘했다. 시민 포럼 지도자는 시위대를 공격한 경찰관 해임을 요구하고 총 파업을 조직했으며 국민의 4분의 3이 이를 지지했다. 시위대는 수만 명에서 수십만 명으로 불어났다. 2주 만에 체코슬로바키아의 공산주의 통치는 큰 규모의 폭력 사태 없이 종결됐다. 하벨은 1980년대를 감방에서 시작해 1980년대가 끝나기 3일 전, 체코 최초의 민주적으로 당선된 대통령이 됐다.

당시 체코 국민이 느꼈던 감정을 현재 수많은 사람이 그대로 느낄지도 모른다. 민주주의는 위태롭고 힘 있는 자들의 권력 남용은 기승을 부리고 있다. 이제 긍정적인 변화가 불가능하다고 판단할지 모른다. 하지만 회의주의는 우리에게 좀 더 진실된 이야기를 전한다. 1초씩 시간이 감에 따라 미래가 구체화되고 있다고, 그리고 우리에게는 미래를 구축할 수단이 있다고. 그러나 무엇을 통해 우리가 영감을 얻어 상황을 이끌어갈 수 있을까?

요란한 행동이 주는 효능감

에밀은 평화를 연구하면서 일생을 변화를 위해 투쟁했다. 2017년, 트럼프 대통령이 '이슬람 교도 금지령'을 발표하자 에밀은 다른 이들과 연대해서 항의하기 위해 필라델피아 국제 공항으로 향했다. 그와 그의

희망찬 회의론자

자녀 클라라와 애티커스는 미국 흑인의 권리와 LGBTQ 공동체, 환경을 위한 시위에 동참했다. 에밀은 한 엘리트 고등학교에서 교직 생활을 할 때 학생들에게 인종과 계급 문제에 대해 도전장을 내밀라고 가르쳤다.

2000년, 에밀은 고향 근처의 유니테리언 유니버설리스트Unitarian Universalist 교회(특정 교파가 아닌 다양한 종교 전통과 철학을 포용하는 자유주의 종교 연합이다. 개인의 진리와 의미의 자유로운 추구와 다양한 종교적 신념과 관행을 존중한다 – 옮긴이)에서 본인의 일에 관해 설교했다.[9] 그의 설명에 따르면 활동주의는 시끄럽고 발걸음이 무거우며 한결같지 않다. 인권은 앞으로 나아갔다 다시 후퇴한다. 그가 가르치는 학생들은 어떨 때는 그의 말을 경청하고 어떨 때는 듣지 않는다. 에밀은 말했다. "매년 나오는 문제와 이슈는 정말 유사하고 주장도 비슷합니다." 이렇게 살다 보니 에밀은 신화 속 인물인 시지프스를 떠올렸다. 그는 신에게 저주받아 큰 바위를 언덕 위까지 밀어올렸다가 다시 굴러떨어지는 모습을 지켜봐야 했다.

이런 수고와 반복이 활동가의 열정을 꺼뜨리지 않을까? 에밀은 그렇게 생각하지 않았다. "시지프스를 생각하니 점점 깨달음이 왔습니다." 그는 신도 앞에서 말했다. "시지프스의 이야기는 말이죠. 그가 큰 바위를 밀어올리는 게 싫든지 아니면 정상에 집착할 때만 비극이 되는 겁니다." 만약 시지프스가 하벨과 전 세계 활동가와 마찬가지로 반드시 정상에 도달하기 위해서가 아니라 그것이 올바른 일이어서 전력을 다했다면 어땠을까? 그렇다면 몸부림 속에 분명한 의미가 있었을 것이다. "전제는 정해져 있습니다. 바위는 밀려야 하죠. 희극이냐, 드라마냐, 비극이냐는 밀고 있는 사람에게 달려 있어요." 에밀은 자신 있게 말했다.

*

사회 운동에 있어서 큰 바위를 계속 밀고 있는 사람은 누구이며 미는 걸 단념하는 사람은 누구일까? 2022년, 연구진은 시위와 보이콧 같은 '집단행동'의 과학을 검토했다. 수십 개국의 12만 명 이상을 대상으로 자료를 검토해보니 집단행동을 추진하는 정서적인 힘 두 가지가 발견됐다. 사람들은 부당함에 정의로운 분노를 느끼고[10] 이에 대해 뭔가를 할 수 있다는 효능감을 느낄 때 사회 운동에 참여한다.

분노 없이 효능감만 있으면 자기만족에 빠질 수 있다. 효능감 없이 분노만 있으면 정서가 마비되고 냉소적이 될 수 있다. 양쪽 다 많은 행동을 유발하지는 못한다. 그러나 두 가지가 합쳐지면 사회 변화를 위한 정서의 합금이 만들어지며 이는 창의적 부적응과 상당히 유사하다.

많은 사람이 이미 여러 가지 일에 분노하고 있다. 하지만 효능감을 얻기는 점점 어려워지고 있다. 어떻게 하면 효능감을 키울 수 있을까? 바로 다른 사람이 나서줄 것이라는 믿음이다. 1960년대에 연구진은 미국 흑인에게 인종 차별에 맞서 연좌 농성에 참여할 의향이 있는지 물었다. 백인이 인종 발전을 지지할 것이라고 생각하는 흑인은 지지하지 않

희망찬 회의론자

을 것이라고 믿는 흑인에 비해 20퍼센트 더 시위에 참여하는 경향이 높았다.[11] 연좌 농성을 지켜본 백인 역시 이후 인종 정의를 더욱 지지하게 됐고[12] 추후 시위에 참여하는 경향이 높았다. 이 현상은 선순환적인 자기충족적 예언을 만들어냈다. 다른 사람이 동참할 것이라고 믿은 흑인 시위자는 행동에 나섰고 여기에 영향을 받은 사람들이 함께 시위에 참여했다.

권위적인 권력자 집단은 국민이 서로의 능력을 무시하게 만들어 이들을 체제와 도구의 희생자로 전락시킨다. 그러나 이를 다르게 보면 용감한 사람들이 종종 큰 위험을 무릅쓰고 행동에 나설 때 어마어마한 변화를 창출할 수 있다는 의미다. 1988년, 동성 결혼을 지지한 미국인은 전체의 12퍼센트에 불과했다.[13] 이후 수십 년에 걸쳐 게이와 레즈비언 수가 점점 늘어났다. 이들이 용기 있게 나오면서 편견의 대상이 되긴 했지만 동시에 대중에게 점점 많은 주목을 받았다. 부분적으로 에이즈AIDS 위기에 힘입어 LGBTQ 활동가들은 좀 더 강력하게 권리 요구에 나섰다. 2015년에 이르러 상황은 뒤집어졌다. 미국인 60퍼센트가 동성 결혼을 지지했고 대법원은 이를 전국적으로 합법화해야 한다고 판결함으로써 동성 결혼은 미국 역사상 가장 빠르게 움직이는 정치 문제[14]가 됐다.

이런 변화는 기적처럼 보이지만 실은 수학에 더 가깝다. 과학자들은 적어도 25퍼센트의 사람들이 지속적으로 하나의 생각이나 도덕적 운동을 옹호할 때 이것이 불붙을 가능성이 아주 높다는 사실을 발견했다. 이 주제에 관해서는 좀 더 많은 연구가 이뤄져야 하지만 이미 널리 알려진 이야기에는 과학이 결부되어 있다. 활동가들은 수십 년 동안 애를 쓴다. 이들은 끙끙거리며 여러 다양한 바위를 계속 밀어올린다. 그러다 갑자기 불가능해 보였던 일이 이뤄진다. 지원의 물결이 현상을 압도하는 것이다.

그렇다고 억압받는 사람들이 변화의 과업을 감당하고 다수는 비켜서서 상황이 안전해질 때까지 기다려야 한다는 뜻은 아니다. 방관자를 끌어들이는 전략은 냉소주의 대신 확실한 자료를 제시하는 것이다. 다른 사람들이 현재 상황에 만족한다고 믿는다면 우리는 수동적으로 남아 있을 확률이 높다. 다른 사람들이 실제로 어떤 심정인지 안다면 가게 앞에 걸어놓은 구호를 돌연 찢어버리고 같이 행동에 나설 수 있다.

사우디아라비아를 한번 생각해보라. 이 나라에서는 여성의 약 4분의 1만이 직장에 고용되고 가정 밖에서 일하는 여성은 더 적다. 이곳에서는 전통적인 '남성 보호자' 법에 따라 최근까지도 남편이 아내의 의사 결정 권한을 쥐고 있었다. 그렇다면 여성 고용 실태는 남성의 선호를 반영해야 하지만 실제는 그렇지 않았다. 2018년, 연구에 따르면 여성이 가정 밖에서 일할 수 있어야 한다고 믿는 사우디 남성은 80퍼센트 이상이었다. 하지만 이들은 자기들과 의견을 같이하는 남성이 훨씬 적을 것이라고 착각했다. 이때 연구진은 일부 사우디 남성에게 다른 사람들이 실제로 어떻게 생각하는지 알려줬다. 사실을 알게 된 사람들은 이를 동료 집단의 허락으로 간주해서 본인들의 믿음을 표현할 수 있었다.[15] 수개월

후, 이들의 아내는 자료를 보지 못한 남성의 아내보다 거의 두 배나 많이 일자리에 지원했고 다섯 배나 더 많이 면접을 봤다. 이 현상은 여성을 계속 무시하는 나라에서 일어난 여권 향상을 향한 작은 진전임과 동시에 양질의 정보를 통해 변화가 일어날 수 있음을 알려준다.

지금까지 이 책을 통해 목격했듯이 우리 믿음은 부정적인 쪽으로 기울어져 있다. 이 때문에 진실은 기분 좋은 놀라움으로 다가오는 경향이 있다. 자신의 문제가 무엇이든 우리는 외딴섬에서 홀로 억압에 맞서 싸우고 있고 다른 사람들은 상관하지 않는다고 생각할지 모른다. 이건 틀린 생각이다. 진실을 알면 분노에 효능감이, 부적응에 창의력이 더해질 수 있다. 이렇게 되면 우리는 다른 사람과 연대를 결성해 바위를 같이 밀어올려 마침내 언덕 꼭대기까지 올릴 수 있다.

선거를 바꾼 작은 움직임

창의적인 부적응의 이야기는 위대함과 충돌하는 경향이 있다. 바츨라프 하벨은 프라하에서 불가능한 가능성에 맞서 싸워 대통령이 됐다. 넬슨 만델라Nelson Mandela는 남아프리카 공화국의 인종 차별 정책에 맞서 이와 동일한 과업을 이룩했다. 말랄라 유사프자이Malala Yousafzai는 파키스탄 및 그 외 지역에서 여성 교육을 위해 목숨을 걸고 싸웠다. 이들의 삶은 수많은 사람에게 영감을 주지만 우리의 삶과는 동떨어진 느낌이 들기도 한다.

보통 사람들은 이들의 삶을 알게 되면 변화는 역사를 바꾸는 초인적 인물에 의해 주도되고 나머지 사람은 그 조류에 휩쓸려가는 것이라고 생각할지 모른다. 대부분의 사람이 변화를 일으킬 수 없다면 구태여 노력할 필요가 있겠는가?

내가 이런 생각을 한 계기는 유권자 억압 문제 때문이다. 2013년, 대법원은 1965년 투표권리법Voting Rights Act의 일부 조항을 철회하기로 결정했고 이에 따라 연방 정부의 감독 없이 주에서 선거를 조작할 수 있는 여지를 더 많이 허용해줬다. 이 결정 이후 6년에 걸쳐 주 정부는 1,500개 이상의 투표소를 폐쇄했고[16] 우편 투표를 제한했으며 명부를 정리해서 사람들이 다시 등록하지 않으면 투표를 못하게 만들었다.

이로 인해 투표는 더 힘들어졌다. 어떤 변화는 한 표 한 표가 미치는 영향을 축소한다. 주는 10년마다 의회의 지역구를 다시 개편한다. 중립적이어야 할 이 과정은 당파적 게리맨더링을 통해 정치 무기가 됐다. 한 정당 의원들은 비정상적인 지역구를 구획해 경쟁 유권자의 선거권을 박탈했다. 패킹packing은 상대 당 유권자를 최대한 적은 수의 선거구에 몰아넣어 이들이 선거에 미치는 영향을 축소하는 것이다. 크래킹cracking은 경쟁 유권자를 여러 지역구에 퍼뜨려 상대 당을 각 지역구에서 소수 당으로 만드는 수법이다. 이런 전술로 인해 유권자가 정치인을 선택하는 것이 아니라 정치인이 유권자를 선택할 수 있게 됐고 이들은 선거에서 패배할 게 전혀 두렵지 않기 때문에 인기 없는 정책을 마음대로 추진

희망찬 치어풀지

한다.

유권자 억압은 조용히 일어나는 일이라 다루기 힘들고 까다롭다. 대부분의 유권자는 주 정부의 지역 관리자 선거에는 관심을 두지 않는다. 대다수의 민주당 지지자와 공화당 지지자는 게리멘더링에 반대하지만[17] 이 과정은 공공의 감시를 거의 받지 않는다. 우리 민주주의는 이런 어두컴컴한 구석에서 기름칠이 잘 되고 돈을 잘 먹인 정치 기계에 의해 점점 해체되고 있다.

＊

게리멘더링은 나의 냉소주의를 무럭무럭 키웠다. 희망찬 회의주의를 시도하면서 나는 솔루션 스토리 트래커(데이비드 본스타인과 티나 로젠버그가 자산 중심의 뉴스를 부각시키기 위해 만든 웹 사이트)에서 관련 문제를 검색했다. 그리고 케이티 페이Katie Fahey라는 인물을 알게 됐다.[18] 2016년, 페이는 미시건 재활용 연합에서 일하는 27세의 프로그램 담당자였다. 그녀는 독립적이었고 나라 문제에 신경을 쓰긴 했지만[19] 자기 지역 문제에 관심이 더 많은 사람이었다. 그랜드 래피즈Grand Rapids에서 랜싱 Lansing까지 통근하면서 그는 매일 미시건 NPR을 들었다. 선거가 앞으로 성큼 다가오면서 페이는 수자원 관리를 담당하는 카운티 배수 위원직을 놓고 벌어진 싸움에 '격분'했다. 별일 아닌 것 같지만 두 시간도 채 떨어지지 않은 플린트Flint 시에서는 지역 정치인의 잇따른 부주의한 결정으로 식수가 오염되는 일이 발생했다.

페이는 4학년 때 게리멘더링에 대해 배웠고 그 후 이 제도에 분노를 느꼈다. 페이는 말했다. "사람들이 항상 그래요. 주 의회는 미시건 사람들이 원하는 아무 일도 하지 않는다고요." 그는 이로 인해 '삶에 대한 깊은 불안감'을 느꼈다. 하지만 선거 기간에 살펴보니 주변 사람들에게서 변화가 감지됐다. 사촌의 생일 파티에서 친구와 가족은 버니 샌더스와 힐러리 클린턴Hillary Clinton, 도널드 트럼프의 보육 정책 차이를 이야기했다. 본인이 가지고 있던 정치적 세부 사안에 대한 열정이 퍼져가는 것 같았다.

그런데 선거 이후 모든 게 시들해졌다. 분열이 하늘을 찔렀고 모두가 상대방을 사악하다고 여기는 것 같았다. 페이는 서로 동의하는 문제를 통해 사람들을 결집시킬 방법이 없을까 생각했다. 그러던 어느 날 저녁, 페이스북에 로그인해보니 옛 기억을 되살려주는 알림이 떠 있었다. 수년 전, 페이는 당파적 게리멘더링에 관한 불평을 게시한 적이 있었는데 그동안 아무도 답이 없었다. 페이는 충동적으로 한 번 더 게시글을 올렸다. "미시건에서 게리멘더링 문제를 해결하고 싶습니다.[20] 여기에 관심 있는 분이 계시면 제게 알려주세요."

적은 수지만 지난번과 달리 이 문제에 관심이 많은 사람들이 댓글을 달았고 덕분에 페이는 '나 혼자가 아니다'라는 생각을 하게 됐다. 아직 한 일이 아무것도 없는데도 수십 명의 사람이 댓글을 달고 메시지를 보내 게리멘더링에 관해 뭔가 해줘 감사하다고 했다. '이런. 이걸 원하는 사람이 수천 명이나 있는데 모두 다른 사람이 뭔가를 하기를 기다린 거야. 우리가 그 일을 하는 사람이 돼야겠어.' 페이는 생각했다.

*

페이는 먼저 누구나 쉽게 할 수 있는 '어떻게 하면 게리맨더링을 종식할까'를 구글에 검색했다. 검색 결과 세 가지 선택지가 나왔다. (일시적일 테지만) 소송, (신뢰하지 않는) 입법자들과의 협력, 주 주민이 직접 투표할 수 있는 투표 발의안이었다. 세 번째 선택지가 가장 좋아 보였다. "우리가 직접 이 방법을 해봐요." 페이는 운동에 참여한 동료에게 말했다. 하지만 '이 방법'은 무모할 정도로 벅찬 일이었다. 제안을 투표에 올리기 위해서는 30만 명 이상에게 서명을 받아야 했는데 이 숫자는 그랜드 래피즈 전체 인구를 훨씬 초과했다.

페이는 '정치인이 아닌 유권자Voters Not Politicians'라는 조직을 창설해 새로운 비영리 단체로 등록했다. 투표 발의안은 보통 자금 지원이 잘되는 조직이 주도하며 이들이 변호사와 협력해서 수정 조항을 만들고 목표를 발표하기 전에 자금을 조성한다. '정치인이 아닌 유권자'는 첫 기자 회견 하루 전날 계좌를 개설했고 사무실에는 볼펜도 없었다.

페이의 기억에 따르면 이들은 기자들에게 철저히 당했다. 지역 언론은 이들의 노력을 짓밟았다. 한 기사는 기자 회견 중 페이가 "있잖아요"라고 말한 부분을 모두 부각시켰고 페이의 나이, 성별, 격식 없는 말투를 무기 삼아 그를 가벼운 사람 취급했다. 항간에는 페이가 가짜 풀뿌리 캠페인(지역 주민이 자발적으로 참여해 시작되는 사회 운동이나 정치 캠페인을 말한다-옮긴이)을 벌이는 정치 공작원이라는 소문이 돌았다. 실제 정치 공작원이 페이에게 전화를 걸어와 만약 실패하면 반게리멘더링 노력을 수년간 못하게 될 것이라고 경고했다. 뉴스에서는 페이를 아무것도 모르는 순진한 아이 또는 비밀 요원 또는 파괴적인 행동을 하는 아마추어로 묘사했다. 그러나 일반 사람들의 반응은 매번 달랐다. '정치인이 아닌 유권자'는 33일에 걸쳐 미시건의 모든 지역구에서 33차례 타운 홀미팅을 열었다. 미시건 주민들은 당파적 게리멘더링에 대해 알아갈수록 더욱 화를 냈다. 페이는 사람들에게 분노를 해결할 방법을 제시했다. '정치인이 아닌 유권자'는 그들의 제안에 이름을 붙이기 위해 많은 사람의 의견을 모았고 어떻게 해야 공정할지 물었다. "사람들은 살면서 이런 질문을 한 번도 받아본 적이 없는 것 같았어요. 상당한 관심을 보였죠." 페이는 이렇게 기억했다. 창의적인 부적응이 주 전역으로 퍼져나갔다.

주 정치 절차의 세부 사항을 있는 그대로 논의하기 위한 지역 순회 회의는 입석만 남을 정도로 붐볐다. 페이가 페이스북에 게시글을 올린 지 몇 달 만에 수천 명의 자원봉사자가 이 운동에 동참했다. 이들은 티파티Tea Party(정부 지출 축소, 세금 인사 등 작은 정부를 옹호하는 정치 운동이다-옮긴이) 보수주의자와 진보주의자, 퇴직자와 학생, 변호사와 노동자로 구성됐다.

페이는 가뜩이나 줄어든 여가 시간을 이용해 즉흥 코미디 그룹을 운영했고 이곳에서 공연을 했다. 이 즉흥 연기의 핵심 원칙은 "네, 그리고……"이다. 연기자는 상대가 던지는 말을 모두 받아들인 다음에 말을 덧붙이는데 연기자끼리의 애드립이 예측할 수 없는 수준으로 쌓인다. 내가 보기에 '정치인이 아닌 유권자'는 이 연기 원칙을 따르는 것 같다. 자원봉사자는 각자가 할 수 있는 방식으로 일을 도왔다. 한 수의학과 학생은 새벽 4시부터 6시까지 사례를 연구해 그 내용을 아침 근무조에 전달했다. 목수는 서명을 받기 위한 클립보드를 만들었다.

'정치인이 아닌 유권자'는 프로포절 2를 작성했는데 이는 정치인 대신 민주당 지지자 네 명, 공화당 지지자 네 명, 무소속 다섯 명으로 시민 위원회를 구성해 이들에게 지역구 개편 과정의 감독을 맡길 투표 발의안이었다. 통과된다면 프러포절 2는 미시건의 정치 구도를 근본적으로 바꿔 나라의 권력을 밀실에서 투표소로 옮겨올 수 있었다. 단체의 선거운동원은 주 전역을 휩쓸었다. 도시와 마을, 동네를 돌아다니면서 집과 거리에서 사람들에게 유권자의 힘에 관한 내용을 전파했다. 한 지역 기자는 "이들 운동원이 곳곳에 있었다"[21]고 감탄했다. "행사장에 가면 여지없이 이들이 있었어요."

'정치인이 아닌 유권자'는 가상공간에서도 뛰었다. 페이스북에는 캠페인이 모집한 서명 수가 표시됐다. 이 단체는 주요 순간을 생중계했다. 최종 목표를 달성했을 때 조직원들은 서명된 양식 상자가 유홀 U-Haul(미국의 이삿짐 포장 및 보관, 트럭 대여 회사다 ─ 옮긴이) 트럭에 쌓이는 모습을 촬영했다. 트럭은 주 의사당으로 덜커덩거리며 이동했고 이곳에 지지자들이 모여 환호하고 있었다.

포르포절 2가 대중의 지지 목표를 달성한 후 '정치인이 아닌 유권자'는 기금 조성이 잘된 반대 조직에게 소송당했고 소송은 순식간에 미시건 대법원까지 올라갔다. 일곱 명의 판사 중 다섯 명은 당시 게리멘더링의 혜택을 본 공화당 소속이었다. 어떤 판사는 '정치인이 아닌 유권자' 편에 서지 말라는 심한 압력을 받았다. 페이는 불같은 기세로 달려들었지만 소송은 그녀의 기세를 꺾었다. 수십만 명의 사람이 품은 희망이 일곱 명의 판사에 손에서 모두 사라져 목소리를 내려는 노력이 수포로 돌아갈 참이었다. "이렇게 조작될 거면 민주주의가 무슨 가치가 있을까?" 페이는 속상했다.

조용히 기다리는 건 아무 소용이 없었다. '정치인이 아닌 유권자'는 법정 참관인을 조직했다. 프로포절 2에 대한 소송이 진행되면서 법정은 시민들로 꽉 찼고 수백 명은 밖에서 기다렸다. 재판관이 사람들의 목소리를 빼앗을 작정이라면 바로 사람들 앞에서 그 일을 해야 했다.

법정은 이 사건을 기각했고, 이로써 프로포절 2는 2018년 투표 용지에 무사히 상정됐다. 이 발의안은 60퍼센트 이상의 압도적인 득표율을 기록하며 통과됐고 미시건 83개 카운티 중 67개 카운티에서 승리했다. 다음 해, 미시건주는 선거구 재조정 위원회를 위한 신청서를 임의로 선정한 미시건 주민에게 발송했고 6만 2천 명이 위원직을 고려해보라는 질문을 받았다. 2021년, 최종 위원회는 미시건주의 선거구 개편 작업을 마무리지었다.

히마차 히이롤자

＊

투표 웹사이트 파이브써티에이트FiveThirtyEight에 따르면 미시건주의 새로운 선거구는 미 전역에서 가장 편향되지 않은 지역구에 속하며 다수의 선택과 의향에 따라 의석이 메워진다. 다른 여러 개 주도 최근 미시건주와 같이 선거구 개편 위원회를 채택했다.[22] 페이는 현재 전국 차원에서 투표권 및 관련 문제를 옹호하는 비영리 조직 '더 피플The People'의 전무이사로 일하고 있다.

이 이야기는 경이롭다. 법적 경험이 전혀 없고 이제 막 차를 렌트할 수 있는 나이가 된 여성이 뿌리 깊은 정치 이익을 파고 들어 승리를 거머쥐었다. 그는 미국 민주주의에 가해진 가장 은밀한 위협을 양지로 끌어내 천만 유권자의 힘을 강화했다.

페이의 이야기는 우리가 얼마나 강해질 수 있는가를 분명하게 보여주는 하나의 도전이다. 그의 대담한 캠페인은 공개적으로 '뭣도 모르고 벌이는 짓'이라는 조롱을 받았지만 페이는 이 캠페인이 젊은 세대에게 교훈을 주기를 바란다. "미시건 아이들은 지금도 게리멘더링을 배울 거예요. 그런데 세상에나, 이 아이들은 미시건주에서 다른 일이 일어났다는 것도 배우게 될 겁니다." 페이는 생각에 잠겼다.

페이는 캠페인을 시작하기 전에는 한 사람이 변화를 일궈낼 수 있다고 생각하지 않았다. 지금도 그런 생각은 하지 않는다. 변화를 위해서는 수천 명이 필요하다. 그리고 그런 사람이 도처에 있다. 이들에게 문제를 알려주고 도울 방법을 제시하면 이들은 종종 변화를 만들어낸다.

변화를 포용하는 용기

우리의 희망은 얼마나 야심 찬 것일까? 바츨라프 하벨과 케이티 페이 같은 변화의 주체는 발전을 위해 노력한다. 그렇다면 도중에 길을 막고 서 있는 사람들은 어떻게 될까? 역사가 이들을 쓰러뜨릴까? 아니면 함께 따라올 수 있을까? 이런 의문점을 원동력으로 로레타 로스 Loretta Ross 는 50년 동안 활기차게 움직였다.[23] 로스는 지금까지 재생산권reproductive rights과 인종 정의 운동을 이끌어왔다. 워싱턴 D.C.에서는 미국 최초의 강간위기센터를 이끌었고 2004년 재생산권을 놓고 미국 역사상 최대 규모의 시위가 벌어졌을 당시에는 여성의 삶을 위한 행진 March for Women's Lives 을 조직했다.

로스의 창의적인 부적응은 개인적인 트라우마에서 시작됐다. 그는 열네 살 때 집안 어른에게 강간당해 아들을 낳았다. 로스가 다니는 고등학교는 그의 임신을 핑계로 복학을 거부했지만 로스의 어머니가 고소하겠다고 으름장을 놓은 후에 겨우 방침을 바꿨다. 부모님의 사랑과 열렬한 뒷바라지가 딸을 살렸다. 로스는 스템STEM 과목 상급 코스에서 뛰어난 성적을 받았고 열여섯 살에 워싱턴 D.C.에 위치한 하워드대학교에 입학했다. 그는 미국의 수도에서 물리학과 유기화학을 공부했지만 여가 시간에는 인종 차별, 베트남 전쟁, 남아프리카 인종 차별 반대 시위에 참여하면서 투표할 나이가 되기도 전에 최루 가스를 맞았다. 그는 대학 졸업 후에는 과학자가 아닌 행동가의 삶을 살기로 결정했다.

로스는 지역 공동체를 조직하고 지원하며 발전시켜 모두에게 도전 정신을 심어주는 데 집중했다. 그는 유색 인종 여성이 직면해야 하는 분투에 대해 전혀 모르는 것 같은 백인 여성을 비난하면서 여성 집단 간에 명확한 선을 그었다. 그러던 중 1970년대에 뜻하지 않은 사건이 로스의 관점을 변화시켰다. 워싱턴 D.C. 강간위기센터에서 32킬로미터 떨어진 로턴 교도소Lorton Reformatory에서 보낸 편지가 한 통 도착했다. 봉투 안에는 윌리엄 풀러William Fuller라는 남자가 쓴 메모가 한 장 들어 있었다. "밖에서는 여자를 강간했고 안에서는 남자를 강간했습니다. 이제 더 이상 강간범이 되고 싶지 않습니다."

"정말 화가 났어요." 로스가 말했다. "이곳에서 강간 피해자를 돕기 위해 온갖 자원을 긁어모으고 있는데 강간범이 우리의 도움을 원하다니요?" 로스의 동료도 같은 생각이었고 대부분 풀러를 무시하라고 조언했다. 하지만 그는 편지를 팽개치지 않았다. 편지는 수개월 동안 책상 위 '종이 더미 사이에 아픈 이처럼' 놓여 있었다. 결국 로스는 로턴 교도소에 가보기로 결심했다. 풀러를 돕기 위해서가 아니라 그를 혼쭐내기 위해서였다. "저를 강간한 그런 인간들에게 해줄 수 있는 게 없었어요. (……) 그렇지만 그 남자의 인생을 더 비참하게 만들어줘야겠다 생각했죠." 그런데 예상 밖의 일이 로스를 기다리고 있었다. 풀러는 혼자가 아니라 여러 명의 재소자와 있었고 대부분 성폭행으로 유죄 선고를 받은 사람들이었다. 이들은 흑인 페미니스트가 쓴 책을 읽고 토론을 벌이는 중이었는데 강간 반대 운동을 벌이는 사람의 지도를 간절히 바라고 있었다. 과연 로스가 이들을 도와줬을까?

로스는 너무 놀란 마음에 뭘 제대로 할 수가 없었다. "할 수 있는 거라곤 제 이야기를 들려주는 것이었어요. 그랬더니 그 사람들이 자기 얘기를 쏟아내더라고요." 각 재소자는 가해자였고 일부는 학대 또는 성희롱 피해자이기도 했다. 이들은 '강간에 반대하는 재소자'라는 이름으로 단체를 결성한 뒤 3년 동안 로스와 함께하면서 스스로 배우고 다 같이 한편이 됐다. 그렇다고 이들이 과거의 죄를 씻은 것도 로스와 친구가 된 것도 아니었다. 10년 후, 로스는 D.C.에서 풀러와 마주쳤다. 그는 자기 인생을 바꿔줘서 고맙다는 인사를 하고 결혼했다는 이야기를 전했다. 로스는 속으로 생각했다. '좋네, 그렇지만 당신은 풀려나면 안 될 사람이었는데.'

그래도 이 경험은 로스를 변화시켰다. 이들의 과거를 알고 나니 더이상 이 남자들을 단순히 그들이 저지른 범죄로 정의할 수 없었다. 이들은 끔찍한 범죄를 저지른 사람들이었지만 남은 시간 동안 더 나은 사람이 되기를 절실히 원했다. 이 일을 계기로 로스는 새롭고 좀 더 확장된 방식으로 변화에 접근했다.

＊

　많은 사회 운동가는 젊은 시절의 로스처럼 운동권 밖에 있는 사람들의 행동을 쉽게 용납하지 못한다. 이들의 무기 중 하나는 부적절한 행동에 대해 공개적으로 망신을 주는 '면박 주기'다. 면박 주기는 불의를 폭로하고 책임을 물리는 힘이 있으며 창의적 부적응이 말로 표현된 형태라고 볼 수 있지만 사회 운동을 분열시킬 가능성도 있다. 변화는 사람들 사이에서 파도처럼 퍼져나가며 어떤 사람은 다른 사람보다 먼저 새로운 생각에 눈을 뜬다. 로스는 따라가지 못하는 사람을 나무라면 이들이 이전 생각과 행동 패턴을 "그대로 고수하며 여기에서 헤어나오지 못할 가능성이 높아진다"고 했다.

　이런 도덕적 순수성 테스트는 사회 운동 내의 다양화된 사고를 제한하고 잠재적 동맹을 배제하며 로스가 말하는 소위 '캔슬 컬처cancel culture(주로 유명인을 대상으로 과거에 잘못됐다고 생각되는 행동이나 발언을 고발하는 현상이다-옮긴이)의 식인 아귀'[24]를 키운다. 또 다른 형태의 냉소주의와 마찬가지로 면박 주기 문화는 사람들의 변화 역량을 보지 못하게 한다. 로스는 이런 고정된 견해가 대부분의 사회 운동가가 혐오하는 "교도소 산업 복합체prison industrial complex(정부와 민간 기업, 징벌 시스템 간의 얽히고설킨 관계를 나타내는 말이다-옮긴이)를 반영한 것"으로 보인다고 했다.

로스는 이에 대한 대안으로 사랑으로 감싸주기라는 '포용하기'를 제안한다. 포용하기는 어떤 사람이 저지른 잘못과 그들의 성장 역량을 함께 본다. 로스는 이 전략을 '강간에 반대하는 재소자' 모임에 썼고 후에는 세뇌당한 쿠 클럭스 클랜Ku Klux Klan 구성원을 조직에서 빼내는 데도 사용했다. "어떤 사람에게 증오를 내려놓으라고 말할 때는 이 사람 곁에서 그 과정을 응원할 필요가 있어요." 로스는 설득하듯 말했다. 그는 다른 사람들도 배울 수 있는 '포용하기'의 경험담을 들려줬다. 로스의 친척은 종종 멕시코인과 LGBTQ 집단에 대해 편협한 시각을 드러냈다. 어느 날 저녁 식사를 하면서 로스는 으레 이어지는 그의 긴 이야기에 이렇게 대꾸했다. "너는 좋은 사람이야. 지나가다 불 난 건물을 보면 뛰어들어가 사람을 구할 거야. 게이든 일반인이든 멕시코 사람이든 백인이든 가리지 않겠지. 내가 알기로 너는 이렇게 좋은 사람인데 어떻게 그런 말을 하는지 이해가 안 가."

'면박 주기'는 사회 운동을 축소시키는 반면 '포용하기'는 사회 운동을 확장하면서 더 많은 사람이 동참하도록 만든다. 포용하기는 회복적 사법에서 도출된 방법으로 상처를 입은 후 앞으로 나아가게 하는 힘이다. 라후안 화이트가 시라큐스의 링컨중학교에서 시도한 방법도 다 여기에서 영감을 얻은 것이다. 현재 스미스대학교Smith College 교수인 로스는 수업 시간에 신세대 사회 운동가에게 포용하기를 가르친다. 로스는 어느 누구도 선동자나 도발자의 '비생산적인 대화'에 참여해야 할 의무가 없고 이런 대화에 끼어 스스로를 위험에 빠지게 할 이유 또한 없다는 점

치맛힌 치이튼기

을 분명히 한다. 대신 로스가 새롭게 시도하는 사회 변화 버전은 희망찬 회의주의와 사람들 대부분이 선하다는 믿음을 연료로 추진된다.

＊

과거의 승리는 희망을 불러일으키기는 쉽다. 그러나 당시에는 앨라배마, 스톤월, 프라하, 남아프리카 공화국의 사회 운동이 어떻게 될지 아무도 몰랐다. 현재 전 세계에서 수많은 사회 운동이 일어나고 있다. 민주주의는 비틀거리고 국민은 민주주의를 살려내기 위해 투쟁한다. 독재 지도자는 권리를 앗아가고 사람들은 권리를 확장하기 위해 저항하고 뭉친다. 누가 우세할지는 아직 모른다. 바위는 언덕 아래로 굴러가고 누군가 이 바위를 다시 밀어올린다.

로레타 로스는 인간 본성에 관해 환영을 품지 않는다. "인간이 저지를 수 있는 끔찍한 짓에 집중하지 말라는 얘기가 아니라 우리가 더 잘할 수 있다는 것을 전적으로 믿으라는 겁니다." 이 믿음을 뒷받침하는 증거는 많다.

진보는 수십 년에 걸쳐 앞을 향해 나아갔다. 서다 가다를 반복하면서 바위는 조금씩 위로 올라갔다. 로스가 말했다. "인권의 적은 우리와 싸우고 있다고 생각하지만 실상 그들은 자기들이 감당할 수 없는 세력과 싸우고 있는 겁니다. 이들은 진실, 증거, 역사, 그리고 무엇보다 시간과 싸우고 있죠. 그리고 진실, 증거, 역사, 시간은 이들을 혼쭐내줄 겁니다."

11장   # 우리는 모두 희망찬
회의론자가 되어야 한다

         최근 일곱 살 딸을 여름 캠프에 데려다주는 길에 아이가 지구상에서 가장 좋아하는 장소인 엄마의 고향, 앨라배마주 터스칼루사Tuscaloosa 이야기를 꺼냈다. 최근에 이곳 남부를 방문했을 때 많은 사촌과 뒷마당에서 스프링클러 파티를 가지며 달콤한 스낵을 즐겼다. 더위 빼고 완벽했다. 7월의 앨라배마는 전혀 쾌적하지 않았다. 올해 그곳에 머무는 동안에는 대부분 기온이 37도를 훌쩍 넘었다.

    "분명 점점 더 더워질 거야." 무심코 말을 던졌다. 아내는 동요하지 않는 기색이었다. 초등학교 2학년 때의 나보다 기후에 대해 훨씬 많이 알고 있으니까. 아내는 내게 물었다.

    "너무 더워져서 불이 날까?"

    "그야 모르지." 내가 대답했다. "그런데 아마 사람이 살기 더 힘들어질 수도 있어."

"샌프란시스코도 불이 날까?" 아내가 계속 물었다.

"그것도 몰라. 듣기 좋은 답을 못해서 미안해." 말을 얼버무렸다. 사실 미안한 이유는 아내가 한 질문의 답이 너무 끔찍했기 때문이다. 앞으로 수년 안에 아내와 처제는 자기들이 일으키지 않은 느리게 진행되는 재앙으로 인해 그들의 삶의 형태를 결정짓고 어쩌면 그 삶을 제한할 재앙에 눈이 번쩍 뜨일 것이다.

우리 문화에는 긍정적인 동력이 자라는 분야가 수도 없이 많다. 이들에 관심을 가질수록 나는 더 벅찬 희망을 느꼈다. 하지만 이 모든 희망은 내가 보기에 가장 희망이 없는 분야로 인해 위축되고 말았다. 지난 수년에 걸쳐 나는 기후 운명론자가 됐다.

기후 위기를 맞아 공포감을 느낄 이유는 충분하다. 지구는 2015년 파리기후협정에서 합의된 온난화 수준의 거의 두 배 가깝게 달궈지고 있다.[1] 2022년, 미국에서만 10억 달러 규모의 자연재해가 3주에 한 번 꼴로 발생했다.[2] 1980년대에 비해 빈도수가 네 배 더 증가했다. 현재 1억 5천만 명이 넘는 인구가 사는 육지가 2050년에 가서는 물에 잠길 전망이다.[3] 그런데 이 문제에 기여한 바가 거의 없는 가난한 나라에서 고통을 오롯이 체감하고 있다.

전 세계에 경보가 울려퍼지고 있는 가운데 우리는 경각심을 가져야 마땅하다. 그런데도 나도 이 문제의 심각함에 지칠 때가 많다. 이런 종류의 '운명론'은 분노나 공포가 아닌 체념인데 그 어떤 조치로도 환경을 구할 수 없다는 생각에서 나온다. 2019년, 여러 국가의 5만 명 이상

희망찬 회의론자

을 대상으로 한 여론조사에서 조사 대상의 절반 이상은 "기후 변화는 멈출 수 없는 과정"[4]이라는 데 동의했다. 2021년, 조사에 따르면 젊은층이 노년층보다 기후 절망감[5]을 겪는 경향이 3분의 2가량 더 많았다. 누구를 탓하겠는가? 온난화는 21세기에 살날이 더 많은 젊은층이 지고 가야 할 몫이기도 하다.

운명론은 우리 공공의 상상 속 배경으로 자리 잡았다. 너무 만연해 있다 보니 알아차리기도 힘들다. 다른 사람들의 기후 이상주의에 대한 냉소주의도 마찬가지다. 2022년, 심리학자들은 수천 명의 미국인을 대상으로 얼마나 많은 동료 시민이 강력한 환경 보호 정책을 지지할 것 같냐고 물었다. 응답자는 보통 40퍼센트 미만이 지지할 것 같다고 추정했다. 다시 말해 대부분의 사람은 다른 사람들이 지구를 그다지 걱정하지 않는다고 생각한다.[6] 서로에 대한 믿음이 거의 없으니 미래도 절망적으로 보는 것이다.

이 사실을 접한 여러분은 회의적인 관점을 가졌으면 좋겠다. 나는 여러분이 이런 질문을 던졌으면 한다. '이렇게 사람들이 환경에 관심이 없다고 무시한 채 기후 위기를 해결할 기회를 포기하는 것이 합당할까?' 지금까지 밝혀졌듯이 운명론은 인간 본성에 관해 널리 알려진 과정에 기반을 두고 있지만 그 관점의 근거는 불확실하다.

비극에서 희망의 관점을 찾는 법

가렛 하딘Garrett Hardin에 대해 들어본 적이 있을지 모르겠지만, 그는 우리가 미래를 보는 관점에 지대한 영향을 끼쳤다. 하딘은 네 살 때 소아마비에 걸렸는데[7] 환각 증상을 일으킬 정도의 고열에 시달리면서 몇 주를 앓았다. 그는 학교에서 '절름발이'라며 괴롭힘을 당했고 바이올린, 연극을 거쳐 결국 과학을 도피처로 삼았다. 말년에는 소아마비 후유증[8]으로 인해 휠체어에서 벗어나지 못하고 고통스럽게 살아야 했다. 그와 아내 제인은 함께 죽을 때를 선택할 수 있는 권리 지지 단체인 헴록 소사이어티Hemlock Society의 회원이었다. 제인이 ALS(근위축성측색경화증)에 걸리자 하딘은 아내와 함께 62년의 결혼 생활을 마치고 생을 끝냈다.

하딘은 항상 죽음을 인생에서 중요한 부분으로 여겼다. 그의 아버지 휴는 이곳저곳을 다니며 물건을 파는 영업사원으로 일하면서 가족을 미주리에서 멤피스, 시카고까지 데리고 다녔다. 하딘은 열 살 때부터 여름을 미주리주의 버틀러Butler에서 보냈다. 그는 가족 농장이 있는 이곳을 "인생에서 안정감이 드는 곳"[9]이라고 불렀다. 소아마비로 인한 장애를 감안해 농장에서 그는 주로 500마리의 닭을 돌보고 점심때 닭을 한 마리씩 죽이는 일을 했다. 한편 그는 캔자스시티 주민들이 고양이를 시골에 버리는 광경을 종종 목격했다. 도시 사람들은 분명 그들의 반려동물이 시골에서 좋은 집을 찾을 것이라고 상상했겠지만 집 잃은 고양이가 늘어나면서 고양이 열병이 시골을 휩쓸었다. 대부분의 고양이는 병들어 죽거나 농장의 폭스테리어(원래는 여우 사냥용으로 키우던 개였지만 현재는 반려용으로 키운다 – 옮긴이)에 먹혀 죽었다.

수십 년 후, 하딘은 이 일을 농장에서 얻은 중요한 교훈이라고 회상했다. 죽이는 게 항상 잔인한 것은 아니고 살려두는 것이 항상 자비로운 행위는 아니라고 했다. 그는 인터뷰에서 이렇게 말했다. "저는 평생 이 세상에 태어나는 모든 생명에 충분한 공간이 없다는 사실을 깨달았고 괴로워했습니다." 고양이에게도 맞는 말이었고 인구가 폭발적으로 늘고 있는 전 세계에서[10] 살아가야 하는 사람에게는 더더욱 맞는 말이었다.

하딘은 동물학과 생물학을 공부하고 캘리포니아대학교 산타바바라에서 학생들을 가르쳤지만 농장에서 얻은 어두운 깨달음은 여전히 그를 따라다녔다. 1968년, 그는 이러한 깨달음을 〈공유지의 비극The Tragedy of Commons〉[11]이라는 짧은 에세이에 녹여냈다. 에세이에서는 독자에게 여러 목동이 함께 공유하는 목초지를 상상하라고 요청한다. 이 공유지는 여러 목동이 소의 개체 수를 제한할 때 좋은 상태가 유지된다. 하지만 각 목동은 개체 수를 하나라도 더 늘리고 싶을 것이고 결국 목초지는 소가 다 씹어 먹어 나중에는 소와 농부 모두 다 망하게 된다. 범위를 확장해보면 하딘이 에세이에서 언급한 작은 목초지는 지구가 되고, 목동은 인간, 소는 항공 교통, 공장, 노천 광산strip mines(지표면을 벗겨내 광물을 채굴해야 하므로 생태계 파괴 등 심각한 환경 문제를 야기한다 – 옮긴이), 그리고 무엇보다 우리 자녀와 손주가 된다.

하딘이 언급한 '비극'은 슬픈 이야기라는 의미가 아니라 영웅이 자기 숙명에 묶여 도망칠 수 없는 상태라는 뜻의 그리스어였다. 하딘에 따르면 인류의 큰 비극은 두 가지 불변의 법칙이 충돌[12]하면서 온다. 첫째는 지구가 불어나는 인구를 감당할 수 없을 것이라는 법칙이고 두 번째는 사람들이 너무 근시안적이고 이기적이라서 이를 알아채지 못하고 지구를 돌보지 않는다는 생각이다. 하딘은 "멸망은 모든 인간이 각자 최선의 이익을 추구하며 질주하는 목적지"라고 선언했다.

그는 인구 제한 정책 옹호를 통해 인류의 파멸을 막는 데 평생을 바쳤다. 1960년대 초, 그는 당시에 금기시되는 주제인 중절 수술을 지지하는 연설을 했다. 그 후 수년 동안 그는 길을 걷다가 여자들에게서 '어디에서 중절 수술을 받을 수 있냐'는 질문을 받았다. 하딘 부부는 멕시코에서 중절 수술이 가능한 병원을 찾아 수백 명의 여성에게 소개시켜줬다. 하딘은 자신들의 노력을 "남북 전쟁 이전의 지하 철도에 비유할 수 있다"[13]고 생각했다.

그러나 시간이 지나면서 하딘의 사상은 광신적으로 변했다. "우리는 인류를 도시 고양이처럼 다루고 있는데 이는 그릇되고 치명적인 자비다. 차라리 닭 농장의 농부처럼 생각할 필요가 있다. 사람들에게 출산과 관련된 선택권을 주는 것만으로는 충분하지 않으며 차라리 자유를 박탈해야 한다"고 주장했다. 하딘은 인구 조절 방법으로 불임 시술을 지지했다. 〈구명보트 윤리Lifeboat Ethics〉라는 에세이에서 그는 국제 원조를 종식해야 한다고 주장했다. 부유한 국가는 바다 위에 떠 있는 작은 배의 승객처럼 스스로 살아날 수 있지만 가난한 나라가 기근으로 황폐화된다면 그것을 그냥 지켜봐야 한다고 했다. 그렇지 않으면 "더 유능하고 더 능력 있는 사람들이 희생되고 대신 덜 유능하고 덜 능력 있는 사람들이 불어날 것"이라고 썼다. 하딘은 외국인 혐오, 우생학을 포용했고 인종주의를 받아들이면서 "다민족 사회라는 개념은 재난"[14]이라고 말했다.

하딘은 진심으로 지구를 걱정했다. 또한 뒤떨어진 도덕성과 허위 사실을 바탕으로 인류를 두려워하기도 했다. 그는 인구가 매년 더 빠르게 증가할 것이라고 예측했지만 사실상 인구는 이미 정점에 다다랐고 심지어 팬데믹 이전인 2019년부터 현재까지 25개국의 인구는 점점 감소하는 추세다.[15]

다행히도 대부분의 사람이 하딘의 편협한 생각을 인정하지 않았지만 여전히 많은 사람이 그의 생각을 받아들이고 있다. '비극'은 생각지도 않게 히트를 쳤고 그는 유명 인사가 됐다. 하딘은 미 전역을 돌며 수백 명의 대중을 대상으로 강연을 했다. 그를 초청한 샌프란시스코의 주최 측은 대규모 강연장을 찾을 수 없었고 이에 하딘은 순회 공연하는 록 밴드[16]처럼 여러 차례 강연을 했다. 아직도 수백만 명의 학생은 '비극'을 배운다. 환경에 대해 염려하는 사람들은 누구나 '인류가 문제고 앞으로도 항상 그럴 것이다'라는 단순한 논리에 끌릴 수 있다.

하딘은 과잉 인구 때문에 지구가 멸망할 것이라고 생각했지만 그와 제인은 네 명의 자녀를 뒀다. 이런 모습은 부부의 두려움과 그들의 행동

사이에 존재하는 이상한 갈등으로 보일지도 모른다. 그러나 오늘날의 운명론자들은 다른 사람들보다 연료 효율이 좋은 자동차를 사거나 태양 에너지에 투자하거나 기후 정의를 위한 집회에 참여하는 경향이 적다.[17] 더 이상 내일이 없다면 오늘을 맘껏 즐기는 게 낫지 않을까? 모두 소를 한 마리씩 더 늘린다면 내 소를 줄일 필요가 뭐가 있겠는가?[18]

*

냉소론자는 놀라울 정도로 거짓말을 감지하지 못한다. 이들은 모든 사람에게서 최악의 면모를 예측하기 때문에 진짜 범인과 상상의 범인을 구분하는 데 어려움을 느낀다. 기후 위기에 있어 진짜 범인은 따로 있다. 지난 150년에 걸쳐 산업 이산화탄소 배출량의 거의 3분의 2가 단 90개 대기업[19]에서 나왔다. 전 세계 상위 1퍼센트의 기업이 하위 소득 기업 전체를 합친 양보다 두 배 더 많은 오염 물질을 생산한다.[20]

에너지 산업의 권력 계층은 현상 유지를 위해 강력한 방법을 이용한다.[21] 예를 들어, 새로운 에너지 정책을 반대하게끔 상원의원에게 로비하고 과학자에게 자금을 대 기후에 관한 허위 정보를 퍼뜨린다. 냉소주의는 이들의 명분을 도와준다. 우리가 모든 사람이 너무 이기적이어서 지구를 보호하지 못한다고 판단하는 것은 가장 큰 피해를 끼치는 사람들과 기업을 은폐해주는 셈이다.

한 사람 또는 한 가정 또는 한 공동체에서 방출하는 온실가스의

희망찬 회의론자

양을 말하는 '탄소 발자국'이란 개념을 생각해보라. 만약 기후 변화를 생각한다면 여러분은 아마 자신의 탄소 발자국을 우려할 것이다. 온라인 탄소 발자국 계산기는 우리가 개인적으로 얼마나 환경에 해를 입히는지 또 어떻게 하면 환경을 개선할 수 있는지(가령 붉은 고기를 적게 먹거나, 직장에 자전거를 타고 가거나, 휴가를 지역 가까운 곳으로 가는 등) 색색으로 표시해준다.

지구 친화적 선택을 하는 건 대단한 일이다. 그러나 '탄소 발자국'이란 이 개념은 브리티시 퍼트롤리엄British Petroleum, BP이 창안한 것으로 밝혀졌으며 한 전문가는 이를 두고 "역사상 가장 성공적이고 기만적인 홍보 캠페인"[22]이라고 말했다. BP는 2년에 걸쳐 수백만 달러를 투자해 기후 위기를 재포장했다. 그들은 기후 위기의 원인이 개인의 무분별한 소비 활동이라고 주장했다. 치유책 역시 우리에게 있다고 주장했다. "이제 저탄소 다이어트를 지속할 때입니다." BP의 광고는 이렇게 선언했다. 에너지 업계의 경영진은 기후 운동에 불신을 심어주고 이를 분열시키기 위해 환경 운동가들이 비행기를 타고 육류를 소비한다고 지적하며 그들의 '탄소 수치심'[23]을 건드린다.

우리의 탄소 발자국은 사회 구조와 얽히고설켜 있다. 거대 석유 회사가 반대하는 선택지,[24] 즉 전기 차량 충전소, 자전거 도로, 대체 청정 에너지 등이 더 제공된다면 사람들이 에너지를 덜 쓰기가 좀 더 수월할 것이다. 탄소 발자국은 오랜 마케팅 전략의 일환으로 문제의 책임을 기업이 아닌 일반인들에게 떠넘기면서[25] 사람들이 그 회사에 의존하게 만드는 시스템 조성을 위한 과정의 일부다.

이런 기업은 냉소주의를 수술용 메스처럼 휘두른다. 우리 모두가 잘못이라는 주장은 어느 누구도 특별한 책임이 없다는 말과 똑같다. BP는 사람들에게 죄책감을 심어 이들이 스테이크 대신 두부를 선택하게 유도했으면서도 자기들이 찍은 거대한 탄소 발자국을 바꾸기 위해 한 일은 거의 없다. 2018년, BP가 재생 에너지에 할당한 예산은 겨우 2퍼센트였다. 그 다음 해에는 석유 산출 지역을 새로 사들였는데, 이는 지난 20년 중 가장 큰 거래로 기록됐다.

운명주의는 다른 형태의 냉소주의와 마찬가지로 우리가 뭔가를 할 수 있는 동력을 고갈시킨다. 운명주의는 딱 봐도 인류에 대한 잘못된 가정을 기반으로 한다. 미국인은 국민 전체의 3분의 1만이 공격적인 기후 개혁을 지지할 것이라고 생각한다.[26] 하지만 실제 수치는 3분의 2에 가깝다. 만약 여러분이 환경 보존 정책을 원한다면 그런 사람이 대다수라는 뜻이며 우리가 주변에서 이런 사람들을 못 알아본 것이다.

대부분의 사람은 지속 가능한 미래를 원하고 수백만 명은 창의적인 부적응의 주도로 이런 미래를 향해 행동하고 있다. 더 많은 사람이 이미 지속 가능한 방식으로 생활하면서 우리가 따를 지침을 제공하고 있는 것이다.

희망찬 회의론자

사람은 다른 사람을 통해 '사람'이 된다

1976년, 하딘은 인디애나대학교에서 그의 '비극' 투어를 계속했다. 이곳의 교수로 청중과 함께 강연을 듣던 엘리너 오스트롬Elinor Ostrom은 특히 첫째 아이를 낳은 후 불임 시술을 받아야 한다고 주장하는 하딘의 말이 역겹다고 생각했다. 오스트롬은 당시를 이렇게 기억했다. "사람들이 '글쎄요, 그건 너무 심한 거 아닌가요?'라고 의문을 제기했죠. 그러자 하딘이 '아니요. 우리가 해야 할 일이에요. 아니면 우린 망해요'라고 답했죠. 뭐랄까, 제 생각에 하딘은 전체주의자가 되어 있었어요."[27]

그녀는 '비극'에 대해서도 회의적이었다. "제 생각에 하딘이 그냥 지어낸 것 같았어요.[28] (······) 그는 '누구에게라도 개방된 목초지를 상상해보라' 하고 말했지 '이건 내가 만든 자료'라는 말을 하지 않았거든요." 하딘은 사람들이 탐욕스럽게 환경을 해치는 우화를 만들어냈는데 그 누구도 애써 이를 과학적으로 판단하려고 하지 않았다. 30년 후, 오스트롬은 하딘의 우화를 꼼꼼히 살피면서 이 속의 많은 오류를 드러낸 공으로 노벨상을 받았다.

오스트롬은 대공황 시기에 로스앤젤레스에서 자랐고 비벌리힐스의 호화로운 고등학교에서는 드문 노동자 가정 학생이었다. 그는 수학을 좋아했지만 선생님은 상급 수학 과정을 듣지 못하게 했다. "헐벗고 임신하면"[29] 그게 무슨 소용이 있겠냐는 주장이었다. 후에 그는 상급 수학 과정을 이수하지 못했다는 이유로 경제학 박사 프로그램에 들어가지 못했다. 오스트롬은 직업 생활 내내 이와 비슷한 장벽에 부딪혔지만 장벽을 모두 깨부수며 정치학 박사 학위를 따고 저명한 연구원이 됐다.

오스트롬의 초기 연구는 그가 원래 살던 도시의 실제 공공재 문제에 집중돼 있었다. 로스앤젤레스는 캘리포니아의 센트럴 분지 및 웨스트 분지에서 물을 공급받았다. 이 방대한 지하 저수지의 물은 1900년대까지는 풍부했지만 인구가 몰리고 발전소, 리조트가 많이 세워지면서 점점 고갈됐다. 지역 주민이 너무 많은 물을 너무 빨리 쓰면서 이 분지에 바닷물이 유입됐고 대수층(지하수를 내장한 침투성 지층이다 – 옮긴이)이 오염됐다. 20세기 중반에 가서는 과도한 지하수 사용이 큰 문제로 대두됐다. 해수로 인해 공원과 교정의 풀이 말라 죽었다. 그래도 어떤 사람은 아무런 영향도 받지 않고 여전히 원하는 대로 물을 마구 썼다.

이 딜레마는 하딘의 에세이의 이야기와 비슷한 부분이 많았지만 현실 세계에서는 비극이 전혀 일어나지 않았다. 대신 시민들은 자체 조직력을 발휘했고 오스트롬은 이를 '공공 자원을 관리하는 기업가 정신'[30]이라고 불렀다. 사람들은 수자원 관리 협회를 조직해서 물 사용량을 감시하고 규제했으며 자원 보존의 중요성에 대해 공동체 교육에 나섰다. 로스앤젤레스 사람들은 공공 자원의 위협에 직면해서 단합했다. 이들은 호모 이코노미쿠스가 아닌 호모 콜라보라투스처럼 행동했다.

오스트롬은 남편 빈센트와 학생 수십 명과 함께 세계 곳곳에서 진행한 성공적인 공공 자원 관리 프로젝트[31]를 찾았다. 건조하지만 비옥한 땅이 펼쳐진 스페인 발렌시아Valencia에서는 농부가 주의 깊게 물을 써야 한다. 수세기 동안 이들은 정교한 순번 시스템을 이용했고 규칙을 어기는 사람을 대중 앞에 불러 세우는 '물 재판소'를 통해 성공적으로 수자원 보존을 해왔다. 메인주의 어부 단체는 특정 무게 이하의 가재는 다시 돌려보낸다는 등의 자체적인 규칙을 정해 좋은 행동은 사회적으로 인정해주고 나쁜 행동은 사회적으로 비난한다. 스위스 퇴르벨Tobel의 산악 목초지에서는 농부들이 땅을 공유하며 채소를 재배하고 가축을 기른다. 1517년, 이들은 선언문을 발표했다. "겨울 동안 먹이 공급 역량을 벗어나는 범위에서는[32] 어떤 사람도 목초지에 소를 추가할 수 없다." 이 농부들은 500년 동안 성공적으로 땅을 공유하며 살아왔다.

오스트롬이 연구한 각 집단은 공공 자원 문제를 자기들만의 방식으로 해결했다. 그는 이들 모두에게서 지속 가능한 삶을 위한 '설계 원칙'[33]을 발견했다. 사람들은 각자 사용해야 하는 자원의 양을 민주적으로 합의한다. 그리고 사람들이 이 규칙을 따르는지 감시할 수 있는 감시원을 선발한다. 위반자는 처벌받지만 그 강도는 약하며 반복적으로 규칙을 어길 경우에만 처벌 수위가 올라간다. 오스트롬은 공공 자원 관리의 승리를 다져주는 또 하나의 공통 요소를 발견했다. 바로 신뢰였다. 오스트롬은 생각했다. "사람들에게 지켜야 할 규칙이 있는데 이들이 그 과정을 신뢰하지 않으면 (……) 틈날 때마다 부정행위를 할 것이다."[34] 사람이 서로를 신뢰하면 미래를 위해 더 많이 투자한다. 바닷가 마을은 호숫가 마을보다 더 지속 가능한 곳이었다.

*

    오스트롬의 연구 저변에는 냉소주의에 대한 깊고 단순한 질책이 깔려 있었다. 하딘은 목초지를 상상해보라고 주문했지만 오스트롬은 직접 나가서 진짜 목초지를 찾았다. 하딘은 인간의 탐욕이 한도 끝도 없다는 인생관에 눈이 가려져 앞을 제대로 보지 못했다. 그러나 이것은 인간이 사는 한 가지 방식에 불과하며 특히 경제 및 사회 시스템에 갇혀 서로를 적으로 인식할 때 이런 방식이 작동한다.

    우리가 이 좁은 땅에서 눈을 돌리면 하딘이 상상한 것보다 더 아름답고 복잡한 파노라마가 펼쳐진다. 역사적으로 사람들은 자연과 조화롭게 살면서 필요한 것은 취하고 나머지는 남겨뒀다. 오스트롬의 제자에 따르면 오늘날 적어도 10억 명 이상이 지속 가능한 방식으로 자신들과 공공 자원을 관리한다.[35] 이외에 '우분투Ubuntu'라는 반투 개념, 즉 "사람은 다른 사람을 통해 사람이 된다"는 철학에 따라 살아가는 이가 수백만 명도 더 된다. 특히 서구 지역 밖의 사람들은 이웃과 조상, 후손과 자신들의 정체성을 공유한다.[36]

    비교해보면 호모 이코노미쿠스처럼 사는 삶은 선택적이며 외롭고 비극적이다. 끝없는 탐욕은 우리 안에 고착된 본성이 아니다. 우리는 본래 이 행성의 적으로 태어나지 않았다. 우리 자신과 서로를 위하고 또 미래를 돌보는 것은 모두 동일한 일로 간주할 수 있다.

희망은 빌리는 것이 아니라 얻는 것이다

오스트롬은 신뢰와 지속 가능성이 자연스럽게 이뤄지는 작은 공동체를 연구했다. 우리의 공공 자원 문제 중 가장 중요한 전 세계 탄소 방출을 줄이기 위해서는 모든 나라를 비롯해 수십억 명의 낯선 사람이 서로 협동하고 공동체 개념을 한계점까지 확장해야 한다. 하지만 이 방대한 노력에 동참하고자 하는 사람들에게 이전보다 선택지가 더 많아졌다. 지난 10년에 걸쳐 태양 및 풍력 에너지 가격은 폭락했지만 이 기술에 대한 투자 이익은 급증했다. 2023년, 재생 에너지에 대한 전 세계 투자액은 1조 7천억 달러인 반면 화석 연료에 대한 투자액은 1조 달러였다. 2025년, 재생 에너지는 전기를 생산하는 가장 큰 공급원으로 석탄을 앞지를 전망이다.[37]

재생 에너지 기술로 탄소 방출 속도를 늦출 수 있지만 2015년 파리 기후협정Paris Climate Accords에서 정한 목표에 도달하기에는 어림도 없다. "우리가 모든 차를 전기차로 바꾸고 태양 에너지와 풍력 에너지로만 발전을 해도 현실과 목표의 차이가 여전히 어마어마합니다. 이 말은 목표를 이룰 수 없다는 뜻이죠." 기후 전략가인 가브리엘 워커Gabrielle Walker가 내게 해준 말이다.

나는 운명주의를 치료하기 위해 워커에게 전화를 걸었지만 그에게서 나온 이 말은 그다지 희망적으로 들리지 않았다. 워커에게 기후 불안을 느끼냐고 물었더니 그는 "매일" 느낀다고 대답했다. 그러나 이어서

"제겐 절망이라는 사치를 부릴 여유가 없어요. 절망은 너무 비싸요"라고 말했다. 우리가 절망하면 지금 간절히 필요한 해결책을 추구할 수 없다. 워커는 불안한 마음이 계속 남아 있지만 그동안 배운 사실 덕분에 놀라운 가능성을 감지했다고 말했다.

*

워커는 어렸을 때부터 영국의 시골길을 오랫동안 산책하며 식물과 동물을 자세히 관찰해 기록했다. 자연에 대한 딸의 열정을 알아본 어머니는 워커의 방에 걸어놓은 태피스트리에 엘리자베스 바렛 브라우닝 Elizabeth Barrett Browning(영국 빅토리아 시대에 활동한 저명한 시인이다–옮긴이)의 시를 수놓았다. "지구는 천국으로 가득하고 (……) 모든 평범한 덤불은 신의 불길로 타오른다." 워커는 모든 형태의 야생에서 신성을 봤다. 그는 집 근처에 맺힌 이슬방울에서 아름다움을 느꼈고 남극과 북극을 열두 번 넘게 탐방했다. 끝없는 북극 툰드라에 대해 그는 이런 간단한 말을 남겼다. "그곳을 보면 내가 작게 느껴져서 그 점이 좋다."

화학 박사 학위를 딴 후 워커는 1992년 〈네이처〉에 합류해서 기후 문제를 다뤘다. 그는 전 세계를 여행하면서 종종 무분별한 개발로 인해 상처 입은 자연환경도 둘러봤다. 마다가스카르 열대 우림에서는 여우원숭이가 여기저기 돌아다니고 매는 하늘 높이 날고 있었지만 근처 나무는 다 잘리고 풀은 온통 다 뜯겨져 거의 죽은 생명체의 땅으로 보였다.

워커의 말대로 이런 '무분별한 파괴'는 생태계를 일그러뜨리고 있었다. 영장류는 더 이상 충분한 젖을 생산하지 못했고 이에 따라 출생률이 떨어졌다. 새는 기온을 이용해 이동 시기를 안다. 그런데 기후가 변하면서 너무 늦게 이동하는 바람에 다 말라붙은 호수에 도착한다. "오케스트라의 정교한 화음 대신 엉망진창의 불협화음이 들립니다." 워커가 말했다.

워커는 다른 사람보다 일찍 기후 변화가 이미 우리 곁에 와 있다는 사실을 알았다. 그는 해결책에 집중했지만 탄소 배출 속도만 줄인다고 우리 인간이 저질러놓은 어마어마한 기후 부채가 해결되지 않는다는 것을 깨달았다. 우리는 벽으로 직진하면서 브레이크를 밟는 대신 액셀레이터에서 발을 뗀 것이다.

워커는 기후 위기에 대한 다른 접근법을 찾기 시작했다. 환경에서 오염 물질을 빼내는 기술인 탄소 제거carbon removals에 관해 들어봤지만 이 기술은 터무니없고 실용성이 없어 보였다. 그런데 밴쿠버 북쪽으로 약 한 시간 정도 떨어진 스쿼미시Squamish 여행에서 마음이 바뀌었다. 이곳에서는 카본 엔지니어링Carbon Engineering이라는 회사가 거대한 공기 포집 설비air capture plant를 가동하고 있었다. 이 기술은 공기 중에서 이산화탄소를 직접 끌어와 정화하고 이를 지하 깊숙이 묻거나 저장한다. 2018년, 워커는 공장을 방문해서 이 접근 방법에 대해 좀 더 배웠고 그 효과에 깜짝 놀랐다. '세상에, 이건 가능성이 있다.' 워커는 생각했다.

이후 워커는 탄소 제거 기술을 열렬히 옹호하는 사람이 됐다. 모든 탄소 제거 기술이 공기 포집 방식만큼 첨단 기술은 아니다. 화산암인 현무암은 이산화탄소와 자연 반응해 이를 고체 형태로 가둬놓는다. 현무암을 갈아 땅에 뿌리면 탄소 제거 과정이 가속화되면서 토질은 향상된다.[38] 좀 더 멀리 보면 탄소 제거는 매혹적인 가능성을 제공한다. 문제를 완화시키는 대신 아예 방향을 전환할 수도 있다. 기후 변화를 누그러뜨리는 대신 지구에 치유의 기회를 줄 수도 있다.

　　탄소 제거 기술은 기업과 정부의 폭발적인 투자를 받았지만 더불어 많은 비판도 따라왔다. 탄소 제거는 신기술이고 아직 검증되지 않았으며 현재 기술 형태로 기후 위기에 대한 확실한 효과를 내기 위해서는 비용이 너무 많이 든다는 것이다. 일부 과학자와 사회 운동가는 이 기술이 진지한 기후 노력을 벗어나게 만드는 장밋빛 환상이며[39] 심지어 석유 및 가스 회사에서 환경을 신경 쓰는 척하면서 계속 파괴하기 위해 쓰는 그릇된 전략이라고 생각한다.

　　워커는 이렇게 말했다. "이런 얘기를 언급하기만 해도 '기후 노력'의 속도가 둔화될 것이라는 두려움이 강합니다." 이 두려움에 맞서 그는 질문을 던진다. "기술이 마음에 들지 않는다면 대안이 있기는 한가요?" 탄소 제거를 비현실적이라고 무시하는 소리는 그에게 익숙하다. 사람들은 수년 전 태양열과 풍력에 대해서도 똑같은 소리를 했기 때문이다. 더구나 워커는 우리 인류에게 가장 큰 위기가 닥친 상황에서는 모든 선택지를 시도해봐야 한다고 생각한다. '이것 또는 저것'의 세계에서 그는 '이것과 저것'을 주장한다.

　　재생 에너지와 탄소 제거가 기후 보호를 위한 두 가지 경로라면 워커의 세 번째 '추가 방안'은 책임이다. 화석 연료 회사는 대중을 탄소 발자국 쪽으로 계속 몰아가는 것과 똑같이 탄소 제거를 하나의 눈속임으로 이용할 수도 있다. 그러나 이들이 던진 미끼는 거부하면 된다. 미끼를 무는 대신 규제 여부를 투표하고 어떤 기업이 글로벌 기후 목표에 부응하는 조치를 취하고 있는지 예의 주시하면 된다. 조치를 취하지 않는 기업에 대해서는 "지옥 불처럼 강력히 벌해야 한다"고 워커는 말한다.

수년 동안 어린 학생들은 워커에게 환경 보호를 위해 할 수 있는 일이 무엇인지 물었다. 그는 전구를 교체하고 다락방에 단열 조치를 취하라고 이야기하곤 했다. 그런데 이제 답변이 바뀌었다. "아이들이 물어오면 '남을 불편하게 하더라도 자신의 목소리를 내라'고 답변합니다."

＊

학생들은 스스로 독자적인 행동을 해오고 있다. 그레타 툰베리Greta Thunberg는 9학년 때부터 5년 넘게 3주간 학교를 빠지고 스웨덴 의회 앞에 앉아 '기후를 위한 학교 파업'이라는 피켓을 들고 농성했다. 툰베리가 농성을 시작하고 7개월 후 세계 시위의 날에 125개국의 100만명 이상의 청소년이 그와 함께했다. 툰베리의 외로운 투쟁은 미래를 위한 금요일Fridays for Future 운동으로 확장됐고 한 세대를 결집시켰다.

청소년은 이제 기후 리더십에서 확실한 자리를 차지하고 새로운 유형의 정치력을 행사하고 있다. 이들은 소셜 미디어를 이용해 종종 분노와 유머, 낙관주의를 섞은 파급력 있는 메시지를 올리며 환경 보호에 대한 인식과 창의적 부적응을 높인다. 2020년, 코노코필립스^{ConocoPhillips}라는 에너지 기업은 알래스카 북쪽 지역에서 30년간 대규모 석유 시추를 할 수 있는 윌로우 프로젝트^{Willow Project}에 대한 승인을 따냈다. 이 프로젝트로 생산되는 석유는 도로에 휘발유 차량 200만 대를 추가하는 만큼의 오염을[40] 발생시킨다. 틱톡^{TikTok}에서 #stopwiollow(월로우 프로젝트 중지) 해시태그를 단 동영상의 조회 수가 5억을 기록했다. 이 에너지 물결은 어느덧 소셜 미디어의 경계를 넘어섰다. 백악관은 윌로우 프로젝트를 중지하라는 편지를 백만 통 넘게 전화는 수천 통 넘게 받았다.[41]

이런 노력에도 불구하고 윌로우 프로젝트는 진행됐다. 그러나 확실한 패배 뒤에 수천 명의 새로운 운동가들이 다음 명분을 밀어붙이고 있다. 청소년들이 운명주의에 쉽게 빠져드는 것도 이해가 된다. 하지만 문제에 정면으로 맞서는 젊은이도 많다. 지속 가능성에 초점을 맞추는 팟캐스터 필립 아이켄^{Philip Aiken}은 절망을 특권의 한 형태로 본다. "'너무 늦었어. 지금 와서 뭘 한다고'의 의미는 '아무것도 하지 않아도 되고 나에게 책임이 없다는 의미'"라고 그는 말한다. "그래, 세상 끝났지^{OK Doomer}"[42]라는 말에 이 감정이 함축되어 있다. 이 말은 기후 허무주의에 대한 냉소적 반응으로 기성세대인 '베이비부머'를 향한 청소년들의 조롱이 담겨 있다.

차세대 운동가인 그들은 앞으로 계속 살아야 하는 이 행성을 애도할 시간이 없다. 이들은 운명주의에 맞서기 위해 긍정적인 양상과 결과에 초점을 맞춘 기후 승리를 내세운 이야기를 기후 파괴 정책과 관련된 뉴스와 섞어놓는다. 블랙 걸 환경 운동가Black Girl Environmentalist의 창립자[43]인 완지쿠 게더루Wanjiku Gatheru는 수천 명의 팔로워에게 정기적으로 긍정적인 환경 뉴스를 요약해서 공유한다. 게더루에게 이런 뉴스는 단지 기분을 좋게 하는 메시지가 아니라 일을 진전시키기 위한 에너지다. "두려움은 사람들을 지속 가능한 행동으로 이끌어주지 못합니다.[44] 논의 중인 문제에 해결책을 제시해야 사람들의 참여를 유도할 수 있습니다." 게더루는 설명한다.

청소년들이 투표할 수 있는 연령이 되면 환경 문제가 정치 생활 깊숙이 들어올 것이다. 2020년, 미국 대선에서 30세 미만 유권자의 거의 3분의 1이 기후 변화를 상위 3대 이슈 중 하나로 지목했다. 앞으로 기후 문제로 인한 지도층에 대한 시민의 압력이 점점 더 커질 것이고 이미 모든 면에서 획기적인 결정을 이끌고 있다. 2022년, 인플레이션 감축 법안에 포함된 기후 법안은 미국 역사상 가장 높은 수준의 국가적 지원을 받았다. 같은 해, 유엔 기후 변화 회의에서 부유한 국가는 '보상 서약'[45]에 동의하면서 기후 위기로 고통을 가장 많이 받는 가난한 나라를 지원하기로 했다. 2023년, 한 판사는 "깨끗하고 건강한 환경"[46]을 제공하지 못했다는 이유로 몬태나주 정부를 고소한 5세에서 22세에 이르는 원고에게 승소 판결을 내렸다. 비슷한 소송이 하와이, 유타, 버지니아주에서도 진행 중이다. 몬태나 판결이 난 지 단 수 주 만에 바이든 행정부는 알래스카의 천만 에이커 이상의 유전에서 석유 시추를 금지하면서[47] 정유 회사에 제공한 임대권을 철회했다.

딸과 '불타는 지구'에 관해 이야기를 나누고 몇 주 후, 우리는 태평양 연안을 따라 이뤄지는 해변 청소에 참여했다. 전에 동네 청소 활동에 참여한 적은 있었지만 우리가 지키고 싶은 세계를 만들기 위해 같은 임무를 가진 사람들과 어깨를 나란히 하며 광활한 바다에 모이는 것은 달랐다. 자원봉사자 중 어린아이들 수가 어마어마했다. 이 세대가 환경 위기에 눈을 뜨면서 당연히 많은 아이가 분노와 공포, 좌절감을 느낄 것이라는 생각이 문득 들었다. 하지만 이들은 환경 위기에 맞서 싸우기도 할 것이다. 일부는 우리 상상을 뛰어넘는 기술을 통해, 일부는 예전 방식으로 시위하거나, 항의하거나, 다른 사람을 선도하거나, 법을 만들거나 아니면 청소 활동에 참여하면서 투쟁할 것이다.

세계 최대의 재난은 역사적인 전 세계적 움직임을 창출했다. 100년도 더 전에 딱 진보주의 운동이 그랬던 것처럼 지금은 환상처럼 보이는 변화를 이끌 수 있는 그런 움직임이다. 이 운동은 청년의 분노와 이들의 효능감을 통해 나아갈 테지만 청년층이 홀로 이를 짊어지는 경우가 너무 많다. 완지쿠 게더루는 그로부터 영감을 많이 받았다는 사람들의 말이 이젠 지겹다고 했다. "희망은 우리 스스로 얻는 거예요. 매일 하는 힘든 일을 통해 우리는 희망을 얻죠." 그는 이렇게 말하며 사람들의 행동을 촉구한다. "희망을 빌리지 마세요. 우리와 함께 희망을 얻어요."

히말라야 하이웨이

꠆

기후 위기가 잠잠해질 것이라고 여러분을 안심시키기 위해 이 모든 이야기를 하는 것은 아니다. 그건 마냥 낙관적인 관점이고 지난 수십 년 간을 살펴보면 낙관적 관점을 가질 만한 근거가 거의 없다. 내 얘기의 요점은 우리는 아직 미래가 어떻게 펼쳐질지 모르며 여전히 중요한 선택을 할 수 있다는 것이다. 그리고 우리가 세계와 더욱 조화를 이루며 살아갈 수 있는 방법을 발견한다면 그것은 인간 본성과 동떨어진 충격적인 것이 아니라 우리의 가장 깊은 가치를 반영한 방법일 것이다.

이 관점은 우리가 현재 아슬아슬하게 줄다리기를 타는 많은 문제에도 똑같이 적용된다. 민주주의가 더 부패될까? 아니면 다시 힘을 되찾을까? 사람들이 해를 거듭하면서 더 분열감을 느낄까 아니면 공동의 목적을 다시 발견할까? 부가 지금처럼 권력자 집단의 손에 계속 들어갈까 아니면 모든 사람의 생활 수준이 향상될까? 정신질환이 계속 증가할까 아니면 우리가 연대감을 다시 찾으면서 감소할까?

이 질문의 답은 나도 모르고 여러분도 모른다. 그러나 각 질문마다 긍정적인 변화의 가능성이 우리 안에서 살아 숨 쉰다.

우리 수십억 명은 인생은 전투이며 승자가 모든 것을 갖고 패자가 도처에 널려 있다고 배운다. 신뢰와 희망은 순진한 발상이라며 조롱받는다. 하지만 이제 여러분은 제대로 알 것이다. 회의적인 자세를 유지하고 사람들에 대해 성급한 가정을 보류할 수 있다는 것을, 매체가 서로에 대한 관점을 왜곡하며 우리에게는 양질의 정보를 찾을 능력이 있다는 것을, 무엇보다 희망은 나약함이 아니라 오류를 줄이고 효율을 높이는 길이라는 점을.

우리는 이런 희망을 점치는 막대기^{divining rod}(옛날에 지하의 광맥, 수맥의 탐지에 사용한 Y자형 막대기다 – 옮긴이)를 사용해 우리와 같은 것을 원하는 타인을 찾아 결속과 공통의 대의를 구축할 수 있다. 한 기후 시위에서 청중 한 명이 작가이자 사회 운동가인 빌 매키번^{Bill McKibben}에게 기후 변화와 싸우기 위해 개인이 할 수 있는 일이 무엇이냐고 물었다. 맥키번은 "개인으로서 존재하기를 멈추라"고 답했다.

에밀은 첫 번째 수술 이후 과학자와 평화 중재자를 한데 모아놓고 이들에게 촉구했다. 사람들에게 우리 모두가 가지고 있는 숭고한 잠재력에 대해 알려주고 어둠을 뚫고 빛을 널리 퍼뜨리도록 하라고. 에밀은 말했다. "다행인 점은 이 힘이 우리와 공동체 안에 있다는 것입니다. 이건 누가 소유한 힘이 아닙니다. 그리고 공동체 힘을 활성화시키는 최고의 방법은 공동체로 뭉치는 겁니다. 그래서 우리가 여기에 모인 거예요."

에밀, 당신 말이 맞았다. 그래서 우리 모두가 여기 모였다.[48]

나가는 말
과학이 세워주는 희망의 이정표

2011년까지 나는 에밀을 워싱턴 D.C., 시카고, 샌프란시스코의 회의장에서 항상 다른 사람들과 섞여 만났다. 사실 우리는 거리상으로 몇 킬로미터 떨어지지 않은 매사추세츠와 케임브리지에 살았다. 그해 4월, 우리는 하버드 스퀘어 근처 카페에서 만나기로 했다. 내가 스탠퍼드대학교로 떠나기 전에 가진 몇 번의 만남 중 처음 만나는 자리였다.

내 상상에 그날 그는 즐겨 입는 플란넬 셔츠를 입고 있었다. 카페는 (항상 그랬지만) 붐볐고 우리는 좁아터진 2층으로 쫓겨 올라갔다. 이런 것들을 상상해야 하는 이유는 그 순간 하나하나를 거슬러 올라가 에밀이 여전히 살아 있는 과거로 돌아가는 것이 불가능하기 때문이다. 내 기억은 이렇다. 그날 에밀은 신혼여행에서 막 돌아왔고 내 결혼식은 넉 달 뒤였다. 에밀과 그의 아내 스테파니는 새로운 양봉용 벌을 배송받았고 그는 벌통을 자세히 묘사하며 상기된 표정을 띠었다. 미래가 길고 분명하게 느껴졌다.

그리고 내가 앞으로 절대 못 잊을 기억은 에밀이 사람들을 믿었다는 것이다. 우리는 사람들에게 정치적 라이벌이 이야기하는 장면을 보여주면서 이들의 뇌를 스캔하는 프로젝트를 함께해보자고 얘기했다. 내게는 흥미로운 아이디어였다. 에밀에게 이 프로젝트는 문제 해결을 위한 수단이었다. 그는 마음속이 아닌 그보다 더 깊은 곳에서 거의 누구도 증오를 품고 태어나지 않았으며 친절, 협동, 돌봄이 본래 진정한 우리로 돌아가는 것임을 알았다. 그는 과학이 집으로 가는 이정표를 세워준다고 믿었다.

에밀과 함께 있으면 항상 그렇듯이, 영감을 받았다가 미심쩍어지고 그러다 다시 확신이 들었다. 나는 그로부터 수년이 지난 후에야 에밀의 희망이 만들어진 고통을 이해하게 될 것이다. 또 거의 10년 후에는 그에게 마지막 시험을 주고 그는 시험에 대적하기 위해 모든 힘을 다 분출할 터였다.

이 미래는 우리가 상상하는 미래와는 전혀 달랐다. 책을 쓰는 시점을 기준으로 에밀이 세상을 떠난 지 막 3년이 지났다. 스테파니는 아이와 함께 잘 살고 있다고' 말해줬다. 열한 살인 클라라는 생각이 깊고 내성적으로 자라서 에밀 생각이 난다고 했다. 이제 아홉 살인 애티커스는 아빠처럼 나무로 물건을 만드는 것을 좋아한다. 두 아이는 진보적인 학교에 다니는데 이곳은 에밀의 초년기를 형성해준 페닌술라와 많은 가치를 공유한다. 올해 학교를 졸업하는 클라라는 아빠의 낡은 셔츠를 리폼해서 졸업식에 입을 드레스로 만들 계획이다.

수목원에 직장을 새로 구한 스테파니는 이곳에서 매일 놀라움과 기쁨을 느낀다. 그는 특히 양봉을 통해 자연 세계와 소통하는 것을 항상 좋아했다. 2017년, 그는 이 주제에 관해 책을 한 권 썼다. 하지만 에밀이 아프면서 스테파니는 열정을 내려놨고 다시는 양봉의 세계로 돌아오지 못할 것이라고 생각했다. 에밀이 세상을 떠난 지 일주일 후, 스테파니는 출판사로부터 벌에 관해 두 번째 책을 쓰고 싶지 않냐는 질문을 받았다. 필요한 바로 그 순간에 들어온 위로와 같은 질문이었다. 스테파니는 이렇게 말했다. "그건 말이죠, 내 자신을 온전히 느끼게 해주는 대상에 에너지를 쏟아붓는 것 같았어요."

스테파니와 아이들은 새로운 방향으로 성장했다. 이들은 에밀이 한 번도 가보지 못한 곳에서 캠핑을 하고 그가 전혀 예상하지 못했던 삶을 산다. 그러나 어딜 가나 그의 기억은 살아 있다. 바람이 선선한 가을밤에는 에밀이 뒷마당에 지은 트리 하우스에서 가족이 잠을 잔다. 여행에 가서는 그의 묘지를 장식할 자갈과 조개껍데기를 모은다. 대화 도중에 에밀이라면 뭐라고 했을까 종종 생각해본다. 스테파니에게 에밀은 여전히 공동 부모 역할을 하는 사람으로 존재한다. 어려운 순간에 스테파니는 때때로 "당신 어디에 있어?"라고 소리 지른다. 그러나 그는 에밀이 자신을 믿어줬다는 데 위안을 얻는다. "남편은 내게 스스로의 직관을 믿으라고 알려줬어요. (……) 제 안에 우리가 있어요." 에밀은 가족들의 슬픔도 되고 힘도 된다. "슬픔은 근육과 같아요." 스테파니는 깊이 생각에 잠겼다. "상실의 무게는 줄어들지 않지만 우리는 그 무게를 점점 잘 견디게 되죠."

스테파니는 에밀과의 마지막 대화에서 자신이 가장 원하는 것은 이 세상에서 그가 사라지더라도 그의 존재가 가족에게 온기와 위안을 주는 것이라고 했다. 에밀은 스테파니에게 이런 말을 남겼다. "당신에게 나라는 존재는 사실 당신 마음이 반영된 모습이야." 우리 모두는 결국 다른 사람의 기억이 되고 우리 유산은 일련의 삶에서 자취로 남는다. 스테파니와 클라라, 애티커스에게 에밀은 부드럽고 따뜻한 유령처럼 따라다닌다.

나에게 에밀은 도전 정신으로 살아 있다. 에밀은 고통과 가능성을 날카롭게 감지했다. 그와 함께 있으면 불의의 무게, 행동의 절박함과 함께 사람들 대부분의 선함을 같이 느낄 수 있었다. 세상을 보는 그의 관점이 그리워서일까. 그와 함께 이런 시간을 다시 경험했으면 좋겠다.

하지만 10년 전 그가 말한 내용이나 웃음을 기억할 필요는 없다. 그의 삶 속에 있는 사람들, 그리고 그의 글과 과학을 통해 에밀의 철학은 내 마음속에서 실현됐다. 나는 수백 개의 연구를 살펴보면서 희망이 행복과 조화를 이루며 사회 변화를 위한 정확하고 강력한 전략임을 발견했다. 무미건조한 연구 자료에서도 나는 에밀을 목격했다.

나에게는 어두운 순간이 참 많다. 에밀은 그럴 때 특히 내게 더 많은 것을 요구한다. 이제 보니 냉소주의는 내 기본 모드가 돼버렸다. 나는 내 냉소주의를 너무 오랫동안 교묘하게 숨겼고 그러다 보니 이것이 마음속에서 곪아버렸다. 하지만 최근 들어 나는 내면을 마치 실험하듯이 취급해봤다. 사람에 대한 내 최악의 가정을 꼼꼼히 살펴봤고 그 결과

내 가정이 대부분 틀렸다는 게 드러났다. 그동안 수집해온 많은 자료는 내가 상상한 것보다 좀 더 긍정적인 모습으로 돌아왔다. 그렇다고 내가 하룻밤 새에 희망을 품은 것은 아니다. 하지만 새로운 사고방식과 행동 습관이 뿌리를 내리고 있다. 타인을 신뢰하는 게 점점 자연스러워지고 마음의 문을 여는 일이 점점 쉬워지고 있다. 새로 도전할 일이 생기거나 절망감이 엄습해올 때면 나는 이렇게 자문한다. "에밀이라면 어떻게 했을까?"

그가 가장 좋아한 작가인 랄프 월도 에머슨은 "모든 천재의 작품에서 우리는 인정받지 못한 자신의 생각을 발견한다. 이들 작품은 우리에게 어떤 소외된 장엄함으로 돌아온다"고 썼다. 과거에는 에밀이 희망적이고 내가 냉소적이라고 생각했다. 하지만 깊이 들여다보니 내 안에는 사람에 대한 신뢰와 약점을 드러낼 용기, 그리고 믿음이 항상 있었다. 희망은 결코 새로운 것이 아니었고 그저 잊혔을 뿐이었다. 우리가 희망을 키우기 위해 뭔가 만들어낼 필요는 없다. 단지 기억하기만 하면 된다.

스테파니와 클라라, 애티커스는 우리 각자가 발휘하는 작지만 아주 멀리서도 느껴지는 힘에 관해 이야기한다. 에밀이 일으킨 파동은 도처에 있다. 그가 영감을 준 수백 명의 사람에게 그는 여전히 어둠을 비추는 등불로 남아 있다. 과학자에게 그의 지식은 앞으로 구축할 시대의 토대가 된다. 그의 관점은 에밀의 이름을 모르는 전 세계 교육자, 지도자, 사회 운동가, 부모 사이에서 살아 숨 쉬고 있다.

에밀은 여전히 나를 냉소주의에서 끌어내 본연의 나로 되돌려놓고 있다. 물론 그는 이 사실을 전혀 모른다. 이제는 여러분에게도 에밀이 똑같은 기적을 베풀었기를 희망해본다. 만약 그렇다면 뒤를 돌아보고 여러분 삶에서 희망을 잃은 사람을 찾아 그들을 이끌어내보자. 희망찬 회의론자의 힘을 현명하게 써보는 것이다.

감사의 말

희망과 신뢰에 관한 프로젝트를 시작하면서 내게 이 두 가지가 결핍되어 있다고 인정하는 것은 이상한 일이었다. 하지만 이런 반성을 프로젝트로 전환하는 과정에서 여러 사람을 만났고 그들은 내게 희망과 신뢰를 믿어야 할 근거를 제공해줬다. 지난 2년에 걸쳐 동료와 친구, 가족 덕분에 이 책이 나올 수 있었다.

처음으로 사람들과 냉소주의에 관한 관심을 공유할 수 있었던 기회는 2021년 테드^{TED} 컨퍼런스 때였다. 크리스 앤더슨^{Chris Anderson}, 클로에 사샤^{Cloe Sasha}, 브라이어 골드버그^{Briar Goldberg}를 비롯한 테드 팀은 감사하게도 내게 기회를 줬고 컨퍼런스를 준비하는 내내 항상 곁에서 지원해줬다. 친구들 역시 도움이 됐다. 댄 길버트^{Dan Gilbert}, 앤젤라 더크워스^{Angela Duchworth}, 리즈 던^{Lis Dunnn}, 요탐 하인버그^{Yotam Heineberg}, 아만다 파머^{Amanda Palmer}, 켈리 맥고니걸^{Kelly McGonigal}은 테드 발표 초고에 대해 날카로운 피드백을 줬다.

《희망찬 회의론자》에 관한 아이디어를 구축하던 시기에 내 오랜 친구이자 문학 에이전트인 세스 피시맨^{Seth Fishman}은 그 길을 안내하고 격

려해줬으며 때가 되자 이 책을 출간할 출판사를 찾아줬다. 그 출판사가 그랜드 센트럴 퍼블리싱Grand Central Publishing이어서 더할 나위 없이 기뻤다. 처음 콜린 딕커먼Colin Dickerman과 함께 얘기했을 때 이 책에 품은 그의 비전이 줌 화면 밖으로 튀어나오는 것 같았다. 그는 이 책이 사람들을 가르칠 뿐만 아니라 도울 수 있다는 확신을 갖고 꾸준한 편집의 손길로 나를 이끌어줬다. 그랜드 센트럴의 캐린 마커스Karyn Marcus 또한 지면에 나를 더 많이 드러내도록 용기를 줬고 그 결과 좀 더 진실되고 친밀감 있는 책이 나왔다. 이안 도셋Ian Dorset은 출판 과정에서 적시에 도움이 되는 지원을 해줬다.

그랜드 센트럴 외부의 여러 전문가들 역시《희망찬 회의론자》를 이끌어줬다. 토비 레스터Toby Lester는 초고를 읽고 통찰력 있는 의견을 줬다. 앤드류 비온도Andrew Biondo는 1장에서 고대 냉소론자에 대한 인상적인 지식을, 앨런 테오Alan Teo는 6장의 히키코모리에 대한 지식을 제공해줬다. 에반 네스테락Evan Nesterak의 꼼꼼한 사실 확인은 내 불안감을 잠재워줬다(그런데 그가 이 감사의 말은 봐주지 않았기 때문에 분명 이 부분 어딘가에 이름 철자가 틀린 게 있을 것이다).

두 명의 케이트Kate는 그들 본연의 역할을 넘어 집필 작업을 아낌없이 지원해줬다. 케이트 페트로바Kate Petrova는 이 책에서 제기한 주장에 대한 '과학 감사' 역할을 했고 '증거 평가' 부록을 공동 집필했다. 또 내가 처음 작성한 글을 처음 읽고 내가 생각지도 못한 연구와 아이디어를 제시해줬다. 케이트 부사토Kate Busatto는 이 책의 '스토리 닥터'로서 이야기의 서사를 일부 찾고 다듬는 데 도움을 줬다. 이뿐만 아니라 책을 한창 집필하는 외로운 과정에서 책 전체의 문제점을 진단하고 고쳐주는 역할을 했다. 두 명의 케이트가 없었다면 이 책은 완성되지 못했을 것이다.

내 직업 생활의 핵심은 스탠퍼드대학교 사회 신경과학 연구소를 운영하는 것이다. 나는 호기심 많고, 따뜻하고, 탁월한 작은 과학자 공동체와 일하는 데 매일 감사함을 느낀다. '스네일즈Snails'는 이 책의 집필을 지원해줬고 많은 사람이 초고에 대해 도움이 되는 의견을 내줬다. 특히 이 책에 등장하는 학생과 연구 수련생에게 감사의 마음을 전하고 싶다. 책에 실린 연구 과제는 샘 그레이Sam Grayson의 가십과 냉소주의, 에릭 노이먼Eric Neumann의 자기 충족적인 신뢰의 마음가짐, 루이자 산토스Luiza Santos의 정당 간 정치 대화다. 또 애덤 그랜트Adam Grant, 로리 샌토스Laurie Santos, 미나 치카라Mina Cikara, 누르 케일리Nour Keily, 애덤 웨이츠Adam Waytz 등 스탠퍼드대학교 밖의 여러 동료가 책의 원고를 읽거나 들어갈 내용을 함께 논의해줬다.

많은 분이 인터뷰에 응해줬고 그들의 이야기를 지면에 수록하도록 허락해줬다. 특히 '메건', 안드레아스 라이브란트, 데이비드 본스타인, 로빈 드리크, 아츠시 와타나베, 라후안 화이트, 안드레스 카사스, 윌리엄 굿윈, 케이티 페이, 로레타 로스, 개브리엘 워커에게 감사하다.

세 친구, 일명 '울스'는 지난 25년간 조언과 성찰을 도와준 믿음직한 친구들이다. 에릭 핑켈스타인Eric Finkelstein과 대니엘 월Daniel Wohl에게 감사하다. 특히 형제만큼 가까운 사이인 루크 케네디Look Kennedy는 보통 학자 이상으로 내 사고에 영향을 줬으며 그가 내 인생에 존재함에 영원토록 감사하다.

이선 크로스Ethan Kross와 나는 20년 동안 친구와 동료로 지내다 최근에는 나란히 과학 저술 활동을 시작했다. 이후 그는 나의 충실한 '대화 친구'가 되어 서로 조언을 나누고 길을 안내하며 숱한 불안의 시기를 함께 이겨내면서 용기와 격려를 주고받았다. 그를 지원하는 것은 기쁨이고 보답으로 그의 지원을 받는 것 또한 내게는 활력소가 된다.

어떤 책이든 가족의 지원 없이는 세상에 나올 수 없다. 내 아내 랜던은 바쁜 삶 속에서도 내가 글을 쓰고 생각할 수 있는 여지를 마련해줬다. 우리의 자녀 알마와 루이자는 내가 희망을 계속 실천할 수 있는 가장 큰 이유다. 이 책을 내 가족에게 바친다.

에밀 브루노는 북극성이다. 많은 이가 이 책을 위해 나와 함께 추억을 나눴다. 이 훌륭한 남자에 대한 아름다운 이야기는 웃음, 눈물, 감사가 넘쳐 애정 어렸고 덕분에 그가 내 마음 한가운데에 자리 잡을 수 있었다. 제프 프로인트Jeff Freund, 재닛 루이스, 헤더Heather와 팀 맥레오드Tim McLeod, 사만다 무어-버그, 프랑크 부아베르, 안드로메다 가르슬롱Andromeda Garcelon, 에밀리 포크Emily Falk, 누르 크틸리Nour Kteily, 미나 치카라Mina Cikara, 페닐술라 학교 교직원 여러분에게도 감사드린다. 스테파니 브루노는 순식간에 이 책 전체를 바꿔줬다. 그와 처음 대화를 나누면서 나는 에밀에 대해 글을 쓰는 일에 스테파니의 허락을 구했다. 이 말을 꺼낸 후 나는 에밀과 좀 더 심도 깊은 협업의 기회를 갖지 못해 유감이라고 말했다. 스테파니는 "이 출판 작업이 협업이 될 수 있잖아요"라고 명료하게 말했다. 이를 계기로 스테파니의 도움을 받아 에밀의 친구 및 가족과 연결될 기회의 문이 열렸고 그의 인생을 잘 이해하게 되면서 지면에서 그 얘기를 함께 나눌 수 있었다. 이 책에 자신과 그 가족의 삶을 실도록 허락해준 것은 어마어마하게 관대한 결정이었다. 스테파니의 의견에는 정서적으로 깊은 지혜가 엿보였고 그 지혜는 우리가 나눴던 모든 대화에서 빛을 발했다. 스테파니는 사람 간의 연대가 자연적인 삶이 다해도 끝나지 않는다는 것을 근본적으로 인식하고 있었다. 나는 그의 강인함에 놀라움을 금치 못했다.

에밀, 살아 있을 때 당신과 더 가까이 지냈다면, 그리고 당신이 책을 썼더라면 얼마나 좋았을까. 내가 책을 쓰게 도와줘서, 내게 당신의 용기와 희망을 한 점이라도 나눠줘서 고맙네.

부록 1

희망찬 회의주의에 관한 실용적인 안내

희망찬 회의주의는 냉소주의의 덫에 갇히는 많은 경우와 거기서 빠져나오는 방법을 제시한다. 그러나 여러분은 희망찬 회의주의에 대한 구체적인 지식을 구현하고 혼자 연습할 방법을 간절히 원할 수 있다.

부록은 바로 이 점을 위해 마련했다. 각각의 연습은 행동과학 연구에 기반한 냉소주의에 대처하는 '처방'이다. 처방은 이 책에서 내가 시도해본 실험에 근거해 만들었다. 여러분 혼자 또는 다른 사람과 함께 단 몇 분이면 끝낼 수 있다. 이 처방이 누군가의 삶을 순식간에 바꿔주는 것은 아니다. 변화는 그런 식으로 일어나지 않는다. 변화는 우리가 들인 새로운 습관을 통해 일어나고 이 습관은 우리를 서서히 원하는 방향으로 틀어준다.

이제까지 알아봤듯이 냉소주의는 자칫 사람에 대해 부정적인 추정을 이끄는 경우가 종종 있다. 희망찬 회의주의는 믿을 만한 자료에 스스로 마음을 여는 것이다. 수도승이자 작가인 페마 초드론Pema Chodron은 이렇게 썼다.[1] "우리는 인생을 하나의 실험처럼 접근할 수 있다. 다음 순간 다음 시간에는 멈추고, 속도를 늦추고, 몇 초 정지하는 것을 선택할 수 있다. 일반적인 연쇄 반응을 중단하는 실험을 할 수도 있다."

이런 연습을 할 때 나는 여러분이 인생을 좀 더 실험하듯이 접근했으면 한다. 여러분이 다른 일반 사람과 비슷하다면 그렇게 했을 때 깜짝 놀랄 만한 결과가 나올 수 있다.

냉소주의를 회의주의로 전환하기

누군가 우리 기대에 못 미친다면 실망감이 드는 게 당연하다. 대부분 또는 모든 사람이 그들에게 이익이 될 때만 나선다고 생각하면 '섣부른 실망'을 느끼는 것도 당연하다. 하지만 이 감정은 사는 데 도움이 되지 않는다. 섣부른 실망은 냉소주의를 구축하도록 우리 감정과 행동을 이끈다. 그러나 이런 냉소적인 평가가 맞는지 시험해볼 일은 거의 없다. 대신 좀 더 과학적인 사고방식인 회의주의를 시도해보자. 여기 냉소주의를 회의주의로 대체하기 위한 시작 단계를 몇 가지 소개한다.

자신의 핵심 가치와 연결하라. 시간을 내서 인생에서 가장 가치 있게 여기는 요소를 생각해보라. 다른 사람과의 연대인가? 창의성인가? 지적 추구인가? 이들 가치가 왜 중요한지 자신의 삶에서 이 가치를 어떻게 표현하려고 하는지 적어보자. 이렇게 '가치 확인' 과정을 거치면 새로운 생각에 마음을 열어두는 데 도움이 된다.

안전한 가정 기반에 집중하라. 냉소주의는 위협이나 외로움을 느낄 때 빠르게 올라온다. 반대로 안정된 집단 관계는 우리가 무엇을 믿고 왜 그걸 믿는지 탐험할 여지를 준다. 냉소적인 추정에 의문을 던질 때는 먼저 이 안정된 관계 속에 스스로 뿌리를 내리고 있어야 도움이 된다. 가능하면 인생에서 깊이 신뢰하는 한두 사람을 생각해보자. 여러분에게 이들의 의미와 이들 주변에 있으면 어떤 느낌이 드는지 적어보자.

자신의 냉소주의를 회의적인 눈으로 보라. 어떤 사람, 일반인 또는 세계에 대해 가지고 있는 냉소적 사고를 한 가지 골라보자. 이 믿음은 어떤 정보에 기반하는가? 특히 이것이 '대부분의 사람은 이기적'이라는 식의 일반적인 믿음일 경우, 자신에게 있는 증거로 이 주장을 실제로 입증할 수 있는지 자문해보자. 증거가 없다면 이 믿음을 입증하기 위해 어떤 증거가 필요할까? 다음 내용에 나오는 항목이 증거를 얻는 데 도움이 줄 것이다.

사회를 좀 더 공평하게 바라보기

인간은 외부 위협으로부터 스스로를 지켜야 하기 때문에 누군가 우리를 해치려고 하는 신호에 당연히 촉각을 곤두세우고 있어야 한다.

그러나 이런 행동은 우리를 부정적인 쪽으로 치우치게 할 수 있다. 우리
는 쉽사리 사람과 맺은 최악의 경험에 집중하고, 이를 기억하고, 여기에
근거해서 사람을 판단하며 그러는 사이 긍정적인 많은 순간이 우리 의
식 밖으로 슬쩍 나가버린다. 다음에 제시하는 연습은 사회를 좀 더 공
평한 눈으로 바라보는 데 도움이 된다.

냉소적 이론을 팩트 체크하라. 여러분이 가지고 있는 사람에 관한 냉소적
이론을 하나 생각해보자. 이제 이 이론을 가설로, 즉 특정 상황에서 사람
들이 어떻게 행동해야 하는가에 관한 구체적인 예측으로 바꿔보자. 가령
동료가 이기적이라는 생각이 든다면 이 가설을 직접 시험해보자. 우선 같
이 일하는 사람 세 명에게 사소한 도움을 청한다. 냉소주의를 따른다면
아무도 도와주지 않는다는 예측을 할 것이다. 이 예측이 사실로 판명되면
여러분의 냉소적 가설에 대한 증거가 더 확보된다. 그러나 셋 중 한 명이라
도 도와준다면 이 가설을 재고할 수 있다.

만남을 평가하라. 친구와 가족, 동료, 그밖에 딴 사람과 만나서 이뤄질 모
든 일에 대해 생각해보자. 이들과 나눌 평범한 대화가 얼마나 긍정적일 것
이라고 추측하는가? 1(아주 부정적)에서 10(아주 긍정적)까지의 숫자로 답을
적어보자. 이제 추측 대신 실제 자료를 모아보자. 하루 날을 정해 노트를
가지고 나가서 사람들과 대화가 끝날 때마다 실제로 대화가 얼마나 긍정적
이었는지 수치로 기록해보자. 그리고 실제 수치를 예측치와 비교해보자.

희망찬 회의론자

직접 부딪혀보라. 한 단계 올린 만남 평가를 하려면 정기적인 만남뿐만 아니라 새로운 만남도 예측하고 시험해야 한다. 사랑하는 사람에게 하려고 했지만 주저했던 말이나 혹은 힘든 일을 고백한다거나, 부탁을 한다거나, 감사를 표현하는 말을 생각해보자. 아니면 집에 가는 길 혹은 출근길에 낯선 사람과 대화하는 장면을 상상해보자. 두 가지 만남이 얼마나 긍정적일지 1에서 10까지의 수치로 예측한 다음 직접 시도해보자. 그리고 현실과 예측을 비교해보자.

뉴스를 균형 있게 소비하라. 많은 사람은 뉴스를 읽거나, 보거나, 화면으로 넘겨볼 때 압도감과 냉소적인 기분을 느낀다. 우리가 접하는 많은 이야기는 부정적인 면을 강조한다. 긍정적인 국면을 다루면서 '해결책, 기회, 발전'에 초점을 두는 매체를 접하면서 뉴스를 균형 있게 소비해보라. 절망적인 기분이 들게 하는 이야기를 읽거나 시청했을 때는 솔루션 스토리 트래커(www.solutionsjournalism.org/storytracker)를 방문해서 긍정적인 국면을 보여주는 동일한 주제를 검색해보자. 이제 자신의 추정을 재고하고 새로운 자료를 모았으니 다른 사람에게 희망을 가질 이유를 알려주고 타인과 연대할 기회를 모색하자. 이제까지 목격했듯이 많은 사람이 하는 행동은 자기충족적 예언에 따라 이뤄진다. 즉, 사람들이 내가 원하는 사람으로 바뀌고 내가 주도하는 대로 따라온다는 뜻이다. 이 힘을 이용해 긍정적인 영향이 퍼질 수 있는 곳부터 파동을 일으켜보라.

쌍방 이익이라는 마음을 가져라. 누군가를 신뢰하는 마음을 가지려고 할 때, 그 결정이 나 자신뿐만 아니라 상대방에게도 영향을 끼쳐서 이 사람의 감정과 반응을 바꿀 수 있다는 것을 기억하자. 스스로에게 이렇게 질문을 던져보자. "이 사람에게 스스로를 입증할 기회를 준다면 내가 얼마나 긍정적인 영향을 줄 수 있는 걸까? 이들에게 보여준 내 믿음이 어떤 선물이 될까?"

요란하게 믿어줘라. 누군가를 확실히 믿어도 된다는 생각이 들면 무작정 신뢰해보자. 거창하게 행동할 필요는 없다. 추가적인 결정을 할 때 아이가 스스로 하게끔 맡기거나, 같이 일하는 사람에게 일일이 간섭하기보다는 그냥 믿어주거나, 새로 사귄 친구에게 사소한 비밀을 털어놓는 것처럼 작은 행동으로 시작할 수 있다. 이때 이 사람에게 당신을 믿기 때문에 이렇게 하는 것이라고 말로 직접 표현하면서 그 사람에 대한 신뢰를 확실히 표시하자. 상대방이 이에 대한 응답으로 어떤 행동을 하는지 살피고 여러분의 기분이 어떤지 다른 상황에서 이 방법을 어떻게 써먹을지 생각해보자.

사람들과 좋은 얘기를 하라. 남의 사생활 얘기를 할 때 우리는 보통 부정적인 면을 들추는 경향이 많다. 이와 정반대로 좋은 점을 들추면서 균형을 맞춰보자. 누군가의 친절한 행동을 목격했을 때는 그 사람의 긍정적인 부분을 '콕 집어' 다른 사람들에게 얘기해주는 것이다. 주변에서 친절한 사람을 발견하면 이 사실을 언급해서 다른 사람도 그 사람을 알아볼 수 있

희망차 회의론자

도록 해보자.

동의하지 않더라도 현명하게 행동하라. 일상 대화에서조차 상대방의 신뢰를 얻기 힘들다면 서로 의견이 맞지 않는 상대방의 신뢰를 얻는 것은 더더욱 힘들다. 적어도 일부 갈등은 우리가 상대방에게 호기심을 갖기보다 최악의 면을 가정하기 때문에 점점 독기를 띠게 된다. 상대방의 의견에 수긍이 가지 않을 때는 좀 더 정확한 태도를 취하자. 상대방이 답변할 준비가 되어 있다면 그의 생각뿐만 아니라 왜 그런 의견을 갖게 됐는지 내막을 알아보자. 그 다음 자신이 정확히 어떤 면에 동의하는지 파악해서 자신이 생각한 것보다 상대방과 공통된 생각이 더 많은지 찾아보자.

부록 2

증거 평가

이 책은 냉소주의와 신뢰, 회의주의, 희망을 두루 살펴보면서 주로 심리학 연구를 끌어와 보여줬다. 그러나 다른 과학과 마찬가지로 내 분야는 불변의 사실이 모인 곳이 아니라 지속적으로 다듬고 교정하는 역동적인 과정이다.

최근 과학자들이 심리·생물·경제학을 비롯한 다른 학문 분야에서 발표되는 떠들썩한 연구 결과를 처음보다 덜 신뢰한다는 것이 드러났다. 심리학자는 이런 학계의 진화 구도에 따라 투명성이라는 새로운 풍조를 통해 자신들의 주장과 그 자료를 누구나 볼 수 있게 해놨다.

나는 여러분이 원한다면 이 책을 떠받치는 증거를 이해할 기회를 가져봤으면 한다. 그런 마음에서 동료 케이트 페트로바와 팀을 이뤄 부록을 작성했다. 우리 둘은 각 장의 과학적 핵심 주장을 쭉 추렸다. 케이트는 이후 독자적으로 각 주장에 대한 연구에 깊이 파고들었고 내가 책에서 인용한 것을 비롯해 많은 연구를 살펴봤다. 이 연구를 토대로 케이트는 각 주장에 1에서 5까지 평점을 매겼다. 1은 현 단계를 실질적으로 받쳐주는 증거가 부족한 주장이고 5는 강력하고 지속적으로 증거가 나오는 주장이다.

우리는 다음 단계로 이 평점이 맞는지 확인하기 위해 각 주장과 주장을 뒷받침하는 증거를 검토했다. 강한 증거가 결여된 주장은 책에서 삭제하거나 표현을 조금씩 달리해서 해당 주제는 좀 더 연구가 필요하다는 점을 분명히 했다.

다음은 우리가 각 주장에 대해 '증거의 강도'를 책정할 때 사용한 지침이다.

5점: 매우 강한 증거. 평점 5는 해당 주장이 과학계에서 명백히 자리 잡았고 널리 인정받았다는 뜻이다. 이 주장은 확실하고 반복적인 여러 많은 연구 및 메타 분석(많은 독립 연구에서 나온 자료를 함께 사용하는 연구 종류)을 통해 사실로 입증됐고 그 타당성에 대해 전문가 사이에서 확실한 동의가 이뤄졌다.

4점: 강한 증거. 평점 4를 받은 주장은 상당한 양의 증거로 입증된 것이다. 많은 연구를 통해 다양한 설정에서 지속적인 패턴이 발견된 주장이다. 이들 주장이 4점을 받은 이유는 광범위한 메타 분석이 부족하거나 여러 연구 결과를 비교했을 때 사소하나마 불일치하는 면이 있기 때문이다.

3점: 보통의 증거. 평점 3은 해당 주장을 입증하는 증거가 점점 많아짐을 의미한다. 여러 연구 결과는 상당히 일관적이며 가끔 다른 결과가 나오기도 한다. 평점 3을 받는 주장 대부분은 비교적 새로운 연구에 기반한다. 추가 및 반복 연구를 하고 좀 더 다양한 인구 또는 맥락에서 연구를 확장한다면 앞으로 몇 년 후에는 과학자들이 문제의 현상을 더 잘 파악하게 될 것이다.

2점: 제한된 증거. 이 범주의 주장은 소수의 연구에서만 나온 것이며 표본이 적거나 대표성이 없는 경우가 많다. 연구 결과는 일관적이지 않거나 아직 반복 연구를 통해 확인되지 않았다. 독자는 이런 주장을 주의 깊게 다뤄야 하고 새로운 자료가 나와 과학자들의 생각이 달라질 수 있다는 점을 염두에 둬야 한다.

1점: 약한 증거. 평점 1은 강하게 입증할 증거가 부족한 주장이다. 이 범주에 해당하는 주장은 고작 한두 건의 연구에 기반하거나 결과 확인을 위한 반복 연구를 거치지 않은 단일 연구에 기반할 수 있다. 이 평점을 받은 주장은 종종 흥미롭지만 여전히 불확실한 완전히 새로운 연구에서 나온다. 평점 1을 받은 주장은 신뢰성 확보를 위한 확인 단계가 필요하기 때문에 조심스럽게 받아들여야 한다.

다음은 케이트와 내가 동의한 주장과 평점이다. 주장이 3점 이하인 것에는 간략하게 이유를 덧붙였다. 이 자료에 대해 깊이 알아보고 싶은 사람을 위해 희망찬 회의론자 웹 사이트에 스프레드시트를 수록해서 모든 주장을 평가할 때 사용한 광범위한 연구를 소개했다.

부록을 통해 이 책의 근간이 되는 과학을 더 잘 이해할 수 있는 기회를 가졌으면 한다.

자밀 자키, 케이트 페트로바

들어가는 말

주장 0.1: 신뢰는 전 세계적으로 하향세를 타고 있다.

평점: 5

주장 0.2: 팬데믹 기간 동안 친절하고 관대한 행위가 증가했다.

평점: 4

1장

주장 1.1: 신뢰가 약해지면서 냉소주의가 생긴다.

평점: 5

주장 1.2: 사회적 지지는 스트레스가 개인에 미치는 영향을 완화해준다.

평점: 5

주장 1.3: 냉소주의는 신체 및 정신 건강 악화와 관련이 있으며 이 연관 관계는 젠더 또는 인종, 소득 같은 요소로는 설명할 수 없다.

평점: 4

주장 1.4: 신뢰는 집단 차원의 긍정적인 결과와 역경에 대한 회복 탄력성과 관련이 있다.

평점: 4

2장

주장 2.1: 냉소론자는 비냉소론자에 비해 인지테스트 수행 점수가 낮고 사기꾼 및 거짓말하는 사람을 가려내는 것도 힘들어한다.

평점: 3

이유: 냉소주의와 인지능력 간의 관계를 직접적으로 실험한 연구가 비교적 적다. 냉소주의와 사회적 사고 간의 연관성을 관찰한 연구는 이보다 많은데, 연구 결과 일반적으로 냉소적인 사람들이 정직한 사람을 지나치게 일반화하고 이들을 사기꾼이나 거짓말쟁이로 잘못 분류해서 고립 및 관계 분열같이 사회적으로 문제가 되는 결과를 일으키는 것으로 나타났다. 이 분야에서는 추가적인 연구가 이뤄져서 결과를 재차 확인하고 확장해야 한다.

주장 2.2: 애착은 아동기 이후 새로운 경험을 통해 변할 수 있다.

평점: 3

이유: 애착에 관한 초기 연구 결과는 상대적으로 고정된 관점이 특징이

다. 일단 초기 아동기에 애착 유형이 형성되면 평생 동안 변하지 않는다고 알려져 있다. 그러나 최근 애착 유형이 심리치료로 변할 수 있고 한 사람의 애착 안전감도 관계에 따라 종종 변한다는 증거가 축적되기 시작했다. 이 연구 방향은 아직 상대적으로 새로운 분야이며 성인의 애착이 얼마나 가변적인지 또 어떤 상황에서 변하는지 정확히 판단하려면 더 많은 연구가 이뤄져야 한다.

주장 2.3: 배신당한 경험이 불신을 낳을 수 있다.

평점: 5

주장 2.4: 역경은 긍정적인 효과가 있다.

평점: 5

3장

주장 3.1: 냉소주의는 유전되고 냉소주의의 절반 미만은 유전 인자 때문에 발생한다.

평점: 3

이유: 냉소주의의 유전성을 여러 쌍의 쌍둥이와 가족 연구를 통해 조사했다. 대부분의 연구에서 냉소주의에 유전적 요소가 있다는 증거를 찾은 반면 어떤 연구에서는 냉소주의의 유전 인자를 전혀 찾지 못했다. 냉소주의의 유전성 증거를 찾은 연구는 환경에 따라 이 효과의 정도가 달

라진다고 보고한다. 냉소주의에 기여하는 유전 및 반유전적 요인 간의 상호작용은 본래 복잡하고 아직 철저히 이해된 분야가 아니기 때문에 추가 연구가 필요하다.

주장 3.2: 시장화된 삶에 노출되면 이기심이 증가한다.
평점: 3
이유: 전 세계 연구에 따르면 사람들은 자유시장에 노출되면 이를 계기로 협력을 도모한다. 하지만 이런 친절 뒤의 동기는 여전히 제대로 파악되지 않았다. 시장은 사람들을 진정 친사회적인 방식으로 행동하게 이끌지만 다른 한편으로는 사람이 이기적이라는 관점을 키울 수 있어 협력하는 집단 형태를 약화시키고 냉소주의를 증가시킨다. 여러 연구에서 양쪽 주장에 관한 증거가 모두 나왔고 시장화된 삶의 효과가 사람의 맥락에 따라 달라질 수 있다는 가능성이 높아졌다. 교환 활동에서 언제 협력이 중심이 되고 언제 이기심이 중심이 되는지 좀 더 확실히 선을 긋기 위해서는 추가 연구가 필요하다.

주장 3.3: 친절한 행위가 행복감을 높인다.
평점: 5

4장

주장 4.1: 사람들은 본래 부정적인 것에 집중하는 성향이 있다.

평점: 5

주장 4.2: 가십은 공동체에 긍정적인 효과를 가져올 수 있다.

평점: 4

주장 4.3: 사람들은 종종 인간 본성의 핵심은 선하다고 믿는다.

평점: 3

이유: 여러 연구에 따르면 사람들은 타인에게 내재된 선함에 대해 낙관적인 믿음을 가지고 있다. 이런 믿음은 사람에게 도덕적으로 선한 본질적인 '진정한 자아'가 있다고 보는 심리적 성향에서 나온 것 같다. 이 믿음이 개인과 문화 전반에 걸쳐 꽤 확고하다는 초기 증거는 있지만 여전히 새로운 연구 영역이다.

주장 4.4: 뉴스 매체를 많이 소비하는 사람은 주변 사람에 대해 좀 더 냉소적인 견해를 가지고 있다.

평점: 2

이유: 이 주제에 관한 연구는 혼재된 결과를 보여준다. 어떤 연구에서는 뉴스 매체 소비와 냉소주의가 관련이 있다는 결과가 나온 반면 또 어떤 결과에서는 전혀 관계가 없다고 나온다. '비열한 세계 증후군'이라는 말은 부정적인 뉴스에 자주 노출되면 냉소주의가 조장될 수 있다는 뜻

이다. 일부 연구에 따르면 특히 풍자적인 뉴스 시청이 냉소주의와 관련이 있다고 한다. 전략적인 뉴스에 노출돼도 어떤 문제에 한해 정치적 냉소주의가 증가하는 것으로 나타났다. 그러나 다른 연구에서는 뉴스 소비가 정치 지식과 긍정적으로 관련이 있고 정치인에 대한 냉소주의와는 관련이 없는 것으로 나왔다. 결국 특정 형태의 뉴스 매체 소비와 냉소주의는 서로 연관이 있을 수 있지만 명확한 결론을 내리기 위해서는 좀 더 많은 연구가 필요하다.

5장

주장 5.1: 사람들은 다른 사람의 도움과 친절을 과소평가한다.

평점: 3

이유: 사람들이 종종 타인의 도움과 친절을 과소평가한다는 증거가 쌓이고 있다. 그러나 이 현상을 직접 관찰한 연구가 상대적으로 거의 없다. 게다가 기대와 현실 사이의 불일치는 타인의 친절을 오해하거나 자신의 이타적인 특성을 과대평가하면서 초래될 수 있다. 또 실제 도움 및 인지되는 도움 둘 다 문화와 상황에 따라 달라진다는 증거가 있다.

주장 5.2: 기대가 높아지면 성취도도 높아진다.

평점: 5

주장 5.3: 신뢰는 자기충족적이다. 우리가 다른 사람을 믿으면 그 사람은 신뢰를 주는 방향으로 행동할 가능성이 높아진다.

평점: 5

6장

주장 6.1: 외로움을 느끼는 비율이 늘고 있다.

평점: 3

이유: 일부 연구에서 청소년과 청년층 사이에서 외로움을 느끼는 빈도와 강도가 증가한다고 보고한다. 이와 반대로 장년층을 대상으로 한 연구에서는 세월이 흐름에 따라 외로움의 수준이 변하지 않고 좀 더 안정을 찾는다고 말하며 어떤 연구에서는 노년층의 외로운 감정이 심지어 감소한다고 보고한다. 이는 문화에 따른 외로움의 변화는 물론 동일한 사람을 오랜 시간 추적해보는 대규모 종적 연구가 필요함을 보여준다.

주장 6.2: 외로움은 신체 및 정신 건강 모두에 악영향을 준다.

평점: 5

주장 6.3: 사람들은 다른 사람과의 상호작용을 즐기는 정도를 자주 과소평가한다.

평점: 4

7장

주장 7.1: 사람들은 호모 이코노미쿠스보다 덜 이성적이고 더 친절하며 좀 더 원칙을 중시한다.

평점: 5

주장 7.2: 조직 냉소주의는 발전을 저지한다.

평점: 4

주장 7.3: 내부적으로 협력하는 집단은 서로 경쟁하는 집단보다 성공한다.

평점: 5

8장

주장 8.1: 사람들은 정치적 외집단의 부정적 자질을 지나치게 부각한다.

평점: 4

주장 8.2: 소셜 미디어에서는 부정적 정서가 증폭된다.

평점: 3

이유: 여러 대규모 연구에서는 소셜 미디어에서 부정적인 정서가 증폭되고 빠르게 확산된다고 보고한다. 이런 증폭 현상이 사회적으로 해로운 영향을 줄 수 있지만 좀 더 많은 연구가 필요하다. 소셜 미디어에서의 정서 연구는 아주 초기 단계에 있으며 결과를 재차 확인하고 좀 더 광범위한 소셜 미디어 플랫폼과 사용자, 맥락에 걸쳐 기존 연구 결과를 확장

하기 위해서는 추가 연구가 필요하다.

주장 8.3: 외집단 구성원과의 접촉은 공감과 희망을 구축하는 데 도움이
된다.

평점: 4

주장 8.4: 외집단 구성원에 대한 오해를 푸는 것이 갈등을 완화하는 효
과적인 방법이다.

평점: 3

이유: 반대편 정치 집단에 대한 잘못된 믿음을 고치면 집단 간 갈등과
비민주적인 행태를 지지하는 경향이 줄어들 수 있다는 초기 증거가 있
다. 그러나 여러 연구에서 이런 오해를 바로잡기 위해 개입해도 사람들
의 생각이 바뀌지 않는다는 결과가 나왔다. 언제, 어떻게 개입해야 이런
오해를 효과적으로 바로잡을 수 있는지 제대로 파악하려면 다양한 참
가자를 대상으로 한 대규모 추가 연구가 필요하다.

9장

주장 9.1: 개인 간 신뢰도를 통해 사회 복지 정책 지지 여부가 예측된다.

평점: 2

이유: 소수의 연구에서만 개인 간 신뢰와 사회 복지 정책 지지 간의 연
계를 관찰했다. 기존의 연구에서는 다른 사람을 신뢰하는 사람일수록

(또 서로 신뢰하는 사회일수록) 복지 정책을 지지하는 경향이 높다는 결과가 나왔지만 이런 연관 관계의 강도를 명확히 규정하고 사회·문화·정치적 맥락에 걸쳐 패턴이 일반화되는 정도를 확립하기 위해서는 추가 연구가 필요하다.

주장 9.2: 결핍으로 정신적 역량이 감소한다.

평점: 2

이유: 이 주제에 관한 연구 결과는 일관적이지 않다. 어떤 연구에서는 결핍과 빈곤을 경험하면 인지자원이 줄어든다는 증거가 나왔지만 또 어떤 연구에서는 이런 부작용을 찾지 못했거나 약한 증거만 찾는 데 그쳤다. 인도에서 시행된 두 연구에서는 결핍이 인지기능에 주는 영향에 관한 실험적 증거가 나왔다. 하지만 뒤이어 재분석해보니 적어도 한 연구의 최초 결과가 신뢰성이 부족했다. 또한 탄자니아 사람들을 대상으로 한 유사한 연구에서는 같은 결과 패턴이 나오지 않았다.

주장 9.3: 현금 직접 지원은 가난을 벗어나게 하는 효과적인 방법이다.

평점: 4

주장 9.4: 현금 직접 지원은 제도 남용이나 '유혹 상품' 소비 증가 등의 바람직하지 않은 결과와 관련이 없다.

평점: 5

희망찬 회의론자

10장

주장 10.1: 냉소적인 사람들은 그들에게 중요한 문제에 대한 현상 도전 (예: 사회 운동에 참여)을 덜 하는 경향이 있다.

평점: 4

주장 10.2: 열성적인 소수 집단이 전체 인구의 대략 25퍼센트에 이르면 새로운 사회 규범이 채택될 가능성이 상당히 증가한다.

평점: 3

이유: 여러 연구에서 사회 운동에 참여하거나 새로운 규범을 채택하겠다는 사람들의 의지는 그들이 보기에 얼마나 많은 사람이 이 대의에 참여하는가에 달려 있다는 결과가 나왔다. 한 연구에서는 티핑 포인트 tipping point(어떤 사회에서 일어나는 급격한 변화 또는 놀라울 정도로 급속하게 사람들의 반응이 일어나는 상태를 뜻한다 – 옮긴이)가 발견됐다. 즉, 열성적인 소수 집단 규모가 전체 인구의 약 25퍼센트에 이르면 새로운 사회 규범이 퍼질 가능성이 높아진다는 결과가 나온 것이다. 초기 연구에서는 이 주장이 입증됐지만 실험을 통해 이 문제를 관찰한 연구가 상대적으로 적어서 다른 문화와 상황에서는 어느 정도로 일반화될지 아직 불분명하다. 다른 연구에서는 가까운 사람이 공통적으로 중요하다고 여기는 사회 운동이 다수가 지지하는 사회 운동보다 중요한 것으로 나타났다.

주장 10.3: 자아효능감이 있으면 불의에 맞서 싸울 수 있다.

평점: 5

11장

주장 11.1: 미국인은 다른 사람이 기후 개혁을 지지한다는 사실을 제대로 인식하지 못한다.

평점: 3

이유: 지금까지 미국인을 대상으로 한 소수의 연구에서만 다른 사람의 기후 태도에 관한 인식이 관찰됐다. 이 연구에서 사람들 사이에 기후 변화의 실재와 심각성에 대한 동의가 거의 이뤄지지 않았고 실제보다 기후 개혁이 지지를 덜 받는다는 오해가 있는 것으로 나타났다. 적어도 한 연구에서는 정책 결정자 사이에서도 이런 오해가 있음이 밝혀졌다.

주장 11.2: 희망은 기후 행동을 부추긴다.

평점: 5

주장 11.3: 실제 삶에서 공공재의 비극 문제에 직면했을 때 사람들은 이기적으로 행동하는 대신 협동하는 방법을 모색하는 경우가 많다.

평점: 4

주장 11.4: 개인의 자아의식이 그들이 사는 주변 환경과 수명 밖으로 확장되면 이들은 더 협력하고 보존 노력에 기여할 확률이 크다.

평점: 4

후주

들어가는 말

1. Karina Schumann, Jamil Zaki and Carol S, Dweck, "공감 결여의 해결: 공감 유연성에 대한 믿음이 있으면 공감하기 힘들 때 억지 반응이라도 내놓는다", *Journal of Personality and Social Psychology* 107, no.3 (2014): 475-93; Sylvia A. Morelli et al., "정서적이고 유익한 지원책은 행복 예측과 상호작용한다", Emotion 15, no. 4 (2015): 484-93.

2. 이 책에 나오는 많은 인용구처럼 이 인용구는 에밀의 가족 및 친구가 제공한 자료에서 발췌했다. 이 경우에 공은 숀 콘하우저Shawn Kornhauser에게 돌아간다. 그는 에밀이 뇌종양 진단 직후 한 얘기를 녹음했다. 유튜브 채널 Annenberg School for Communication, 2020년 10월 9일 동영상. "에밀: 평화 및 갈등 신경과학 연구소의 에밀 브루노의 사명Emile: The Mission of Emile Bruneau of the Peace and Conflct Neuroscience Lab"을 참조하자. 이 책에서 소개한 에밀의 자취는 이곳 참고 자료와 감사의 말에서 찾아볼 수 있다.

3. Jeneen Interlandi, "우리에게 에밀이 가장 필요한 순간에 세상은 에밀을 잃다", *New York Times*, November 2, 2020.

4. White House Historical Association, "1970년대의 인종 갈등", 2023년 10월 11일, 다음 주소에서 검색 https://www.whitehousehistory.org/racial-tension-in-the-1970s

5. 한 가지 가능성은 이 변화가 GSS에 참여하는 새로운 인구 자료를 반영한다는 것이다. 예컨대 백인 중산층 남자는 역사적으로 소외된 집단보다 미국의 경제 시스템을 신뢰할 이유가 더 많다. 실제 일부 집단(예: 미국 흑인)은 GSS에서 높은 신뢰

를 표출하는 경향이 적다. 하지만 우리 연구 팀의 GSS 자료 자체 분석에 따르면 신뢰는 인종, 젠더, 나이, 소득을 감안했을 때도 하락했다. 이는 2011년 분석 결과와도 일치하는데 여기에서는 신뢰 하락이 GSS에 소외된 인구층을 편입해서 그런 것이라기보다는 백인 응답자의 신뢰 하락 때문이라고 밝혔다. 다음 자료를 참조하자. Rima Wilkes, "신뢰의 하락을 재고하기: 미국 흑인과 백인의 비교", *Social Science Research* 40, no. 6 (2011): 1596–1610.

6 Edelman, "2022 에델만 신용 척도", 2023년 10월 11일. 다음 주소에서 검색 https://www.edelman.com/trust/2022-trust-barometer

7 Gallup, "제도에 대한 신뢰"

8 B. Kent Houston and Christine R. Vavak, "냉소적인 적대감: 발달 요인, 사회·심리적 상관관계, 건강 행동Cynical Hostility: Developmental Factors, Psychosocial Correlates and Health Behaviors", Health Psychology 10(1991): 9–17; Susan A. Everson et al., "적대감과 사망률 및 급성심근경색의 증가 위험: 행동 위험 요인의 중개 역할 Hostility and Increased Risk of Mortality and Acute Myocardial Infarction: The Mediating Role of Behavioral Risk Factors", *American Journal of Epidemiology* 146, no. 2 (1997): 142–52; Tarja Heponiemi et al., "사회 지지 및 적대감이 우울 성향에 미치는 종단적 영향The Longitudinal Effects of Social Support and Hostility on Depressive Tendencies", *Social Science & Medicine* 63, no. 5 (2006): 1374–82; Ilene C. Siegler et al., "UNC 동창생의 심장 연구에서 대학 시절부터 중년까지 적대감의 변화 양상이 고위험 상태를 예측한다Patterns of Change in Hostility from College to Midlife in the UNC Alumni Heart Study Predict High-Risk Status", *Psychosomatic Medicine* 65, no. 5 (2003): 738–45; Olga Stavrova and Daniel Ehlebracht, "인간 본성과 소득에 대한 냉소적인 믿음: 종적 및 다문화 분석Cynical Beliefs About Human Nature and Income: Longitudinal and Cross-Cultural Analyses", *Journal of Personality and Social Psychology* 110, no. 1 (2016): 116–32.

9 Nancy L. Carter and Jutta Weber, "폴리애너(지나친 낙천주의자)가 아니다Not Pollyannas", *Social Psychological and Personality Science* 1, no. 3 (2010): 274–79; Toshio Yamagishi, Masako Kikuchi and Motoko Kosugi, "신뢰와 잘

속는 성향, 사회 지능Trust, Gullibility, and Social Intelligence", *Asian Journal of Social Psychology* 2, no. 1 (1999): 145–61.

10 Victoria Bell et al., "신뢰를 잃었을 때: 사회 관계에서 대인관계로 인한 트라우마의 영향When Trust Is Lost: The Impact of Interpersonal Trauma on Social Interactions", *Psychological Medicine* 49, no. 6 (2018):1041–46.

11 Daniel Nettle and Rebecca Saxe, "인간이 천사라면 어떤 정부도 필요하지 않다: 사회적 동기와 독재 지도자 선호에 관한 직관적 이론If Men Were Angels, No Government Would Be Necessary: The Intuitive Theory of Social Motivation and Preference for Authoritarian Leaders", *Collabra* 7, no. 1 (2021): 28105.

12 Luiza A. Santos et al., "초당적인 공감 유용성에 대한 믿음이 당파적 적개심을 줄이고 정치적 설득을 도모한다Belief in the Utility of Cross-Partisan Empathy Reduces Partisan Animosity and Facilitates Political Persuasion", *Psychological Science* 33, no. 9 (2022): 1557–73.

13 Douglas Cairns, "고대 그리스 철학에서 희망을 찾을 수 있는가? 플라톤과 아리스토텔레스의 엘피스Can We Find Hope in Ancient Greek Philosophy? Elpis in Plato and Aristotle", *in Emotions Across Cultures: Ancient China and Greece*, ed. David Konstan (Berlin: De Gruyter, 2022), 41–74.

1장: 냉소주의를 나타내는 신호와 증상

1 Arthur Conan Doyle, The Adventure of the Greek Interpreter, 1893. 아서 코난 도일 지음, 《그리스어 통역관》, 부크크, 2019.

2 디오게네스가 최초의 냉소론자는 아니었다. 최초의 냉소론자 타이틀은 소크라테스의 제자인 안티스테네스에게 돌아가지만 디오게네스가 이 철학을 유행시켰고 오늘날 가장 유명한 냉소론자의 기수가 됐다. 다음 서적을 참조하자. Ansgar Allen, Cynicism, (Cambridge, MA: MIT Press, 2020). Arthur C. Brooks, "우리는 진정한 냉소론의 의미를 잃었다We've Lost the True Meaning of Cynicism", *Atlantic*, May 23, 2022.

3 Diogenes the Cynic, Sayings and Anecdotes: With Other Popular Moralists, trans. Robin Hard, (Oxford: Oxford University Press, 2012).

4   디오게네스와 빅 씨 냉소주의에 관한 많은 정보는 루이스 E. 나비아Luis E. Navia
    의 저서에서 발췌했다. 특히 Diogenes the Cynic: The War Against the World,
    (Amherst, NY: Humanities Press, 2005)와 나비아의 Classical Cynicism: A Critical
    Study, (New York: Bloomsbury, 1996)에서 발췌했다.

5   A. Jesse Jiryu Davis, "왜 사부 린자이는 조의 따귀를 때렸나?Why Did Master Rinzai
    Slap Jo?", *EmptySquare Blog*, April 15, 2018.

6   John Moles, "사람들의 도덕적 타락에 대한 냉소론자의 태도 탐험Honestius Quam
    Ambitiosius? An Exploration of the Cynic's Attitude to Moral Corruption in His Fellow Men",
    Journal of Hellenic Studies 103 (1983): 103–23.

7   Ansgar Allen, Cynicism, 73–74.

8   빅 씨 냉소주의에서 스몰 씨 냉소주의로의 진화에 관한 자세한 내용은 Allen,
    Cynicism; David Mazella, The Making of Modern Cynicism (Charlottesville:
    University of Virginia Press, 2007); Navia, Classical Cynicism을 참조하자.

9   원래 규모를 알아보려면 Walter Wheeler Cook and Donald M. Medley, "MMPI
    검사에서 제기되는 적대감과 바리새인의 미덕 척도Proposed Hostility and Pharisaic-
    Virtue Scales for the MMPI", *Journal of Applied Psychology* 38, no. 6 (1954): 414–18
    를 참조하자. 이 검사의 역사와 특성을 좀 더 알아보려면 John C. Barefoot et al.,
    "쿡 메들리 적대감 척도: 항목 내용 및 생존 예측 능력The Cook-Medley Hostility Scale:
    Item Content and Ability to Predict Survival", *Psychosomatic Medicine* 51, no. 1 (1989):
    46–57; Timothy W. Smith and Karl D. Frohm, "적대감은 왜 그렇게 건강하지 않
    은 감정인가? 쿡, 메들리 호 척도의 구성적 타당성과 심리·사회적 상관관계What's
    So Unhealthy About Hostility? Construct Validity and Psychosocial Correlates of the Cook and
    Medley Ho Scale", *Health Psychology* 4, no. 6 (1985): 503–20를 참조하자.

10 John C. Barefoot et al., "적대감 양상과 건강의 관계: 국민 여론조사에서 쿡 메들
    리 적대감 척도 점수의 상관관계Hostility Patterns and Health Implications: Correlates of
    Cook-Medley Hostility Scale Scores in a National Survey", *Health Psychology* 10, no. 1
    (1991): 18–24.

11 Shelley E. Taylor and Jonathon D. Brown, "환영과 행복: 정신 건강에서 사회·

심리적 관점Illusion and Well-Being: A Social Psychological Perspective on Mental Health",
Psychological Bulletin 103, no. 2 (1988): 193 – 210.

12 이 관점은 에릭 노이만Eric Neumann과 자밀 자키의 "냉소주의의 사회심리학을 향
해Toward a Social Psychology of Cynicism", *Trends in Cognitive Sciences* 27, no. 1
(2023): 1 – 3에 나와 있다. 다른 많은 학자도 이와 비슷한 관점을 언급했다. Kwok
Leung et al., "사회 원칙Social Axioms", *Journal of Cross-Cultural Psychology*
33, no. 3(2002): 286 – 302; Morris Rosenberg, "염세주의와 정치적 이데올로기
Misanthropy and Political Ideology", *American Sociological Review* 21, no. 6 (1956):
690 – 95; Lawrence S. Wrightsman, "인간 본성의 철학성 측정Measurement of
Philosophies of Human Nature", *Psychological Reports* 14, no. 3 (1964): 743 – 51을
참조하자.

13 Clayton R. Critcher and David Dunning, "선행은 항상 의심받는다: 냉소
적 재해석은 이기주의의 위력에 대한 믿음을 유지시킨다No Good Deed Goes
Unquestioned: Cynical Reconstruals Maintain Belief in the Power of Self-Interest", *Journal
of Experimental Social Psychology* 47, no. 6 (2011): 1207 – 13; Ana-Maria
Vranceanu, Linda C. Gallo and Laura M. Bogart, "애매모호한 사회 관계에
서 적대감과 지지에 대한 인식Hostility and Perceptions of Support in Ambiguous Social
Interactions", *Journal of Individual Differences* 27, no. 2(2006): 108 – 15. 이
런 냉소적 인식은 특히 권력자에게서 두드러지게 나타난다. 이들은 동료, 친구 심
지어 배우자까지도 자신을 해치려 한다고 의심한다. M. Ena Inesi, Deborah H.
Gruenfeld and Adam D. Galinsky, "권력이 어떻게 관계를 파괴하는가: 타인의
관대한 행위에 대한 냉소적 귀인How Power Corrupts Relationships: Cynical Attributions
for Others' Generous Acts", *Journal of Experimental Social Psychology* 48, no. 4
(2012): 795 – 803를 참조하자.

14 신뢰에 대한 행동과학에서의 좀 더 공식적이고 전형적인 정의는 다음과 같다. "다
른 사람의 의도나 행위에 대한 긍정적인 기대에 근거해 취약함을 받아들이겠다는
의도로 이뤄진 심리 상태." Denise M.Rousseau et al., "결국은 별반 다르지 않다:
신뢰에 관한 학문 통합적 견해Not So Different After All: A Cross-Discipline View of Trust",

Academy of Management Review 23, no. 3 (1998): 393–404을 참조하자.

15 Karen S. Cook et al., "위험 감수를 통한 신뢰 구축Trust Building via Risk Taking: A Cross-Societal Experiment", *Social Psychology Quarterly* 68, no. 2 (2005): 121–42.

16 Jenny Kurman, "내가 하는 것과 그들이 할 것이라고 생각하는 것: 사회 원칙과 행동What I Do and What I Think They Would Do: Social Axioms and Behaviour", *European Journal of Personality* 25, no. 6 (2011): 410–23; Theodore M. Singelis et al., "사회 원칙 조사에 대한 수렴적 타당성 검증Convergent Validation of the Social Axioms Survey", *Personality and Individual Differences* 34, no. 2 (2003): 269–82.

17 Kurt Vonnegut, Wampeters, Foma and Granfalloons (Opinions) (New York: Delacorte Press, 1974).

18 Singelis et al., "사회 원칙 조사에 대한 수렴적 타당성 검증Convergent Validation of the Social Axioms Survey", Pedro Neves, "조직 냉소주의: 상사-부하 직원 관계와 실적의 파급 효과Organizational Cynicism: Spillover Effects on Supervisor–Subordinate Relationships and Performance", *Leadership Quarterly* 23, no. 5 (2012): 965–76; Chia-Jung Tsay, Lisa L. Shu and Max H. Bazerman, "협상 및 기타 경쟁적 상황에서의 순진함과 냉소주의Naïveté and Cynicism in Negotiations and Other Competitive Contexts", *Academy of Management Annals* 5, no. 1 (2011): 495–518.

19 Heponiemi et al., "사회 지지의 종단적 영향Longitudinal Effects of Social Support", Siegler et al., "적대감의 변화 양상Patterns of Change in Hostility"

20 Stavrova and Ehlebracht, "인간 본성과 소득에 관한 냉소적 믿음Cynical Beliefs About Human Nature and Income"

21 물론 이 연구들 중 그 어떤 것도 사람을 냉소적으로 만든 다음 이들의 생이 어떻게 전개되는지 관찰하지 않았다. 냉소주의와 역경은 상관관계가 있지만 이 연구만으로는 어느 한쪽이 다른 쪽을 유발한다고 볼 수 없다. 다시 말해, 냉소주의와 부정적 결과 간의 관계는 인종, 성별, 소득으로는 설명할 수 없다. 냉소주의만으로 우리 삶이 망가지지는 않겠지만 그다지 달콤해지지도 않는다. Everson et al., "적대감과 사망 위험 증가Hostility and Increased Risk of Mortality"를 참조하자. 비슷한 맥락의 다른 연구는 John C. Barefoot, W. Grant Dahlstrom and Redford B.

희망찬 회의론자

Williams, "적대감과 CHD 발생율, 총 사망률: 255명의 의사를 25년간 추적 관찰 Hostility, CHD Incidence, and Total Mortality: A 25-Year Follow-Up Study of 255 Physicians", *Psychosomatic Medicine* 45, no. 1 (1983): 59 – 63; Jerry Suls, "분노와 심장: 심장질환 위험과 메커니즘, 개입에 관한 관점Anger and the Heart: Perspectives on Cardiac Risk, Mechanisms and Interventions", *Progress in Cardiovascular Diseases* 55, no. 6 (2013): 538 – 47를 참조하자.

22 Esteban Ortiz-Ospina, "신뢰Trust", *Our World in Data*, July 22, 2016.

23 John F. Helliwell, Haifang Huang and Shun Wang, "신뢰와 행복에 관한 새로운 증거New Evidence on Trust and Well-Being" (working paper, National Bureau of Economic Research, July 1, 2016).

24 John F. Helliwell, "행복과 사회 자본: 자살이 수수께끼를 제시하는가?Well-Being and Social Capital: Does Suicide Pose a Puzzle?", *Social Indicators Research* 81, no. 3 (2006): 455 – 96; John F. Helliwell and Shun Wang, "신뢰와 행복Trust and Well-Being" (working paper, Research Papers in Economics, April 1, 2010).

25 Paul J. Zak and Stephen Knack, "신뢰와 성장Trust and Growth", *Economic Journal* 111, no. 470 (2001): 295 – 321.

26 Etsuko Yasui, "재난 후 회복에서의 공동체 취약성과 역량: 1995년 고베 지진 이후 마노와 미쿠라 지역의 사례Community Vulnerability and Capacity in Post-Disaster Recovery: The Cases of Mano and Mikura Neighbourhoods in the Wake of the 1995 Kobe Earthquake" (PhD diss., University of British Columbia, 2007).

27 Yasui, "재난 후 회복에서의 공동체 취약성과 역량Community Vulnerability and Capacity in Post-Disaster Recovery", 226에서 표 7.3을 참조하자.

28 예컨대 고베는 아홉 개 지역, 즉 '구'로 나뉘어 있다. 지진이 일어나기 전 신뢰도가 높았던 구는 신뢰도가 낮았던 구보다 더 빨리 재건됐고 인구도 빨리 회복됐다. Daniel P. Aldrich, "사람의 위력: 1995년 고베 지진 복구에서 사회 자본의 역할The Power of People: Social Capital's Role in Recovery from the 1995 Kobe Earthquake", *Natural Hazards* 56, no. 3 (2010): 595 – 611을 참조하자.

29 John F. Helliwell et al., eds., 〈2022년 세계 행복 보고World Happiness Report 2022〉

(New York: Sustainable Development Solutions Network, 2022).

30 Zak and Knack, "신뢰와 성장Trust and Growth", Jacob Dearmon and Kevin Grier, "신뢰와 발전Trust and Development", *Journal of Economic Behavior and Organization* 71, no. 2 (2009): 210–20; Oguzhan C. Dincer and Eric M. Uslaner, "신뢰와 성장Trust and Growth", Public Choice 142, no. 1–2 (2009): 59–67.

31 특히 미국 및 유럽 3개국에서 팬데믹 기간과 그 전에 실시한 여론조사에 따르면 자국의 정치 시스템에 대한 국민의 만족과 국민적 자부심, 민주주의에 대한 지지는 2020년 한 해 동안 모두 하락했다. Alexander Bor et al., "코로나19 팬데믹으로 인해 시스템 지지도는 하락했지만 사회 결속은 약해지지 않았다The Covid-19 Pandemic Eroded System Support but Not Social Solidarity", *PLOS ONE* 18, no. 8 (2023).

32 Dasl Yoon, "백신 접종률이 높은 한국에서도 코로나19 감염률은 둔화되지 않는다Highly Vaccinated South Korea Can't Slow Down COVID-19", *Wall Street Journal*, December 16, 2021.

33 Kristen de Groot, "한국인의 코로나19 대응: 차기 팬데믹을 위한 교훈", *Penn Today*, October 14, 2022.

34 Henrikas Bartusevičius et al., "코로나19 팬데믹의 심리적 짐은 반제도적 태도 및 정치 폭력과 연관이 있다The Psychological Burden of the COVID-19 Pandemic Is Associated with Antisystemic Attitudes and Political Violence", *Psychological Science* 32, no. 9 (2021): 1391–403; Marie Fly Lindholt et al., "코로나19 백신의 국민 수용: 관찰 자료를 이용한 국가 간 수준 및 개인 수준 예측 요인에 대한 증거Public Acceptance of COVID-19 Vaccines: Cross-National Evidence on Levels and Individual-Level Predictors Using Observational Data", *BMJ Open* 11, no. 6 (2021): e048172.

35 Thomas J. Bollyky et al., "팬데믹 준비성과 코로나19: 2020년 1월 1일에서 2021년 9월 30일까지 177개국에서 감염 및 치명률, 그리고 준비성과 관련된 맥락적 요소에 대한 탐색적 분석Pandemic Preparedness and COVID-19: An Exploratory Analysis of Infection and Fatality Rates and Contextual Factors Associated with Preparedness in 177 Countries, from Jan 1, 2020, to Sept 30, 2021", *Lancet* 399, no. 10334 (2022): 1489–1512.

36 William Litster Bruneau, The Bidet: Everything There Is to Know from the First and Only Book on the Bidet, an Elegant Solution for Comfort, Health, Happiness, Ecology and Economy (self-pub., 2020), 196.

37 이 전기적인 세부 묘사는 스테파니 브루노의 글에서 발췌했다.

38 Emile Bruneau, "애티커스와 양육-명쾌함Atticus and Parenting-Clarity"(스테파니 브루노가 제공한 워드 문서, 2023년 3월 4일).

39 재닛 루이스, 에밀이 코치를 맡은 럭비 팀 선수와 그의 여행 친구, 사적 대화. 2022년 12월 13일.

40 Jeff Freund, 에밀의 럭비 팀 친구와 사교 클럽 친구, 사적 대화. 2022년 12월 13일.

41 Emile Bruneau et al., "조현병에서 시상의 글루타미네이스 및 글루타민 합성 효소 mRNA 발현 증가Increased Expression of Glutaminase and Glutamine Synthetase mRNA in the Thalamus in Schizophrenia", *Schizophrenia Research* 75, no. 1 (2005): 27–34.

42 Emile Bruneau et al., "인간성의 거부: 극악무도한 인간성 말살의 분명한 신경계 상관관계Denying Humanity: The Distinct Neural Correlates of Blatant Dehumanization", *Journal of Experimental Psychology: General* 147, no. 7 (2018): 1078–93; Emile Bruneau, Nicholas Dufour and Rebecca Saxe, "갈등 집단 구성원의 사회 인지: 아랍, 이스라엘, 남미 사람의 상대방 불행에 대한 행동 및 신경계 반응Social Cognition in Members of Conflict Groups: Behavioural and Neural Responses in Arabs, Israelis and South Americans to Each Other's Misfortunes", *Philosophical Transactions of the Royal Society B: Biological Sciences* 367, no. 1589 (2012): 717–30.

43 재닛 루이스, 사적 대화. 2022년 12월 13일.

44 Emily Falk, 에밀의 학계 동료이자 멘토, 사적 대화. 2022년 1월 6일.

45 Alan Fontana et al., "냉소적 불신과 자기가치감의 탐색Cynical Mistrust and the Search for Self-Worth", *Journal of Psychosomatic Research* 33, no. 4 (1989): 449–56.

46 Geoffrey L. Cohen, Joshua Aronson and Claude M. Steele, "믿음이 증거에 항복할 때: 자아확인을 통해 편향된 평가 줄이기When Beliefs Yield to Evidence: Reducing Biased Evaluation by Affirming the Self", *Personality and Social Psychology Bulletin*

26, no. 9 (2000): 1151–64; Joshua Correll, Steven J. Spencer and Mark P. Zanna, "자아확인 및 마음의 개방: 자아확인 및 주장의 설득성에 대한 민감성 An Affirmed Self and an Open Mind:Self-Affirmation and Sensitivity to Argument Strength", *Journal of Experimental Social Psychology* 40, no. 3 (2004): 350–56.

47 Sander Thomaes et al., "청소년 사이에 '온화한 열정'을 불러일으키기: 가치 확인 이 친사회적 감정 및 행위에 미치는 지속적인 실험적 영향Arousing 'Gentle Passions' in Young Adolescents: Sustained Experimental Effects of Value Affirmations on Prosocial Feelings and Behaviors", *Developmental Psychology* 48, no. 1 (2012):103–10.

2장: 냉소주의와 회의주의의 반전

1 Olga Stavrova and Daniel Ehlebracht, "냉소적 천재의 환영: 냉소주의 및 능 력에 대한 일반적 믿음을 알아보고 폭로하기The Cynical Genius Illusion: Exploring and Debunking Lay Beliefs About Cynicism and Competence", *Personality and Social Psychology Bulletin* 45, no. 2 (2019): 254–69.

2 Carter and Weber, "폴리에너가 아니다Not Pollyannas". 사람들은 냉소주의를 어떤 사람의 지력을 판단하는 단서로 이용할 뿐만 아니라 지력을 근거로 그 사람의 냉소 주의 수준을 판단한다. 한 연구에서 사람들은 유능한 사람이 친절하지 않고 유능 하지 않은 사람은 따뜻하고 포근할 것이라고 추측했다. Charles M. Judd et al., "사 회적 판단의 근본적 관점: 유능함과 따뜻함의 판단 간의 관계 이해하기Fundamental Dimensions of Social Judgment: Understanding the Relations Between Judgments of Competence and Warmth", *Journal of Personality and Social Psychology* 89, no. 6 (2005): 899–913.

3 Deborah Son Holoien and Susan T. Fiske, "긍정적인 인상의 경시: 인상 관리에 서 따뜻함과 능력 사이의 보상Downplaying Positive Impressions: Compensation Between Warmth and Competence in Impression Management", *Journal of Experimental Social Psychology* 49,no. 1 (2013): 33–41.

4 Stavrova and Ehlebracht, "냉소적 천재의 환영Cynical Genius Illusion"에서 연구 4~6을 참조하자. 또 다른 프로젝트에서는 1만 명 이상의 영국 아동을 관찰했는

데 지적 능력이 높은 아동일수록 덜 냉소적인 성인으로 성장한다는 것이 밝혀졌다. 이 연구가 특권을 반영하지는 않는다. 대학에 입학한 사람이나 대학에 가지 않는 사람이나 마찬가지로 냉소적이다. 대학 교육 자체보단 교육과 관련된 폭넓은 경험이 사람을 신뢰하도록 만든다. 좀 더 자세한 내용은 이 서적과 자료를 참조하자. Toshio Yamagishi, Trust: The Evolutionary Game of Mind and Society (New York: Springer Science & Business Media, 2011), Noah Carl and Francesco C. Billari, "미국에서의 일반화된 신뢰와 지성Generalized Trust and Intelligence in the United States", *PLOS ONE* 9, no. 3 (2014): e91786; Olga Stavrova and Daniel Ehlebracht, "냉소주의의 해독제로서의 교육Education as an Antidote to Cynicism", *Social Psychologicaand Personality Science* 9, no. 1 (2017): 59–69; Patrick Sturgis, Sanna Read and Nick Allum, "지성이 일반화인 신뢰를 고양하는가? 영국 출생 동족 집단 연구를 이용한 실증적 검사Does Intelligence Foster Generalized Trust? An Empirical Test Using the UK Birth Cohort Studies", *Intelligence* 38, no. 1 (2010): 45–54.

5 Carter and Weber, "폴리에너가 아니다Not Pollyannas"

6 Ken J. Rotenberg, Michael J. Boulton, and Claire L. Fox, "아동의 신뢰 믿음, 심리적 부적응 및 사회 관계 사이의 횡단 및 종단적 관계: 신뢰도가 매우 높은 아동과 매우 낮은 아동 모두 위험에 처해 있는가?Cross-Sectional and Longitudinal Relations Among Children's Trust Beliefs, Psychological Maladjustment and Social Relationships: Are Very High as Well as Very Low Trusting Children at Risk?", *Journal of Abnormal Child Psychology* 33, no. 5 (2005): 595–610.

7 이런 재판의 흥미로운 버전이 〈스타 트랙: 더 넥스트 제너레이션〉의 첫 에피소드에서 펼쳐진다. 여기에서는 전지전능한 존재가 인간의 숱한 도덕적 결함을 고소하는 한편 패트릭 스튜어트가 연기한 장뤽 피카드는 인간의 변호를 맡는다.

8 지적 겸손이 지혜의 유일한 요소다. 다른 사람의 관점을 받아들이고 지식을 추구하는 것도 포함된다. Mengxi Dong, Nic M. Weststrate and Marc A. Fournier, "30년간의 심리적 지혜 연구: 고대 개념의 상관관계에 관해 우리가 아는 것Thirty Years of Psychological Wisdom Research: What We Know About the Correlates of an Ancient

Concept", *Perspectives on Psychological Science* 18, no. 4 (2022): 778–811; Igor Grossmann et al., "양극화된 세상에서 지혜의 과학: 알려진 것과 알려지지 않은 것The Science of Wisdom in a Polarized World: Knowns and Unknowns", *Psychological Inquiry* 31, no. 2 (2020): 103–33.

9 호기심을 가지며 의심해보는 나의 회의주의 태도는 지적 겸손과 지혜 연구와 일맥상통힌다. Tenelle Porter et al., "지적 겸손의 예측 변수와 결과Predictors and Consequences of Intellectual Humility", *Nature Reviews Psychology* 1, no. 9 (2022): 524–36, Grossmann et al., "양극화된 세상에서 지혜의 과학Science of Wisdom in a Polarized World".

10 D. Alan Bensley et al., "근거 없는 믿음의 일반성을 예측하는 회의주의와 냉소주의 인지 유형Skepticism, Cynicism and Cognitive Style Predictors of the Generality of Unsubstantiated Belief", *Applied Cognitive Psychology* 36, no. 1 (2022): 83–99. Büşra Elif Yelbuz, Ecesu Madan and Sinan Alper, "반성적 사고는 음모론에 대한 믿음을 낮춘다: 메타 분석Reflective Thinking Predicts Lower Conspiracy Beliefs: A Meta Analysis", *Judgment and Decision Making* 17, no. 4 (2022): 720–44.

11 나는 메건의 정체성을 보호하기 위해 이름과 인물의 세부적 특징을 바꿨다. 메건을 인터뷰한 날짜는 2022년 3월 29일과 2023년 1월 6일이었고, 메건이 2020년 소셜 미디어에 올린 게시글을 통해 그녀의 세부적인 이야기를 확인했다.

12 Karen M. Douglas et al., "음모론 이해하기Understanding Conspiracy Theories", *Political Psychology* 40, no. S1 (2019): 3–35.

13 Jakub Šrol, Eva Ballová Mikušková and Vladimíra Čavojová, "우리는 걱정할 때 무슨 생각을 하는가? 코로나19 팬데믹 동안 불안, 통제력 부족, 음모론에 대한 믿음When We Are Worried, What Are We Thinking? Anxiety, Lack of Control and Conspiracy Beliefs Amidst the COVID-19 Pandemic", *Applied Cognitive Psychology* 35, no. 3 (2021): 720–29; Ricky Green and Karen M. Douglas, "불안 애착 및 음모론에 대한 믿음Anxious Attachment and Belief in Conspiracy Theories", *Personality and Individual Differences* 125 (2018): 30–37.

14 Mary D. Salter Ainsworth et al., Patterns of Attachment: A Psychological

Study of the Strange Situation (Mahwah, NJ: Lawrence Erl-baum, 1978).

15 Mario Mikulincer, "애착 작용 모델과 신뢰감: 상호작용 목표 및 감정 조절의 탐험 Attachment Working Models and the Sense of Trust: An Exploration of Interaction Goals and Affect Regulation", *Journal of Personality and Social Psychology* 74, no. 5 (1998): 1209 – 24.

16 Kenneth N. Levy and Benjamin N. Johnson, "애착과 심리 치료: 실증 연구의 결과 Attachment and Psychotherapy: Implications from Empirical Research", *Canadian Psychology* 60, no. 3(2019): 178 – 93; Anton Philipp Martinez et al., "불신과 부정적 자부심: 애착 유형에서 집착에 이르는 두 경로 Mistrust and Negative Self-Esteem: Two Paths from Attachment Styles to Paranoia", *Psychology and Psychotherapy* 94, no.3 (2020): 391 – 406.

17 Sara Konrath et al., "시간의 흐름에 따른 미국 대학생의 성인 애착 유형의 변화 Changes in Adult Attachment Styles in American College Students over Time", *Personality and Social Psychology Review* 18, no. 4 (2014): 326 – 48.

18 R. Chris Fraley et al., "친밀한 관계의 경험-관계 구조 설문지: 관계 전반에 걸쳐 애착 성향을 평가하는 방법 The Experiences in Close Relationships-Relationship Structures Questionnaire: A Method for Assessing Attachment Orientations Across Relationships", *Psychological Assessment* 23, no. 3 (2011): 615 – 25; Chris R. Fraley and Glenn I. Roisman, "성인 애착 유형의 발달: 네 가지 교훈 The Development of Adult Attachment Styles: Four Lessons", *Current Opinion in Psychology* 25 (2019):26 – 30; Jaakko Tammilehto et al., "일상생활에서 애착 및 정서 조절의 역학: 일방적 및 쌍방적 연관관계 Dynamics of Attachment and Emotion Regulation in Daily Life: Uni- and Bidirectional Associations", *Cognition & Emotion* 36, no.6 (2022): 1109 – 31.

19 이 사례는 과잉 일반화에 대한 뛰어난 논문 Brian van Meurs et al., "조건화된 공포의 일반화로 인한 부적응적 행동: 두드러지지만 아직 충분히 연구되지 않은 불안 병리학의 특징 Maladaptive Behavioral Consequences of Conditioned Fear-Generalization: A Pronounced, Yet Sparsely Studied, Feature of Anxiety Pathology", *Behaviour Research and Therapy* 57 (2014): 29 – 37에 잘 설명되어 있다.

20 어두운 순간은 우리가 가장 소중히 여기는 세상에 대한 믿음 역시 무너뜨린다. 한때 친절했던 사람들이 이제는 잔혹해졌다. 안전했던 세상은 이제 위험해졌다. PTSD에 관한 가장 유명한 설명은 이 병이 이런 식으로 사람들이 세상을 보는 일반적 이론을 망가뜨리고 재형성한다는 것이다. Ronnie Janoff-Bulman, "추정적 세상과 트라우마 사건의 스트레스: 스키마 구조의 적용Assumptive Worlds and the Stress of Traumatic Events: Applications of the Schema Construct", *Social Cognition* 7, no. 2(1989): 113–36; Ronnie Janoff-Bulman, Shattered Assumptions (New York: Simon & Schuster, 2010).

21 Mario Bogdanov et al., "심한 심리·사회적 스트레스는 인지노력 회피를 증가시킨다Acute Psychosocial Stress Increases Cognitive-Effort Avoidance", *Psychological Science* 32, no. 9 (2021): 1463–75.

22 과학자들은 이런 심리적 덫을 '사악한 학습 환경'이라고 부른다. 좀 더 자세한 내용은 Robin M. Hogarth, Tomás Lejarraga and Emre Soyer, "친절하고 사악한 학습 환경의 두 가지 설정The Two Settings of Kind and Wicked Learning Environments", *Current Directions in Psychological Science* 24, no. 5 (2015): 379–85을 참조하자.

23 스테파니 브루노, 사적 대화. 2023년 3월 4일.

24 재닛 루이스, 사적 대화. 2022년 12월 13일.

25 Michal Bauer et al., "전쟁이 협동을 부추길까Can War Foster Cooperation?", *Journal of Economic Perspectives* 30, no. 3 (2016): 249–74; Patricia A. Frazier, Amy Conlon and Theresa Glaser, "성폭행 이후 긍정적 및 부정적인 인생 변화Positive and Negative Life Changes Following Sexual Assault", *Journal of Consulting and Clinical Psychology* 69, no. 6 (2001): 1048–55; Daniel Lim and David DeSteno, "고통과 연민: 인생 역경, 공감, 연민, 친사회적 행동 간의 연관 관계Suffering and Compassion: The Links Among Adverse Life Experiences, Empathy, Compassion and Prosocial Behavior", *Emotion* 16, no. 2 (2016): 175–82.

26 Matthew L. Brooks et al., "트라우마 특성과 트라우마 후 성장: 회피적 대처, 침투적 사고, 사회 지지의 중재적 역할Trauma Characeristics and Posttraumatic

Growth: The Mediating Role of Avoidance Coping, Intrusive Thoughts, and Social Support",
Psychological Trauma: Theory, Research, Practice and Policy 11, no. 2 (2019):
232-38; Sarah E. Ullman and Liana C. Peter-Hagene, "성폭행 피해자에서 성
폭행 고백, 대처, 인지제어, PTSD 증상에 대한 사회적 반응Social Reactions to Sexual
Assault Disclosure, Coping, Perceived Control and PTSD Symptoms in Sexual Assault Victims",
Journal of Community Psychology 42, no. 4 (2014):495-508.

27 Emile bruneau, "애티커스와 양육-명쾌함Atticus and Parenting-Clarity"

28 Ximena B. Arriaga et al., "시간의 경과의 따른 작업 모델의 수정: 애착 안정성을
향상시키는 관계 상황Revising Working Models Across Time: Relationship Situations That
Enhance Attachment Security", *Personality and Social Psychology Review* 22, no.
1 (2017): 71-96; Atina Manvelian, "안전한 피난처와 안정 기반의 창조: 애착 안
정성 향상을 위한 정서 중심 멘토링의 타당성 및 파일럿 연구Creating a Safe Haven
and Secure Base: A Feasibility and Pilot Study of Emotionally Focused Mentoring to Enhance
Attachment Security" (PhD diss., University of Arizona, 2021).

29 '정서 중심 심리 요법'을 통한 신뢰 구축 사례는 Stephanie A. Wiebe et al., "정서
중심의 커플 심리 요법에서 후속 결과 예측하기: 신뢰, 관계 특정 애착, 정서적 참
여의 변화의 역할Predicting Follow-Up Outcomes in Emotionally Focused Couple Therapy:
The Role of Change in Trust, Relationship-Specific Attachment and Emotional Engagement",
Journal of Marital and Family Therapy 43, no. 2 (2016): 213-26을 참조하자.

30 Matthew Jarvinen, "애착 및 인지개방성: 지적 겸손의 정서적 기반Attachment
and Cognitive Openness: Emotional Underpinnings of Intellectual Humility", *Journal of
Positive Psychology* 12, no. 1 (2016): 74-86.

31 Julia A. Minson and Frances S. Chen, "반대 견해에 대한 수용성: 개념화 및 통
합적 검토Receptiveness to Opposing Views: Conceptualization and Integrative Review",
Personality and Social Psychology Review 26, no. 2 (2021): 93-111; Harry T.
Reis et al., "동반자의 수용성을 인지하면 지적 겸손이 향상된다Perceived Partner
Responsiveness Promotes Intellectual Humility", *Journal of Experimental Social
Psychology* 79 (2018): 21-33.

32 여기에서 메건의 경험은 동기가 우리 생각에 어떤 영향을 끼치는가에 관한 연구와 일치한다. 특정 정치적 입장을 지지하는 사람과 얘기하기 전에 우리는 이 입장을 긍정적으로 다룬 글을 읽는다. 반면 비판적인 사람과 대화를 나누기 전에는 비판적인 정보를 골라 본다. 메건의 '공유된 현실'은 다른 큐어넌 구성원과 공유한 현실에서 토마스와 공유한 현실로 바뀌었다. 좀 더 자세한 정보는 Gerald Echterhoff, E. Tory Higgins and John M. Levine, "공유된 현실: 세상에 대한 다른 사람의 내면 상태와 공통성을 경험하기Shared Reality: Experiencing Commonality with Others' Inner States About the World", *Perspectives on Psychological Science* 4, no. 5 (2009): 496–521; Ziva Kunda, "동기부여 논증 사례The Case for Motivated Reasoning", *Psychological Bulletin* 108, no. 3 (1990): 480–98; Philip E. Tetlock and JaeIl Kim, "인성 예측 작업에서 책임과 판단 과정Accountability and Judgment Processes in a Personality Prediction Task", *Journal of Personality and Social Psychology* 52, no. 4 (1987): 700–709를 참조하자.

33 Yulia Landa et al., "망상 치료를 위한 집단 인지행동요법: 환자의 현실 검증 향상을 도와주기Group Cognitive Behavioral Therapy for Delusions: Helping Patients Improve Reality Testing", *Journal of Contemporary Psychotherapy* 36, no. 1 (2006): 9–17.

3장: 환경이 만드는 냉소주의

1 안드레아스 라이브란트, 저자와의 인터뷰. 2022년 10월 27일과 2023년 8월 30일.

2 Uri Gneezy, Andreas Leibbrandt and John A. List, "바다에 보내는 찬가: 직장 조직과 협력의 규범Ode to the Sea: Workplace Organizations and Norms of Cooperation", *Economic Journal* 126, no. 595 (2015): 1856–83.

3 심리학자 사나 아흐산Sanah Ahsan에게 이 생생한 은유의 공을 돌린다. Sanah Ahsan, "나는 심리학자다-그리고 내가 믿기에 우리는 정신 건강에 대해 파괴적 거짓말을 들어왔다I'm a Psychologist-and I Believe We've Been Told Devastating Lies About Mental Health", *Guardian*, September 6, 2022.

4 이 말은 지난번 출간된 내 책의 중심 주제다. Jamil Zaki, The War for Kindness: Building Empathy in a Fractured World (New York: Crown, 2019). 자밀 자키 지

음, 정지인 옮김, 《공감은 지능이다》, 심심, 2021.

5   Dorit Carmelli, Gary E. Swan, and Ray H. Rosenman, "쿡과 메들리의 적개심 척도의 유전성이 수정되다The Heritability of the Cook and Medley Hostility Scale Revised", *Journal of Social Behavior and Personality* 5, no. 1 (1990): 107–16; Sarah S. Knox et al., "적개심의 유전자 스캔: 국립 심장, 폐, 혈액 연구소 가족 심장 연구A Genome Scan for Hostility: The National Heart, Lung and Blood Institute Family Heart Study", *Molecular Psychiatry* 9, no. 2 (2003): 124–26.

6   불평등에 관한 인터렉티브 그래프는 World Inequality Database의 'USA'를 방문하면 된다. 2023년 10월 13일, https://wid.world/country/usa
특정 계산: 1980년에는 중산층의 40퍼센트가 전체 부의 30.6퍼센트를 소유했고 상위 1퍼센트는 20.9퍼센트를 소유해 그 비율은 1.46:1이었다. 2020년에는 중산층의 40퍼센트가 27.8퍼센트를 소유한 반면 상위 1퍼센트는 34.9퍼센트를 소유했다. 이런 추세와 역사적 맥락에 관해 더 완벽한 그림을 보려면 이 책을 참조하자. Thomas Piketty, A Brief History of Equality (Cambridge, MA: Harvard University Press, 2022). 토마스 피케티 지음, 전미역 옮김, 《평등의 짧은 역사》, 그러나, 2024.

7   경제 이동성에 관한 자료는 Raj Chetty et al., "희미해지는 아메리칸 드림: 1940년 이후 절대 소득 이동성 동향The fading American dream: Trends in absolute income mobility since 1940", *Science* 356 (2017): 398–406를 참조하자. 주택 및 교육 구매력은 Stella Sechopoulos, "미국 사람 대부분은 오늘날 청년들이 이들 부모 세대보다 일부 핵심 분야에서 더 치열한 경쟁을 겪는다고 말한다Most in the U.S. say young adults today face more challenges than their parents' generation in some key areas", *Pew Research Center, February* 28, 2022를 참조하자.

8   Jolanda Jetten et al., "경제적 불평등에 대한 사회 정체성 반응 분석A Social Identity Analysis of Responses to Economic Inequality", *Current Opinion in Psychology* 18 (2017): 1–5; Lora E. Park et al., "청소년기의 소득 불평등과 성인기의 행복을 연결하는 심리적 경로Psychological Pathways Linking Income Inequality in Adolescence to Well-Being in Adulthood", *Self and Identity* 20, no. 8 (2020): 982–1014.

9   Frank J. Elgar, "33개국의 소득 불평등, 신뢰 및 인구 건강Income Inequality, Trust,

and Population Health in 33 Countries", *American Journal of Public Health* 100, no. 11 (2010): 2311–15; Jolanda Jetten, Kim Peters and Bruno Gabriel Salvador Casara, "소득 불평등과 음모 이론Economic Inequality and Conspiracy Theories", *Current Opinion in Psychology* 47 (2022): 101358.

10 예컨대 부유한 19개국을 30년에 걸쳐 분석해보니 나라가 불평등해질수록 국민은 점점 남을 신뢰하지 않는 것으로 나타났다. Guglielmo Barone and Sauro Mocetti, "불평등과 신뢰: 패널 자료의 새로운 증거Inequality and Trust: New Evidence from Panel Data", *Economic Inquiry* 54, no. 2 (December 8, 2015): 794–809.

11 Richard J. Popplewell, "슈타시와 1989년의 동독 혁명The Stasi and the East German Revolution of 1989", *Contemporary European History* 1, no. 1 (1992): 37–63.

12 Andreas Lichter, Max Löffler and Sebastian Siegloch, "정부 감시의 장기적 대가: 동독에서 슈타시의 스파이 역할에서 얻은 통찰The Long-Term Costs of Government Surveillance: Insights from Stasi Spying in East Germany", *Journal of the European Economic Association* 19, no. 2(2020): 741–89.

13 Sarah Repucci and Amy Slipowitz, Freedom in the World 2021: Democracy Under Siege (New York: Freedom House, 2021).

14 Jacob Grumbach, "민주주의 퇴보의 실험실Laboratories of Democratic Backsliding", *American Political Science Review* 117, no. 3 (2023): 967–84.

15 Andrew Woodcock, "웨스트민스터에서의 혼란 이후 정치인에 대한 신뢰 '급락'Trust in Politicians 'in Freefall' After Year of Chaos at Westminster", *Independent*, November 3, 2022.

16 지금까지 봐왔듯이 냉소론자의 인지검사 점수는 비냉소론자보다 낮다. 하지만 부패가 심한 나라에서는 똑똑한 사람들이 냉소적인 경향이 훨씬 높다. 권력층이 권력을 남용할 때 냉소주의는 더 흔해지고 너 타당해진다. Stavrova and Ehlebracht, "냉소적인 천재의 환영Cynical Genius Illusion"을 참조하자.

17 Matthew Desmond, Andrew V. Papachristos and David S. Kirk, "흑인 공동체에서 경찰의 폭력과 시민의 범죄 신고Police Violence and Citizen Crime Reporting in the Black Community", *American Sociological Review* 81, no. 5 (2016): 857–76; Bill

McCarthy, John Hagan and Daniel Herda, "법적 냉소주의에 대한 동네 분위기와 경찰의 권력 남용에 대한 불만Neighborhood Climates of Legal Cynicism and Complaints About Abuse of Police Power", *Criminology* 58, no. 3 (2020): 510-36.

18 Itai Bavli and David S. Jones, "인종 및 X-Ray 기계-1968년 미국 흑인에게 방사선 용량을 늘린 것에 대한 논란The Controversy over Increased Radiation Doses for Black Americans in 1968", *New England Journal of Medicine* 387, no. 10 (2022): 947-52; Kelly M. Hoffman et al., "통증 평가 및 치료 권고에 대한 인종 편견과 흑인과 백인 간의 생물학적 차이에 관한 잘못된 믿음Racial Bias in Pain Assessment and Treatment Recommendations and False Beliefs About Biological Differences Between Blacks and Whites", *Proceedings of the National Academy of Sciences* 113, no. 16 (2016): 4296-301.

19 Chris Iglesias of Fruitvale's Unity Council, 저자와의 인터뷰, 2023년 1월 27일.

20 이는 기대 접종율과 실제 접종률 차이에 대한 보수적 추정치이다. 실제로 2021년 5월까지 피드몬트와 덜 부유한 지역을 포함한 전체 지역 주민의 77퍼센트가 백신 접종을 했다. 2021년 8월까지 푸르트베일 주민의 3분의 1은 여전히 백신을 접종하지 않은 상태였다. Brian Krans, "캘리포니아 백신 시스템의 결함이 어떻게 일부 오클랜드 사람들을 소외시켰는가How Flaws in California's Vaccine System Left Some Oaklanders Behind", *Oaklandside*, May 18, 2021. Deepa Fernandes, "이민자의 자녀들이 오클랜드의 백신 미접종 공동체에 다가서기 위한 노력의 핵심에서 활동하다Children of Immigrants at the Heart of Effort to Reach Oakland's Unvaccinated Communities", *San Francisco Chronicle*, August 11, 2021.

21 Erin E. Esaryk et al., "캘리포니아, 오클랜드의 마야-라틴계 인구 사이의 중증급성 호흡기 증후군-코로나 바이러스 2 감염 위험과 사회·경제적 불이익의 변이Infection Risk and Socioeconomic Disadvantage Among a Mayan-Latinx Population in Oakland, California", *JAMA Network Open* 4, no. 5 (2021): e2110789.

22 이와 관련된 자료는 전 세계에서 수집했다. Heidi Colleran, "시장 통합이 폴란드 농촌 여성의 자아네트워크에서 친족 밀도를 줄인다Market Integration Reduces Kin Density in Women's Ego-Networks in Rural Poland", *Nature Communications* 11,

no. 1 (2020): 1–9; Robert Thomson et al., "관계 이동성이 39개국의 사회 행동을 예측하고 역사적 농경 및 위협과 연관되어 있다Relational Mobility Predicts Social Behaviors in 39 Countries and Is Tied to Historical Farming and Threat", *Proceedings of the National Academy of Sciences* 115, no. 29 (2018): 7521–26, Kristopher M Smith, Ibrahim A. Mabulla and Coren L. Apicella, "다른 문화에 더 많이 노출된 하드자Hadza 수렵 채집인은 관대한 동료와 더 많이 나눈다Share More with Generous Campmates", *Biology Letters* 18, no. 7 (2022): 20220157를 참조할 것. 사회적 시장 및 협력의 일반 이론은 Pat Barclay, "생물학적 시장 및 동반자 선택이 협력 및 우정에 끼치는 효과Biological Markets and the Effects of Partner Choice on Cooperation and Friendship", *Current Opinion in Psychology* 7 (2016): 33–38을 참조하자.

23 Paul Lodder et al., "금전 점화의 포괄적 메타 분석A Comprehensive Meta-Analysis of Money Priming", *Journal of Experimental Psychology: General* 148, no. 4 (2019): 688–712.

24 Ryan W. Carlson and Jamil Zaki, "선행이 악행으로 변하다: 이타주의와 이기심에 대한 일반적 이론Good Deeds Gone Bad: Lay Theories of Altruism and Selfishness", *Journal of Experimental Social Psychology* 75 (2018): 36–40.

25 철학자 마이클 샌델Michael Sandel이 말하듯이 "우정을 돈으로 사면 내가 얻고자 하는 선은 사라진다." Michael Sandel, "도덕적 추론으로서의 시장 추론: 왜 경제학자는 정치적 철학에 다시 관여해야 하는가Market Reasoning as Moral Reasoning: Why Economists Should Re-Engage with Political Philosophy", *Journal of Economic Perspectives* 27, no. 4 (2013): 121–40.

26 Jaclyn Smock, "스마트워치도 해로울 수 있다Smartwatches Can Be Toxic, Too", Allure, October 14, 2022.

27 Kelly Glazer Baron et al., "수면 완벽주의: 어떤 환자는 정량화된 자기관리를 너무 지나치게 하고 있는가?Orthosomnia: Are Some Patients Taking the Quantified Self Too Far?", *Journal of Clinical Sleep Medicine* 13, no. 2 (2017): 351–54.

28 레인의 First Person과의 인터뷰에서 인용된 문구. Lulu Garcia-Navarro et al., "스마트폰 해방 운동을 이끄는 청소년The Teenager Leading the Smartphone Liberation

희망찬 회의론자

Movement", *opinion*, *New York Times*, February 2, 2023.

29 Luca Braghieri, Ro'ee Levy and Alexey Makarin, "소셜 미디어와 정신 건강 Social Media and Mental Health", *American Economic Review* 112, no. 11 (2022): 3660–93.

30 Tara Parker-Pope, "긍정적인 친구의 위력The Power of Positive People", *New York Times*, July 12, 2018.

31 Michael Rosenfeld, Reuben J. Thomas and Sonia Hausen, "친구 소개팅을 멈추다: 미국의 온라인 만남이 다른 형태의 만남을 대체하는 현상Disintermediating Your Friends: How Online Dating in the United States Displaces Other Ways of Meeting", *Proceedings of the National Academy of Sciences* 116, no. 36 (2019): 17753–58.

32 데이팅 앱에 관한 Verge의 팟캐스트에서 틴더의 공동 창업자 조나단 바딘Jonathan Badeen과의 인터뷰를 참조하자. Sangeeta Singh Kurtz, "틴더가 어떻게 모든 것을 바꿨나How Tinder Changed Everything", *Verge*, January 11, 2023.

33 Gabriel Bonilla-Zorita, Mark D. Griffiths and Daria J. Kuss, "온라인 데이트와 사용의 문제점: 체계적 검토Online Dating and Problematic Use: A Systematic Review", *International Journal of Mental Health and Addiction* 19, no. 6 (2020): 2245–78.

34 Steven Pinker, Enlightenment Now (New York:Viking Press, 2018). 스티븐 핑커 지음, 김한영 옮김, 《지금 다시 계몽》, 사이언스북스, 2021.

35 Ali Teymoori, Brock Bastian and Jolanda Jetten, "아노미 현상의 심리적 분석을 향해Towards a Psychological Analysis of Anomie", *Political Psychology* 38, no. 6 (2016): 1009–23; Lea Hartwich and Julia Becker, "신자유주의에 대한 노출이 아노미 감정과 부정적인 심리 반응을 통해 권력층에 대한 분노를 높인다Exposure to Neoliberalism Increases Resentment of the Elite via Feelings of Anomie and Negative Psychological Reactions", *Journal of Social Issues* 75, no. 1 (2019): 113–33; Karim Bettache, Chi-yue Chiu and Peter Beattie, "치열한 경쟁 사회에서 무자비한 마음: 신자유주의와 사회적 불평등에 대한 무관심The Merciless Mind in a Dog-Eat-Dog

Society: Neoliberalism and the Indifference to Social Inequality", *Current Opinion in Behavioral Sciences* 34 (2020): 217–22; Jetten, Peters and Casara, "경제적 불평등 및 음모론Economic Inequality and Conspiracy Theories".

36 빌과 에밀의 이야기 출처: 스테파니 브루노. 에밀이 페닌슐라에 다니던 시절, 대부분의 학교 관리인은 학부모로 이뤄졌다. 이런 노동 교환 정책은 1990년대에 바뀌어 현재 모든 관리 직원은 임금을 받는다. 출처: Andromeda Garcelon, 에밀의 페닌슐라 학급 친구이자 현재 학부모이자 학교 공동체 홍보 대사. 2023년 1월 18일 인터뷰다.

37 에밀이 2019년 7월 16일 재닛 루이스에게 보낸 '모니카 마이어Monica Meyer'라는 제목의 문서를 따랐다.

38 과학자들은 부모의 신뢰를 통해 자녀가 다른 사람을 신뢰하는지 여부를 아직 모른다. 하지만 양육자 스스로 아이에게 믿음을 보여줌으로써 이를 시험해볼 수 있다. Dan Wang and Anne C. Fletcher, "중학교 시절 학교 적응과 관련된 부모의 양육 유형과 또래 집단의 신뢰Parenting Style and Peer Trust in Relation to School Adjustment in Middle Childhood", *Journal of Child and Family Studies* 25, no. 3 (2015): 988–98.

39 이 말은 철학자 키란 세티야Kieran Setiya가 제안한 최종 목표 또는 목적 없이 '비종결 atelic' 활동을 추구하라는 말과 일치한다. Kieran Setiya, Midlife: A Philosophical Guide (Princeton, NJ: Princeton University Press, 2017).

40 Morelli et al., "정서·도구적 지원 제공Emotional and Instrumental Support Provision"

41 Hunt Allcott et al., "소셜 미디어의 복지 효과The Welfare Effects of Social Media", *American Economic Review* 110, no. 3 (2020): 629–76.

42 Jeremy D. W. Clifton and Peter Meindl, "부모는 자녀에게 세상이 나쁜 곳이라고 가르치는 것이 최선이라고 잘못 생각한다Parents Think-Incorrectly-That Teaching Their Children That the World Is a Bad Place Is Likely Best for Them", *Journal of Positive Psychology* 17, no. 2 (2021): 182–97.

43 Dietlind Stolle and Laura Nishikawa, "타인을 신뢰하기-부모가 자녀의 일반화된 신뢰를 어떻게 형성하는가Trusting Others-How Parents Shape the Generalized Trust of

Their Children", *Comparative Sociology* 10, no. 2(2011): 281–314.

44 Jean M. Twenge, W. Keith Campbell and Nathan T. Carter, "미국 성인과 청년 사이에서 타인에 대한 신뢰와 기관에 대한 신뢰의 감소Declines in Trust in Others and Confidence in Institutions Among American Adults and Late Adolescents, 1972–2012", *Psychological Science* 25, no. 10 (2014): 1914–23.

45 이 연습과 이점을 포괄적으로 잘 알아보려면 이 책을 참조하자. Fred B. Bryant and Joseph Veroff, Savoring: A New Model of Positive Experience (New York: Psychology Press, 2017). 프레드 브라이언트·조셉 베로프 지음, 권석만·임영진·하승수 옮김,《인생을 향유하기》, 학지사, 2010.

46 마틴 팔담Martin Paldam, 표 7, "사회 자본과 사회 정책Social Capital and Social Policy" (작업 보고서, 사회 정책의 새로운 변방: 세계화되는 세계에서의 발달New Frontiers of Social Policy: Development in a Globalizing World, 2005), 11.

47 유니티 카운슬의 최고운영책임자인 아르만도 헤르만데스Armando Hernandezd와의 대화에서 나온 자료다. 2023년 5월 1일 저자와의 인터뷰. 캠페인에 관한 자세한 정보는 Brian Krans, "우리는 경주 중: 델타 변이 감염자가 치솟으면서 오클랜드는 계속적으로 백신 접종을 밀어붙인다We Are in a Race: With Delta Variant Cases Spiking, Oakland Continues Vaccination Push", *Oaklandside*, August 6, 2021; Leonardo Castañeda, "전선에서: 코로나 타격이 큰 프루트베일 거리를 돌아다니며 코로나19 백신 거부자를 찾아다니는 학생들In the Trenches: Students Walk the Streets of Hard-Hit Fruitvale Seeking COVID Vaccine Holdouts", *Daily Democrat*, July 3, 2021을 참조하자.

48 Katherine Clayton and Robb Willer, "공화당 정치인의 지지가 미국 선거에 대한 신뢰를 높일 수 있다Endorsements from Republican Politicians Can Increase Confidence in U.S. Elections", *Research & Politics* 10, no. 1 (2023): 205316802211489; Sophia Pink et al., "권력을 가진 당의 장려가 공화당 지지자의 백신 접종 의향을 높인다Elite Party Cues Increase Vaccination Intentions Among Republicans", *Proceedings of the National Academy of Sciences* 118, no. 32 (2021): e2106559118.

1   원래 '실험'을 보려면 Diana Zlomislic, "우리는 GTA 주변에 지갑 스무 개를 놔뒀는데 대부분 회수됐다We Left 20 Wallets Around the GTA. Most Came Back", *Toronto Star*, April 25, 2009; and Helliwell and Wang, "신뢰와 행복Trust and Well-Being"을 참조하자. 캐나다는 전 세계 신뢰도에서 최상위에 속했지만 40개국에서 1만 7천 개의 지갑으로 진행한 대규모 실험에서 40개국에 뿌린 대부분의 지갑은 회수됐다. 재미있게도 지갑 안에 돈이 있는 경우, 돈이 없는 경우에 비해 회수 확률이 높아 다시 한번 사람이 이기적이라는 고정관념을 없애줬다. Alain Cohn et al., "전 세계 시민의 정직함Civic Honesty Around the Globe", *Science* 365, no. 6448 (2019): 70–73.

2   간략한 리뷰를 보려면 Leda Cosmides et al., "사기꾼 감지하기Detecting Cheaters", *Trends in Cognitive Sciences* 9, no. 11 (2005): 505–6를 참조하자.

3   John F. Helliwell et al., eds., 〈2023년 세계 행복 보고서World Happiness Report 2023〉, 11th ed.(New York: Sustainable Development Solutions Network, 2023).

4   Jamil Zaki, "우리가 무시한 코로나19 선행The COVID Kindness We Ignored" (미출간 에세이).

5   Cameron Brick et al., "이기심은 과대평가됐다: 밀러와 라트너의 두 가지 성공적인 사전 등록 복제 및 확장Self-Interest Is Overestimated: Two Successful Pre-Registered Replications and Extensions of Miller and Ratner (1998)", *Collabra Psychology* 7, no. 1 (2021): 23443; Dale T. Miller and Rebecca K. Ratner, "이기심의 실제 힘과 가정된 힘 사이의 차이The Disparity Between the Actual and Assumed Power of Self-Interest", *Journal of Personality and Social Psychology* 74, no. 1 (1998): 53–62; Nicholas Epley and David Dunning, "남보다 '고귀하다고' 느끼다: 자아중심적 평가가 자아 또는 사회적 예측의 오류로 인해 발생하는가?Feeling 'Holier Than Thou': Are Self-Serving Assessments Produced by Errors in Self- or Social Prediction?", *Journal of Personality and Social Psychology* 79, no. 6 (2000): 861–75; Nicholas Epley et al., "비사회성: 잘못 조정된 사회적 인지가 사회적 연결을 방해할 수 있다Undersociality: Miscalibrated Social Cognition Can Inhibit Social Connection", *Trends in Cognitive Sciences* 26, no. 5 (2022): 406–18; Dale T. Miller, "이기심의 규범The

Norm of Self-Interest", *American Psychologist* 54, no. 12 (1999): 1053 – 60; Detlef Fetchenhauer and David Dunning, "사람들은 너무 많이 신뢰하는가 아니면 너무 적게 신뢰하는가?Do People Trust Too Much or Too Little?", *Journal of Economic Psychology* 30, no. 3 (2009): 263 – 76.

6 Fred Bryant, "2.0 업그레이판 당신: 속도를 늦춰요You 2.0: Slow Down!", 샹카르 베단탐Shankar Vedantam과의 인터뷰(Hidden Brain Media, n.d.).

7 John J. Skowronski and Donal E. Carlston, "인상 형성에서 부정성과 극단성 편경: 설명 리뷰Negativity and Extremity Biases in Impression Formation: A Review of Explanations", *Psychological Bulletin* 105, no. 1 (1989): 131 – 42.

8 Adam Mastroianni and Daniel T. Gilbert, "도덕적 타락의 착각The Illusion of Moral Decline", *Nature* 618, no. 7966 (2023): 782 – 89.

9 Mingliang Yuan et al., "미국에서 낯선 사람 간의 협력이 감소했는가? 사회적 딜레마에 대한 시간 교차 메타 분석Did Cooperation Among Strangers Decline in the United States? A Cross-Temporal Meta-Analysis of Social Dilemmas (1956 – 2017)", *Psychological Bulletin* 148, no. 3 – 4 (2022): 129 – 57.

10 Robin Dunbar, Anna Marriott, and Neill Duncan, "인간의 대화 행위Human Conversational Behavior", *Human Nature* 8, no. 3 (1997): 231 – 46.

11 Matthew Feinberg, Robb Willer and Michael Schultz, "가십과 배척은 집단 내 협력을 고취한다Gossip and Ostracism Promote Cooperation in Groups", *Psychological Science* 25, no. 3 (2014): 656 – 64; Manfred Milinski, Dirk Semmann and Hans-Jürgen Krambeck, "평판은 '공유지의 비극'을 해결하는 데 도움이 된다 Reputation Helps Solve the 'Tragedy of the Commons'", *Nature* 415, no. 6870 (2002): 424 – 26.

12 Samantha Grayson et al., "가십은 속임수를 줄이지만 (불확실한) 냉소주의를 늘린다Gossip Decreases Cheating but Increases (Inaccurate) Cynicism" (manuscript in preparation).

13 David Bornstein and Tina Rosenberg, "보고가 냉소주의로 변할 때When Reportage Turns to Cynicism", *opinion, New York Times*, November 14, 2016.

14 Claire Robertson et al., "부정성이 온라인 뉴스 소비를 주도한다Negativity Drives Online News Consumption", *Nature Human Behaviour* 7, no. 5 (2023): 812–22.

15 David Rozado, Ruth Hughes and Jamin Halberstadt, "트랜스포머 언어 모델을 사용한 자동 라벨링을 통해 뉴스 미디어 헤드라인의 감정과 정서에 관한 종적 분석 Longitudinal Analysis of Sentiment and Emotion in News Media Headlines Using Automated Labelling with Transformer Language Models", *PLOS ONE* 17, no. 10 (2022): e0276367.

16 Charlotte Olivia Brand, Alberto Acerbi and Alex Mesoudi, "50년간의 노래 가사에서 정서적 표현의 문화적 진화Cultural Evolution of Emotional Expression in 50 Years of Song Lyrics", *Evolutionary Human Sciences* 1 (January 1, 2019): E1.

17 소비자가 미디어를 형성한다면 미디어는 우리의 세계관을 형성한다. 한 고전적인 실험에서 연구진은 참가자에게 돈을 지불하고 이들의 뉴스 소비를 조작했다. 과학자는 세금 인상 또는 탄소 배출 같은 문제를 선정하고 이 주제에 관한 2분 분량의 뉴스를 일주일 동안 매일 밤 시청자의 프로그램에 몰래 끼워넣었다. 여러분은 무엇이 중요한지에 관한 자신의 감각이 평생 경험으로 형성된다고 생각하겠지만 여러분이 연구에 참가한 사람들과 비슷하다면 이 감각은 단 12분이면 형성된다. 한 문제에 관한 보도를 많이 삽입했더니 나중에 시청자들은 이 문제가 국가가 직면한 가장 중요한 문제라고 간주하는 경향이 상당히 높았다. Shanto Iyengar and Donald R. Kinder, News That Matters: Television and American Opinion, updated ed. (Chicago: University of Chicago Press, 2010). 샨토 아이엔가·도널드 R. 킨더 지음, 안병규 옮김, 《중요한 뉴스》, 푸른솔, 2015.

18 Justin McCarthy, "미국의 범죄 증가에 대한 인식이 1993년 이후 최고 수준에 도달하다Perceptions of Increased U.S. Crime at Highest Since 1993", *Gallup*, November 20, 2021. 27년의 조사 기간 중 25년 동안 응답자의 50퍼센트 이상이 미국에서 범죄가 1년 전보다 '더 많이' 발생했다고 답했다.

19 "2021년 미국에서 보고된 폭력 범죄 비율Reported Violent Crime Rate in the U.S. 2021", *Statista*, retrieved October 10, 2023.

20 Annie Lowrey, "왜 샌프란시스코 검사장 체사 부딘이 리콜 선거에 직면했는가Why San Francisco Prosecutor Chesa Boudin Faces Recall", *Atlantic*, May 20, 2022.

21 Valerie J. Callanan, "미디어 소비, 범죄 위험의 인식과 범죄에 대한 두려움: 인종/민족 차이 관찰Media Consumption, Perceptions of Crime Risk and Fear of Crime: Examining Race/Ethnic Differences", *Sociological Perspectives* 55, no. 1 (2012): 93-115.

22 팟캐스트 〈How To〉에서 발췌한 인용구. 대본은 Nicole Lewis and Amanda Ripley, "뉴스의 부정적인 영향을 어떻게 되돌릴까How to Unbreak the News" *Slate*, August 30, 2022에서 구할 수 있다.

23 Sean Greene, "남극에서 델라웨어주만 한 크기의 얼음판이 떨어져 나왔지만 과학자들은 실제 재난은 수십 년 후에 일어날 것이라고 생각한다Antarctica Shed a Block of Ice the Size of Delaware, but Scientists Think the Real Disaster Could Be Decades Away", *Los Angeles Times*, January 20, 2018.

24 "민주주의가 방향을 틀다: 투표소 폐쇄와 투표할 권리Democracy Diverted: Polling Place Closures and the Right to Vote", *Leadership Conference on Civil and Human Rights*, September 10, 2019. https://civilrights.org/democracy-diverted

25 Nic Newman, "2022 디지털 뉴스 보도의 개요와 핵심 사실Overview and Key Findings of the 2022 Digital News Report", *Reuters Institute for the Study of Journalism*, June 15, 2022.

26 Solutions Journalism, "가장 최신의 솔루션 저널리즘 연구에서 상위 10개 항목The Top 10 Takeaways from the Newest Solutions Journalism Research" *Medium-The Whole Story*, January 6, 2022.

27 팟캐스트 〈On Being〉에서 쇼터스의 인터뷰에서 발췌한 인용구. Trabian Shorters, "트레이비언 쇼터스-인류애를 확장하는 인지기술Trabian Shorters-A Cognitive Skill to Magnify Humanity", interview by Krista Tippett (The On Being Project, 2022).

28 George Newman, Paul Bloom and Joshua Knobe, "가치 판단 및 참 자아Value Judgments and the True Self", *Personality and Social Psychology Bulletin* 40, no. 2 (2013): 203-16. "선한 참 자아 효과good true self effect"; Julian De Freitas et al., "선한 참 자아에 대한 믿음의 유래Origins of the Belief in Good True Selves", *Trends in Cognitive Sciences* 21, no. 9 (2017): 634-36; De Freitas et al., "인류 혐오주의와

세 가지 상호의존적 문화에서 선한 참 자아에 대한 지속적인 믿음Consistent Belief in a Good True Self in Misanthropes and Three Interdependent Cultures", *Cognitive Science* 42, no. 51 (2013): 134–60.

29 McCarthy, "미국의 범죄 증가에 대한 인식이 1993년 이후 최고 수준에 도달하다 Perceptions of Increased U.S. Crime at Highest Since 1993".

30 Toni G. L. A. Van Der Meer and Michael Hameleers, "알았다, 세상이 무너지고 있다! 뉴스 미디어 리터러시 개입을 통한 청중의 뉴스 선택에서 확증적 부정성 편향과 싸우기I Knew It, the World Is Falling Apart! Combatting a Confirmatory Negativity Bias in Audiences' News Selection Through News Media Literacy Interventions", *Digital Journalism* 10, no. 3 (2022): 473–92.

31 Board of Governors of the Federal Reserve System (US), "모든 상업 은행의 사업 대출에 대한 연체 비율Delinquency Rate on Business Loans, All Commercial Banks", *FRED, Federal Reserve Bank of St. Louis*, accessed October 15, 2023.

32 Lewis and Ripley, "뉴스의 부정적인 영향을 어떻게 되돌릴까How to Unbreak the News"에서 따온 인용구.

33 Amy J. C. Cuddy, Mindi S. Rock, and Michael I. Norton, "허리케인 카트리나 여파에서의 도움: 2차 정서 및 집단 간 도움의 추론Aid in the Aftermath of Hurricane Katrina: Inferences of Secondary Emotions and Intergroup Helping", *Group Processes & Intergroup Relations* 10, no. 1 (2007): 107–18.

34 David Bornstein and Tina Rosenberg, "솔루션 보도에서 얻은 11년간의 교훈11 Years of Lessons from Reporting on Solutions", *opinion, New York Times*, November 11, 2021.

35 David Byrne, "즐거울 이유Reasons to Be Cheerful", David Byrne, 2018, https://davidbyrne.com/explore/reasons-to-be-cheerful/about

36 Maurice Chammah, "젊은 여성 수감자를 돕기 위해 존엄성을 시도해보라To Help Young Women in Prison, Try Dignity", *opinion, New York Times*, October 9, 2018.

37 MaryLou Costa, "전 세계 테라피스트가 우크라이나 사람들에게 얘기하다The World's Therapists Are Talking to Ukraine", *Reasons to Be Cheerful*, August 25, 2023.

38 "Solutions Story Tracker®" *Solutions Journalism*, 2023년 10월 15일 검색. https://www.solutionsjournalism.org/storytracker

39 Ashley Stimpson, "'그린 뱅크'는 기후 행동의 꿈을 현실로 바꿔놓는다Green Banks' Are Turning Climate Action Dreams into Realities", *Reasons to Be Cheerful*, December 21, 2022.

40 Jenna Spinelle, "다수를 위한 것인가 아니면 소수를 위한 것인가For the Many or the Few?", *Solutions Journalism*, August 1, 2022.

41 연구에 따르면 경제 게임에서 '긍정적인 가십'은 부정적인 가십만큼 친절한 행위를 도모하는 데 유용하다. Hirotaka Imada, Tim Hopthrow and Dominic Abrams, "친사회 행동을 도모하는 데 긍정적인 가십과 부정적인 가십의 역할The Role of Positive and Negative Gossip in Promoting Prosocial Behavior", *Evolutionary Behavioral Sciences* 15, no. 3 (2021): 285-91.

5장: 냉소주의의 덫에서 벗어나기

1 David Armstrong, "마구 쓰는 돈Money to Burn", *Boston Globe, Sunday*, February 7, 1999.

2 Sarah Schweitzer, "도시와 소방관 합의에 도달City, Firefighters Settle", *Boston Globe*, August 31, 2001.

3 "The Boston Globe 05 Jul 2002, Page 5", 보스턴 글로브 기록 보관소Boston Globe Archive, 2023년 10월 15일 검색.

4 Schweitzer, "도시와 소방관 합의에 도달하다City, Firefighters Settle"

5 Douglas Belkin, "소방국 개혁의 불확실성Uncertainty for Fire Dept. Reform", *Boston Globe*, September 27, 2001.

6 Scott Greenberger, "소방국장 병가 수당 문제로 18명 정직Fire Head Suspends 18 Over Sick Pay", *Boston Globe*, July 11, 2003.

7 Greenberger, "소방국장 18명 정직Fire Head Suspends 18"

8 행동과학 관점에서 이 이야기를 자세히 알아보려면 Samuel Bowles, The Moral Economy: Why Good Incentives Are No Substitute for Good Citizens (New

Haven, CT: Yale University Press, 2016). 새뮤얼 보울스 지음, 박용진·전용범·최정규 옮김, 《도덕경제학》, 흐름출판, 2020, Tess Wilkinson-Ryan, "손해배상금이 오히려 파손을 일으키는가? 심리 실험Do Liquidated Damages Encourage Breach? A Psychological Experiment", *Michigan Law Review* 108 (2010): 633-72를 참조하자.

9 Jennifer Carson Marr et al., "내가 알고 싶을까? 집단 내 관계 위협 정보를 알려는 동기가 어떻게 편집증적 사고, 의심 행동, 사회 거부에 기여할까?Do I Want to Know? How the Motivation to Acquire Relationship-Threatening Information in Groups Contributes to Paranoid Thought, Suspicion Behavior and Social Rejection", *Organizational Behavior and Human Decision Processes* 117, no. 2 (2012): 285-97.

10 Geraldine Downey and Scott I. Feldman, "거절 민감성이 친밀한 관계에 미치는 영향Implications of Rejection Sensitivity for Intimate Relationships", *Journal of Personality and Social Psychology* 70, no. 6 (1996): 1327-43; Lindsey M. Rodriguez et al., "불신, 불안 애착, 질투, 동반자 학대의 대가The Price of Distrust: Trust, Anxious Attachment, Jealousy and Partner Abuse", *Partner Abuse* 6, no. 3 (2015): 298-319.

11 Seth A. Kaplan, Jill C. Bradley, and Janet B. Ruscher, "사회적 지지의 제공 및 수용에서 냉소적 성향의 방해 역할: 9/11 테러 공격 사례The Inhibitory Role of Cynical Disposition in the Provision and Receipt of Social Support: The Case of the September 11th Terrorist Attacks", *Personality and Individual Differences* 37, no. 6 (2004): 1221-32.

12 이 연구에 관한 훌륭한 요점을 보려면, Vanessa K. Bohns, You Have More Influence Than You Think: How We Underestimate Our Powers of Persuasion and Why It Matters (Washington, DC: National Geographic Books, 2023), 버네사 본스 지음, 문희경 옮김, 《당신의 영향력은 생각보다 강하다》, 세계사, 2023을 참조하자.

13 Vanessa K. Bohns, M. Mahdi Roghanizad and Amy Z. Xu, "타인의 비윤리적 행동과 결정에 대한 우리의 영향을 과소평가하다Underestimating Our Influence over Others' Unethical Behavior and Decisions", *Personality and Social Psychology*

Bulletin 40, no. 3 (2013): 348-62; Francis J. Flynn and Vanessa K. B. Lake, "도움이 필요하면 그저 부탁하라: 직접적 도움 요청에 응하는 현상이 과소평가되다If You Need Help, Just Ask: Underestimating Compliance with Direct Requests for Help" *Journal of Personality and Social Psychology* 95, no. 1 (2008): 128-43.

14 Bohns, Roghanizad, and Xu, "타인의 비윤리적 행동과 결정에 대한 우리의 영향을 과소평가하다Underestimating Our Influence over Others' Unethical Behavior and Decisions"

15 Noel D. Johnson and Alexandra Mislin, "신뢰 게임: 메타 분석Trust Games: A Meta-Analysis", *Journal of Economic Psychology* 32, no. 5 (2011): 865-89. 수치는 다음과 같이 계산됐다. 평균 투자=50퍼센트, 평균 상환=37퍼센트, 투자 표준편차=12퍼센트. 즉, 62퍼센트의 투자는 평균 투자치보다 한 표준 편차만큼 높다는 의미다. 존슨Johnson과 미슬린Mislin에 따르면 "신뢰가 한 표준 편차만큼 증가하면 40퍼센트의 신뢰도 증가로 이어진다." 평균 상환율에서 40퍼센트 증가는 약 52퍼센트 수익으로 나타난다.

16 투자자들이 수탁인에게 투자에 조건과 벌칙을 부과해 상환을 강제할 때도 똑같은 현상이 일어난다. Armin Falk and Michael Kosfeld, "통제의 숨은 대가The Hidden Costs of Control", *American Economic Review* 96, no. 5 (2006): 1611-30.

17 Ernesto Reuben, Paola Sapienza and Luigi Zingales, "불신이 자기충족적인가?Is Mistrust Self-Fulfilling?", *Economics Letters* 104, no. 2 (2009): 89-91. self-fulfilling prophecies: Marr et al., "내가 알고 싶을까Do I Want to Know?"

18 Downey and Feldman, "거절 민감성이 친밀한 관계에 미치는 영향Implications of Rejection Sensitivity for Intimate Relationships".

19 Olga Stavrova, Daniel Ehlebracht and Kathleen D. Vohs, "피해자인가 가해자인가 아니면 양쪽 다인가? 인간 본성에 대한 무시와 냉소적 믿음의 악순환Victims, Perpetrators, or Both? The Vicious Cycle of Disrespect and Cynical Beliefs About Human Nature", *Journal of Experimental Psychology: General* 149, no. 9 (2020): 1736-54.

20 좀 더 전문적인 용어로 말하자면 선제공격은 '악의적인 학습 환경'의 한 사례다. 이

환경에서 사람들이 배우는 증거는 편향적이라 이들을 제도적으로 나쁜 결론으로 이끈다. Robin M. Hogarth, Tomás Lejarraga and Emre Soyer, "친절하고 악의적인 학습 환경이라는 두 설정Two Settings of Kind and Wicked Learning Environments"을 참조하자.

21 Columnist Scott Lehigh, '보스턴 글로브 2003년 7월 16일자 19페이지'에서 인용된 문구. 보스턴 글로브 기록 보관소, 2023년 10월 15일 검색.

22 Robert M. Axelrod and Douglas Dion, "협력의 심층 진화The Further Evolution of Cooperation", *Science* 242, no. 4884 (1988): 1385-90; Jian Wu and Robert Axelrod, "반복적인 죄수의 딜레마에서 소음에 대처하는 방법How to Cope with Noise in the Iterated Prisoner's Dilemma", *Journal of Conflict Resolution* 39, no. 1 (1995): 183-89.

23 Robert M. Axelrod, The Evolution of Cooperation (New York: Basic Books, 1984), 33. 로버트 액설로드 지음, 이경식 옮김, 《협력의 진화》, 시스테마, 2009.

24 Robert Axelrod, "협력의 진화The Evolution of Cooperation", *Stanford University Department of Electrical Engineering*, 1984, https://ee.stanford.edu/~hellman/Breakthrough/book/chapters/axelrod.html#Live, 2023년 10월 15일 검색.

25 Eric Neumann et al., "사람은 신뢰가 자기충족적임을 배우고 나면 타인을 더 신뢰한다People Trust More After Learning Trust Is Self-Fulfilling" (원고 준비 중).

26 Andromeda Garcelon, 저자와의 인터뷰. 2023년 1월 31일.

27 Nienke W. Willigenburg et al., "미국 대학 미식축구와 클럽 럭비에서 부상율의 비교Comparison of Injuries in American Collegiate Football and Club Rugby", *American Journal of Sports Medicine* 44, no. 3 (2016): 753-60.

28 Franck Boivert, 저자와의 인터뷰. 2023년 2월 17일.

29 2019년 7월 16일 에밀이 재닛 루이스에게 이메일로 보낸 '모니카 마이어'라는 제목의 문서에서 발췌. 에밀은 재닛에게 이렇게 썼다. "이 책에 수록할지는 확신이 안 서지만……. 어쨌든 하고 싶은 이야기가 있어."

30 부아베르는 현재 피지에 살고 있고 계속 색다른 연습을 시도하며 코치 생활을 하고

희망찬 회의론자

있다. 최근에 그가 한 말을 인용해보면 "코치는 로봇처럼 경기하는 선수를 만드는 대신 이들의 지능을 개발해줘야 한다.", Meli Laddpeter, "'프랭크답게' 행동하기: 선수들은 자유롭게 경기할 수 있어야 한다-부아베르Being 'Franck': Players Need to Be Allowed to Play Freely-Boivert", *Fiji Times*, May 11, 2022.

31 재닛 루이스, 저자와의 인터뷰. 2022년 12월 13일. Janet Lewis, email correspondence, May 30, 2023.

32 Jutta Weber, Deepak Malhotra and J. Keith Murnighan, "비이성적인 신뢰의 정상적 행위: 동기부여된 귀인과 신뢰 발전 과정Normal Acts of Irrational Trust: Motivated Attributions and the Trust Development Process", *Research in Organizational Behavior* 26 (2004): 75-101.

33 Jillian J. Jordan et al., "계산 없는 협력이 신뢰성을 보여주는 데 쓰인다Uncalculating Cooperation Is Used to Signal Trustworthiness", *Proceedings of the National Academy of Sciences* 113, no. 31 (2016): 8658-63.

34 이 이야기에서 주의 깊게 봐야 할 점은 미국이 소련 이중간첩으로부터 수집한 정보를 통해 소련이 자국의 핵 능력을 과대포장하고 있다는 사실을 알았다는 것이다. 이런 맥락에서 케네디 대통령의 연설은 평화를 제안하기보다는 흐루쇼프의 허세를 들춰내는 것이다. 그럼에도 일방적인 긴장 완화를 제의하는 연설을 통해 소련은 체면을 살릴 수 있었고 동시에 평화의 가능성은 높아졌다.

35 Svenn Lindskold, "신뢰 발달, GRIT 제안, 그리고 갈등 및 협력에 대한 화해 행위의 효과Trust Development, the GRIT Proposal and the Effects of Conciliatory Acts on Conflict and Cooperation", *Psychological Bulletin* 85, no. 4 (1978): 772-93.

6장: 보이지 않는 냉소주의의 끈

1 와타나베의 이야기는 2022년 10월과 12월 사이에 진행된 이메일 인터뷰와 그가 온라인에서 출간한 본인의 경험을 담은 사진 에세이에서 발췌했다. 사진 에세이는 https://dajf.org.uk/wp-content/uploads/Atsushi-Watanabe-presentation.pdf에서 볼 수 있다.

2 Art Compass와 Artifacts는 개별 예술가에 대해 이 두 가지 순위를 제공한다.

3 Takahiro A. Kato, Shigenobu Kanba, and Alan R. Teo, "히키코모리: 다차원적 이해, 평가, 미래 국제적 관점Hikikomori: Multidimensional Understanding, Assessment and Future International Perspectives", *Psychiatry and Clinical Neurosciences* 73, no. 8 (2019): 427–40.

4 Tanner J. Bommersbach and Hun Millard, "더 이상 문화에 국한된 현상이 아니다: 일본 이외 지역에서의 히키코모리No Longer Culture-Bound: Hikikomori Outside of Japan", *International Journal of Social Psychiatry* 65, no. 6 (2019): 539–40.

5 Alan Teo, PhD, 저자와의 인터뷰. 2023년 3월 28일.

6 Daniel A. Cox, "인간의 사회적 반경이 축소되고 있다Men's Social Circles Are Shrinking", *Survey Center on American Life*, June 29, 2021.

7 Jean M. Twenge et al., "청소년 외로움의 세계적인 증가Worldwide Increases in Adolescent Loneliness", *Journal of Adolescence* 93 (2021): 257–69.

8 외로움 치료는 고故 존 카치오포John Cacioppo의 현대 고전이 여전히 최고라고 평가받는다. John T. Cacioppo and William H. Patrick, Loneliness: Human Nature and the Need for Social Connection (New York: W. W. Norton, 2008). 존 카치오포·윌리엄 패트릭 지음, 이원기 옮김, 《인간은 왜 외로움을 느끼는가》, 민음사, 2013.

9 Sheldon Cohen, "사회 관계와 건강Social Relationships and Health", *American Psychologist* 59, no. 8 (2004): 676–84; Sheldon Cohen et al., "사회적 유대관계와 일반 감기에 대한 민감성Social Ties and Susceptibility to the Common Cold", *JAMA* 277, no. 24 (1997): 1940–44.

10 Julianne Holt-Lunstad et al., "사망 위험 인자로서 외로움과 사회적 고립Loneliness and Social Isolation as Risk Factors for Mortality", *Perspectives on Psychological Science* 10, no. 2 (2015): 227–37.

11 Office of the Surgeon General, 〈외로움과 고립의 유행병: 사회 유대와 공동체 치유 효과에 대한 미국공중위생국장의 권고 성명Our Epidemic of Loneliness and Isolation: The U.S. Surgeon General's Advisory on the Healing Effects of Social Connection and Community〉 (Washington, DC: U.S. Public Health Service, 2023), 4.

12 Nicholas Epley and Juliana Schroeder, "잘못 추구하는 고독Mistakenly Seeking Solitude", *Journal of Experimental Psychology: General* 143, no. 5 (2014): 1980–99; Juliana Schroeder, Donald W. Lyons and Nicholas Epley, "저기, 안녕하세요? 즐거운 대화를 나누기 전에 대화를 시작할 걱정이 앞선다Hello, Stranger? Pleasant Conversations Are Preceded by Concerns About Starting One", *Journal of Experimental Psychology: General* 151, no. 5 (2022): 1141–53.

13 Xuan Zhao and Nicholas Epley, "놀랍게도 도와줘서 기뻤다: 친사회성의 과소평가가 도움을 부탁하는 데 장애물이 된다Surprisingly Happy to Have Helped: Underestimating Prosociality Creates a Misplaced Barrier to Asking for Help", *Psychological Science* 33, no. 10 (2022): 1708–31.

14 Erica J. Boothby and Vanessa K. Bohns, "왜 단순한 친절 행위는 보기보다 단순하지 않을까: 우리의 칭찬이 다른 사람에게 미치는 긍정적인 영향의 과소평가Why a Simple Act of Kindness Is Not as Simple as It Seems: Underestimating the Positive Impact of Our Compliments on Others", *Personality and Social Psychology Bulletin* 47, no. 5 (2020): 826–40; Amit Kumar and Nicholas Epley, "감사의 가치의 과소평가: 감사 표현자들이 감사 표현의 결과를 오해하다Undervaluing Gratitude: Expressers Misunderstand the Consequences of Showing Appreciation", *Psychological Science* 29, no. 9 (2018): 1423–35.

15 외향적 행동의 긍정적인 효과는 외향적인 사람에게 가장 컸고 내향적인 사람은 그런 행동을 할 때 더 피곤했다고 보고했다. 하지만 양쪽 집단 모두 기분이 좋아지는 경험을 했다. 이에 대한 자세한 연구는 William Fleeson, Adriane B. Malanos and Noelle M. Achille, "외향성과 긍정적 정서 간의 관계에 대한 개인 내적 과정 접근법: 외향성의 연기가 외향적인 성격만큼 효과가 '좋을까'?An Intraindividual Process Approach to the Relationship Between Extraversion and Positive Affect: Is Acting Extraverted as 'Good' as Being Extraverted?", *Journal of Personality and Social Psychology* 83, no. 6 (2002): 1409–22; Rowan Jacques-Hamilton, Jessie Sun and Luke D. Smillie, "외향성 연기의 대가와 혜택: 무작위 통제 시험Costs and Benefits of Acting Extraverted: A Randomized Controlled Trial", *Journal of Experimental Psychology:*

General 148, no. 9 (2019): 1538–56; Seth Margolis and Sonja Lyubomirsky, "외향적 행동과 내향적 행동의 실험실 조작과 이것이 행복에 미치는 영향Experimental Manipulation of Extraverted and Introverted Behavior and Its Effects on Well-Being", *Journal of Experimental Psychology: General* 149, no. 4 (2020): 719–31; John M. Zelenski, Maya S. Santoro and Deanna C. Whelan, "내성적인 사람이 외향적인 사람처럼 연기하면 행복할까? 성향에 반하는 행동의 정서·인지적 결과를 탐험Would Introverts Be Better Off If They Acted More Like Extraverts? Exploring Emotional and Cognitive Consequences of Counterdispositional Behavior", *Emotion* 12, no. 2 (2012): 290–303을 참조하자.

16 Alan Teo, 저자와의 대화. 2023년 3월 28일.

17 히키코모리의 경우 불안 때문에 밖으로 나오지 못하고 혼자이기 때문에 세상에 다시 나올 준비가 아직 안 됐다고 생각한다. 이 증상 연구의 선구자인 사이토 타마키는 이런 악순환에 대해 이렇게 썼다. "일반적인 질병에서 사람이 아프면 이들의 신체는 다양한 치료에 면역 반응을 일으키는 등 자연적으로 반응한다. (……) 하지만 은둔이라는 질병은 건강치 못한 상태를 더욱 악화시키는 역할을 한다." Saitō Tamaki, Hikikomori: Adolescence Without End, 번역 Jeffrey Angles (Minneapolis: University of Minnesota Press, 2013), 81.

18 Tegan Cruwys et al., "사회적으로 고립되면 1차 병원 방문이 잦아진다Social Isolation Predicts Frequent Attendance in Primary Care", *Annals of Behavioral Medicine* 52, no. 10 (February 3, 2018): 817–29; Fuschia M. Sirois and Janine Owens, "외로움과 1차 병원 방문A Meta-Analysis of Loneliness and Use of Primary Health Care", *Health Psychology Review* 17, no. 2 (2021): 193–210.

19 Akram Parandeh et al., "코로나 바이러스 질환(코로나19) 팬데믹 당시 의료 종사자들 사이에 퍼진 번아웃: 체계적 리뷰 및 메타 분석Prevalence of Burnout Among Health Care Workers During Coronavirus Disease (COVID-19) Pandemic: A Systematic Review and Meta-Analysis", *Professional Psychology: Research and Practice* 53, no. 6 (2022): 564–73; H. J. A. Van Bakel et al., "코로나19 팬데믹 당시 전 세계에서 일어난 부모의 번아웃Parental Burnout Across the Globe During the COVID-19 Pandemic",

희망찬 회의론자

International Perspectives in Psychology 11, no. 3 (2022): 141–52.

20 Jamil Zaki, "우리는 타인을 '자기돌봄'으로 보살펴야 한다We Should Try Caring for Others as 'Self-Care'", *Atlantic*, October 21, 2021.

21 Christina Maslach and Michael P. Leiter, "번아웃 경험 이해하기: 최근 연구와 정신 의학에 미치는 영향Understanding the Burnout Experience: Recent Research and Its Implications for Psychiatry", *World Psychiatry* 15, no. 2 (2016): 103–11; Christina Maslach, Wilmar B. Schaufeli and Michael P. Leiter, "직업 번아웃Job Burnout", *Annual Review of Psychology* 52, no. 1 (2001): 397–422.

22 Shauna L. Shapiro, Kirk Warren Brown and Gina M. Biegel, "돌봄 제공자에게 자기돌봄 가르치기: 마음챙김 기반의 스트레스 감소가 수련 중인 테라피스트의 정신 건강에 미치는 영향Teaching Self-Care to Caregivers: Effects of Mindfulness-Based Stress Reduction on the Mental Health of Therapists in Training", *Training and Education in Professional Psychology* 1, no. 2 (2007): 105 15.

23 Frank Martela and Richard M. Ryan, "자선의 혜택: 기본적인 심리적 욕구, 자선, 행복감 향상The Benefits of Benevolence: Basic Psychological Needs, Beneficence and the Enhancement of Well-Being", *Journal of Personality* 84, no. 6 (2015): 750–64; Jason D. Runyan et al., "경험 표집 방법을 사용해 연민, 행복, 친사회적 행동 간의 연관성 조사하기Using Experience Sampling to Examine Links Between Compassion, Eudaimonia and Pro-Social Behavior", *Journal of Personality* 87, no. 3 (2018): 690–701.

24 Bruce Doré et al., "타인의 정서 조절을 도와주면 자기 자신의 정서 조절 능력이 커지고 우울 증상이 줄어든다Helping Others Regulate Emotion Predicts Increased Regulation of One's Own Emotions and Decreased Symptoms of Depression", *Personality and Social Psychology Bulletin* 43, no. 5 (2017): 729–39; Morelli et al., "정서 및 도구적 지원 제공Emotional and Instrumental Support Provision"

25 Kira Schabram and Yu Tse Heng, "어떻게 타인 및 자신에 대한 연민이 자원 보충을 통해 번아웃을 줄이는가How Other- and Self-Compassion Reduce Burnout Through Resource Replenishment", *Academy of Management Journal* 65, no. 2 (2022):

453–78.

26 Elizabeth W. Dunn, Lara B. Aknin and Michael I. Norton, "다른 사람에게 돈을 쓰면 행복감이 높아진다Spending Money on Others Promotes Happiness", *Science* 319, no. 5870 (2008): 1687–88; Cassie Mogilner, Zoë Chance and Michael I. Norton, "시간을 내면 자신에게 시간이 생긴다Giving Time Gives You Time", *Psychological Science* 23, no. 10 (2012): 1233–38.

27 Jennifer Crocker et al., "대학교 첫 학기를 보내는 학생의 대인 간 목표와 불안 및 불쾌감의 변화Interpersonal Goals and Change in Anxiety and Dysphoria in First-Semester College Students", *Journal of Personality and Social Psychology* 98, no. 6 (2010): 1009–24.

28 자세한 내용은 Gregg Krech, Naikan: Gratitude, Grace and the Japanese Art of Self-Reflection (Berkeley, CA: Stone Bridge Press, 2022)을 참조하자.

29 Gillian M. Sandstrom, Erica J. Boothby and Gus Cooney, "낯선 사람과 이야기하기: 일주간의 개입은 사회적 연결의 심리적 장벽을 줄여준다Talking to Strangers: A Week-Long Intervention Reduces Psychological Barriers to Social Connection", *Journal of Experimental Social Psychology* 102 (2022): 104356. 대화 상대 물색에 관한 지침은 Gillian M. Sandstrom, "대화 상대 물색 작전Scavenger Hunt Missions", *Gillian Sandstrom*, April 2021, https://gilliansandstrom.files.wordpress.com/2021/04/scavenger-hunt-missions.pdf에서 찾아볼 수 있다.

30 Julia Vera Pescheny, Gurch Randhawa and Yannis Pappas, "서비스 이용자에게 사교 처방 서비스가 미치는 영향: 체계적인 증거 리뷰The Impact of Social Prescribing Services on Service Users: A Systematic Review of the Evidence", *European Journal of Public Health* 30, no. 4 (2019): 664–73.

31 Adam Jeyes and Laura Pugh, "사교 처방은 1차 진료 기관을 자주 찾아 진료 받는 비율을 줄여준다Implementation of Social Prescribing to Reduce Frequent Attender Consultation Rates in Primary Care", *British Journal of General Practice* 69, no. S1 (2019). 사교 처방에 대해 자세히 알고 싶으면 Julia Hotz, "코로나19 정신 건강 문제를 치료하기 위한 획기적 방안A Radical Plan to Treat Covid's Mental Health Fallout",

WIRED UK, August 18, 2021을 참조하자.

32 P. A. Kropotkin, "상호원조는 진화의 요소Mutual Aid a Factor of Evolution", *Political Science Quarterly* 18, no. 4 (1903): 702–5. 크로포트킨의 인생을 다룬 자료는 다음을 참조하자. James Hamlin, "피터 크로포트킨은 누구였는가?Who Was Peter Kropotkin?", *Biologist*, (2023년 10월 15일 검색), https://www.rsb.org.uk/biologist-features/who-was-peter-kropothkin, Lee Alan Dugatkin, "진화의 왕자: 과학과 정치에서 피터 크로포트킨의 모험The Prince of Evolution: Peter Kropotkin's Adventures in Science and Politics", *Scientific American*, September 13, 2011.

33 Black Panther Party Legacy & Alumni, "생존 프로그램Survival Programs", *It's About Time*, 2023년 10월 15일 검색.

34 Audre Lorde, A Burst of Light: And Other Essays (Mineola, NY: Courier Dover, 2017).

35 Lenora E. Houseworth, "자기돌봄의 급진적 역사The Radical History of Self-Care", *Teen Vogue*, January 14, 2021; Aimaloghi Eromosele, "공동체 돌봄 없이는 자기돌봄도 없다There Is No Self-Care Without Community Care", URGE-Unite for Reproductive & Gender Equity (blog), November 10, 2020; Aisha Harris, "'자기돌봄'이 어떻게 급진적에서 사치와 허영으로 이후 다시 또 급진적으로 변했는가?How 'Self-Care' Went from Radical to Frou-Frou to Radical Once Again" *Slate*, April 5, 2017.

36 Jia Tolentino, "팬데믹 동안 상호원조가 할 수 있는 것What Mutual Aid Can Do During a Pandemic", *New Yorker*, May 11, 2020; Sigal Samuel, "코로나19 바이러스 자원봉사: 어떻게 상호원조 단체를 통해 도움을 줄 수 있는가Coronavirus Volunteering: How You Can Help Through a Mutual Aid Group", *Vox*, April 16, 2020.

37 Cassady Rosenblum and September Dawn Bottoms, "콜로라도의 농부는 어떻게 자신들의 정신 건강을 돌보는가How Farmers in Colorado Are Taking Care of Their Mental Health", *New York Times*, October 15, 2022.

7장: 신뢰 문화 구축하기

1 Dina Bass, "마이크로소프트 CEO: 세계 최악의 직업Microsoft CEO: World's Worst Job", *Bloomberg News*, January 30, 2014.

2 이 문장을 비롯한 몇 가지 세부 사항은 〈배너티 페어Vanity Fair〉라는 잡지에 실린 커트 아이첸발트Kurt Eichenwald의 뛰어난 기사에서 인용한 것으로, 마이크로소프트의 '잃어버린 10년'에 대한 프로필을 담고 있다. Kurt Eichenwald, "마이크로소프트는 어떻게 그 마력을 잃었나: 스티브 밸머와 기업 미국의 가장 극적인 쇠락How Microsoft Lost Its Mojo: Steve Ballmer and Corporate America's Most Spectacular Decline", *Vanity Fair*, July 24, 2012.

3 James W. Dean, Pamela Brandes and Ravi Dharwadkar, "조직 냉소주의Organizational Cynicism", *Academy of Management Review* 23, no. 2 (1998): 341 52.

4 이 인용문과 GE 및 잭 웰치에 관한 부분은 데이비드 겔스David Gelles의 뛰어난 저서 The Man Who Broke Capitalism: How Jack Welch Gutted the Heartland and Crushed the Soul of Corporate America-and How to Undo His Legacy (New York: Simon & Schuster, 2022)에서 발췌했다.

5 Joseph Persky, "회고: 호모 이코노미쿠스의 행동학Retrospectives: The Ethology of Homo Economicus", *Journal of Economic Perspectives* 9, no. 2 (1995): 221 – 31.

6 이 주제에 관한 고전적인 반박으로는 Amartya Sen, "이성적인 바보: 경제 이론의 행동 기반에 대한 반박Rational Fools: A Critique of the Behavioral Foundations of Economic Theory", *Philosophy & Public Affairs* 6, no. 4 (1977): 317 – 44을 참조하자.

7 Amitaï Etzioni, "경제적 가르침의 도덕적 효과The Moral Effects of Economic Teaching", *Sociological Forum* 30, no. 1 (2015): 228 – 33; Robert H. Frank, Thomas D. Gilovich and Dennis T. Regan, "경제학자는 나쁜 시민인가?Do Economists Make Bad Citizens?", *Journal of Economic Perspectives* 10, no. 1 (1996): 187 – 92.

8 John J. Dwyer, "진화론과 포퓰리즘Darwinism and Populism", John J Dwyer (blog), April 1, 2022.

9 Sumantra Ghoshal, "나쁜 경영 이론이 좋은 경영 관례를 파괴한다Bad Management

희망찬 회의론자

Theories Are Destroying Good Management Practices", *Academy of Management Learning and Education* 4, no. 1 (2005): 75-91.

10 Eichenwald, "마이크로소프트는 어떻게 그 마력을 잃었나How Microsoft Lost Its Mojo"

11 Matt Rosoff, "사티아 나델라, 스티브 밸머의 마지막 큰 실수를 돌려놓다Satya Nadella Just Undid Steve Ballmer's Last Big Mistake", *Business Insider*, July 8, 2015.

12 Elizabeth A. Canning et al., "직장에서의 천재 문화: 조직적 사고방식이 문화적 규범을 예측한다Cultures of Genius at Work: Organizational Mindsets Predict Cultural Norms, Trust, and Commitment", *Personality and Social Psychology Bulletin* 46, no. 4 (2019): 626-42.

13 Bradley J. Alge, Gary A. Ballinger and Stephen G. Green, "원격 통제: 전자 감시 강도 및 비밀성의 예측 인자Remote Control: Predictors of Electronic Monitoring Intensity and Secrecy", *Personnel Psychology* 57, no. 2 (2004): 377-410.

14 Jodi Kantor et al., "업무 생산성: 당신은 감시당하고 있는가?Workplace Productivity: Are You Being Tracked?", *New York Times*, September 6, 2023.

15 Danielle Abril and Drew Harwell, "키보드 입력 추적, 스크린샷, 얼굴 인식: 팬데믹이 끝난 지 한참 지났지만 상사는 계속 감시할지도 모른다Keystroke Tracking, Screenshots and Facial Recognition: The Boss May Be Watching Long After the Pandemic Ends" *Washington Post*, September 27, 2021.

16 Eichenwald, "마이크로소프트는 어떻게 그 마력을 잃었나How Microsoft Lost Its Mojo". 지식 축적은 냉소적인 조직에 만연되어 있다. 수잔 파울러Susan Fowler는 일파만파로 퍼진 2017년 블로그 게시글에서 우버에서 일했던 경험을 이야기하며 이와 상당히 유사한 사례를 소개했다. "한 이사가 우리 팀에 자랑 삼아 한 말인데 그는 어떤 임원에게 환심을 사기 위해 사업에 중요한 정보를 다른 임원에게 숨겼고(그 작전이 통했다고 얼굴에 미소를 띠며 말했다!)." Susan Fowler, "우버에서의 아주 아주 이상한 해를 회상하며-수잔 파울러Reflecting on One Very, Very Strange Year at Uber-Susan Fowler", Susan Fowler Blog, May 22, 2017, https://www.susanjfowler.com/blog/2017/2/19/reflecting-on-one-very-strange-year-at-uber

17 Andrew Armatas, "어떻게 해결책이 문제로 변할까: 마이크로소프트에서 역효과를 낸 실적 중심 해결책How the Solution Becomes the Problem: The Performance Solution That Backfired at Microsoft", *in SAGE Business Cases* (Thousand Oaks, CA: SAGE Publications, 2023).

18 Rebecca Abraham, "조직 냉소주의: 기반과 결과Organizational Cynicism: Bases and Consequences" *Genetic, Social and General Psychology Monographs* 126, no. 3 (2000): 269-92; Dan S. Chiaburu et al., "피고용자 조직 냉소주의의 선행 사건과 결과: 메타 분석Antecedents and Consequences of Employee Organizational Cynicism: A Meta-Analysis", *Journal of Vocational Behavior* 83, no. 2 (2013): 181-97; Catherine E. Connelly et al., "조직에서 지식 숨기기Knowledge Hiding in Organizations", *Journal of Organizational Behavior* 33, no. 1 (2011): 64-88.

19 Bauer et al., "전쟁이 협력을 북돋울 수 있을까Can War Foster Cooperation?"; Ayelet Gneezy and Daniel M. T. Fessler, "갈등, 채찍과 당근: 전쟁은 친사회적 처벌과 보상을 늘린다Conflict, Sticks and Carrots: War Increases Prosocial Punishments and Rewards", *Proceedings of the Royal Society B: Biological Sciences* 279, no. 1727 (2011): 219-23. 어떤 이론가는 심지어 집단 간 갈등이 집단 선택 압박을 통해 구성원 사이의 협력 진화를 도모했다고 믿는다. 자세한 내용은 Samuel Bowles의 "고대 수렵 채집인 사이의 전쟁이 인간의 사회 행동 진화에 영향을 주었는가?Did Warfare Among Ancestral Hunter-Gatherers Affect the Evolution of Human Social Behaviors?", *Science* 324, no. 5932 (2009): 1293-98를 참조하자.

20 이런 극단적 협력의 한 가지로 '정체성 융합'을 들 수 있다. 이는 사람들이 집단 안에서 서로 하나라고 느끼는 현상이다. Harvey Whitehouse et al., "불쾌한 경험 공유를 통한 극단적 협력의 진화The Evolution of Extreme Cooperation via Shared Dysphoric Experiences", *Scientific Reports* 7, no. 1 (2017): 1-10를 참조하자.

21 David A. Lesmond, Joseph P. Ogden and Charles Trzcinka, "거래 비용의 새로운 견적A New Estimate of Transaction Costs", *Review of Financial Studies* 12, no. 5 (1999): 1113-41; Howard A. Shelanski and Peter G. Klein, "거래 비용 경제에서 경험적 연구: 리뷰와 평가Empirical Research in Transaction Cost Economics: A Review

and Assessment", *Journal of Law, Economics & Organization* 11, no. 2 (1995): 335-61.

22 McCombs School of Business, "웰스 파고 사기Wells Fargo Fraud", *Ethics Unwrapped*, February 16, 2023, https://ethicsunwrapped.utexas.edu/video/wells-fargo-fraud

23 뉴욕주 교육부의 지속적인 위험 기준은 "SV를 사용한 지속적으로 위험한 학교 지정 기준Criteria for Designating Persistently Dangerous School Using SV", *New York State Education Department*, May 11, 2023, https://www.p12.nysed.gov/sss/ssae/schoolsafety/vadir/CriteriaforDesignatingPersistentlyDangerousSchoolusingSV.html을 참조하자.

24 VADIR 기준은 뉴욕주 교육부에서 찾아볼 수 있다. "SSEC-학교 안전 및 교육 환경 SSEC-School Safety and Educational Climate", *New York State Education Department*, June 16, 2023, https://www.p12.nysed.gov/sss/ssae/schoolsafety/vadir를 참조하자.

25 Jason A. Okonofua, Gregory M. Walton and Jennifer L. Eberhardt, "악순환: 학교 훈육에서 극단적인 인종 차이에 대한 사회·심리적 설명A Vicious Cycle: A Social-Psychological Account of Extreme Racial Disparities in School Discipline", *Perspectives on Psychological Science* 11, no. 3 (2016): 381-98.

26 Juan Del Toro et al., "학급 사건에 대한 경찰 개입이 학교를 기반으로 한 청소년의 빗나간 행동에 미치는 파급 효과: 제도권 신뢰의 중개적 역할The Spillover Effects of Classmates' Police Intrusion on Adolescents' School-Based Defiant Behaviors: The Mediating Role of Institutional Trust", *American Psychologist* (2023): advance online publication.

27 이외 나델라의 다른 인용문은 Satya Nadella, Hit Refresh: The Quest to Rediscover Microsoft's Soul and Imagine a Better Future for Everyone (New York: HarperCollins, 2017)에서 발췌했다.

28 Shana Lebowitz, "마이크로소프트의 인사 책임자는 CEO인 사티아 나델라가 회사 문화를 최우선 순위로 밀어붙이고 이런 마음가짐을 갖춘 구직자를 찾았다는

사실과 왜 개인의 성공이 예전만큼 중요하지 않은지 그 이유를 밝혔다Microsoft's HR Chief Reveals How CEO Satya Nadella Is Pushing to Make Company Culture a Priority, the Mindset She Looks for in Job Candidates and Why Individual Success Doesn't Matter as Much as It Used To", *Business Insider*, August 16, 2019.

29 Bart A. De Jong, Kurt T. Dirks and Nicole Gillespie, "신뢰와 팀 실적: 주요 효과, 조절 변수, 공변량에 대한 메타 분석Trust and Team Performance: A Meta-Analysis of Main Effects, Moderators and Covariates", *Journal of Applied Psychology* 101, no. 8 (2016): 1134-50; Sandy D. Staples and Jane Webster, "팀 내 지식 공유에 대한 신뢰, 업무 상호의존성 및 가산성에 대한 영향 탐구Exploring the Effects of Trust, Task Interdependence and Virtualness on Knowledge Sharing in Teams", *Information Systems Journal* 18, no. 6 (2008): 617-40.

30 Tom Warren, "마이크로소프트 직원은 무제한 휴가를 받고 있다Microsoft Employees Are Getting Unlimited Time Off", *Verge*, January 11, 2023.

31 Kathryn Mayer, "어떻게 그해 인사 최고 책임자가 마이크로소프트의 문화를 쇄신했는가How the HR Executive of the Year Rebooted Microsoft's Culture", *HR Executive*, October 6, 2021.

32 이 인용문은 화이트와의 대화에서 발췌했고 그녀가 팟캐스트 〈Om Travelers〉에 출연했을 때도 이런 말을 남겼다. 저자와의 인터뷰, March 17, 2022; LaJuan White, "에피소드 12-라후안 화이트Episode 12-LaJuan White", interview by Tyler Cagwin, January 7, 2019.

33 링컨중학교의 처벌 순서와 회복적 사법과의 관계를 자세히 알아보려면 Julie McMahon, "어떻게 시라큐스 중학교는 '지속적으로 위험한 학교' 리스트에서 벗어나게 되었는가How a Syracuse Middle School Got Taken off State's 'Persistently Dangerous' List" *Syracuse*, August 16, 2016를 참조하자.

34 케이시 퀸란Casey Quinlan의 글에서 인용한 문구다. "한 학군이 수십 년간의 '처벌 문화'와 싸우고 있다One School District Is Fighting Decades of 'Punishment Culture'", *Think Progress Archive*, January 30, 2017.

35 Jamie Amemiya, Adam Fine and Ming Te Wang, "신뢰와 훈육: 청소년의 제

도 및 교사에 대한 신뢰가 교사의 훈육 이후 학습 행동 참여를 예측한다Trust and Discipline: Adolescents' Institutional and Teacher Trust Predict Classroom Behavioral Engagement Following Teacher Discipline", *Child Development* 91, no. 2 (2019): 661-78; Jason A. Okonofua et al., "공감적 사고 개입이 학교 정학의 집단 격차를 줄인다A Scalable Empathic-Mindset Intervention Reduces Group Disparities in School Suspensions", *Science Advances* 8, no. 12 (2022): eabj0691; Jason A. Okonofua, Amanda D. Perez and Sean Darling Hammond, "정책과 심리학이 만날 때: 학교에서 편견의 결과를 완화하기When Policy and Psychology Meet: Mitigating the Consequences of Bias in Schools", *Science Advances* 6, no. 42 (2020): eaba9479.

36 Jamil Zaki, Hitendra Wadhwa and Ferose V. R., "코딩을 가르칠 때의 바로 그 엄격함으로 공감과 신뢰를 가르칠 때다It's Time to Teach Empathy and Trust with the Same Rigor as We Teach Coding", *Fast Company*, November 11, 2022, https://www.fastcompany.com/90808273/its-time-to-teach-empathy-and-trust-with-the-same-rigor-as-we-teach-coding

37 Molly Cook Escobar and Christine Zhang, "파업의 여름A Summer of Strikes", *New York Times*, September 15, 2023, https://www.nytimes.com/interactive/2023/09/03/business/economy/strikes-union-sag-uaw.html

38 Lydia Saad, "미국에서 점점 많은 사람들이 노동 조화의 강화를 목격하고 그런 식으로 되길 원한다More in U.S. See Unions Strengthening and Want It That Way", *Gallup News*, August 30, 2023, https://news.gallup.com/poll/510281/unions-strengthening.aspx

8장: 갈라진 틈 사이를 채우는 회의주의

1 Bernd Schaefer, Nate Jones and Benjamin B. Fischer, "핵 전쟁 예측하기Forecasting Nuclear War", *Wilson Center*, 2023년 10월 16일 검색, https://www.wilsoncenter.org/publication/forecasting-nuclear-war

2 Paul Lendvai, One Day That Shook the Communist World: The 1956 Hungarian Uprising and Its Legacy (Princeton, NJ: Princeton University Press,

2010).

3 Mike Giglio, "트럼프 지지자 무장단체인 오스 키퍼스 내부에서Inside the Pro-Trump Militant Group the Oath Keepers", *Atlantic*, November 2020.

4 Peter Baker and Blake Houn-shell, "당의 엇갈리는 현실이 바이든의 민주주의 방어에 걸림돌이 된다Parties' Divergent Realities Challenge Biden's Defense of Democracy", *New York Times*, September 2, 2022.

5 Eli J. Finkel et al., "미국의 정치적 파벌주의Political Sectarianism in America", *Science* 370, no. 6516 (2020): 533–36.

6 Ethan Kaplan, Jörg L. Spenkuch and Rebecca Sullivan, "미국 내 정당적 공간 분류: 이론 및 경험적 개요Partisan Spatial Sorting in the United States: A Theoretical and Empirical Overview" *Journal of Public Economics* 211 (2022): 104668. 정치적 성향에 따라 사람들이 지역 사회에서도 분리되어 살아가는데 상당한 비율의 유권자가 '그들이 사는 지역에서 상대방 당의 유권자와 사실상 거의 접촉하지 않는' 상태에서 이런 현상이 발생한다. Jacob R. Brown and Ryan D. Enos, "1억 8천만 명 유권자에 대한 당파 분류 측정The Measurement of Partisan Sorting for 180 Million Voters", *Nature Human Behaviour* 5, no. 8 (2021): 998–1008.

7 Douglas J. Ahler and Gaurav Sood, "우리 머릿속의 정당: 정당 구성에 대한 오해와 그 결과The Parties in Our Heads: Misperceptions About Party Composition and Their Consequences", *Journal of Politics* 80, no. 3 (2018): 964–81.

8 Kathryn R. Denning and Sara D. Hodges, "정치적 분열 가운데 양극화가 외집단 '역투사'를 일으킬 때When Polarization Triggers Out-Group 'Counter-Projection' Across the Political Divide", *Personality and Social Psychology Bulletin* 48, no. 4 (2021): 638–56.

9 Matthew Levendusky and Neil Malhotra, "미국 대중의 정당 양극화에 대한 (잘못된) 인식(Mis)Perceptions of Partisan Polarization in the American Public", *Public Opinion Quarterly* 80, no. S1 (2015): 378–91.

10 Stephen Hawkins et al., Defusing the History Wars: Finding Common Ground in Teaching America's National Story (New York: More in Common,

희망찬 회의론자

2022).

11 "미국의 분열된 마음: 우리를 분열시키는 심리학을 이해하기America's Divided Mind: Understanding the Psychology That Drives Us Apart"에서 나온 그림. Beyond Conflict-Putting Experience and Science to Work for Peace, May 2020, https://beyondconflictint.org/americas-divided-mind; Jens Hainmueller and Daniel J. Hopkins, "미국 이민에 관한 숨겨진 합의: 이민자들에 대한 태도 조사를 위한 복합적 설문 분석The Hidden American Immigration Consensus: A Conjoint Analysis of Attitudes Toward Immigrants", *American Journal of Political Science* 59, no. 3 (2014): 529–48.

12 University of Maryland School of Public Policy, "주요 보고에 따르면 대다수 공화당 지지자와 민주당 지지자가 합의하는 문제가 150가지로 나타났다Major Report Shows Nearly 150 Issues on Which Majorities of Republicans & Democrats Agree", *Program for Public Consultation*, August 7, 2020, https://publicconsultation.org/defense-budget/major-report-shows-nearly-150-issues-on-which-majorities-of-republicans-democrats-agree; Steve Corbin, "여러 핵심 문제에 대해 미국인이 대체로 동의하며 의회는 주의를 기울여야 한다Americans Largely Agree on Several Key Issues and Congress Should Pay Attention", *NC Newsline*, August 19, 2022.

13 Joseph S Mernyk et al., "부정확한 메타 인지를 수정하면 미국인의 정당 간 폭력에 대한 지지가 줄어든다Correcting Inaccurate Metaperceptions Reduces Americans' Support for Partisan Violence", *Proceedings of the National Academy of Sciences* 119, no. 16 (2022): e2116851119.

14 Sukhwinder S. Shergill et al., "한쪽 눈을 맞으면 양쪽 눈을 때리다: 강도 상승의 신경과학Two Eyes for an Eye:The Neuroscience of Force Escalation", *Science* 301, no. 5630 (2003): 187.

15 Appearance on The Gist, July 25, 2022; Malcolm Nance, "내전: 가능할까 아니면 일어날 법할까?Civil War: Possible or Probable?", interview by Mike Pesca를 참조하자.

16 Amanda Ripley, High Conflict: Why We Get Trapped and How We Get Out (New York: Simon & Schuster, 2022). 아만다 리플리 지음, 김동규 옮김, 《극한 갈등》, 세종서적, 2022.

17 Joseph N. Cappella and Kathleen Hall Jamieson, Spiral of Cynicism: The Press and the Public Good (New York: Oxford University Press, 1997); Claes H. De Vreese, "냉소주의의 소용돌이를 재고하다The Spiral of Cynicism Reconsidered", *European Journal of Communication* 20, no. 3 (2005): 283–301.

18 William J. Brady et al., "사회적 학습이 어떻게 온라인 소셜 네트워크에서 도덕적인 분노 표현을 증폭시키는가How Social Learning Amplifies Moral Outrage Expression in Online Social Networks", *Science Advances* 7, no. 33 (2021): eabe5641; William J. Brady et al., "온라인 소셜 네트워크에서 도덕적 분노의 과대 인식이 집단 간 적대감에 대한 신념을 부풀린다Overperception of Moral Outrage in Online Social Networks Inflates Beliefs About Intergroup Hostility", *Nature Human Behaviour* 7, no. 6 (2023): 917–27; William J. Brady et al., "정서는 소셜 네트워크에서 도덕화된 콘텐츠 확산에 기여한다Emotion Shapes the Diffusion of Moralized Content in Social Networks", *Proceedings of the National Academy of Sciences* 114, no. 28 (2017): 7313–18.

19 Santos et al., "교차 당파적 공감의 유용성에 대한 믿음Belief in the Utility of Cross-Partisan Empathy"

20 "하버드 청년 여론조사Harvard Youth Poll", *Institute of Politics at Harvard University*, fall 2021, https://iop.harvard.edu/youth-poll/42nd-edition-fall-2021

21 Béatrice S. Hasler et al., "젊은 세대의 절망감이 장기적 갈등을 영속시킨다Young Generations' Hopelessness Perpetuates Long-Term Conflicts", *Scientific Reports* 13, no. 1 (2023): 1–13.

22 안드레아 카사스, 저자와의 인터뷰. 2023년 1월 13일, 2023년 9월 21일.

23 Nicholas Casey, "콜롬비아, 50년간의 전쟁 끝에 FARC와 평화 협정 체결Colombia Signs Peace Agreement with FARC After 5 Decades of War" *New York Times*, September 26, 2016.

희망차 힘의로자

24 Andrés Casas, "교육Education", *LinkedIn*, https://www.linkedin.com/in/andrescasascasas/details/education 2023년 10월 10월 16일 검색.

25 Colombia Journal, "콜롬비아: 메데인의 점령된 영토Colombia: The Occupied Territories of Medellín", *Relief Web*, October 31, 2002, https://reliefweb.int/report/colombia/colombia-occupied-territories-medell%C3%ADn; Ivan Erre Jota, "메데인의 기적The Medellin Miracle", *Rapid Transition Alliance*, December 19, 2018.

26 Joe Parkin Daniels, "콜롬비아의 전 게릴라: 고립되고 방치되어 두려움에 살다 Colombia's Ex-Guerrillas: Isolated, Abandoned and Living in Fear", *Guardian*, February 3, 2021.

27 디스커버리 채널 다큐멘터리 〈우리가 왜 미워하는가Why We Hate〉에서 인용했다. 에밀에게 헌정된 에피소드 제목은 '희망Hope'이다. Emile Bruneau, "희망Hope" (Discovery Channel, March 11, 2019)을 참조하자.

28 사만다 무어-버그, 저자와의 인터뷰. 2023년 1월 31일.

29 Emile Bruneau et al., "미디어 노출이 콜롬비아에서의 평화 지지를 도모하는 데 도움이 되다Exposure to a Media Intervention Helps Promote Support for Peace in Colombia", *Nature Human Behaviour* 6, no. 6 (2022): 847-57.

30 Norwegian Refugee Council, "콜롬비아: 갈등이 평화 협정 5년 이후에도 지속되다Colombia: Conflict Persists Five Years After Peace Deal", *NRC*, November 24, 2022.

31 PirataFilms의 단편 영화 〈필요한 모든 것All It Takes〉의 영어 버전, *Vimeo*, August 19, 2022, https://vimeo.com/741321924에서 인용했다.

32 내가 스테파니를 아는데 여기서 안드레스의 추측은 분명히 틀렸다.

33 PirataFilms, 〈필요한 모든 것All It Takes〉에서 인용했다.

34 예컨대 (운 좋게 내가 작은 역할을 한) 민주주의 강화 도전Strengthening Democracy Challenge은 사회과학자들이 당파적 적개심을 줄이기 위해 25가지 개입 실험을 도입한 엄청난 규모의 공조 연구다. 가장 효과적인 실험 대부분은 단순히 정치 라이벌에 대한 사람들의 잘못된 인식을 고쳐주는 것, 즉 이들에게 더 좋은 자료를 제공하는 일이었다. Jan G. Voelkel et al., "미국인의 민주적 태도를 강화하기 위한

효과적 개입을 확인하는 대규모 연구Megastudy Identifying Effective Interventions to Strengthen Americans' Democratic Attitudes", *OSF Preprints*, March 20, 2023을 참조하자.

35 Jeremy A. Frimer, Linda J. Skitka and Matt Motyl, "자유주의자와 보수주의자는 양쪽 다 상대방의 의견에 대한 노출을 피하려고 한다Liberals and Conservatives Are Similarly Motivated to Avoid Exposure to One Another's Opinions", *Journal of Experimental Social Psychology* 72 (2017): 1–12.

36 Luiza Santos et al., "양극화된 문제에서 교차 당 대화의 뜻밖의 효과The Unexpected Benefits of Cross-Party Conversations on Polarized Issues" (원고 작성 중).

37 Emile Bruneau et al., "집단 간 접촉은 비인간화와 메타 비인간화를 줄인다: 5개국 16개 표본에서 얻은 횡단·종단·준실험적 증거Intergroup Contact Reduces Dehumanization and Meta-Dehumanization: Cross-Sectional, Longitudinal and Quasi-Experimental Evidence from 16 Samples in Five Countries", *Personality and Social Psychology Bulletin* 47, no. 6 (2020): 906–20.

38 다음을 참조하자. Emily Kubin et al., "사람과의 접촉이 사실보다 도덕·정치적 차이를 줄여준다Personal Experiences Bridge Moral and Political Divides Better Than Facts", *Proceedings of the National Academy of Sciences* 118, no. 6 (2021): e2008389118; Minson and Chen, "반대 의견에 대한 수용성Receptiveness to Opposing Views", Marshall B. Rosenberg, Nonviolent Communication: A Language of Life (Encinitas, CA: PuddleDancer Press, 2003).

39 Michael Yeomans et al., "대화의 수용성: 상반된 견해와의 소통 개선Conversational Receptiveness: Improving Engagement with Opposing Views", *Organizational Behavior and Human Decision Processes* 160 (2020): 131–48.

40 Brett Q. Ford and Allison S. Troy, "재평가의 재고: 칭송받는 정서 조절 전략의 대가에 대한 심층 검토Reappraisal Reconsidered: A Closer Look at the Costs of an Acclaimed Emotion-Regulation Strategy", *Current Directions in Psychological Science* 28, no. 2 (2019):195–203.

41 David E. Broockman and Joshua Kalla, "트랜스포비아의 지속적인 감소: 방문

캠페인에 대한 현장 실험Durably Reducing Transphobia: A Field Experiment on Door-to-Door Canvassing", *Science* 352, no. 628 (2016): 220−24; Joshua Kalla and David E. Broockman, "개인 간 대화를 통한 배타적 태도의 감소: 세 가지 현장 실험에서의 증거Reducing Exclusionary Attitudes Through Interpersonal Conversation: Evidence from Three Field Experiments", *American Political Science Review* 114, no. 2 (2020): 410−25.

9장: 우리가 만들어야 할 변화

1 World Inequality Database, "미국USA"

2 David Huyssen, "우리는 첫 번째 대호황 시대의 문제에서 벗어났던 방식으로 두 번째 대호황 시대에 문제에서 벗어나지 못한다We Won't Get Out of the Second Gilded Age the Way We Got Out of the First", *Vox*, April 1, 2019.

3 Robert D. Putnam, The Upswing: How America Came Together a Century Ago and How We Can Do It Again (New York: Simon & Schuster, 2020), 167. 로버트 D. 퍼트넘 지음, 이종인 옮김, 《업스윙》, 페이퍼로드, 2022.

4 Robert D. Putnam, "혼자 볼링 치기: 감소하는 미국의 사회 자본Bowling Alone: America's Declining Social Capital", *Journal of Democracy* 6, no. 1 (January 1, 1995): 65−78.

5 David Nasaw, The Chief: The Life of William Randolph Hearst (New York: Houghton Mifflin Harcourt, 2000), 77.

6 Woodrow Wilson, "새로운 자유: 사람들의 풍부한 에너지를 해방시키자는 호소The New Freedom: A Call for the Emancipation of the Generous Energies of a People", *Political Science Quarterly* 29, no. 3 (1914): 506−7.

7 Robert D. Putnam, The Upswing: How America Came Together a Century Ago and How We Can Do It Again (New York: Simon & Schuster, 2020), 159. 로버트 D. 퍼트넘 지음, 이종인 옮김, 《업스윙》, 페이퍼로드, 2022.

8 Josh Levin, "미국의 최초 복지여왕인 린다 테일러의 실제 이야기The Real Story of Linda Taylor, America's Original Welfare Queen", *Slate*, December 19, 2013.

9 Josh Levin, The Queen: The Forgotten Life Behind an American Myth (New York: Back Bay Books, 2020)에 테일러의 자세하고 흥미로운 비극적인 전기가 기록 돼 있다.

10 Julilly Kohler-Hausmann, "'생존의 범죄': 사기 고발, 공동체 감시 및 최초의 '복지여왕'The Crime of Survival': Fraud Prosecutions, Community Surveillance and the Original 'Welfare Queen'", Journal of Social History 41, no. 2 (2007): 329–54.

11 Independent Lens, "엄마의 연금에서 복지여왕까지, 복지에 관한 신화를 허물다From Mothers' Pensions to Welfare Queens, Debunking Myths About Welfare", PBS, May 16, 2023, https://www.pbs.org/independentlens/blog/from-mothers-pensions-to-welfare-queens-debunking-myths-about-welfare 보고서 전문은 Daniel R. Cline and Randy Alison Aussenberg, "식품영양보조 프로그램의 오류와 사기Errors and Fraud in the Supplemental Nutrition Assistance Program (SNAP)", Federation of American Scientists (Congressional Research Service, September 28, 2018), https://sgp.fas.org/crs/misc/R45147.pdf를 참조하자.

12 Josh Levin, The Queen: The Forgotten Life Behind an American Myth (New York: Back Bay Books, 2020)

13 Zachary Parolin, "미국에서 1993년에서 2016년까지 현금 지원 감소의 분석Decomposing the Decline of Cash Assistance in the United States, 1993 to 2016", Demography 58, no. 3 (2021): 1119–41.

14 David Brady and Zachary Parolin, "미국에서 극빈층의 수준과 동향The Levels and Trends in Deep and Extreme Poverty in the United States, 1993–2016", Demography 57, no. 6 (2020): 2337–60; Luke H. Shaefer and Kathryn Edin, "미국에서 증가하는 극빈층과 연방소득기준 지원 프로그램의 대응Rising Extreme Poverty in the United States and the Response of Federal Means-Tested Transfer Programs", Social Service Review 87, no. 2 (2013): 250–68.

15 Jesper Akesson et al., "미국의 인종과 재분배: 실험적 분석Race and Redistribution in the US: An Experimental Analysis", CEPR, January 31, 2023, https://cepr.org/voxeu/columns/race-and-redistribution-us-experimental-analysis

16 Rebecca Shabad et al., "맨친은 부모들이 자녀의 세금 공제 수표를 마약 구매에 사용할지도 모른다는 우려를 비공개적으로 제기했다Manchin Privately Raised Concerns That Parents Would Use Child Tax Credit Checks on Drugs", *NBC News*, December 20, 2021; David Firestone, "부채 한도를 이용해 가난한 사람들에게 어려움을 가중시키는 방법How to Use the Debt Ceiling to Inflict Cruelty on the Poor", *New York Times*, May 17, 2023.

17 이 생각에 대한 자세한 내용은 Bowles, 도덕적 경제Moral Economy를 참조하자.

18 윌리엄 굿윈, 저자와의 인터뷰, 2022년 3월 21일, 2023년 5월 3일.

19 "미국의 소득, 빈곤, 건강보험 적용: 2022Income, Poverty and Health Insurance Coverage in the United States: 2022", *United States Census Bureau*, September 12, 2023,https://www.census.gov/newsroom/press-releases/2023/income-poverty-health-insurance-coverage.html. https://confrontingpoverty.org/poverty-facts-and-myths/americas-poor-are-worse-off-than-elsewhere

20 Harry J. Holzer et al., "미국 아동 빈곤의 경제적 비용The Economic Costs of Childhood Poverty in the United States", *Journal of Children and Poverty* 14, no. 1 (2008): 41-61.

21 John Burn-Murdoch, "미국인은 왜 너무 일찍 사망하는가?Why Are Americans Dying So Young?", *Financial Times*, March 31, 2023.

22 Gianmarco Daniele and Benny Geys, "개인 간 신뢰와 복지 국가 지지Interpersonal Trust and Welfare State Support" *European Journal of Political Economy* 39 (2015): 1-12. 이들 과학자는 사회적 지지에 대한 인과적 효과도 주장한다. 특히 이민자 자녀가 사회 복지를 지지하는가의 여부는 부모의 출신 국가의 국민적 신뢰도에 따라 달라진다.

23 OHCHR, "인종주의 및 성차별주의와 마찬가지로 '빈곤주의'를 반대하라: UN 전문가Ban 'Povertyism' in the Same Way as Racism and Sexism: UN Expert", October 28, 2022, https://www.ohchr.org/en/press-releases/2022/10/ban-povertyism-same-way-racism-and-sexism-un-expert

24 Annie Lowrey, "시간세를 줄이기 위한 1억 달러 투자$100 Million to Cut the Time Tax",

Atlantic, April 26, 2022.

25 Anandi Mani et al., "빈곤은 인지기능을 저해한다Poverty Impedes Cognitive Function", *Science* 341, no. 6149 (2013): 976-80.

26 Matthew Desmond, Poverty, by America (New York: Crown, 2023), 87-88. 매슈 데즈먼드 지음, 성원 옮김, 조문영 해제, 《미국이 만든 가난》, 아르테, 2023.

27 Aina Gallego, "불평등과 가난한 사람들 사이에서의 신뢰의 추락: 실험적 증거Inequality and the Erosion of Trust Among the Poor: Experimental Evidence", *Socio-Economic Review* 14, no. 3 (2016): 443-60.

28 Matthew Desmond, Poverty, by America (New York: Crown, 2023), 91. 매슈 데즈먼드 지음, 성원 옮김, 조문영 해제, 《미국이 만든 가난》, 아르테, 2023.

29 Henry Farrell, "보이지 않는 미국 복지 상태The Invisible American Welfare State", *Good Authority*, February 8, 2011, https://goodauthority.org/news/the-invisible-american-welfare-state

30 Emily Holden et al., "2,500만 명 이상의 미국인이 최악의 수도 시스템을 통해 식수를 마시다More Than 25 Million Americans Drink from the Worst Water Systems", *Consumer Reports*, February 26, 2021.

31 Andrew P. Wilper et al., "미국 성인의 건강보험과 사망율Health Insurance and Mortality in US Adults", *American Journal of Public Health* 99, no. 12 (2009): 2289-95.

32 Diana E. Naranjo, Joseph E. Glass and Emily C. Williams, "부채 부담이 있는 사람은 부채가 없는 사람보다 자살을 시도했다고 보고하는 경향이 더 높다Persons with Debt Burden Are More Likely to Report Suicide Attempt Than Those Without", *Journal of Clinical Psychiatry* 82, no. 3 (2021): 31989.

33 Ralph Dazert, "시장 통찰: 미국이 계속적으로 슈퍼 요트 시장을 지배하다Market Insight: US Continues to Dominate Superyacht Market", *SuperYacht Times*, December 1, 2022.

34 Jesús Gerena, 저자와의 인터뷰, 2022년 2월 18일.

35 Stand Together, "저소득 가정에 대한 인식 변화가 어떻게 이들을 가난에서 벗어나게 해주는가How Shifting Perceptions of Low-Income Families Helps Them Get Out

of Poverty", https://standtogether.org/news/shifting-perceptions-of-low-income-families-is-key-to-getting-them-out-of-poverty

36 David K. Evans and Anna M. Popova, "현금 지원과 유혹 재화: 세계적 증거 리뷰 Cash Transfers and Temptation Goods: A Review of Global Evidence" (working paper, World Bank Policy Research, 2014).

37 영향력 보고서에서 발췌한 자료다. "우리의 영향Our Impact", *Foundations for Social Change*, 2021, https://forsocialchange.org/impact에서 볼 수 있다.

38 Ryan Dwyer et al., "조건 없는 현금 지원이 노숙자를 줄인다Unconditional Cash Transfers Reduce Homelessness", *Proceedings of the National Academy of Sciences* 120, no. 36 (2023): e2222103120.

39 Katia Covarrubias, Benjamin Davis and Paul Winters, "보호에서 생산으로: 말라위의 사회 현금 지원 제도의 생산적 효과From Protection to Production: Productive Impacts of the Malawi Social Cash Transfer Scheme", *Journal of Development Effectiveness* 4, no. 1 (2012): 50–77; Paul Gertler, Sebastián Martínez and Marta Rubio-Codina, "장기적인 생활수준 향상을 위한 현금 지원Investing Cash Transfers to Raise Long-Term Living Standards", *American Economic Journal: Applied Economics* 4, no. 1 (2012): 164–92; Johannes Haushofer and Jeremy P. Shapiro, "가난한 사람들에게 제공한 조건 없는 현금 지원의 단기적 효과: 케냐에서의 실험적 증거The Short-Term Impact of Unconditional Cash Transfers to the Poor: Experimental Evidence from Kenya", *Quarterly Journal of Economics* 131, no. 4 (2016): 1973–2042.

40 Solomon Asfaw et al., "케냐의 CT-OVC 프로그램이 생산 활동과 노동 할당에 미친 영향The Impact of the Kenya CT-OVC Programme on Productive Activities and Labour Allocation", From Protection to Production Project (Food and Agriculture Organization of the United Nations, 2013); Mouhcine Guettabi, "알래스카 영구 기금 배당금의 효과에 대해 우리가 아는 사실은?What Do We Know About the Effects of the Alaska Permanent Fund Dividend?", ScholarWorks@UA (University of Alaska Anchorage, Institute of Social and Economic Research, 2019); Olli Kangas et al.,

"2017~2018년 핀란드에서 시행한 기본 소득 보장 실험: 예비 결과The Basic Income Experiment 2017~2018 in Finland: Preliminary Results", Valto (Ministry of Social Affairs and Health, 2019).

41 David G. Weissman et al., "주 차원의 거시 경제적 요소는 저소득과 미국 아동의 뇌 구조 및 정신 건강의 연관성을 조절한다State-Level Macro-Economic Factors Moderate the Association of Low Income with Brain Structure and Mental Health in U.S. Children", *Nature Communications* 14, no. 1 (2023): 2085.

42 Sonya V. Troller-Renfree et al., "빈곤 절감 개입 정책이 유아의 뇌 활동에 미치는 영향The Impact of a Poverty Reduction Intervention on Infant Brain Activity", *Proceedings of the National Academy of Sciences* 119, no. 5 (2022): e2115649119.

43 Dwyer et al., "조건 없는 현금 지원이 노숙자를 줄인다Unconditional Cash Transfers Reduce Homelessness"

44 "역사적으로 가장 높은 한계 소득 세율: 1923~2023년Historical Highest Marginal Income Tax Rates: 1913 to 2023", *Tax Policy Center*, May 11, 2023, https://www.taxpolicycenter.org/statistics/historical-highest-marginal-income-tax-rates

10장: 행동하는 희망찬 회의론자

1 Martin Luther King Jr., "국가의 사회과학자에게 던진 킹의 도전King's Challenge to the Nation's Social Scientists", *APA*, 1967, https://www.apa.org/topics/equity-diversity-inclusion/martin-luther-king-jr-challenge

2 Václav Havel, The Power of the Powerless (New York: Random House, 2018).

3 Michelle Benson and Thomas R. Rochon, "개인 간 신뢰와 시위 강도Interpersonal Trust and the Magnitude of Protest", *Comparative Political Studies* 37, no. 4 (2004): 435−57.

4 Maria Theresia Bäck and Henrik Serup Christensen, "신뢰가 중요할 때-유럽 25개 민주 국가에서 일반화된 신뢰가 정치 참여에 미치는 효과에 대한 다면적 분석When Trust Matters-a Multilevel Analysis of the Effect of Generalized Trust on Political Participation in 25 European Democracies", *Journal of Civil Society* 12, no. 2 (2016):

178-97.

5 Christopher Paul and Miriam Matthews, The Russian "Firehose of Falsehood" Propaganda Model: Why It Might Work and Options to Counter It (Santa Monica, CA: RAND Corporation, 2016).

6 Paul Shields, "정치를 부드럽게 죽이기: 러시아의 설득력 없는 선전과 정치적 냉소주의Killing Politics Softly: Unconvincing Propaganda and Political Cynicism in Russia", *Communist and Post-Communist Studies* 54, no. 4 (2021): 54-73.

7 Hannah Arendt, The Origins of Totalitarianism (New York: Houghton Mifflin Harcourt, 1973). 한나 아렌트 지음, 이진우·박미애 옮김, 《전체주의의 기원 1, 2》, 한길사, 2006.

8 Václav Havel, Letters to Olga: June 1979-September 1982 (New York: Alfred A. Knopf, 1988).

9 이 설교는 19년 후, 당시 이 교회 목사인 레이첼 앤더슨Rachel Anderson이 스테파니에게 전해줬다.

10 Maximilian Agostini and Martijn Van Zomeren, "왜 사람이 집단행동에 참여하는지에 관한 포괄적이고 잠재적인 교차 문화적 모델을 향해: 네 가지 동기와 구조적 제약의 양적 연구 종합Toward a Comprehensive and Potentially Cross-Cultural Model of Why People Engage in Collective Action: A Quantitative Research Synthesis of Four Motivations and Structural Constraints", *Psychological Bulletin* 147, no. 7 (2021): 667-700.

11 Kenneth T. Andrews and Michael Biggs, "시위 확산의 동력: 1960년 연좌 농성에서 운동 조직, 사회 네트워크, 뉴스 미디어The Dynamics of Protest Diffusion: Movement Organizations, Social Networks, and News Media in the 1960 Sit-Ins", *American Sociological Review* 71, no. 5 (2006): 752-77; Michael Biggs, "누가, 왜 연좌 농성에 동참했는가: 1960년대 초반 남부 흑인 학생Who Joined the Sit-Ins and Why: Southern Black Students in the Early 1960s", *Mobilization* 11, no. 3 (2006): 321-36.

12 Michael Biggs and Kenneth T. Andrews, "시위 캠페인과 운동 성공Protest Campaigns and Movement Success" *American Sociological Review* 80, no. 2 (2015): 416-43.

13 Shankar Vedantam and William Cox, "숨겨진 뇌: 미국의 동성애자들에 대한 변화하는 태도Hidden Brain: America's Changing Attitudes Toward Gay People", interview by Steve Inskeep, *NPR*, April 17, 2019.

14 2021년에는 미국인의 70퍼센트가 동성 결혼을 지지했다. Justin McCarthy, "기록적으로 미국인 70퍼센트가 동성 결혼을 지지하다Record-High 70% in U.S. Support Same-Sex Marriage", *Gallup News*, June 5, 2023.

15 Leonardo Bursztyn, Alessandra L. González and David Yanagizawa-Drott, Misperceived Social Norms: Female Labor Force Participation in Saudi Arabia (Chicago: Becker Friedman Institute for Research in Economics, 2018).

16 Ed Pilkington and Jamie Corey, "검은 돈 단체들이 미국 주 정부 공무원에게 선거 부정 의혹을 퍼뜨리다Dark Money Groups Push Election Denialism on US State Officials", *Guardian*, April 5, 2023; Sam Levine and Kira Lerner, "투표권 법률이 제 기능을 못한 지 10년: 어떻게 주 정부는 투표를 어렵게 만들었는가Ten Years of a Crippled Voting Rights Act: How States Make It Harder to Vote", *Guardian*, June 25, 2023; "Democracy Diverted"

17 어떤 여론조사에서는 반대 비율이 90퍼센트까지 높게 나온다. 여기에서는 가장 보수적인 통계치를 인용했다. 다음 자료를 참조하자. Bryan Warner, "여론조사에 따르면 전국 및 노스캐롤라이나주의 유권자들이 게리멘더링을 끝내야 한다는 데 동의한다Polls Show Voters Nationwide and in NC Agree: Gerrymandering Must End", *Common Cause North Carolina*, April 7, 2021, https://www.commoncause.org/north-carolina/democracy-wire/polls-show-voters-nationwide-and-in-nc-agree-gerrymandering-must-end; "미국인들이 똘똘 뭉쳐 당파적 게리멘더링에 반대하다Americans Are United Against Partisan Gerrymandering", *Brennan Center for Justice*, March 15, 2019, https://www.brennancenter.org/our-work/research-reports/americans-are-united-against-partisan-gerrymandering; John Kruzel, "여론조사에 따르면 미국 유권자는 대체적으로 당파적 게리멘더링을 반대한다American Voters Largely United Against Partisan Gerrymandering, Polling Shows", *The Hill*, August 4, 2021.

희망찬 회의론자

18 Tina Rosenberg, "유권자에게 공정한 투표를 맡기기Putting the Voters in Charge of Fair Voting", *New York Times*, January 23, 2018.

19 케이티 페이, 저자와의 인터뷰, 2023년 9월 21일.

20 Katie Fahey Schergala, "미시건에서 게리멘더링 문제를 해결하고 싶습니다. 여기에 관심 있는 분이 계시면 제게 알려주세요I'd like to Take on Gerrymandering in Michigan, If You're Interested in Doing This as Well, Please Let Me Know :)", *Facebook*, November 10, 2016, https://www.facebook.com/katie.rogala.3/posts/10153917724442633

21 Chris Durrance, Barak Goodman, ⟨Slay the Dragon⟩ (Participant, 2019).

22 Nathaniel Rakich, "선거구 개편 위원회가 그들의 약속을 지켰는가?Did Redistricting Commissions Live Up to Their Promise?", *FiveThirtyEight*, January 24, 2022.

23 Loretta J. Ross, 저자와의 인터뷰, 2022년 10월 31일, 2022년 11월 23일. 다른 인용구는 Loretta J. Ross, "면박 주기 문화에서 포용하기: 충돌 대신 대화Calling in the Calling Out Culture: Conversations Instead of Conflicts" *Critical Conversations Speaker Series* (Santa Monica, CA: New Roads School, 2021)에서 발췌했다.

24 Loretta J. Ross, "나는 흑인 여성 해방론자다. 내 생각에 면박 주는 문화는 유독하다I'm a Black Feminist. I Think Call-Out Culture Is Toxic", *New York Times*, August 17, 2019.

11장: 우리 모두 희망찬 회의론자가 되어야 한다

1 Eric Roston, "2100년까지 온도가 위험한 수준인 2.7℃ 상승할 것으로 또 예측된다Climate Projections Again Point to Dangerous 2.7℃ Rise by 2100", *Bloomberg News*, November 10, 2022.

2 Nathan Rott, "기후 변화로 촉진되는 극단적 날씨, 2022년 미국에 1,650억 달러의 피해를 입히다Extreme Weather, Fueled by Climate Change, Cost the U.S. $165 Billion in 2022", *NPR*, January 10, 2023.

3 Denise Lu and Christopher Flavelle, "새로운 연구 결과에 따르면 해수면 상승으로 2050년에 가서 더 많은 도시가 물에 잠긴다Rising Seas Will Erase More Cities by 2050, New Research Shows", *New York Times*, November 28, 2019.

4 Adam Mayer and E. Keith Smith, "기후 변화를 멈출 수 없다고? 기후 변화에 대한 운명론적 믿음이 행동 변화 및 국가 간 지불 의향에 미치는 영향Unstoppable Climate Change? The Influence of Fatalistic Beliefs About Climate Change on Behavioural Change and Willingness to Pay Cross-Nationally", *Climate Policy* 19, no. 4 (2018): 511–23.

5 "해결책 중심의 언론 성장이 시급한 가운데 기후 운명주의가 전 세계 젊은이를 사로잡다Climate Fatalism Grips Young People Worldwide While the Urgency for Solution-Oriented Media Grows", *Ipsos*, November 10, 2021.

6 Gregg Sparkman, Nathan Geiger and Elke U. Weber, "미국인들은 대중의 기후 정책 지지율을 거의 절반 정도로 과소평가함으로써 가짜 사회 현실을 경험한다Americans Experience a False Social Reality by Underestimating Popular Climate Policy Support by Nearly Half", *Nature Communications* 13, no. 1 (2022): 4779.

7 전기적 묘사는 가렛 하딘 협회의 UCSB 구두 역사에서 발췌했다. Garrett Hardin, "가렛 하딘 구두 역사 프로젝트: 테이프 1-'초년기'Garrett Hardin Oral History Project: Tape 1-'The Early Years'", interview by David E. Russell, *Garrett Hardin Society*, May 22, 2005, https://www.garretthardinsociety.org/gh/gh_oral_history_tape1.html

8 John H. Tanton, "가렛 하딘과 제인 하딘: 개인적 회상Garrett and Jane Hardin: A Personal Recollection", *Garrett Hardin Society*, October 29, 2003, https://www.garretthardinsociety.org/tributes/tr_tanton_2003oct.html

9 Garrett Hardin, "한계의 세계에서 사는 것: 저명한 생물학자 가렛 하딘과의 인터뷰Living in a World of Limits: An Interview with Noted Biologist Garrett Hardin", interview by Craig Straub, *Garrett Hardin Society*, June 9, 2003, https://www.garretthardinsociety.org/gh/gh_straub_interview.html

10 Garrett Hardin, "가렛 하딘 구두 역사 프로젝트: 테이프 1Garrett Hardin: Oral History Project: Tape 1"

11 Garrett Hardin, "공유지의 비극: 인구 문제는 기술적인 해결책이 없다; 도덕성의 근본적인 확장이 필요하다The Tragedy of the Commons: The Population Problem Has No Technical Solution; It Requires a Fundamental Extension in Morality", *Science* 162, no.

3859 (1968): 1243-48.

12 하딘은 다음 자료에서 이 법칙이 열역학과 비슷하다고 설명한다. Garrett Hardin,
"가렛 하딘 구두 역사 프로젝트: 테이프 7Garrett Hardin Oral History Project: Tape 7",
interview by David E. Russell, *Garrett Hardin Society*, June 9, 2003, https://
www.garrethardinsociety.org/gh/gh_oral_history_tape7.html

13 Garrett Hardin, "가렛 하딘 구두 역사 프로젝트: 테이프 5-실험실에서 생태
계까지Garrett Hardin Oral History Project: Tape 5-From the Lab to the Field of Ecology",
interview by David E. Russell, *Garrett Hardin Society*, June 9, 2003, https://
www.garrethardinsociety.org/gh/gh_oral_history_tape5.html

14 Garrett Hardin, "구명보트 윤리: 가난한 사람을 돕지 말아야 한다는 주장
Lifeboat Ethics: The Case Against Helping the Poor", *Psychology Today* (1974); Matto
Mildenberger, "공유지의 비극의 비극The Tragedy of the Tragedy of the Commons",
Scientific American Blog Network, April 23, 2019; Jason Oakes, "가렛 하딘
이 보는 인생의 비극적 의미Garrett Hardin's Tragic Sense of Life", *Endeavour* 40, no. 4
(2016): 238-47.

15 Erik Nordman, The Uncommon Knowledge of Elinor Ostrom: Essential
Lessons for Collective Action (Washington, DC: Island Press, 2021).

16 Garrett Hardin, "가렛 하딘 구두 역사 프로젝트: 테이프 10Garrett Hardin Oral
History Project: Tape 10", interview by David E. Russell, *Garrett Hardin Society*,
June 9, 2003, https://www.garrethardinsociety.org/gh/gh_oral_history_
tape10.html

17 연구에 따르면 사람들은 기후에 대한 불안을 느끼고 상황이 개선될 수 있다는 희망
을 가질 때 활동할 가능성이 가장 크다고 한다. 다음을 참조하자. Shanyong Wang
et al., "하이브리드 전기 차를 채택할 소비자의 의도를 예측하기: 계획된 행동 모델
이론의 확장 버전 사용Predicting Consumers' Intention to Adopt Hybrid Electric Vehicles:
Using an Extended Version of the Theory of Planned Behavior Model", *Transportation* 43,
no. 1 (2014): 123-43; Kimberly S. Wolske, Paul C. Stern and Thomas Dietz,
"미국에서 주거용 태양광 발전 시스템 채택에 대한 관심 설명: 행동이론의 통합

을 향하여Explaining Interest in Adopting Residential Solar Photovoltaic Systems in the United States: Toward an Integration of Behavioral Theories", *Energy Research & Social Science* 25 (2017): 134–51.

18 Roderick M. Kramer, "조직에서 신뢰와 불신: 새롭게 떠오르는 관점, 지속적인 질문Trust and Distrust in Organizations: Emerging Perspectives, Enduring Questions", *Annual Review of Psychology* 50, no. 1 (1999): 569–98.

19 Douglas Starr, "'탄소 회계사'에 따르면 단 90개 회사가 대부분의 기후 변화에 책임이 있다Just 90 Companies Are to Blame for Most Climate Change, This 'Carbon Accountant' Says", *Science* 25 (2016).

20 Tim Gore, "탄소 불평등에 직면하기: 기후 정의를 코로나19 회복의 중심에 놓기Confronting Carbon Inequality: Putting Climate Justice at the Heart of the COVID-19 Recovery", *Oxfam International*, September 21, 2020.

21 Benjamin Franta, "경제학의 무기화: 거대 석유 기업, 경제 컨설턴트, 그리고 기후 정책 지연Weaponizing Economics: Big Oil, Economic Consultants and Climate Policy Delay", *Environmental Politics* 31, no. 4 (2021): 555–75.

22 Mark Kaufman, "탄소 발자국 수치: '성공적이고 기만적인' 홍보 캠페인The Carbon Footprint Sham: A 'Successful, Deceptive' PR Campaign", *Mashable*, July 13, 2020. Alvin Powell, "기후 변화에 대한 행동을 미루기 위한 거대 석유 기업의 홍보전 추적Tracing Big Oil's PR War to Delay Action on Climate Change", *Harvard Gazette*, September 28, 2021도 함께 참조하자.

23 Aylin Woodward, "기후 변화 부정이 불가능해지면서 화석 연료 이해관계자들이 '탄소 수치심 주기'로 전환하다As Denying Climate Change Becomes Impossible, Fossil-Fuel Interests Pivot to 'Carbon Shaming'", *Business Insider*, August 28, 2021.

24 Rebecca Solnit, "거대 석유 회사는 '탄소 발자국'이란 말을 만들어 그들의 탐욕을 우리 탓으로 돌린다. 이들에게 책임을 묻자Big Oil Coined 'Carbon Footprints' to Blame Us for Their Greed. Keep Them on the Hook", *Guardian*, August 23, 2021.

25 행동과학자 닉 체이터Nic Chater와 조지 로우웬스타인George Loewenstein은 이를 'S-프레임'이 아닌 'I-프레임', 즉 시스템적 원인보다 개인적인 원인을 강조하는 현상으

로 본다. Nick Chater and George Loewenstein, "I 프레임과 S 프레임: 개인 차원의 해결책에 집중하면서 어떻게 행동 중심의 공공 정책이 길을 잃었나The I-Frame and the S-Frame: How Focusing on Individual-Level Solutions Has Led Behavioral Public Policy Astray", *Behavioral and Brain Sciences* 46 (2022): e147를 참조하자.

26 Sparkman, Geiger and Weber, "미국인은 거짓된 사회 현실을 경험한다Americans Experience a False Social Reality"

27 Derek Wall, Elinor Ostrom's Rules for Radicals: Cooperative Alternatives Beyond Markets and States (Chicago: University of Chicago Press, 2017), 21-22.

28 캘리포니아대학교 샌디에이고 캠퍼스에서 열린 세계정의회의의 뉴 프론티어에서 엘리너 오스트롬이 한 발언이다. 다음을 참조하자. diptherio, "공유지의 비극 신화에 대한 엘리너 오스트롬Elinor Ostrom on the Myth of Tragedy of the Commons", August 9, 2014, https://www.youtube.com/watch?v=ybdvjvIH-1U

29 오스트롬에 관한 전기적 세부 사항은 Nordman, Uncommon Knowledge of Elinor Ostrom; Wall, Elinor Ostrom's Rules for Radicals에서 발췌했다.

30 Elinor Ostrom, "공공 기업가 정신: 지하수 분지 관리에 관한 사례 연구Public Entrepreneurship: A Case Study in Ground Water Basin Management" (PhD diss., University of California Los Angeles, 1964).

31 Nordman, Uncommon Knowledge of Elinor Ostrom; Elinor Ostrom and Harini Nagendra, "상공 및 지상, 실험실에서 숲과 나무, 사람을 연결하는 통찰력Insights on Linking Forests, Trees, and People from the Air, on the Ground and in the Laboratory", *Proceedings of the National Academy of Sciences* 103, no. 51 (2006): 19224-31; Paul B. Trawick, "성공적으로 공유지를 관리하기: 안데스 관개 시스템에서 사회 조직의 원칙Successfully Governing the Commons: Principles of Social Organization in an Andean Irrigation System", *Human Ecology* 29, no. 1 (2001): 1-25.

32 Elinor Ostrom, Governing the Commons (Cambridge: Cambridge University Press, 2015), 62. 엘리너 오스트롬 지음, 윤홍근·안도경 옮김, 《공유의 비극을 넘어》, 알에이치코리아, 2010.

33 Elinor Ostrom, "집단행동 및 사회 규범의 진화Collective Action and the Evolution of

Social Norms", *Journal of Economic Perspectives* 14, no. 3 (2000): 137–58.

34 Barbara Allen, 〈Actual World, Possible Future〉, (WTIU Documentaries, May 25, 2020), https://video.indianapublicmedia.org/video/actual-world-possible-future-09rkab

35 Barbara Allen, 〈Actual World, Possible Future〉, (WTIU Documentaries, May 25, 2020), https://video.indianapublicmedia.org/video/actual-world-possible-future-09rkab

36 이에 관한 자세한 내용은 Marshall Sahlins, The Western Illusion of Human Nature: With Reflections on the Long History of Hierarchy, Equality and the Sublimation of Anarchy in the West and Comparative Notes on Other Conceptions of the Human Condition (Chicago: Prickly Paradigm Press, 2008)을 참조하자.

37 David Gelles et al., "청정 에너지의 미래가 우리 생각보다 더 빨리 오고 있다The Clean Energy Future Is Arriving Faster Than You Think", *New York Times*, August 17, 2023; International Energy Agency, "재생 에너지 2022: 2027년까지의 분석 및 전망Renewables 2022: Analysis and Forecast to 2027", *IEA*, 2022, https://www.iea.org/reports/renewables-2022

38 James Dacey, "현무암을 토양에 뿌리면 대기 중에서 대량의 이산화탄소가 제거될 수 있다Sprinkling Basalt over Soil Could Remove Huge Amounts of Carbon Dioxide from the Atmosphere", *Physics World*, August 1, 2021.

39 이런 비판과 논란에 관한 몇 가지 사례는 다음을 참조하자. Nick Gottlieb, "탄소 포집과 저장의 잘못된 희망The False Hope of Carbon Capture and Storage", *Canadian Dimension*, May 30, 2022; Robert F. Service, "미국, 대기 중에서 탄소를 포집하는 대용량 설비 계획을 발표하다U.S. Unveils Plans for Large Facilities to Capture Carbon Directly from Air", *Science Insider*, August 11, 2023; Genevieve Guenther, "탄소 제거는 기후 변화의 해결책이 아니다Carbon Removal Isn't the Solution to Climate Change", *New Republic*, April 4, 2022.

40 Ella Nilsen, "윌로우 프로젝트가 승인되다: 논란을 일으키는 석유 시추 사업

에 관한 모든 것The Willow Project Has Been Approved: Here's What to Know About the Controversial Oil-Drilling Venture", *CNN*, March 14, 2023.

41 Elise Joshi, "원래 비디오를 봤다 해도 제발 주목해주세요Please Watch Even If You've Seen the Original Video!", *TikTok*, September 7, 2023, https://www.tiktok.com/@elisejoshi/video/7276138179386985774?lang=en

42 Cara Buckley, "'그래, 암울러'와 너무 늦지 않았다고 말하는 기후 옹호자'OK Doomer' and the Climate Advocates Who Say It's Not Too Late", *New York Times*, June 22, 2023.

43 게더루의 비디오는 "Wawa Gath-eru (@wawagatheru)," *TikTok*, n.d., https://www.tiktok.com/@wawagatheru에서 볼 수 있다.

44 David Gelles, "틱톡과 소송으로 Z세대가 기후 변화 운동을 주도하다With TikTok and Lawsuits, Gen Z Takes on Climate Change", *New York Times*, August 21, 2023.

45 "화요일 COP27 기후 정상회담에서 일어난 일Here's What Happened on Tuesday at the COP27 Climate Summit" *New York Times*, November 9, 2022.

46 David Gelles and Mike Baker, "획기적인 기후 소송에서 판사가 몬타나 청년들 손을 들어주다Judge Rules in Favor of Montana Youths in a Landmark Climate Case", *New York Times*, August 16, 2023.

47 Timothy Puko, "바이든, '귀중한' 알래스카 황무지에서 석유 시추 금지하다Biden to Block Oil Drilling in 'Irreplaceable' Alaskan Wildlands", *Washington Post*, September 7, 2023.

48 Annenberg School for Communication, "에밀Emile" Epilogue.

나가는 말

1 스테파니 브루노, 저자와의 대화, 2023년 9월 1일.

부록 1

1 Pema Chödrön, Taking the Leap: Freeing Ourselves from Old Habits and Fears, ed. Sandy Boucher (Boston, MA: Shambhala, 2010).

옮긴이 정지호

한국외대에서 일본어와 영어를 전공했다. 후에 성균관대 번역대학원에서 문학 번역학 석사 학위를 받았다. 대학 졸업 후 영상 및 기술 등 다양한 분야에서 번역 일을 하며 경험을 쌓았고 현재는 출판 번역가로 활동 중이다.

옮긴 책으로는 《부두에서 일하며 사색하며》, 《변화를 바라보며》, 《우리 시대를 살아가기》, 《인간의 조건》, 《한 걸음의 법칙》, 《영혼의 연금술》, 《하이라인 스토리》, 《맥주의 모든 것》, 《칵테일의 모든 것》, 《이탈리아 할머니와 함께 요리를》, 《맥주의 정석》, 《괴롭힘은 어떻게 뇌를 망가뜨리는가》, 《루틴의 힘》, 《트라우마는 어떻게 삶을 파고드는가》, 《마지막 끈을 놓기 전에》, 《칼날 위의 삶》 등이 있다.

희망찬 회의론자

첫판 1쇄 펴낸날 2025년 2월 11일

지은이 자밀 자키
발행인 조한나
책임편집 문해림
편집기획 김교석 유승연 김유진 전하연 박혜인 함초원 조정현
디자인 한승연 성윤정
마케팅 문창운 백윤진 김민영
회계 양여진 김주연

펴낸곳 (주)도서출판 푸른숲
출판등록 2003년 12월 17일 제2003-000032호
주소 서울특별시 마포구 토정로 35-1 2층, 우편번호 04083
전화 02)6392-7871, 2(마케팅부), 02)6392-7873(편집부)
팩스 02)6392-7875
홈페이지 www.prunsoop.co.kr
페이스북 www.facebook.com/prunsoop   **인스타그램** @prunsoop

ⓒ2025
ISBN 979-11-7254-046-3